suhrkamp taschenbuch
wissenschaft 1369

Die Freiheit der Modernen ist die Freiheit zum Experiment. Ohne Rückversicherung bei einer höheren Wahrheit können wir nur hoffen, daß gescheiterten Experimenten bessere folgen. Der amerikanische Pragmatismus hat den Experimentalismus der modernen Wissenschaften mit dem verheißungsvollen Projekt einer »democratic great community« (John Dewey) verbunden. Die einzige Kur, die gegen die Gebrechen der Demokratie hilft, ist – nach Dewey – mehr Demokratie.

Heute sind viele skeptischer. Wo noch von demokratischer Aufklärung die Rede ist, stellt sich sogleich die Frage nach ihrer Dialektik oder Dekonstruktion. Die Chancen, so müssen auch die Pragmatisten zugeben, stehen zehn zu eins, »that things go to hell« (Richard Rorty). Was aber wird aus der Idee demokratischer Autonomie, wenn auch noch diese Chance – wie die soziologische Aufklärung lehrt – der unerbittlichen Eigendynamik des Sozialen preisgegeben ist?

Das Spektrum der Beiträge dieses Bandes reicht von den Stichworten »Komplexität«, »Experimentalismus« und »Aufklärung« über »Selbstbestimmungsrechte« und »Gleichheit« bis zu ökonomischen und Verfassungsfragen.

Hauke Brunkhorst ist Professor für Soziologie an der Universität Flensburg. Er war von 1995 bis 1997 Fellow am Kulturwissenschaftlichen Institut (KWI) im Wissenschaftszentrum Nordrhein-Westfalen in Essen.

Demokratischer Experimentalismus

Politik in der komplexen Gesellschaft

Herausgegeben von
Hauke Brunkhorst

Suhrkamp

Die Deutsche Bibliothek – CIP-Einheitsaufnahme
Demokratischer Experimentalismus :
Politik in der komplexen Gesellschaft /
hrsg. von Hauke Brunkhorst. –
1. Aufl. – Frankfurt am Main : Suhrkamp, 1998
(Suhrkamp-Taschenbuch Wissenschaft ; 1369)
ISBN 3-518-28969-1

suhrkamp taschenbuch wissenschaft 1369
Erste Auflage 1998

Druck: Wagner GmbH, Nördlingen
Printed in Germany
Umschlag nach Entwürfen von
Willy Fleckhaus und Rolf Staudt

1 2 3 4 5 6 – 03 02 01 00 99 98

Inhalt

EINLEITUNG

Hauke Brunkhorst
Demokratischer Experimentalismus 7

AUFKLÄRUNG

Helmut Willke
Soziologische Aufklärung der Demokratietheorie 13

Lutz Wingert
Unpathetisches Ideal. Über den Begriff eines
bürgerschaftlichen Wir 33

Matthias Kettner
John Deweys demokratische Experimentiergemeinschaft . 44

MEDIEN

Virginia Held
Medienkultur und Demokratie 67

Gertrud Koch
Unterhaltung und Autorität. Konstellationen der
Massenmedien 92

Matthias Vogel
Medien im Experiment der Demokratie 106

GLEICHHEIT

Friedrich Kambartel
Wert, ökonomisch betrachtet 144

John E. Roemer
Einige Probleme der Demokratie 157

Gerd Grözinger
Weltbürgerschaft und Nationalitätslotterie.
Zwei Überlegungen zur globalen Verteilung von
Reichtum und Bevölkerung 175

RECHTE

Stefan Gosepath
Das Verhältnis von Demokratie und Menschenrecht 201

Thomas Kupka
Demokratie ohne Naturrecht. Eine rechtsphilosophische
Entwicklungsskizze in vier Schritten und einem Ausblick 241

Cornelia Vismann
Menschenrechte: Instanz des Sprechens – Instrument
der Politik 279

Felmon John Davis
Rassendiskurs, Gerechtigkeit und Demokratie
in den USA. Eine Fallstudie 305

Stefan Oeter
Demokratieprinzip und Selbstbestimmungsrecht der
Völker. Zwei Seiten einer Medaille? 329

Matthias Lutz-Bachmann
Souveränitätsprinzip und Demokratie. Überlegungen zur
Transformation der Staatenwelt im Anschluß an Kant 361

Hinweise zu den Autorinnen und Autoren 393

Hauke Brunkhorst
Demokratischer Experimentalismus

Die moderne Demokratie hat experimentellen Charakter. Die Moderne im ganzen verstand sich – je länger sie dauerte, desto entschiedener – als Experiment mit offenem Ausgang. Das titelgebende Stichwort »Demokratischer Experimentalismus« stammt von John Dewey, aber Dewey-Exegese oder -Philologie war in den Beiträgen dieses Bandes nicht beabsichtigt und findet auch nicht statt. Beabsichtigt war vielmehr – und das trifft auch auf die beiden Beiträge von Matthias Kettner und Matthias Vogel zu, die Deweys Konzept der Öffentlichkeit und dessen Medientheorie rekonstruieren – eine Reflexion auf den heutigen Stand des Experiments.

John Dewey war ein radikaler Demokrat und ein liberaler Sozialist.[1] Unter *radikaler* Demokratie verstand er kein bloß politisches Herrschaftsprinzip, sondern die Idee umfassender gesellschaftlicher *Selbstorganisation* – Demokratie nicht nur *»for«*, sondern auch *»by* the people«.[2] Selbstorganisation ist nichts für das Wesen des Politischen, noch nicht einmal für das Wesen des Menschen Spezifisches. Sie erschöpft sich nicht in der Selbstorganisation freier und gleicher *Bürger* im politischen Diskurs, sondern zielt gleichermaßen auf die Selbstorganisation aller jeweils *Betroffenen* in Schulen und Universitäten, Staaten und Wirtschaftsverbänden, Fabriken, Krankenhäusern und Sportvereinen. »Man«, so polemisiert Dewey gegen Aristoteles, »is a consuming and sportive animal as well as a political one«.[3] Der nor-

1 Vgl. J. Dewey, »Democracy is Radical« (1932), in: *Later Works*, Bd. 11, hg. von J. A. Boydston, Carbondale: Southern Illinois Press 1981-1991, S. 296-299; ders., *Demokratie und Erziehung*, Hamburg: Westermann 1949; ders., »The Public and its Problems« (1927), in: *Later Works*, hg. von J. A. Boydston, Bd. 2: *1925-1927*, Carbondale: Southern Illinois Press 1988, S. 235-381; deutsch: *Die Öffentlichkeit und ihre Probleme*, Bodenheim: Philo Verlag 1997; R. B. Westbrook, *John Dewey and American Democracy*, Ithaca: Cornell University Press 1991.

2 Westbrook, *John Dewey and American Democracy*, a.a.O., S. 40 f., 54, 164, 188, 433 ff., 453.

3 Dewey, »The Public and its Problems«, a.a.O., S. 321.

mative Sinn Deweyscher radikaler Demokratie geht deshalb weit über die *republikanische* Kritik an der Herrschaft von Bürgern über Bürger hinaus und impliziert eine *emanzipatorische* Kritik aller Herrschaft von Menschen über Menschen. Der normative Sinn *moderner* Demokratie ergibt sich für Dewey aus der Integration des biblischen Solidaritätsgedankens in das heidnische Erbe des Republikanismus.

Die Idee radikaler Demokratie hat Dewey in Auseinandersetzung mit den »Realisten« der zwanziger Jahre, die – wie Walter Lippmann – Demokratie auf das *hierarchische* Prinzip repräsentativer Elitenherrschaft reduzieren wollten, entwickelt.[4] Er sah darin aber nicht nur – wie heute die Kommunitaristen – einen Verrat an den intrinsischen Werten der »Democratic Great Community«, der Nachbarschaft und der Freundschaft, sondern er glaubte überdies, die partizipatorische Demokratie sei, sofern sie sich *dezentral* auf alle gesellschaftlichen Teilsysteme erstreckt, allen hierarchischen Steuerungsmodellen, einschließlich der repräsentativen Elitendemokratie, *funktional* überlegen.[5] Was Dewey vorschwebte, war freilich keine reine Basisdemokratie, sondern eine intelligente Kombination von *partizipativer* und *repräsentativer* Demokratie.[6] Das ist nicht nur utopisch, sondern auch realistisch, nicht nur überschwengliche Feier, sondern auch ein Versuch, die Frage der Effektivität – »what use is it?« – zu beantworten. Angesichts des »Molochs *Komplexität*« versagt die Steuerungsleistung hierarchischer Organisation, und der »Bedarf

4 Lippmanns Argument stützt sich stark auf medientheoretische Überlegungen zur Transformation der bürgerlichen Öffentlichkeit. Dazu siehe in diesem Band Virginia Held, Gertrud Koch und Matthias Vogel, aber auch die Beiträge von Matthias Kettner und Lutz Wingert.

5 Vgl. Westbrook, *John Dewey and American Democracy*, a.a.O., S. 70 f., 80 f., 312 f. Zweifel an der Tragfähigkeit dieser Hoffnung stellen sich heute vor allem aus der Sicht einer soziologisch belehrten Aufklärung, wie Willke sie in diesem Band vorträgt. Solche Zweifel sollen freilich nicht die Preisgabe der Aufklärungsutopie einleiten, sondern ihre Veränderung. Das Problem besteht dann in der Kompatibilisierung demokratischer Selbstorganisation mit dem entgegenstehenden Eigensinn der Systemwelten. Nur eine für diesen Eigensinn offene Demokratie hat noch Zukunftschancen. Das ist der Punkt, von dem aus Willke Perspektiven eines »heterarchischen« Umbaus der Demokratie ins Auge faßt.

6 Westbrook, *John Dewey and American Democracy*, a.a.O., S. 549.

horizontaler Koordination zwischen prinzipiell gleichrangigen und gleichgeordneten Systemen« wächst.[7] Das legt es nahe, auf die allein seligmachende Kraft zur politischen Repräsentation des Ganzen durch *ein* System an der Spitze und im Zentrum der Gesellschaft nicht länger zu vertrauen. Wenn aber die faktisch längst vollzogene Transformation der Demokratie eine *demokratische* Transformation bleiben soll, welche Alternativen gibt es dann eigentlich zum behutsamen Experimentieren mit immer wieder neuen Modellen gesellschaftlicher Partizipation?

Nun war Dewey nicht nur radikaler Demokrat, sondern auch liberaler *Sozialist.* Dem globalen, aus nahezu allen politischen und rechtlichen Verankerungen losgerissenen »Räuberkapitalismus« (Weber) unserer Tage wächst bislang kein globaler Sozialstaat nach. Damit sind die neuen Probleme des Kapitalismus die alten; Umweltblindheit, Ausbeutung, Kinderarbeit, Pauperisierung, moralische Verödung, unkontrollierte Risiken der Krise und Katastrophe auf global »erweiterter Stufenleiter« (Marx). Liberale Demokratie und Kapitalismus lassen sich, anders als Geschichtsphilosophen wie Fukujama geglaubt haben, nicht harmonisieren.[8] Das macht die seit 1989 allzu rasch in Vergessenheit geratene Liberalismuskritik aktuell.[9]

Bei Dewey gibt es ein starkes kommunitaristisches Element. Die »Great Community«, die er der kapitalistischen »Great Society« konfrontiert, entspringt der lokalen »Face-to-face«-Interaktion.[10] Der Mensch ist kein Atom, das unabhängig von partikularen, geschichtlichen Situationen in irgendeinem ominösen Naturzustand existiert. Dewey geht so weit, individuelle mit gemeinschaftlicher Selbstverwirklichung fast zu identifizieren. Das hat Rorty unter dem Eindruck des ästhetischen Modernismus der Romantik – wie ich glaube, zutreffend – korrigiert, um die dialektische, nicht harmonisierbare Spannung zwischen »pri-

7 H. Willke, »Transformation der Demokratie als Steuerungsmodell hochkomplexer Gesellschaften«, in: *Soziale Systeme* 2 (1995), S. 289, 297.

8 Vgl. auch Willke, »Blick voraus im Zorn«, in: *Frankfurter Rundschau* vom 9. Januar 1996, S. 10.

9 Vgl. die Beiträge von Friedrich Kambartel, John Roemer und Gerd Grözinger zum Thema »Gleichheit« in diesem Band.

10 Dewey, »The Public and its Problems«, a.a.O., S. 314 f., 316 ff., 324, 327, 330, 333.

vate irony« und »public solidarity« wieder in ihr Recht zu setzen.[11]

Aber schon Dewey selbst hatte eine starke Abneigung gegen konservative Kulturkritik, Technikfeindschaft und Gemeinschaftsnostalgie. Er hat deshalb von vornherein die Idee einer, im umfassenden Sinn, sozialen und geschichtlichen Existenz, einer durch und durch interaktionsabhängigen Individualität mit den Ideen des *Experimentalismus*, des *Evolutionismus* und des *Progressivismus* verbunden. Statt wie die Liberalen Moderne gegen Demokratie oder wie die Kommunitaristen Demokratie gegen Moderne zum beiderseitigen Nachteil auszuspielen, hat er das clevere Zusammenspiel von Moderne und Demokratie gesucht.

1. Moderne Demokratie ist *Experimentalismus*. Ohne Experimente keine Demokratie, aber beim Experimentieren, das lehrt die Wissenschaft, muß man behutsam vorgehen, sonst gerät alles außer Kontrolle. Schon Denken ist Experimentieren, nicht Abbildung einer zeitlosen Wahrheit, sondern hypothetisches Ausprobieren anderer Möglichkeiten.[12] Zu den »laboratory conditions« sozialen Experimentierens gehört der »overlapping consensus« (Rawls) einer daran gewöhnten demokratischen Kultur, Demokratie als »way of life«.[13] Auch Moral und Ethik dürfen sich nicht zu vornehm sein, sich der experimentellen Kontrolle ihrer Brauchbarkeit zu unterwerfen.

Für Dewey ist der demokratische Experimentalismus unmittelbar mit der »socialized intelligence« der Wissenschaft verbunden.[14] Schon die Wissenschaft ist eine in sich egalitäre Kommunikationsgemeinschaft, die in Problemen des wirklichen Lebens ihre gesellschaftliche Basis hat. Wissenschaft, Presse und öffent-

11 R. Rorty, *Kontingenz, Ironie und Solidarität*, Frankfurt am Main: Suhrkamp 1989. Lutz Wingert macht in diesem Band einen Vorschlag zu einem »negatorischen« bürgerschaftlichen Wir, das weniger emphatisch als dasjenige Deweys ist, aber die privatistische Engführung Rortys vermeidet.

12 Westbrook, *John Dewey and American Democracy*, a.a.O., S. 70; zum »Experimentalismus« vgl. auch M. Suhr, *Dewey zur Einführung*, Hamburg: Junius 1994.

13 Westbrook, *John Dewey and American Democracy*, a.a.O., S. 319.

14 J. Dewey, »Christianity and Democracy«, in: *Early Works*, Bd. 4, Carbondale: Southern Illinois Press 1967-1972, S. 8 f.; vgl. Westbrook, *John Dewey and American Democracy*, a.a.O., S. 311, 534.

liche Meinung bilden in egalitären Gesellschaften ein Kontinuum, keine zwei Reiche wie im cartesischen Idealismus. Wie kommen die Wissenschaft und die Philosophie »down to life«? – »By introducing a little newspaper business into philosophy.«[15]

2. Die Demokratie ist kein zeitloses Ideal, sondern eine Stufe im Kontinuum der *Evolution*. Eine Lehre des Evolutionismus ist die Einsicht in den funktionalen Wert von Konflikten. Es gehört zu den wichtigsten Merkmalen der kulturellen Evolution, daß wir allmählich lernen können, das »Laisser-faire« des Kampfes ums Dasein durch den zivilisierten Umgang mit Konflikten zu ersetzen. Und Gesellschaften, die eine Vielzahl von Konflikten offen integrieren können, sind stabiler und leistungsfähiger als solche, die sie unterdrücken und unter den Teppich kehren.[16] Menschliche Organismen steigern ihre Anpassungsfähigkeit durch Denken, demokratische Gesellschaften durch »conscious deliberation and experimentation«.[17] Die demokratische Stufe der Evolution hochkomplexer Gesellschaften spricht deshalb dagegen, die Dinge wie in der Natur einfach laufen zu lassen und aus gescheiterten Steuerungsversuchen – wie etwa Luhmann – den voreiligen Schluß zu ziehen, wenn man sie nur in Ruhe lasse, werde die Evolution es schon richten. Vielleicht wird sie das, dann aber nur, wenn wir sie nicht in Ruhe lassen. Denn die Fähigkeit zur planmäßigen Intervention, zur (wie immer begrenzten) Kontrolle und demokratischen Gestaltung des vorgefundenen evolutionären Materials (wie beispielsweise des modernen Rechts[18]) gehört zu der von uns erreichten Stufe der Evolution.

3. Die normative Seite der demokratischen Evolution nennt Dewey *Progressivismus*.[19] Es handelt sich hier – mit Rorty zu

15 Zitiert nach Westbrook, ebd., S. 57.

16 Vgl. ebd., S. 80 f.

17 J. Dewey, »Evolution and Ethics«, in: *Early Works*, Bd. 5, a.a.O., S. 53.

18 Das Verhältnis von Recht, Rechten und Demokratie bleibt bei John Dewey und im Pragmatismus ebenso unbestimmt wie alle Probleme der Globalisierung sozialer Systeme. Zum Verhältnis von Rechten und Demokratie vgl. Stefan Gosepath, Thomas Kupka, Cornelia Vismann und Felmon Davis in diesem Band. Um Probleme der Globalisierung von Rechten geht es in den Beiträgen von Gerd Grözinger, Stefan Oeter und Mathias Lutz-Bachmann.

19 Westbrook, *John Dewey and American Democracy*, a.a.O., S. 184 ff.

reden – um eine gewisse (durch keine geschichtsphilosophische Erkenntnis a priori gesicherte) »Apotheose der Zukunft«, die einfach in der Bereitschaft besteht, »Gewißheit« durch »Phantasie«, aristokratischen »Stolz« durch demokratische »Neugier«, die »denkende Anschauung« des Absoluten durch intelligente praktische Experimente zu ersetzen, so daß – so Rorty – »die Hoffnung auf die Erfindung neuer Möglichkeiten des Menschseins« endlich den ihr gebührenden Vorrang gewinnen kann gegenüber dem »Bedürfnis nach Stabilität, Sicherheit und Ordnung«, so wichtig letztere sind.[20]

Und mit Dewey wäre die wichtige Unterscheidung im Begriff des Fortschritts hinzuzufügen, daß *Hoffnung* nicht mit *Optimismus*, zu dem weiß Gott kein Anlaß ist, verwechselt werden darf.[21] Die Chancen der Demokratie stehen schlecht, aber noch gilt: »[...] be the evils what they may, the experiment is not yet played out.«[22]

Die Idee zu diesem Band geht auf eine vom Herausgeber organisierte Konferenz des Kulturwissenschaftlichen Instituts im Wissenschaftszentrum Nordrhein-Westfalen in Essen vom 13. bis 16. März 1996 zurück. Das Kulturwissenschaftliche Institut hat auch die Übersetzungen aus dem Englischen großzügig unterstützt. Der Leiterin der Studiengruppe »Demokratie – Öffentlichkeit – Medien«, Prof. Dr. Gertrud Koch, danke ich für die intellektuelle unf institutionelle Unterstützung des Projekts und Ute Maetz für unschätzbare Hilfe bei der Organisation der Konferenz und bei der Erstellung des Buchmanuskripts.

20 R. Rorty, *Hoffnung statt Erkenntnis*, Wien: Passagen 1994, S. 89.
21 Westbrook, *John Dewey and American Democracy*, a.a.O., S. 534 f.
22 J. Dewey, »Pragmatic America«, in: *Middle Works*, Bd. 13, Carbondale: Southern Illinois Press 1976-1983, S. 309.

Helmut Willke
Soziologische Aufklärung der Demokratietheorie

1. Komplexität

Nach dem Ende des Mythos vom Sozialismus ist nicht nur der Kapitalismus als Wirtschaftsform, sondern auch *Demokratie* als Operationsform moderner säkularer Gesellschaften auf sich selbst zurückgeworfen. Die Frage ist, ob Demokratie eine Form der Selbstorganisation ist, welche den Anforderungen gewachsen ist, die sich am Ausgang dieses Jahrhunderts den entwickeltsten Gesellschaften stellen.

Absichtlich verwende ich hier das Konzept der Demokratie nicht als bloßes politisches Herrschaftsprinzip, sondern verallgemeinert als *Idee der Selbstorganisation komplexer Sozialsysteme*. Damit kommt zum Vorschein, daß die Erfindung der neuzeitlichen Demokratie durch ihre Philosophen und Vordenker (wie Hobbes, Locke, Rousseau, Montesquieu, Madison und viele andere) nicht allein die Frage politischer Herrschaft betraf, sondern das umfassendere Problem der Ordnung einer Gesellschaft, die dabei war, in allen ihren Momenten – und nicht nur in der Frage ihrer Herrschaftsstruktur – das Wagnis der Moderne einzugehen.

Dieser Zugang erzwingt, daß nun, nachdem die Moderne jedenfalls in der Ersten Welt zur Entfaltung gekommen ist, Rückfragen an die Idee der Demokratie gestellt werden. Nun wird denkbar, daß die Ordnung hochkomplexer Gesellschaften durch Demokratie allein nicht mehr gewährleistet ist. Natürlich ist dieses Thema etwas heikel; deshalb von vornherein die Klarstellung, daß es mir nicht um eine Demission der Demokratie geht, sondern um die Frage ihrer Revision unter dem Gesichtspunkt ihrer Tauglichkeit als Steuerungsmodell.

Demokratie als politisches Steuerungsprinzip gerät in die Defensive, sobald das politische Funktionssystem nicht mehr als klare Spitze einer hierarchischen Ordnung dieser Gesellschaft dominiert. Haben sich die anderen Funktionssysteme, vor allem Ökonomie, Wissenschaft und Massenmedien, aus dem Schatten einer übergeordneten Politik herausbewegt und widerspricht zudem ganz grundsätzlich das Strukturprinzip der funktionalen Differenzierung jeglichem Vorrang nur eines Funktionssystems, dann konkurriert politische Demokratie mit einer Vielzahl eigenlogischer und prinzipiell gleichrangiger Steuerungsformen. Die Frage ist dann, welches Steuerungsprinzip für die Gesellschaft insgesamt gelten soll.

Mit dieser Frage sind wir ganz nahe am zentralen Paradox der Steuerung moderner Gesellschaften: Als Steuerungsmodell der Gesellschaft insgesamt ist »politische« Demokratie ausgeschlossen, will man nicht gegen die Logik funktionaler Differenzierung, also gegen die Logik der Modernität selbst, einen Primat der Politik gegenüber allen anderen Funktionssystemen der Gesellschaft erzwingen. Zugleich ist aber jede »undemokratische« Form der Gesellschaftssteuerung ausgeschlossen, will man nicht entgegen der Logik der Moderne hinter die Errungenschaften der Menschenrechte und, darauf beruhend, die Errungenschaft der Nutzung individueller Varietät und Vielfalt zurückfallen. So bleibt als Entfaltung der Paradoxie wohl nur eine Revision der Idee der Demokratie als gesellschaftliches Steuerungsmodell.

So hat die Debatte um *Unregierbarkeit* herausgestellt, daß demokratische Politik allein nicht vor gesellschaftlichen Fehlentwicklungen bis hin zu Steuerungskatastrophen schützt. Demokratische Willensbildung und Entscheidungsfindung ist kurzfristig orientiert und vernachlässigt systematisch mittel- und langfristige Selbstgefährdungen von Gesellschaften: »Regierungen bevorzugen Lösungen, die kurzfristigen politischen Nutzen bringen, und vernachlässigen systematisch die langfristige Perspektive. [...] Regieren verkommt zur regelmäßig wiederkehrenden Krisenbewältigung, zum Taumeln von einem Notfall in den anderen – Finanzen, Soziales, Zahlungsbilanz, Arbeitslosigkeit, Inflation und dergleichen« (King und Schneider 1991, S. 104).

Gerade hochentwickelte Gesellschaften erzeugen damit für sich selbst das *Risiko einer unkontrollierten zentrifugalen Dynamik*, in der hochspezialisierte und effiziente Funktionssysteme (wie Ökonomie, Wissenschaft, Gesundheits- oder Verkehrssystem) den Zusammenhang des Ganzen ruinieren. Die Politik kann diesen Zusammenhang nicht herstellen, weil ihr die Expertise für Steuerung und die Mittel für die Implementation ihrer Programme fehlen. Die Gesellschaft verliert ihre Kohärenz, und ihr droht die Desintegration. In einigen Hinsichten ist diese Gefahr der Verselbständigung der Teile bereits manifestes Risiko (Überrüstung, Kostenexplosion im Gesundheitssystem, Verkehrskollaps etc.) – dem gegenüber die Politik allein machtlos ist.

Eine in Praxis und Theorie sich abzeichnende Lösung des Problems weist in die Richtung vernetzter Entscheidungsstrukturen, die in *Verhandlungssystemen* kondensieren und die relevanten gesellschaftlichen Akteure für einen Problemkontext zusammenbringen. Wie immer dieser Ausweg konkrete Gestalt annimmt – er bedeutet, daß das politische System moderner Gesellschaften seine Position einer hierarchischen Spitze verloren hat und den Weg für eine Revision des Steuerungsmodells »Demokratie« freimachen muß.

2. Einheit

Wie können komplexe Gesellschaften ihre notwendige Einheit ausbilden? Gegenüber der hier durchschimmernden Formulierung von Jürgen Habermas (»Können komplexe Gesellschaften eine vernünftige Identität ausbilden?«, 1976) spreche ich nicht von Identität, sondern von Einheit. Beide Begriffe sind gleich mißverständlich und dennoch unentbehrlich. Identität fokussiert zu sehr auf das Gleichbleibende, Einheit zu sehr auf das Homogene. Identität ist im Sinne von Ich-Identität zu sehr an die Referenz sozial konstituierter Subjekte gebunden, während der Begriff der Einheit seinen historischen Glorienschein einer gegen Anomie und Chaos gerichteten positiven Leistung der Systembildung nicht los wird (in einer historischen Perspektive nennt dies Arlene Saxonhouse »fear of diversity«, 1992). Unter Bedingungen hoher Komplexität müssen beide Begriffe gegen sich selbst revidiert werden. Folgerichtig gründet Habermas sein Verständnis von Identität nicht auf Gleichbleibendes, sondern auf Veränderung: »Die gelungene Ich-Identität bedeutet jene eigentümliche Fähigkeit sprach- und handlungsfähiger Subjekte, auch noch in tiefgreifenden Veränderungen der Persönlichkeitsstruktur, mit denen sie auf widersprüchliche Situationen antwortet, mit sich identisch zu bleiben. [...] Die Ich-Identität des Erwachsenen bewährt sich in der Fähigkeit, neue Identitäten aufzubauen und zugleich mit den überwundenen zu integrieren, um sich und seine Interaktionen in einer unverwechselbaren Lebensgeschichte zu organisieren« (1976, S. 93, 95). Ebenso deutlich zielt heute die Einheit komplexer Gesellschaften nicht auf Einheitlichkeit und Integration auf Kosten von Vielfalt, sondern auf die Optimierung der Bedingungen für die Freisetzung von Komplexität und Diversität gegenüber den Eingrenzungen einer unabdingbaren Kohärenz, eines minimalen Kontextes für Heterogenität.

Für seine Zeit konnte Hegel postulieren und feiern, daß die moderne Gesellschaft ihre vernünftige Identität im souveränen Verfassungsstaat gefunden habe. Heute weiß jede ernstzunehmende Denkschule, ob Kritische Theorie, Dekonstruktivismus oder Systemtheorie, daß diese Einheit dem Sturmlauf gesellschaftlicher Spaltungen, *différances* und Differenzierungen nicht standgehalten hat. Aber die Alternativen für die verlorene Einheit fallen sehr unterschiedlich aus. Habermas destruiert die Hegelsche Idee mit Argumenten, die ihrerseits kaum haltbar sind (Willke 1992, S. 354 ff.), aber er kommt zu dem interessanten Ergebnis, daß kollektive Identität

»heute nur noch in reflexiver Gestalt denkbar [ist], nämlich so, daß sie im Bewußtsein allgemeiner und gleicher Chancen der Teilnahme an solchen Kommunikationsprozessen begründet ist, in denen Identitätsbildung als kontinuierlicher Lernprozeß stattfindet. [...] Die neue Identität einer erst im Entstehen begriffenen Weltgesellschaft kann sich nicht in Weltbildern artikulieren; sie muß zwar, wenn sie die strukturanaloge Ergänzung zu postkonventionellen Ich-Identitäten darstellen soll, die Geltung einer universellen Moral unterstellen. Aber diese läßt sich auf Grundnormen der vernünftigen Rede zurückführen« (Habermas 1976, S. 116 f.).

Interessant daran ist aus meiner Sicht vor allem der Versuch, kollektive Identität oder gesellschaftliche Einheit als kontinuierlich sich selbst revidierenden Lernprozeß zu begreifen, dessen Form der Diskurs und dessen Ziel die Faktizität der Geltung von Grundnormen vernünftiger Rede ist. Gäbe es einen instruktiven Diskurs zwischen differenzierten Funktionssystemen und gäbe es Grundnormen vernünftiger Rede, die sich über divergierende Systemlogiken hinweg generalisieren ließen, dann wäre Habermas' Formel die ebenso präzise wie überzeugende Beschreibung der Möglichkeit einer neuen gesellschaftlichen Einheit. Beide Voraussetzungen sind indessen in fundamentaler Weise nicht erfüllbar.

In präzisen Analysen hat Wolfgang Welsch (1995) das Schicksal der Idee der Einheit nachgezeichnet. Zwar ist sein engeres Thema das Problem der Einheit der Vernunft, doch lassen sich seine Ausführungen über weite Strecken als allgemeine philosophische Reflexion über die Differenz von Einheit und Vielfalt lesen. Erhellend ist insbesondere, welche Übereinstimmungen sich zwischen der philosophischen Destruktion des Ideals und der Idee der Einheit (von Vernunft, Rationalität und Logik) auf der einen Seite und der sozialwissenschaftlichen, vor allem systemtheoretischen Fundierung einer Logik der Differenz auf der anderen Seite finden – und welche nicht.

Für eine Revision der Demokratietheorie ist dieser Zusammenhang von Einheit und Vielfalt der Rationalität in zweierlei Hinsicht bedeutsam. Zum einen spiegelt sich die Möglichkeit von Einheit und Vielfalt der Gesellschaft als Leitproblem in der Definition der Staatsaufgaben: Wenn in der Tradition der Moderne der Staat als Leitidee des Politischen die Einheit der Gesellschaft repräsentiert, dann geriete diese Formbestimmung des Staates ins Wanken, wenn nicht mehr Einheit, sondern Vielfalt die unhintergehbare Struktur der Gesellschaft und die Grundlage ihrer Operationsweise wäre. Sähen wir uns gezwungen, die gesellschaftliche Funktion des Staates nicht als Herstellung von Einheit, sondern als Ermöglichung von Vielfalt zu bestimmen, dann wäre für die Demokratietheorie in der Tat ein neues Kapitel zu beginnen. Zum anderen hat die Frage der Balancierung von Einheit und Vielfalt gesellschaftlicher Rationalität Folgen auch für die interne Logik der Politik: Im Selbstverständnis der Moderne setzt rationales politisches Entscheiden die Annahme einer »vernünftigen« Identität der Gesellschaft voraus. Politische Entscheidungen als Entscheidungen über kollektive Verbindlichkeiten, vor allem in der Form allgemeiner und gleicher Gesetze, präsumieren eine einheitliche übergreifende Vernunft, die, wenn schon nicht vorhanden, so doch qua Entscheidung herstellbar sei. Daß diesem Entscheiden ein Verfahren mit allgemeinen und gleichen Teilnahmechancen der Bürger an den politischen Kommunikationsprozessen vorauszugehen hat, ist nicht erst eine Erfindung von Habermas, sondern eine Grundforderung jeder seriösen Demokratietheorie. Aber Parlamente können nicht nur kontinuierlich lernen und unendliche Diskurse führen, irgendwann müssen sie Entscheidungen treffen und kollektiv verbindliche Sätze formulieren. Für die Gesellschaft ergibt dies nur Sinn, wenn sie sich in ihrer Operationsweise überhaupt auf die darin implizierte Logik einer kollektiv vernünftigen Identität, einer kollektiv rationalen Einheit, einlassen kann. Genau dies aber steht in Frage.

Differenz und Diversität, Heterogenität und Divergenz sind schon lange Themen sowohl des geisteswissenschaftlichen wie des sozialwissenschaftlichen Diskurses. Neben vielen anderen haben Kant für die Erkenntnistheorie und Hegel für die Staatstheorie Vielfalt gegenüber Einheit zu eigener Dignität erhoben. Aber für beide erschüttert die neue, fundamentale Rolle der Vielfalt nicht die Überzeugung, daß der Primat der Einheit notwendig sei. Dieses Denkmuster setzt sich bis in die Gegenwart fort, selbstverständlich mit variierten, elaborierten und unterschiedlich gewichteten Elementen. Durchbrochen wird es nur von den radikalsten Vertretern einer postmodernen Rationalität, vor allem von Gilles Deleuze und Jean-François Lyotard, die sich eine Re-Integration der heterogenen Rationalitäten nicht mehr vorstellen können. Für diese Denker sind die verschiedenen Rationalitäten

»vielmehr im Kern heterogen und inkommensurabel. Ihr Verhältnis kann daher nicht mehr das einer harmonischen Ergänzung, sondern letztlich nur noch das konflikthafter Konkurrenz sein. Die Beseitigung von Verzerrungen im Selbstverständnis der einzelnen Vernunftformen – die natürlich immer geboten ist – führt diesen Theoretikern zufolge nicht, wie Habermas hofft, zur Freisetzung eines idealen ›Zusammenspiels‹, sondern zum Hervortreten von Konflikten« (Welsch 1995, S. 45).

Mit diesem Primat der Differenz kann sich auch Welsch nicht abfinden. Er sucht nach einer – gegenüber bisherigen philosophischen Konzeptionen allerdings deutlich elaborierteren – Form für die dennoch erforderliche Einheit, und er findet sie im Konzept der »transversalen Vernunft«: »Es gilt, Vernunft inmitten von Pluralität *und* Übergängen neu zu bestimmen. Dem dient das Konzept der ›transversalen Vernunft‹. Der Ausdruck ›transversal‹ will dabei auf die Bedeutung von Übergängen hinweisen« (Welsch 1995, S. 49). Den Kern seines Arguments für transversale Vernunft bilden zwei miteinander verknüpfte Gedanken. Zum einen sieht er deutlich genug, daß sich mit der Moderne verschiedene Teildiskurse auseinanderentwickelt haben, so daß eigenständige Semantiken (Sprachspiele, Kommunikationsformen, Paradigmen) entstanden sind, die das Problem ihrer Vereinbarkeit aufwerfen. Um welche Teildiskurse handelt es sich? Unglücklicherweise hängt Welsch sich bei der Beantwortung dieser Frage an ein völlig überholtes, alteuropäisches »Standardmodell der Rationalität« an, der Differenz von nur »drei grundlegend unterschiedenen Typen von Rationalität: kognitive, moralisch-praktische und ästhetische Rationalität« (1995, S. 442). Es ist eine spätestens seit Adam Smith, Georg Simmel oder Emile Durkheim nachlesbare soziologische Einsicht, daß diese Teildiskurse, die sich in den gesellschaftlichen Funktionssystemen der Wissenschaft, der Politik und der Kunst organisiert haben, ganz offensichtlich die Spannweite ausdifferenzierter Diskurse und Funktionssysteme nicht erschöpfen. Wo bleiben in diesem Standardmodell das Erziehungssystem, das Gesundheitssystem, die Familie, das Rechtssystem, das Religionssystem oder gar das inzwischen voll ausdifferenzierte und operativ autonome Sportsystem einer modernen Gesellschaft?

Zum anderen postuliert Welsch für die drei Standarddiskurse, die er behandelt, daß sie entgegen Habermas oder Wellmer – von systemtheoretischen Überlegungen ganz zu schweigen – weder durch exklusive Geltungsansprüche noch durch exklusive Ziele wirklich trennscharf gegeneinander abzugrenzen sind:

»Nicht nur die Geltungsansprüche, sondern auch die Ziele sind dafür nicht hinreichend eindeutig und einheitlich. Bei genauerer Betrachtung zeigt sich vielmehr, daß die Diskursarten stets Verflechtungen mit anderen Diskursarten aufweisen und daß diese Verflechtungen nicht etwa bloß periphere, sondern zentrale und definitorische Punkte der einzelnen Diskursarten betreffen« (1995, S. 462).

Auf der Grundlage dieser beiden Ausgangspostulate macht sich Welsch dann auf, die Notwendigkeit und Möglichkeit einer transversalen Konstitution von Einheit zu begründen.

Bevor ich näher darauf eingehe, ist festzuhalten, daß auch der philosophische und der soziologische Diskurs sich getrennt haben und nicht mehr ohne weiteres ineinander übersetzbar sind. Dies bedeutet, daß sich in eine soziologisch gedachte Darstellung und Kritik philosophischer Positionen Unschärfen einnisten, die letztlich unvermeidlich sind. Erreichbar ist bestenfalls eine schärfere Konturierung der Positionen aus der Distanz der Differenz. So ist zwar aus soziologischer Sicht geradezu unbegreiflich, warum Philosophen die funktionale Differenzierung der Teildiskurse moderner Gesellschaften auf die Dreierschematik der »Standarddiskurse« zurechtstutzen. Dennoch bleibt das zugrundeliegende Problem des Verhältnisses von Einheit und Vielfalt für beide Thematisierungsformen konstitutiv, so daß eine wechselseitige Reflexion der jeweils anderen Klärungsbemühungen aufschlußreich sein kann. Was Habermas zur Frage einer vernünftigen Identität komplexer Gesellschaften sagt, ist soziologisch unmittelbar relevant, auch wenn etwa eine systemtheoretische Rekonstruktion zu anderen Folgerungen kommen wird. Was Welsch zur Denkmöglichkeit einer transversalen Vernunft sagt, ist gesellschaftstheoretisch brisant, auch wenn eine soziologische Perspektive sich den Luxus alteuropäischer Vereinfachungen nicht mehr leisten kann.

In einer grob gerasterten Skizze läßt sich demnach folgende Ausgangslage festhalten: In einer systemtheoretischen Perspektive ergibt sich für komplexe, hochdifferenzierte Gesellschaften das generelle praktische Problem der Eindämmung ihrer zentrifugalen Dynamik durch Einrichtungen der Re-Integration der Funktionssysteme. Die speziellere demokratietheoretische Frage ist, ob die Differenzierung der modernen Gesellschaft sich auf irgendeine Form ihrer Einheit beziehen läßt und – falls dies unumgänglich erscheint – wie diese Einheit praktisch herzustellen sei. In einer differenzphilosophischen Perspektive stellt sich bezüglich der Divergenz der leitenden gesellschaftlichen Diskurse dasselbe Problem in Form einer Parzellierung der Vernunft. Hier ist die Frage, ob die eingetretene Parzellierung grundsätzlich aufhebbar ist und, wenn ja, wie eine nicht-trivialisierende Form der Aufhebung denkbar wäre. Das Konzept der transversalen Vernunft ist hier das Angebot von Wolfgang Welsch. Mein Angebot ist das Konzept der Kontextsteuerung (Willke 1992, Kap. 4; 1995, Kap. 4 und 7).

3. Vielfalt

Unbestritten ist, daß sich im Zuge der Durchsetzung der Moderne die Logiken verschiedener gesellschaftlicher Teildiskurse auseinanderentwickeln. Unbestritten ist auch, daß dies zu Diskontinuitäten, Friktionen, Widersprüchen und Indifferenzen zwischen den etablierten Funktionssystemen führt. Und unbestritten ist wohl auch, daß dies die *Frage* der Einheit moderner Gesellschaften aufwirft. Alles weitere und die Details sind offen. Selbst noch bezüglich der Form möglicher Einheit ist alles im Angebot: von der Ordnung der Heterogenität bis zur Unordnung der vernünftigen Einheit.

Max Weber summierte seine Sicht des okzidentalen Prozesses der Rationalisierung in der Figur einer Paradoxie der Rationalität: Den zunehmenden Rationalitäten der spezialisierten Bereiche entspricht eine expandierende Irrationalität des Ganzen. Dietrich Dörner diagnostiziert als Folge des Aufeinanderprallens divergenter Rationalitäten eine Logik des Mißlingens als Grundform der Auseinandersetzung eigenlogischer und eigendynamischer Systeme. Niklas Luhmann schließlich geht zurück auf eine Logik der ziellosen Evolution und mißtraut jeder Vernunft als fehlgeleiteter Anmaßung einer höheren Einsicht – »nie wieder Vernunft« (Luhmann 1992, S. 76). Hinter dieser Einschätzung steht die Einsicht, daß gesellschaftliche Funktionssysteme sich nicht nur arbeitsteilig spezialisiert und einer je eigenen Funktionslogik unterworfen haben, sondern daß sie darüber hinaus gegenüber dem Ganzen der Gesellschaft auf eine Strategie der Dialektik von Exklusion und Inklusion festgelegt sind, welche das Problem der Einheit neu definiert. Jeder Funktionsbereich, ob Wissenschaft, Politik, Ökonomie oder Kunst, reduziert das Feld relevanter Ereignisse scharf durch seine je eigene Funktionslogik, seine konstituierende Leitdifferenz. Erst mit Bezug auf diese Leitdifferenz läßt sich klären, wovon die Rede ist und in welchen Verweisungszusammenhang von Sinn Kommunikationen einzuordnen sind. Jeder Funktionsbereich legt eine exklusive Relevanz fest, schließt mithin alle anderen denkbaren Unterschiede davon aus, einen Unterschied zu machen. Zugleich aber erstreckt sich der Aufmerksamkeitsbereich jedes Funktionssystems auf potentiell alle gesellschaftlichen Ereignisse, weil und sofern sie im Lichte der eigenen Leitdifferenz informationell verwertbar und für systemeigene Kommunikationen nutzbar sein könnten. Jeder Bereich tendiert zur Inklusion der ganzen Gesellschaft in den je eigensinnigen Bereich der Relevanz und erzeugt so eine je differente Kopie der Gesellschaft insgesamt. Die Einheit der Gesellschaft geht mit entwickelter funktionaler Differenzierung nicht verloren, sondern sie vervielfältigt sich zu einem vielstimmigen Kanon unterschiedlicher Ausprägungen von Einheiten. Ob dieser vielstimmige Kanon als schrille Kakophonie tönt oder sich zu einer gemessenen Harmonie zusammenfindet, ist die Frage.

Auf der Ebene von Personen läßt sich dies besonders im Kontrast zu streng geschichteten feudalen Gesellschaften deutlich machen. Die Politik inkludiert im Prinzip alle Bürger in ihren Bereich durch den schrittweisen Ausbau des Wahlrechts bis hin zum *allgemeinen* Wahlrecht. Das Erziehungssystem erreicht gesellschaftsweite Inklusion durch die *allgemeine* Schulpflicht; das Gesundheitssystem schließt im Prinzip alle Gesellschaftsmitglieder ein durch eine *allgemeine*, gesetzlich geregelte Zwangsversicherung; die Kriegerkaste löst sich auf in einer *allgemeinen* Wehrpflicht, und das Rechtssystem verliert seine zwischen den Schichten diskriminierende Wirkung mit dem Durchbruch der Idee des *allgemeinen*, gleichen und verbindlichen Gesetzes. Für jedes Funktionssystem läßt sich diese radikale Inklusion nachzeichnen. Jedes Funktionssystem beansprucht somit die Gesellschaft insgesamt als relevanten Bereich seiner spezialisierten Operationen. Jeder Teil beansprucht die Einheit der Gesellschaft in seiner eigenen Logik und erzeugt damit genau die Diversität, welche die archaische und die feudale Form der gesellschaftlichen Einheit auflöst. Damit ist noch kein Urteil über die Möglichkeit, Notwendigkeit oder Wünschbarkeit einer übergreifenden Einheit gesprochen. Aber es wird unwahrscheinlicher, daß die aus der alteuropäischen Tradition überkommenen Ideen der gesellschaftlichen Einheit für die neue Konstellation überhaupt intelligibel sein könnten.

Auf der Ebene der Organisationen verdichtet sich dieser Befund. Die ausdifferenzierten Funktionsbereiche bilden auf der Ebene der Personen spezifische Rollen aus (Wähler–Gewählter, Arzt–Patient, Lehrer–Schüler, Richter–Angeklagter etc.), auf der Ebene der Organisationen spezifische Handlungslogiken, welche die Zugehörigkeit der Organisation zu einem exklusiven Funktionszusammenhang spiegelt. So trivial es zunächst erscheint, daß Unternehmen der Ökonomie, Parteien dem politischen System, Kirchen dem Religionssystem, Universitäten dem Wissenschaftssystem, Schulen dem Erziehungssystem oder Sportvereine dem Sportsystem angehören, so radikal und folgenreich ist doch diese »Vereinnahmung«. Sie bedeutet, daß zum

Beispiel ein Unternehmen alle nur denkbaren internen Ziele, Motive und Interessen formulieren kann, die jenseits der ökonomischen Logik liegen mögen; aber als Unternehmen insgesamt kann es gegen diese Logik bei Strafe des Verschwindens vom Markt nicht verstoßen. Es gibt also eine glasklare Handlungslogik im Sinne einer ökonomischen Rationalität des Unternehmens, ohne Vermischungen, Übergänge oder Beimengungen, die strikt einzuhalten ist, oder das Unternehmen hört auf, als ökonomische Einheit zu existieren. Analog dazu sind etwa Parteien strikt an die Handlungsrationalität des politischen Systems gebunden. Auch wenn sie sich »christlich« nennen, sind sie keine Kirchen und müssen sich gegen christliche Positionen – etwa in der Frage der Schwangerschaftsunterbrechung – entscheiden, wenn die politische Rationalität dies fordert. Ebenso sind Schulen der Logik der pädagogischen Bewertung von Kompetenzen unterworfen und können nicht als Wirtschaftsunternehmen, Parteien oder Kirchen geführt werden, ohne ihren Sinn zu verfälschen.

Dieser Diagnose strenger Trennung der Teilrationalitäten scheinen Befunde zu widersprechen, wonach in Wirtschaftsunternehmen auch Machtspiele, in Kirchen auch wirtschaftliche Aktivitäten, in Schulen auch rechtliche Handlungszusammenhänge etc. eine Rolle spielen. Jede Organisation entwickelt mit ihrer internen Arbeitsteilung und Differenzierung vielfältige Teilziele, Nebenzwecke und subkutane Rationalitäten. Statt Trennung also doch Vermischungen und Überschneidungen? Die Antwort ist weder ja noch nein; sie hängt vom Beobachterstandpunkt ab. Für Mitglieder und Teilsysteme einer Organisation ergeben sich hieraus regelmäßig Rollen- und Zielkonflikte. Die Forschungs- und Entwicklungsabteilungen technologieintensiver Firmen richten sich ihrem Selbstverständnis nach eher an der Leitdifferenz und den Prioritäten des Wissenschaftssystems aus als an der »krämerhaften« Logik der Ökonomie. Die Mitglieder der Marketing- und Werbeabteilungen verstehen sich in Wirklichkeit als Entertainer und Künstler und tun sich schwer, sich auf profane Kosten-Nutzen-Rechnungen einzulassen. Ähnliches gilt für alle weiteren Abteilungen, Divisionen, Geschäftsbereiche und andere Untergliederungen eines komplexen Unternehmens. Oft genug setzen sich auch faktisch diese Teilbereichslogiken durch. Dann entwickelt die F&E-Abteilung ein technologisches Juwel – das allerdings nicht absetzbar ist, weil es bei weitem zu teuer ist. Oder die Marketingabteilung produziert eine künstlerisch wertvolle Werbekampagne – die leider nur bei den potentiellen Käufern nicht ankommt.

Im Gewoge und Widerstreit der verschiedenen Teillogiken gibt es demnach trotz aller scheinbarer Vermischungen eine glasklare Trennung: insgesamt als System muß eine Organisation der Logik ihres »Muttersystems«, das heißt ihres Funktionssystems, gehorchen, oder sie verliert ihre Identität als Firma, Kirche, Partei, Universität, Krankenhaus etc. Unter der Oberfläche können alle erdenklichen Teillogiken mehr oder weniger weit zum Tragen kommen; die Frage der Identität und der Reproduktion als System aber stellt sich rigoros als Frage der Einhaltung der Leitdifferenz gegenüber allen anderen Nebenzielen der Organisation. Nur wenn eine Firma insgesamt zahlungsfähig bleibt, und nur innerhalb dieses Rahmens, kann sie hochwertige Forschung betreiben, Personalentwicklung durchführen, kunstvolle Marketingstrategien entwerfen etc. Nur wenn ein Krankenhaus insgesamt seine Operationen an der Leitdifferenz von gesund/krank und an der Logik des Heilens ausrichtet, bleibt es ein Krankenhaus und mutiert nicht zum Beispiel in ein Forschungslabor oder in ein Industrieunternehmen. Nur wenn eine Kirche insgesamt ihr Handeln auf die Differenz heilig/profan und an der Logik des Glaubens ausrichtet, bleibt sie eine Kirche und wird nicht unterderhand zu einem Wirtschaftsunternehmen oder zu einer revolutionären Partei. Nur wenn eine Schule insgesamt ihre Kommunikationen an der pädagogischen Bewertung von Kompetenzen ausrichtet und der Logik des Lehrens/Lernens unterordnet, degeneriert sie nicht zu einem auf Profitabilität orientierten Unternehmen, zu einer auf Parteilichkeit gründenden Hilfsschule der Politik, zur Dependance einer Kirche oder zu einer anderen Monstrosität.

Diese Überlegungen erweisen, daß die Dialektik von Einheit und Vielfalt nicht mit dem Argument aufzulösen ist, die differenzierten Teile würden sich alle irgendwie überschneiden, und ihre Logiken seien nicht trennscharf. Während es viele Formen von Gesellschaft und anderen Sozialsystemen gibt, in denen die verschiedenen Logiken tatsächlich nicht getrennt sind, sondern vielfältig ineinander übergehen und durcheinanderspielen, ist die Moderne – wie Max Weber herausgearbeitet hat – durch die scharfe Trennung exklusiver Logiken gekennzeichnet. Bis hinein in die Fundamente der Verfassungen und Rechtssysteme moderner Gesellschaften sind diese exklusiven »Zuständigkeiten« durch Autonomiegarantien geschützt – Religionsfreiheit, Freiheit von Wissenschaft und Lehre, Autonomie der Familie und der Kommunen, Garantie des Eigentums und Berufsfreiheit, Autonomie der Kunst etc. So wichtig ist der Verfassung der Moderne diese scharfe Trennung und Exklusivität der Logiken, daß noch der Code der Politik strikt vom Code der Moral getrennt ist und

»die Werte der verschiedenen Funktionssysteme keine moralischen Werte sind. [...] Die Zwei-Werte-Codierung der Funktionssysteme läßt sich in keinem Fall mit dem Moralcode von gut/schlecht gleichsetzen, und damit entzieht sich auch die gesamte Selbstorganisation dieser Funktionssysteme einer moralischen Kontrolle. [...] Und gerade der einzelne darf wohl erleichtert aufatmen, wenn er erfährt, daß heute niemand, der sich für Moral einsetzt, in Anspruch nehmen kann, die Gesellschaft zu vertreten« (Luhmann 1994, S. 32, 41).

Um so bemerkenswerter ist das Aufheulen einiger bayerischer Politiker zum Kruzifix-Urteil des Bundesverfassungsgerichts, das nichts anderes festhält als die Selbstverständlichkeit einer Trennung von Kirche und Staat.

Trotz dieser radikalen Pluralität und Diversität bleibt natürlich das Problem der Einheit. Das Geschäft der Einheitsbildung läßt sich allerdings nicht dadurch erledigen, daß man hinterrücks in die ausdifferenzierten Rationalitäten der Funktionssysteme doch wieder einen Drang oder eine Tendenz zur Vermischung einbaut. Besonders deutlich erliegt Wolfgang Welsch dieser Gefahr. Immer dann, wenn es darauf ankäme, sich der soziologischen Beschreibung realer moderner Gesellschaften in ihrer radikalen Heterogenität zu stellen, taucht er ab zu den philosophischen Klassikern und entlockt ihnen Antworten zu Fragen, die sie sich noch gar nicht vorstellen konnten. So fällt es ihm leicht, die Heterogenität der Moderne doch wieder zu entschärfen und eine harmonistische Grundgestimmtheit der Gesellschaft zu fabrizieren, die das eigentliche Problem eskamotiert:

»Insgesamt erweist sich die Hypothese reiner Autonomie somit im Prozeß forcierter Pluralisierung als vordergründiger Anschein. Heterogenität war nur die eine Seite, zu der untergründig stets schon Verbindungen gehörten. Je weiter die Pluralisierung voranschreitet, um so ausdrücklicher werden diese Verbindungen. Die wachsende Pluralisierung ist gleichsam das Nadelöhr, durch das zunehmende Ausdifferenzierung in neue Vernetzung umschlägt« (Welsch 1995, S. 435).

Der Leser reibt sich verwundert die Augen: in einem paradoxen »Umschlag« erzeugt gerade die Heterogenität Verbindungen, und die Pluralisierung schafft aus sich heraus Vernetzung. Diesem Irrtum ist bereits Emile Durkheim aufgesessen, der aber mit der Idee der Interdependenz immerhin ein starkes Argument ins Feld führen konnte. Welsch dagegen postuliert diese wundersame Wendung nur, ohne sie gegen die empirische Evidenz radikaler Heterogenität moderner Formen der Systembildung begründen zu können. Wohlgemerkt ist dies kein Einwand gegen seine Idee der transversalen Vernunft – nur die Begründung der Möglichkeit einer solchen macht Welsch sich durch »wundersame« Voranahmen zu einfach.

Auch eine Position radikaler Heterogenität der Logiken differenzierter Sozialsysteme muß sich dem Problem der Einheit dieser Systeme stellen, wenn man Auseinanderbrechen und Anarchie als suboptimale Formen der Koordination betrachtet oder das Risiko blinder Evolution, die »Ineffizienz der Geschichte« (March und Olsen 1989, S. 54), nicht akzeptieren möchte. Zur Begründung der Möglichkeit von systemischer Einheit genügt es dann allerdings nicht, auf Übergänge, Überschneidungen und Bezugnahmen hinzuweisen. Die Kernfrage ist vielmehr gerade, wie zwischen operativ autonomen, selbstreferentiell kommunizierenden Funktionssystemen Übergänge und Bezugnahmen überhaupt möglich sind. Folgerichtig für seine Sichtweise schließt etwa Humberto Maturana jeden Übergang zwischen autopoietischen Systemen im Sinne einer »instruktiven Interaktion« aus und betrachtet nur Ko-Evolution durch strukturelle Kopplung als möglich. Im Anschluß daran denkt Niklas Luhmann die Verknüpfung heterogener Funktionssysteme als strukturelle Kopplung, welche bestenfalls eine »Resonanz« zwischen divergierenden Rationalitäten erzeugt, also eine je systemspezifische Reaktion auf externe Ereignisse, die ein System in seiner eigenen Logik liest und zu internen Informationen aufbereitet: »In allen diesen Verhältnissen waltet keine übergeordnete Vernunft, weil jedes System nur mit seinem eigenen Code Resonanz erzeugen kann, dies aber fast wehrlos tut, wenn Informationen codespezifische Operationen auslösen« (Luhmann 1986, S. 222).

Liest man mit Max Weber die Entwicklungsgeschichte, welche die modernen westlichen Gesellschaften in den zurückliegenden Jahrhunderten durchschritten haben, als allmähliche Radikalisierung der Heterogenität, Autonomie und Eigenlogik ihrer Funktionsbereiche, insgesamt als Paradoxie der Rationalisierung, dann muß jede Position fragwürdig erscheinen, die dennoch eine irgendwie geartete gesellschaftliche Einheit als *übergreifende* Einheit aus dem Hut zaubert. Auch Vernunft hilft nicht weiter. Diese Gesellschaftsgeschichte war bislang eine einzige Verhöhnung von Vernunft. Auch wenn seit einigen Jahrzehnten die eingebaute Irrationalität des Ganzen sich nicht mehr vorrangig in Kriegen entlädt, so bleiben doch die Trajektorien der Selbstzerstörung für alle Funktionsbereiche in bezug auf ihre gesellschaftlichen Umwelten und für alle Gesellschaften in bezug auf ihre natürlichen Umwelten real genug. Auf Übergänge und Überschneidungen zwischen diesen wild gewordenen Teilrationalitäten zu setzen hieße, den Teufel mit Beelzebub austreiben zu wollen. Weiterführend ist dagegen die Idee von Habermas, kollektive Identität als Reflexionsform zu begreifen, die in solchen Verfahren der Kommunikation gründet, welche Identitätsbildung als kontinuierlichen Lernprozeß, als Prozeß der Erzeugung und Veränderung von kollektiven Identitäten, ermöglicht (Habermas 1976). Zentral wird hier nicht Identität oder Vernunft für sich, sondern ihr Status als revisionsfähige und -bedürftige Größe.

Aber auch gegenüber Habermas gilt der Einwand, daß er noch in Richtung auf eine übergreifende Identität und Rationalität denkt, in Richtung auf eine universalistische Moral, auch wenn diese Moral nur noch prozedural gemeint ist. Alle Versuche dieser Art scheitern am dominanten Strukturprinzip moderner Gesellschaften, am Primat funktionaler Differenzierung und der daraus resultierenden Divergenz *und* Simultaneität gesellschaftlicher Identitätsentwürfe der Funktionssysteme. Jedes Funktionssystem entwirft unter dem Zwang zur Exklusion *und* Inklusion eine idiosynkratische Einheit der Gesellschaft nach seiner eigenen Logik. Permanent stehen divergierende Modelle gesellschaftlicher Einheit gegeneinander, die einander nichts zu sagen haben, sondern bestenfalls füreinander Perturbationen und Verstörungen erzeugen. Die Verknüpfung der Modelle kann sich gerade nicht auf Übergänge und Überschneidungen stützen, sondern ist auf den schwierigeren und umständlicheren Weg struktureller Kopplung verwiesen. Die Logiken der Funktionssysteme stehen orthogonal zueinander, sie spielen in verschiedenen Welten, so daß sie nur über die Konstruktion von Zwischenwelten füreinander instruktiv werden können. »Für jedes Teilsystem gibt es dann zwar eine Einheit der Gesellschaft, aber gerade deshalb keine übergreifende, für alle Teile verbindliche Einheit des Ganzen« (Willke 1992, S. 43).

All dies ist längst gesellschaftliche Praxis und nur Philosophen und Staatsrechtlern verborgen geblieben. Die mühsame Konstruktion korporatistischer Verhandlungssysteme und Politikfeld-Netzwerke der unterschiedlichsten Art macht deutlich, daß entwickelte Demokratien auf ihre Selbstgefährdung durch die zentrifugale Dynamik differenzierter und nicht-verbundener Kommunikationslogiken reagieren – wie vorläufig und prekär auch immer. Geschah der Aufbau dieser Verhandlungssysteme als Zwischenwelten des sozietalen Diskurses noch in der alteuropäischen Illusion, damit die für die Gesellschaft identitätsstiftende Rolle der Politik retten zu können, so kann heute als wesentliche Lernerfahrung der Praxis der Verhandlungssysteme gelten, daß genau diese Illusion zerstört worden ist. Auch die Politik kann die Last der Konstruktion einer übergreifenden Einheit der Gesellschaft nicht tragen. Sie hat dazu weder die Mittel noch die Informationen, noch die Kompetenzen, noch eine Logik, der sich die anderen gesellschaftsprägenden Logiken beugen könnten. Auch die Politik vertritt nur ein partiales Interesse und vorrangig ein Interesse an sich selbst – wie jedes andere Funktionssystem auch.

4. Demokratie als Steuerungsmodell komplexer Systeme?

An der Schwelle des dritten Millenniums stehen Individuen und Kollektive vor Herausforderungen, die sich nicht mehr durch ein noch so beherztes Engagement für nur eine Seite der Gleichung von Einheit und Vielfalt meistern lassen. Wenn wir nicht sehr viel durchdringender und nachhaltiger als bisher lernen, daß nur aus dem komplexen, widersprüchlichen, kompromittierenden und offenen Zusammenspiel von Einheit *und* Vielfalt, Demokratie *und* Modernität, Freiheit *und* Komplexität eine erträgliche Gesellschaft erwächst, dann werden uns die nicht-beabsichtigten Nebenwirkungen individueller Freiheit und kollektiver Hybris – Bevölkerungswachstum, Zerstörung der Natur, Anomie der Metropolen und Agonie der Armen – überrollen wie eine zweite Sintflut. Weder Parteinahme für *democracy as usual* noch Einsicht in die Schwierigkeiten der Steuerung hochkomplexer Gesellschaften je für sich genommen scheinen mir besonders problematisch zu sein – oder besonders hilfreich. Die wirklich kritische Ressource ist individuelle und kollektive Lernfähigkeit: Wie reagiert eine globale Zwangsgemeinschaft von sechseinhalb Milliarden Individuen auf die klar absehbare Endlichkeit ihrer natürlichen Ressourcen und auf die Bedrohung jeglicher Individualität durch globale Risiken? Im Kontext moderner Demokratien einseitig für Freiheit *oder* Modernität Partei zu ergreifen ist nicht nur frivol, es verkennt grundlegend die Problematik hochkomplexer Gesellschaften. Dem politisch engagierten Bürger, der die Augen vor dem Morgen nicht verschließt, muß die gegenwärtige »Standortdebatte« der Länder der Ersten Welt, die Unverfrorenheit einer »race to the bottom« sozialer und naturaler Schutzrechte, die Banalität der guten Absichten, die Zornesröte ins Gesicht treiben.

Die gegenwärtig anschwellende Dynamik von Globalisierung, Vernetzung und Digitalisierung zwingt Kapitalströme und Arbeitsplatzangebote zu global streuenden und zudem kurzfristigen Fluktuationen, die sich schnell verheerend auf die *territorial und zeitlich gebundenen* Einrichtungen und Strukturen einer Gesellschaft und ihrer Solidargemeinschaften auswirken können: auf Ausbildungssysteme, Vorsorgeeinrichtungen, familiale und kommunale Strukturen, langfristig angelegte Infrastruktursysteme und diffizil ausbalancierte Systeme von Eigentumsrechten und fairer Verteilungen von Lasten und Pflichten etwa in den Institutionen der Tarifautonomie, der Krankenversicherung oder der Altersvorsorge. Alle diese Einrichtungen gründen auf Kalkülen, welche die bornierte Verengung auf kurzfristigen Gewinn gerade überwinden zugunsten einer weitsichtigen Kooperation trotz widersprüchlicher Interessenlagen vieler Individuen. Zu stabilisieren sind derart unwahrscheinliche Konstruktionen nur im Rahmen langfristiger Interessenmediatisierung zwischen Kapital und Arbeit, zwischen aufeinanderfolgenden Generationen, zwischen Ärzteverbänden und Krankenkassen, zwischen Nutzung und Schutz der Natur, zwischen Konsum und Investition. Seit gut hundert Jahren nutzen die europäischen Sozial- und Wohlfahrtsgesellschaften diese »unwahrscheinlichen« Formen der Mediatisierung und Kooperation – und das, was dabei als Zivilisierung erkennbar ist, wurde gegen einen einseitigen Individualismus, gegen eine bornierte Ausbeutung der Natur durchgesetzt.

Global »freien« Märkten sind diese labilen Konstruktionen nahezu schutzlos ausgeliefert, weil sie als territorial definierte und delimitierte Solidargemeinschaften langfristige Vorleistungen erbringen, die erst dann Sinn ergeben und sich zu einem Ganzen fügen, wenn sie nicht für schnelle Gewinnmaximierung ausgebeutet, sondern für kontinuierliche Produktivität genutzt werden. Schon Max Weber hat hierin den Unterschied zwischen Räuber- und Industriekapitalismus gesehen. Die schnelle Verlagerung industrieller Produktion etwa aus Westeuropa nach Mexiko, Irland, China oder Tschechien nutzt ein Entwicklungsgefälle in der Qualität von Ausbildung, Infrastruktur, Menschen- und Naturschutz zu dem alleinigen Zweck der Minimierung der Arbeitskosten. Über den bloßen Arbeitsmarkt quillt das Problem in den staatlichen Bereich über, weil an den Arbeitskosten über ein mögliches »Lohndumping« hinaus auch Rücksichtnahmen auf Menschenrechte, soziale Schutzrechte etwa gegen Kinderarbeit, ökologische Schutz- und Restituierungskosten und weitere »Gemeinkosten« angebunden sind, die sich einer Steuerung durch den Markt entziehen. Diese Art von Unternehmenspolitik verkürzt ein komplexes Gefüge gesellschaftlicher Kosten- und Nutzenfaktoren auf den isolierten Faktor gegenwärtiger Arbeitskosten: zurück zum Räuberkapitalismus. Aus der Verflechtung interdependenter Momente eines territorial und solidarisch gebundenen gesellschaftlichen Zusammenhangs ist damit eine Verstrebung labilisiert und die Gefahr heraufbeschworen, daß die ganze Konstruktion nicht mehr tragfähig ist.

Damit kommt ein Grad an Unsicherheit und Unvorhersehbarkeit in die Welt, der entsprechende Formen und Mechanismen der Absorbtion von Unsicherheit, des Umgangs mit Risiken, der Verarbeitung von Kontingenz verlangt. Sicherlich haben moderne Gesellschaften Erfahrungen damit. Das Projekt der Moderne war im Kern nichts anderes: die Ablösung der traditionalen, religiös verankerten Gewißheiten durch säkulare Machbarkeit und Kontingenz. Aber viele Gründe sprechen dafür, daß die für diesen Umbruch entwickelten Instrumentarien, vor allem positives Recht, formale Hierarchie als Organisationsform und Demokratie als Herrschaftsform, an Grenzen ihrer Leistungsfähigkeit und Belastbarkeit stoßen.

In den zwanziger Jahren dieses Jahrhunderts konnte John Dewey eine radikale Demokratie und einen liberalen Sozialismus fordern. Der praktizierte Sozialismus hat das seiner Leitidee innewohnende Element der Liberalität erstickt – und ist selbst daran zugrunde gegangen. Die praktizierte Demokratie hält das ihrer Leitidee innewohnende Element der Radikalität rousseauscher Prägung schon lange unter Kontrolle, sie setzt statt dessen auf Komplexität und Steuerbarkeit – und hat deshalb trotz allem überlebt. Heute muß die Demokratietheorie über Dewey hinausgehen, weil es nicht mehr nur die Veränderung der Demokratie und die ihr zugrunde liegende radikale Veränderung der Rolle und Funktion von Politik sind, welche die anstehende Herausforderung definieren, sondern die Auflösung der Einheit der Gesellschaft in eine brisante Gemengelage aus weitgehend privat regulierten lateralen Weltsystemen einerseits und einem Restbestand national delimitierter gesellschaftlicher Bereiche und Aufgaben andererseits (Willke 1997). Welchen Ort »Demokratie« in diesem unübersichtlichen Netz einnehmen kann, ist ungeklärt.

Literatur

Habermas, Jürgen (1976), *Zur Rekonstruktion des historischen Materialismus*, Frankfurt am Main: Suhrkamp.

King, Alexander, und Bertrand Schneider (1991), »Die globale Revolution. Ein Bericht des Rates des Club of Rome«, in: *Spiegel-Special*, Nr. 2.

Luhmann, Niklas (1986), *Ökologische Kommunikation*, Opladen: Westdeutscher Verlag.

– (1992), *Beobachtungen der Moderne*, Opladen: Westdeutscher Verlag.

– (1994), »Die Ehrlichkeit der Politiker und die höhere Amoralität der Politik«, in: Peter Kemper (Hg.), *Opfer der Macht. Müssen Politiker ehrlich sein?*, Frankfurt am Main: Suhrkamp.

March, James, und Johan Olsen (1989), *Rediscovering Institutions*, New York: Free Press.

Saxonhouse, Arlene (1992), *Fear of diversity: The birth of political science in ancient Greek thought*, Chicago: University of Chicago Press.

Welsch, Wolfgang (1995), *Vernunft. Die zeitgenössische Vernunftkritik und das Konzept der transversalen Vernunft*, Frankfurt am Main: Suhrkamp.

Willke, Helmut (1992), *Ironie des Staates. Grundlinien einer Staatstheorie polyzentrischer Gesellschaft*, Frankfurt am Main: Suhrkamp.

– (1995), *Systemtheorie III: Steuerungstheorie*, Stuttgart: G. Fischer (UTB).

– (1997), *Supervision des Staates*, Frankfurt am Main: Suhrkamp.

Lutz Wingert

Unpathetisches Ideal

Über den Begriff eines bürgerschaftlichen Wir[1]

Die Szene ist geläufig: Humphrey Bogart als amerikanischer Gauner. In einem seiner Filme fordert Bogart seinen Rivalen auf, gemeinsam vorübergehend auf ihre schmutzigen Geschäfte zu verzichten, um mit der Polizei zusammenzuarbeiten – im nationalen Interesse gegen eine fünfte Kolonne von Nazis. Bogarts Gegenspieler braucht Aufklärung. (Im Sportteil der Zeitungen steht nicht, was Nazis sind.) »Nazis – das sind Leute, die dir vorschreiben wollen, welche Zeitung du zu lesen hast, wann du aufstehen mußt und welche Anzüge du zu tragen hast.« – So ungefähr Bogart. Ein unpathetisches Plädoyer. Es hat nichts vom ›tiefen‹ Geist der Utopie, der gegen den damals wie heute als ›flach‹ denunzierten angelsächsischen ›Krämergeist‹ mit seinem Kalkül und Abgleich von Interessen geltend gemacht wird.

Ähnlich unpathetisch ist der Gedanke eines bürgerschaftlichen Wir. Das schmälert nicht seine Brauchbarkeit. Demokratische Politik in modernen Gesellschaften ist eine Politik der vorletzten Fragen, der Fragen freier Interessenartikulation und des fairen Interessenausgleichs. Wie kann sie das bleiben, ohne den gesellschaftlichen Zusammenhalt zu untergraben und in eine fatale »organisierte Verantwortungslosigkeit« (Ulrich Beck) für ihre Folgen zu verfallen? Diese Frage ist mit einer anderen verbunden: Verfügt eine demokratische Gesellschaft über die Instanzen, die ihr eine überlegte Einwirkung auf ihre eigenen Entwicklungen ermöglichen?

Der Gedanke eines bürgerschaftlichen Wir ist brauchbar, weil er dazu beitragen kann, die Beschaffenheit solcher Instanzen zu klären. Er ist Bestandteil eines Modells politischer Steuerung, nach dem Helmut Willke fragt und das zur Bewältigung des Pro-

1 Erweiterte Fassung eines Artikels, der zuerst in der *Frankfurter Rundschau* vom 23. 1. 1996, S. 16, unter dem Titel »Unpathetisches Ideal« erschien.

blems beiträgt, »wie die zentrifugale Dynamik moderner Gesellschaften, ihr Hang zur Selbstüberschätzung und Selbstüberforderung, einschließlich der destruktiven Überforderung [...] der Mitglieder und [...] der Natur in konstruktivere [...] Bahnen gelenkt werden könnte«.[2]

Das anfechtbare »Wir« einer Bürgergesellschaft

Der Begriff eines bürgerschaftlichen Wir verweist auf das Konzept der Bürgergesellschaft. In den achtziger Jahren ist »Bürgergesellschaft« erneut das Wort für den Gegenbegriff zu Staat gewesen – Staat verstanden als ein administrativer Komplex, als Kafkas Behörde; nicht verstanden als ein Rechtssystem mit polizeilicher Deckungsgewalt. Natürlich ist jede Bürgergesellschaft rechtlich verfaßt. Sie bildet keinen Gegensatz zum Staat als Rechtssystem. Der genannte Gegensatz sollte die Aufmerksamkeit umlenken: weg von vertikalen Bürger-Staat-Beziehungen hin zu solchen horizontalen Beziehungen zwischen Bürgern, für die Autonomie charakteristisch ist.

»Bürgergesellschaft«, das Wort jetzt empfehlend, nicht historisch-beschreibend gebraucht, meint all die Bürger-Bürger-Beziehungen, in denen sich Bürger als Urheber und Adressaten zugleich der Regelungen ihrer Verhältnisse verstehen. Deshalb haben bürgerschaftliche Beziehungen einen konventionenhaften, satzungsmäßigen Zug, der sie von naturwüchsig geregelten Sozialbeziehungen, zum Beispiel Gruppen, Cliquen oder – mit Abstrichen – traditionalen Familien, unterscheiden. Für bürgerschaftliche Beziehungen sind die kühlen Formen des schonenden Umgangs wie Respekt und Achtung kennzeichnend. Das unterscheidet eine Bürgergesellschaft von Freundschaften oder von einem Bund. Die Beziehungen zwischen den Menschen sind spröder, und die einzelnen gehen in diesen Beziehungen nicht restlos auf. Sie haben abgewandte, subjektive Seiten ihrer Existenz, und es gibt entzogene Bereiche – Bereiche des Privaten und subjektive Erfahrungswelten. Damit sind Abwanderungsmöglichkeiten eröffnet, die eine Bürgergesellschaft von geschlos-

2 H. Willke, *Supervision des Staates*, Frankfurt am Main: Suhrkamp 1997, S. 72.

senen Gemeinschaften wie Sekten oder Clans unterscheiden. Die Mitglieder einer Bürgergesellschaft sind nicht nur Bürger – *bourgeois* und *citoyens* –, sondern auch Individuen.

Dieser individualistische Zug wird in demokratischen Bürgergesellschaften geschützt durch Menschenrechte. Menschenrechte sind keine Fähigkeiten, wie zum Beispiel bestimmte Körperkräfte, die man haben kann unabhängig von ihrer Anerkennung durch andere. Sie sind aber auch keine Befugnisse, die verliehen werden. Sie sind Rechte, die den einzelnen zukommen kraft ihres anerkennungswürdigen Menschseins. Deshalb gibt es keine deutschen, amerikanischen oder chinesischen Menschenrechte. Natürlich gibt es kulturelle Traditionen, die das Verständnis von Menschenrechten prägen, zum Beispiel das Verständnis, was »Menschenwürde« heißt. Aber man muß hier unterscheiden zwischen der semantischen Ebene von bestimmten, niedergeschriebenen Normsätzen einerseits und der pragmatischen Ebene, der Verwendungsfunktion solcher Normsätze, andererseits. In dem Ausdruck »menschenrechtliche Grundsätze« verschwimmt dieser Unterschied. Das kulturelle Verständnis drückt sich auf der Ebene der Sätze aus. Die pragmatische Funktion, der Verwendungszweck dieser Sätze, nämlich den Schutz individueller Integrität als Recht zu reklamieren, geht nicht in der Bedeutung der Normsätze auf. Die *Funktion* ist transkulturell. Dazu paßt, daß man im Namen der Funktion von Menschenrechten ein bestimmtes kulturell gefärbtes Verständnis kritisieren kann.

Eine Bürgergesellschaft auf menschenrechtlicher Basis ist eine nach innen (a) wie nach außen (b) strukturell offene Gesellschaft:

Zu (a): Aus der Innenansicht einer meist nationalstaatlichen Rechtsgemeinschaft werden deren Mitglieder als menschliche Individuen behandelt, die nicht in ihrem Mitgliedsstatus aufgehen. Die Mitglieder haben bestimmte Rechte – Menschenrechte eben – nicht als Mitglieder, als Deutsche, Polen oder Kanadier, sondern als Menschen. Mit Menschenrechten akzeptiert eine Gesellschaft, daß ihre Mitglieder nicht nur Mitglieder sind, sondern auch fremde Individuen, die gleichwohl nicht aufhören, dazuzugehören.

Das hat eine Konsequenz für die Mitgliedschaft: Sie und die an sie gebundenen Berechtigungen und Verpflichtungen werden stärker fixiert durch Reziprozitäten in unzähligen alltäglichen

Interaktionen und Transaktionen als durch Identitäten mit Kollektiven.[3]

Zu (b): Menschenrechte haben von ihrer Funktion her den Effekt, daß sich das Recht der Bürgergesellschaft nicht immunisierend abschließt getreu dem Motto: Es gibt keine Verbrechen, sondern nur schlechte Anwälte. Ihre Anerkennung schließt die Ablehnung einer souveränen Instanz mit ein, die allem Streit enthoben definitiv die Mitgliedschaftsgrenzen zieht. Also einer letzten Autorität, die einfach festsetzt, wer dazugehört und angehört werden muß; zum Beispiel angehört werden muß mit einem Anspruch auf Mitgliedschaft, der sich auf faktisch durch Gegenleistungen eingegangene Reziprozitäten beruft. Man denke an die seit 20 Jahren Steuern zahlende, ihre Kinder in eine laizistische Schule schickende, den christlichen Sonntag respektierende Näherin mit türkischem Paß, die einen deutschen Paß will. – Das bürgerschaftliche Wir ist immer das »Wir« einer Stimme, die sich als anfechtbare Instanz kenntlich macht.

Menschenrechte funktionieren wie Türöffner zu geschlossenen Gesellschaften und können dadurch eine kritische und korrigierende Rolle übernehmen. Das gilt nicht bloß für den speziellen Fall der Zufluchtsuchenden und Asylbewerber, die nicht mehr bloß Objekt menschenfreundlichen Mitleids sind, sondern auch als Fremde bei uns Rechtssubjekte sind. (Das macht die Frage ihrer Aufnahme über Mißbrauchsverdacht und Überforderungsgefühle hinaus zu einer so ungemütlichen Angelegenheit.)

Ganz allgemein wirken Menschenrechte wie Detektoren, die solche exklusiven Zugehörigkeiten aufspüren, ohne die man bestimmte Menschenrechte nicht wirklich hat:

- zum Beispiel die Zugehörigkeit zur Klasse der Bürger mit einer Mindestausbildung, ohne die man das politische Recht der freien Meinungsäußerung nicht wahrnehmen kann;
- oder die Zugehörigkeit zum männlichen Geschlecht, ohne die man das Recht auf gleichen Lohn für gleiche Arbeit selten wirklich hat;
- oder die Zugehörigkeit zu einer bestimmten Rasse oder Kon-

3 Wie diese Konsequenz in verschiedenen modernen Gesellschaftstheorien, namentlich in der von Talcott Parsons bedacht wird, untersucht H. Brunkhorst in: *Solidarität unter Fremden*, Frankfurt am Main: Fischer 1997, insbesondere S. 75-87.

fession, ohne die man das Recht auf einen fairen Gerichtsprozeß oft effektiv nicht hat.

Menschenrechte können solche exklusiven Zugehörigkeiten als faktische Bedingungen für ihren Genuß aufdecken, weil sie ja dem Anspruch nach Menschen und nicht Bürgern, Christen, Männern, Weißen, Moslems usw. zukommen sollen.

Allerdings muß man verschiedene Arten von solchen Zugehörigkeiten auseinanderhalten. Nicht jede Zugehörigkeit muß an sich schon eine unzulässige, exklusive Bedingung für das tatsächliche Haben eines Menschenrechts sein. Man muß trennen zwischen

(1) solchen Zugehörigkeiten als Bedingungen, die *gewollt* sind – zum Beispiel lange Zeit die Zugehörigkeit zum Bürgertum als eine Zugangsbedingung zu Bildungsmitteln;

(2) Zugehörigkeiten als Bedingungen, die *nicht gewollt, aber änderbar* sind – zum Beispiel die Zugehörigkeit zu der Bevölkerung einer ökologisch halbwegs intakten Region als Bedingung für den Genuß des Rechts auf eine saubere Umwelt; und

(3) Zugehörigkeiten als Bedingungen, die *nicht gewollt und auch nicht zu ändern* sind – zum Beispiel die Zugehörigkeit zur Gruppe derer, die geistig gesund sind, als eine Bedingung für die Wahrnehmung politischer Menschenrechte.

Exklusive Zugehörigkeiten der letzten Art sind Beschränkungen fürs wirkliche Haben von Menschenrechten, die kein Unrecht, sondern ein Unglück sind. Natürlich ist es eine offene Frage, was änderbar ist und was nicht. Hier haben Menschenrechte ebenfalls eine kritische, enlargierende Funktion. Sie können Zweifel säen über die Berechtigung der Meinung, daß bestimmte Dinge nicht änderbar sind. Denn sie üben als Rechte mit dem Anspruch auf Garantien durch aktionsfähige Dritte (Kollektive) einen Druck zur Intervention in die Verhältnisse aus. Es ist dieser Zug an Menschenrechten, der zum Beispiel die Zugehörigkeit zur Zweidrittel-Arbeitsgesellschaft als eine faktische, unbeabsichtigte und auch nicht änderbare Bedingung für den Genuß des Rechts auf Arbeit in Zweifel zieht. Wie es auch dieses Merkmal ist, das Zweifel stützt, Ansprüche, zu deren allgemeiner Erfüllung es nicht die nötigen Handlungsmöglichkeiten gibt, als Menschenrechte auszuzeichnen.

Mit Menschenrechten hat eine Bürgergesellschaft in ihre Inklusions- und Ausschlußmechanismen einen korrektiven Zug eingebaut. Menschenrechte ermöglichen die Identifizierung von exklusiven Zugehörigkeiten zu bestimmten Gruppen, Kollektiven, Klassen usw. als eine Bedingung für das tatsächliche Haben dieser Rechte und für bestimmte Konnexrechte. Und sie zwingen zumindest zu der Überprüfung, ob diese Bedingungen berechtigt und unbeeinflußbar sind.

Nun gibt es eine Reihe von gesellschaftlichen Problemen und Konflikten, die sich zu ausschließenden Wir-sie-Gegensätzen auswachsen, an deren Ende der auslöschende Gegensatz Freund–Feind steht: wir Einheimischen mit deutschem Paß gegen Ausländer; wir Arbeitsplatzbesitzer in Kernbelegschaften gegen die »Entbehrlichen der Arbeitsgesellschaft« (M. Kronauer); wir privat versicherten, jungen Gesunden gegen die öffentlich recht und schlecht versorgten gebrechlichen Alten; wir Männer gegen gleich qualifizierte, arbeitsuchende Frauen; oder wir Bürger ökologisch fein umgebauter G7-Staaten gegen die Hungerleider aus dem Süden, die den Regenwald abholzen.

Individualistische Blockade gegen kollektive Verantwortung?

Negativistisches Wir versus negatorisches Wir

Solche ausschließenden Wir-sie-Gegensätze gefährden bürgerschaftliche Sozialbeziehungen. Denn sie begünstigen die Bildung von exklusiven Kollektiven, die sich auf ein fragloses, souveränes Wir gründen, das sich durch Negation anderer definiert. Ein solches Wir kann nicht die Fremdheit und unvertretbare Einzelheit derer dulden, die es umfaßt.

Kann eine strukturell offene Gesellschaft die nötigen Problemlösungskapazitäten entwickeln, um solche ausschließenden Wir-sie-Gegensätze zu vermeiden?[4] Eine Antwort ist ein klares Nein. Wenigstens zwei Argumente stützen dieses Nein. Das zweite ist gewichtiger als das erste.

Das erste Argument besagt, daß Bürgergesellschaften zu in-

4 Vgl. hierzu C. Offe (zusammen mit Susanne Fuchs), »Social Capital: Concepts and Hypothesis«, Ms. 1996; ders., »›Homogeneity‹ and Constitutional Democracy. Group Rights as an Answer to Identity Conflicts?«, Ms. 1996.

dividualistisch sind. Dagegen kann daran erinnert werden, daß (Menschen-)Rechte keinen Kult des Individuums programmieren. Sie ordnen Pflichten der Individuen nicht einfach den Rechten nach, zum Beispiel die Pflicht, anderer Leute Menschenrechte zu achten, oder die Beitragspflichten zu denjenigen Kollektiven, die die eigenen Rechte effektiv schützen.

Das zweite Argument lautet: Eine Gesellschaft, für die der menschenrechtliche Individualismus charakteristisch ist, kann nicht die handlungsmächtigen Kollektive hervorbringen, die sie zur absichtsvollen Beeinflussung ihrer Entwicklung braucht. Das eine Element von Bürgerautonomie, Selbstbestimmung, widerstreitet dem anderen Element, Selbstverantwortung, jedenfalls dann, wenn es um eine Eigenverantwortung gehen soll, die nicht jeder für sich, sondern *alle* zusammen, also kollektiv, wahrnehmen müßten.

Dieses Argument wird seit geraumer Zeit in der deutschen Publizistik unter dem Stichwort »Böckenförde-These« erörtert. Darunter ist die These zu verstehen, daß »[der] freiheitliche Staat [...] von Voraussetzungen [lebt], die er selbst nicht garantieren kann«.[5] Böckenförde spricht von »Staat« und nicht von »Bürgergesellschaft«. Aber gemeint ist der Staat als eine Art geschäftsführender Ausschuß der Bürgergesellschaft.

Man kann aus der von Böckenförde benannten Schwierigkeit eine politische Theologie der Tragödie schneidern. Zu dieser – bloß individuell harmlosen – Verarbeitungsform hat der nigerianische Schriftsteller und Bürgerrechtler Wole Soyinka in seinem autobiographischen Bericht *Der Mann ist tot* bemerkt:

> »Zu oft gab es in der Geschichte den gescheiterten Prometheus, der seinen verwundeten Geist im tragischen Strom badete. Zerstöre die Verlockung, die im Tragischen liegt! [...] ›Das Tragische ist nur ein Mittel, menschliches Leid zu legitimieren, einzuordnen und damit zu rechtfertigen – sei es als schicksalhafte Notwendigkeit, Weg zur Erkenntnis oder Mittel der Läuterung. Sich diesem Denken zu verwehren und nach Handhaben zu suchen, die es erlauben, den von ihnen ausgehenden Betörungen auszuweichen, ist gerade jetzt von größter Wichtigkeit.‹«[6]

5 E. W. Böckenförde, *Recht, Staat, Freiheit*, Frankfurt am Main: Suhrkamp 1991, S. 112.

6 Wole Soyinka, *Der Mann ist tot. Aufzeichnungen aus dem Gefängnis*, übersetzt von U. Enzensberger und M. Walz, Zürich: Ammann 1987, S. 121 f.

Gegen die Böckenförde-These spricht, daß man nicht vorschnell vom Individualismus auf die Unmöglichkeit eines handlungsfähigen bürgerschaftlichen Wir schließen darf. Der Individualismus einer Bürgergesellschaft schließt nicht jedes Wir aus. Er ist nur unvereinbar mit einem negatorischen Wir. Man muß aber unterscheiden zwischen einem *negatorischen Wir* und einem *negativistisch verstandenen Wir*. Das negatorische Wir bildet sich durch ausschließende, tendenziell feindselige Wir-sie-Gegensätze. Es hat einen externen Bezugspunkt. Demgegenüber hat ein negativistisch verstandenes Wir einen internen Bezugspunkt. Es ist durch den gemeinsamen Willen charakterisiert, in bestimmter Weise *nicht miteinander* umzugehen. Dieses Wir kann sich beispielsweise in Sätzen ausdrücken wie: »Wir sind die, die miteinander nicht so umgehen, daß jede und jeder kraft eines bloßen So-Seins – Frau-, Mann-, Kind-, Ausländer-, Christ-Sein usw. – gar nichts, weniger oder mehr zählt.«

Das bürgerschaftliche Wir ist ein solches negativistisch verstandenes, mediatisiertes Wir. Woraus kann es erwachsen? – Aus Gemeinsamkeiten. Auch in einer individualistischen Bürgergesellschaft kann es Gemeinsamkeiten geben. Nur sind das keine verbündenden, sondern verbindende Gemeinsamkeiten: wohlbedachte Interessen, erkannte Interdependenzen und Abhängigkeiten, entdeckte Kooperationschancen, schließlich übereinstimmend interpretierte Konfliktgeschichten mit gutem oder fatalem Ende. Diese Konfliktgeschichten[7] ermöglichen eine Anschauung von und eine gefühlsmäßige Bindung an Grundsätze des schonenden Umgangs im Lichte der Verheerungen und Versehrungen, die die Mißachtung dieser Grundsätze mitgebracht haben. Ein antitotalitärer Konsens, die Ablehnung des politischen Extremismus, die sozialstaatlich verstetigte Solidarität, eine Militärskepsis in Kenntnis des vormaligen »Primats der Innenpolitik« (Eckart Kehr) könnten Bestandteile übereinstimmend interpretierter Konfliktgeschichten sein, die in den »kulturellen Archiven« einer bundesrepublikanischen Bürgergesellschaft aufbewahrt werden.[8]

7 Es ist wichtig, daß diese Konfliktgeschichten nicht bloß Geschichten sind, sondern etwas Zutreffendes wiedergeben. Vgl. H. Dubiel, »Gehegte Konflikte«, in: *Merkur* Nr. 561 (1995), S. 1095 ff.

8 Vgl. E. Kehr, *Der Primat der Innenpolitik. Gesammelte Aufsätze zur preußisch-deutschen Sozialgeschichte im 19. und 20. Jahrhundert*, hg.

Bürgerschaftliches Wir mit Tugend, aber ohne Steuerungskraft?

Angenommen, es wäre also nicht nur ein schöner Gedanke, daß auch moderne demokratische Gesellschaften ein negativistisch verstandenes bürgerschaftliches Wir ausbilden können. Dann verfügten solche Gesellschaften über einen Faktor für die Fähigkeit zur Problemlösung: »Koordinationsmacht« (Russell Hardin), also das Vermögen, die Handlungen individueller Akteure zu bündeln.[9] Aber wie effektiv ist ein solches bürgerschaftliches Wir?

Das ist wirklich eine offene Frage. Bei ihrer Beantwortung muß eines beachtet werden: Ein bürgerschaftliches Wir ist nicht erschöpfend charakterisiert durch bestimmte individuelle Einstellungen. Es ist auch durch ein bestimmtes Design politischer Entscheidungsprozesse gekennzeichnet. Der horizontalen Bürger-Bürger-Beziehung entspricht ein bürgerschaftlicher politischer Entscheidungsprozeß, der ganz allgemein die horizontale Dimension im sozialen Raum aufwertet. Diese Dimension wird oft mit Wörtern wie »Netzwerk«, »Verhandlungssysteme« oder »vernetzen« beschrieben.[10] Damit wird die Politik nicht schon automatisch besser. Aber sie wird sensibler für die Ursachen ihrer Mängel und somit lernfähiger.

Sachlich besagt diese Aufwertung der horizontalen Dimension mehr Optimierung und weniger Maximierung gemäß einer Hierarchie. Zentrale bürgergesellschaftliche Gebote wie Freiheit, Gleichheit und Solidarität lassen sich nicht einfach jeweils maximierend verwirklichen ohne Folgeprobleme für die anderen Gebote. So kann in der Sozialpolitik die Maximierung von Solidarität bei Wahrung von Gleichheit aufgrund des unvermeidlichen bürokratischen Paternalismus auch auf Kosten von Freiheit gehen: Jede Sozialarbeiterin, die zum Zweck der Bedürftigkeits-

von H.-U. Wehler, Frankfurt am Main/Berlin: Ullstein, 2., durchgesehene Auflage 1976. Ich entnehme den Ausdruck »kulturelle Archive« von B. Groys, *Über das Neue. Versuch einer Kulturökonomie*, München: Hanser 1992.

9 R. Hardin, *One for all. The Logic of Group Conflict*, Princeton: University Press 1995, S. 29.

10 Vgl. hierzu den Beitrag von H. Willke in diesem Band: »Soziologische Aufklärung der Demokratietheorie«, S. 13-32.

prüfung die Wohnungen von Antragstellern begehen muß, kennt das.

Dieses Beispiel beleuchtet den Fall einer Optimierung statt Maximierung in Hinsicht auf Normen und Werte. Es gibt aber auch den Fall einer Optimierung statt Maximierung in Hinsicht auf Relevanzen, die Daten zu Informationen werden lassen. Helmut Willke hat diesen Fall im Auge, wenn er kritisch bemerkt, daß jeder institutionell geordnete gesellschaftliche Bereich zwar tendenziell alle sozialen Ereignisse und Zustände notiert, aber nur nach den je eigenen Wichtigkeitsmaßstäben.[11] Wie läßt sich eine Optimierung in Hinsicht auf solche Relevanzen erreichen? Dieses schwierige Problem berührt die Frage nach den Institutionen einer Bürgergesellschaft. Denn diese Relevanzen stellen nicht einfach individuelle Gewichtungen dar, sondern sind institutionell verankert.

Institutionell besagt nun die Aufwertung der horizontalen Dimension im politischen Entscheidungsprozeß, daß je nach Themenstruktur Akteurskonstellationen und damit auch Aufmerksamkeiten sowie Kompetenzen flexibel kombiniert werden. Zu sagen, Greenpeace plus eine vagabundierende, diffuse Öffentlichkeit sind *in*, weil bürgernah, und die Volksparteien plus Expertenhearings sind *out*, weil staatsnah, ist romantischer Unsinn.

Zeitlich besagt ein stärker in der horizontalen Dimension gegliederter Entscheidungsprozeß, daß die Eigenzeiten von Akteuren und Systemen koordiniert statt isoliert werden; beispielsweise daß die Eigenzeit der öffentlichen Meinungsbildung mit der Eigenzeit der öffentlichen Entscheidung im Blick auf Informationsgewinnung (zum Beispiel über Umweltfolgen) abgestimmt wird.[12]

Kognitiv schließlich besagt die Aufwertung der horizontalen Dimension im bürgergesellschaftlichen Entscheidungsprozeß, daß die Aufmerksamkeit für sogenannte Rationalitätsfallen geschärft wird – das sind Situationen, in denen »alle Beteiligten hilflos recht haben« (Peter Handke). Eine unzulängliche Problem- und Konfliktbearbeitung rührt dann nicht so sehr von den

11 Vgl. ebd., S. 21 ff.

12 Vgl. K. J. Arrow, »Information Acquisition and the Conflict Resolution«, in: ders. u.a. (Hg.), *Barriers to Conflict Resolution*, New York: Norton 1995, S. 259 ff.

Einstellungen der Beteiligten, sondern von den eingespielten Interaktionsweisen her.

Das alles soll nicht nahelegen, daß in der Bürgergesellschaft erneut der prometheische Traum von Saint-Simon oder Marx geträumt wird, wonach den Menschen sich nur Probleme stellen, die sie lösen können. Auch das bürgerschaftliche Wir ist – bestenfalls – Mittelmaß. Aber Mittelmaß ist besser als Wahn. Und Mittelmaß auf dem Hochgrat komplizierter gesellschaftlicher Lagen ist nichts Mittelmäßiges. Ein unpathetisches Ideal eben.

Matthias Kettner

John Deweys demokratische Experimentiergemeinschaft

1. Einleitung

Es gehört zu den Ironien der Theoriebildung über moderne Kommunikationsmedien, daß eine der interessantesten Debatten über das prekäre Verhältnis von Massenmedien und Massendemokratie bereits ausgetragen war, bevor die inzwischen klassischen elektronischen Medien, Rundfunk und Fernsehen, zu jenen politischen »Leitmedien« aufgestiegen waren, für die viele sie heute immer noch halten.[1] Der gesamten normativen Tradition politischer Philosophie, die im Engagement einer Öffentlichkeit aufgeklärter Staatsbürger ein Essential demokratischer Regierungsformen erblickt, hat Walter Lippmann Mitte der zwanziger Jahre die hoffnungslose Diagnose vorgehalten, sie beschwöre bloß ein »Phantom«.[2] Als John Dewey zwei Jahre später mit seinem großen Essay über *Die Öffentlichkeit und ihre Probleme*[3] offensiv antwortete, ging es ihm nicht um die Leugnung der Lippmannschen Zustandsbeschreibung.[4] Deren empirischen

1 Ich danke Gertrud Koch, Ingeborg Maus, Jim Bohman, Micha Brumlik und Helmut Pape für anregende Diskussionen und konstruktive Kritik.

2 Walter Lippmann, *The Phantom Public*, New York: Harcourt 1925.

3 Bodenheim: Philosophischer Verlag 1997. Diesen Text zitierte ich im folgenden mit dem Kürzel PP. Das Original erschien 1927 und findet sich in Band 2 der von Jo Ann Boydston herausgegebenen Werkausgabe (Bd. 2:1925-1927, Carbondale: Southern Illinois University Press 1988, S. 235-372).

4 Vgl. Deweys Rezension von Lippmanns Buch, S. 213-220, in der Boydston-Ausgabe (siehe vorige Anmerkung). Dewey spannt Lippmanns Krisendiagnose vor seinen eigenen Karren. Sie treffe eher die Demokratietheorie, weniger die demokratische Befähigung der Massenöffentlichkeiten selber: »while one might cite passages which, if divorced from their context, would give the impression that Mr. Lippmann was permanently ›off‹ democracy, Mr. Lippmann's essay is in reality a statement of faith in a pruned and temperate democratic

Gehalt mit Blick auf den Zustand des amerikanischen politischen Systems erkennt Dewey vielmehr weitgehend an.[5] Dewey entwickelt jedoch eine neuartige Auffassung von der Natur der Öffentlichkeit, von der die Regierungsform Demokratie, wie er sie versteht, lebt. Deweysche Öffentlichkeiten sollen (der Theorie zufolge) mit einer geeigneten Medienunterstützung[6] auch dann noch ausreichend Möglichkeiten für die Selbstorganisation von politischen Gemeinwesen in demokratischen Formen bieten, nachdem die kleinteiligen (»partizipativen«, »basisdemokratischen«) demokratischen Gemeinschaften von einst, die *town hall meetings* usw., von der Realität einer industriekapitalistischen *Great Society* (wie sie in Amerika seit der Jahrhundertwende

theory, and a presentation of methods by which a reasonable conception of democracy can be made to work, not absolutely, but at least better than democracy works under an exaggerated and undisciplined notion of the public and its powers. [...] In short, the book expresses a revolt not against democracy but against a theory of democracy« (a.a.O., S. 213 f.).

5 »[M]odern society is not only not visible, but it is not intelligible continuously and as a whole. [...] The answer of Aristotle ›that the community must be kept simple and small‹ is no longer possible of realization – nor [...] is the other part of Aristotle's solution, namely, that effective citizenship be restricted to men of leisure« (a.a.O., S. 215).

6 Für die heute beliebte Vorstellung, eine neue Medienethik werde es schon richten, hätte Dewey nicht viel übrig gehabt: »The ethical improvement of the press would still come far short of meeting the question. The ultimate question is scientific and artistic: the question of making the press [bzw. die jeweils populärsten und entwickeltsten Leitmedien einer politischen Kultur] a continuous, systematic and effective revelation of social movements, including the desires and intents of the various groups of insiders. This is an artistic as well as an intellectual problem, for it supposes not only a scientific organization for discovering, recording and interpreting all conduct having a public bearing, but also methods which make presentation of the results of inquiry arresting and weighty. I do not suppose that most persons buy sugar because of belief in its nutritive value; they buy from habit and to please the palate. And so it must be with buying the facts which would prepare various publics in particular and the wider public in general to see private activities in their public bearings and to deal with them on the basis of the public interest« (Lippmann-Rezension, a.a.O., S. 220).

unübersehbar Gestalt angenommen hatte) unwiederbringlich überholt worden sind.

Deweys Rettungsversuch gilt freilich nicht dem Buchstaben der normativen Demokratietheorie der philosophischen Aufklärung auf den republikanischen und liberalistischen Hauptlinien von Rousseau und Kant. An ihnen liegt Dewey so erfrischend wenig wie Lippmann.[7] Deweys Rettungsversuch gilt vielmehr dem aufklärenden Geist der Demokratie. Aktuell bedeutsam ist die Lippmann-Dewey-Debatte als visionäre Vorwegnahme zweier konträrer Reaktionsmöglichkeiten auf die scharf wahrgenommene Krise eines demokratischen Regierungssystems, dem im Zuge fortschreitender funktionaler Differenzierung, quantitativen Wachstums einer kulturell immer heterogener komponierten Staatsbürgerschaft und penetranter ökonomischer Globalisierung zusehends die Bildungs-, Kommunikations- und Motivationsbedingungen wegbrechen, die notwendig wären, damit Vorstellungen von Volkssouveränität, die nun einmal an die Wurzel der Idee von Demokratie gehen, einen irgendwie noch ausweisbaren Realitätsgehalt hätten. Die Lippmann-Dewey-Debatte gehört in den Zusammenhang der andauernden Verständigung über die *Regenerationsbedingungen demokratischer Regierungsformen*, die sich auf Gesetzgebung nicht reduzieren und durch sie auch nicht produzieren lassen – auch wenn Volkssouveränität spezifisch im Rechtsmedium (wie man mit guten Gründen behaupten kann)[8] ihre deutlichste und funktional nicht substituierbare Verkörperung findet.

Ein entschieden moderner Zug Lippmanns wie Deweys liegt darin, daß beide vom umumkehrbar eingetretenen Faktum der Anonymisierung, der quantitativen Vergrößerung und der qualitativen Fragmentierung jener Publika ausgehen, die für die politischen Machtkreisläufe in repräsentativen Massendemokratien (vor allem insofern sie das »Wahlvolk« darstellen) relevant sind. Die Kaffeehäuser und Literatenzirkel des englischen Bürgertums im 18. Jahrhundert bilden bei beiden Amerikanern naturge-

7 Es hat deshalb auch wenig systematischen Sinn, Deweys bisweilen wunderliche Äußerungen über politikphilosophische Klassiker berichtigen zu wollen.

8 Jürgen Habermas, *Faktizität und Geltung*, Frankfurt am Main: Suhrkamp 1992. Vgl. dazu R. von Schomberg (Hg.), *Reading Habermas' Recent Philosophy of Justice*, Albany, N.Y.: SUNY Press 1998.

mäß nicht einmal mehr den immanent historisch idealisierten Referenzpunkt für eine Verfallsgeschichte der bürgerlichen Öffentlichkeit, wie später bei Habermas[9], dessen normative Demokratietheorie sich neuerdings auf »subjektlose Kommunikationsformen«[10] und die – medientheoretisch wenig glaubwürdige – Hoffnung zurückzieht, im Ernstfall werde die Öffentlichkeit dann doch noch ordentlich ins Vibrieren geraten.[11] Für Dewey wie für Lippmann gehören die Massenmedien und die – von ihnen artikulierte, sich in ihnen artikulierende – öffentliche Meinung zur *condition moderne* der Demokratie. Doch während Lippmann in den Massenmedien nur einen Resonanzboden und Verstärker für die gelegentlichen Sympathie- und Antipathiewallungen der im großen und ganzen politisch desinteressierten und desinformierten Staatsbürger sieht, hält Dewey Veränderungen der Medien für realistisch und wünschenswert, durch die, würden sie vollzogen, auch in *Massen*demokratien deren Charakter als Massen*demokratien* erhalten werden könnte – das heißt für Dewey: daß »die Regierung dazu da ist, ihrer Gemeinschaft zu dienen, und daß dieser Zweck nicht erreicht werden kann, solange die Gemeinschaft sich nicht selbst an der Auswahl ihrer Regierenden und der Festlegung ihrer Politik beteiligt« (PP 127).

Lippmanns Reaktion auf die Enttäuschungen der Massendemokratie ist minimalistisch und elitistisch: Auskehr mit überholten, unrealistischen und deshalb notwendig enttäuschenden Idealvorstellungen von Demokratie, Annahme einer staatsbürgerlichen Kontrollfunktion, die kognitiv zur Substanz des Politischen adäquaten Zugang weder hat noch erreichen will. Die politische Öffentlichkeit in der Massendemokratie erlaube im Normalbetrieb realistischerweise keine Ausgestaltung der Staatsbürgerrolle, die über die Kontrollentscheidung hinausgehen könnte oder sollte, ob die regierenden Spezialisten der politi-

9 Jürgen Habermas, *Strukturwandel der Öffentlichkeit*, Frankfurt am Main: Suhrkamp 1990 (Erstauflage Neuwied: Luchterhand 1962), besonders § 16-19.

10 Vgl. Habermas, *Faktizität und Geltung*, a.a.O., besonders S. 626.

11 Ebd., S. 458. Die Vorstellung, in der Not wachse die Öffentlichkeit auch, teilt erstaunlicherweise auch Lippmann; vgl. a.a.O., S. 62, 69, 74. Dewey hingegen geht es gerade um die Habitualisierung, den Normalbetrieb, die einer Demokratie entgegenkommenden Medienformen.

schen Kaste die *res publica* so schlecht bestellen, daß sie abgewählt und die wartenden Spezialisten der Opposition an die Macht gewählt werden sollten. Wahltag ist Zahltag. – Nennen wir das Lippmanns *demokratischen Externalismus*.

Deweys Reaktion ist kommunitaristisch[12]: Auch in der Massendemokratie seien Formen politischer Öffentlichkeit möglich, die die Staatsbürger zur gemeinschaftlichen intelligenten Gestaltung der *res publica* befähigten. Zwar wirke die Öffentlichkeit (hier folgt Dewey Lippmanns Diagnose) beim gegebenen Stand ihrer Organisation zu politischen Zwecken tatsächlich eher desorganisiert, apathisch, inkompetent und ignorant. Aber (hier verwirft Dewey Lippmanns politischen Therapievorschlag der Senkung der normativen Erwartungen) dies sei zu ändern, wenn das »Hauptproblem der Öffentlichkeit« (PP 76) gelöst werde, ihre kollektive Intentionalität so zu formieren und zu informieren, »daß sie bei der Auswahl offizieller Repräsentanten und bei der Festlegung ihrer Verantwortlichkeiten und Pflichten Gewicht erhält« (ebd.). Die Möglichkeit einer nichtelitären Lösung dieses Problems demokratischer Repräsentation hängt für Dewey von problemorientierter Kommunikation[13], diese ihrerseits

12 Freilich nicht in wertkonservativem Sinne. Gemeinschaft sensu Dewey bildet sich nicht unmittelbar durch geteilte Werte, sondern durch Kommunikation in Versuchen der Bewältigung von Problemen unter Bedingungen faktischer Abhängigkeit vom Gang unmittelbar unkontrollierbarer Dinge. Gemeinschaftsbildung erfolgt durch Bewußtmachung der problematischen Faktizität objektiver Abhängigkeiten, in denen »wir« uns (vor)finden. »Die Bindungen, die Menschen im Handeln zusammenhalten, sind zahlreich, fest und subtil. Aber sie sind unsichtbar und nicht greifbar. Wir verfügen über physische Instrumente zur Kommunikation wie nie zuvor. Aber die ihnen angemessenen Gedanken und Sehnsüchte werden nicht kommuniziert und sind folglich auch nicht kommun. [...] Unser Babel ist keines der Sprachen, sondern eines der Zeichen und Symbole, ohne die gemeinsame Erfahrung unmöglich ist« (PP 124).

13 »Die Hauptbedingung für eine demokratisch organisierte Öffentlichkeit ist eine Art von Wissen und Einsicht, die noch nicht existiert. [...] Ein offensichtliches Erfordernis ist die Freiheit der Sozialforschung und der Verbreitung ihrer Schlußfolgerungen. [...] Ohne Publizität in bezug auf alle sie betreffenden Folgen kann es keine Öffentlichkeit geben.« Viele der Folgerungen Deweys über die Notwendigkeit von »unreiner«, ihrer Situiertheit in der Gesellschaft mitbedenkenden Wissenschaft und von Forschung mit dem bewußten

von medialen Bedingungen ab, nämlich von der *multimedialen Konfiguration der Demokratie*, und nicht von axiologischen und tugendethischen Bedingungen »guter« Staatsbürger. Demokratie hat mediale Grundlagen, und zu diesen Grundlagen rechnet Dewey ein Zusammenspiel von technischen und nichttechnischen Kommunikationsmedien. Deweys Medienbegriff reduziert sich nicht auf technische Verbreitungsmedien[14], sondern umfaßt die Kommunikationsoperationen aller Interaktionsformen, in denen zum Ausdruck gebracht werden kann, wie soziale Bedeutungen jeglicher Art konstruiert und rekonstruiert werden.[15] So kann Dewey auch nichttechnische lokale Interpretationsgemeinschaften als Medien charakterisieren (vgl. PP 181). Deweysche Stichworte für die multimediale Konfiguration der Demokratie sind: soziale Intelligenz, normative Rekonstruktion, die Öffentlichkeit von Öffentlichkeiten[16] und, wie ein Leitmotiv, *demokratischer Experimentalismus*.

Deweys Aktualität liegt in der Perspektive auf eine Demokratietheorie, die medientheoretische Fragestellungen nicht bloß im Anhang behandelt, sondern zu ihrem eigenen Anliegen macht. Womöglich lassen sich auf diesem Weg die notorischen Fehler

Wertengagement der Behebung gesellschaftlicher Mißstände (vgl. besonders PP 142-150) kehrt 1937 wieder in Horkheimers programmatischem Aufsatz »Kritische und traditionelle Theorie«.

14 Deren Funktion darin besteht, die Reichweite sozialer Redundanz zu vergrößern, also neues bekannt und damit unneu zu machen, vgl. Niklas Luhmann, *Die Gesellschaft der Gesellschaft*, Frankfurt am Main: Suhrkamp 1997, S. 202 f.

15 Die konstitutive Funktion von Medien ist die Ermöglichung des Übergangs von Akten in Ausdrucksakte, so daß eine reflexive Orientierung an den Folgen dieser Ausdrucksakte und somit eine Rückwirkung auf die Akte möglich wird. Dies gilt für sozialpsychologisch banale Phänomene wie Babygeschrei nicht minder wie für die kulturell hochspezialisierten Phänomene des kreativen Handelns in den diversen Genres der Kunst, vgl. Deweys (zuerst 1958 erschienene) Abhandlung über *Kunst als Erfahrung*, Frankfurt am Main: Suhrkamp 1988, Kapitel IV, besonders S. 75 ff.

16 Dewey betont mit diesem Begriff die intern pluralistische Konstitution von politischer Öffentlichkeit. Öffentlichkeit setzt Gemeinschaftlichkeit voraus, ist aber nicht gleich Gemeinschaft. Vgl. dagegen die Harmoniefiktionen der Einheit-in-Vielheit bei Amitai Etzioni, »The Community of Communities«, in: *The Washington Quarterly* 19 (1996) 3, S. 127-138.

der »Normativisten« (vor allem: unrealistische Idealisierungen) ebenso vermeiden wie die gegenläufigen Fehler der »Realisten« (vor allem: vernunftunterbietende Vorstellungen von Vernunft). Den sich mehrenden inflationären Demokratiediagnosen angeblicher Realisten im Stile Lippmanns, die besonders im Zeichen ökonomischer Globalisierung heute wieder den Ton angeben, haben *populistische* Technokraten[17] nur die medienfixierte Hoffnung auf ein Wiedererstarken partizipativer Demokratie durch Fortschritte vernetzter interaktiver Informations- und Kommunikationstechnologie entgegenzusetzen. *Elitistische* Technokraten hingegen – zu ihnen würde sich Lippmann vermutlich gezählt haben – nähren Visionen von der »Informationsgesellschaft«, vom informationell aufgerüsteten Staat, von Global Cities, Global Players und wissenschaftlich gut beratener Politik, die es doch noch vermöchte, auf der Höhe der Zeit zu sein.

2. Lippmanns Externalismus

»There is nothing universal or eternal or unchangeable about our expectations.«[18] Dieses radikale und historistische Kontingenzbewußtsein gegenüber allen Autoritätsansprüchen von Institutionen des Wissens, der Macht und der Moral, dessen neopragmatistischer Sendbote heute Richard Rorty ist, teilen schon die Altpragmatisten Lippmann und Dewey. Lippmann zieht daraus den Schluß, daß alle Reformen, die die existierenden politischen Öffentlichkeiten der Staatsbürger in hochkomplexen modernen Massendemokratien doch noch zur kontinuierlichen praktischen Teilhabe an den Regierungsangelegenheiten befähigen und ermächtigen sollen, einem vielleicht wünschenswerten, aber ganz unmöglichen Ideal anhängen und darum aufgegeben werden sollten.[19] Eine nicht überfordernde, realistische Einschätzung

17 Von Medienwissenschaftlern wie Ithiel de Sola Pool bis hin zu Politikern wie Ross Perot und Al Gore, um nur einige bekannte amerikanische Beispiele zu nennen.

18 Lippmann, a.a.O., S. 33.

19 »I think it is a false ideal. I do not mean an undesirable ideal. I mean an unattainable ideal, bad only in the sense that it is bad for a fat man to try to be a ballet dancer. An ideal should express the true possibilities of its subject. When it does not it perverts the true possibilities.

der Rolle der Meinungs- und Willensbildung staatsbürgerlicher Öffentlichkeiten im Machtkreislauf der Demokratie komme zu dem Ergebnis (so Lippmann), daß die Massen der Massendemokratie *externe Beobachter* des professionalisierten Politikprozesses sind. Auf der Basis von *rein prozeduralen Indizien und Kriterien*[20] können sie testen und gegebenenfalls alarmiert reagieren, wenn dieser Prozeß durch eigennützigen Machtmißbrauch, Inkompetenz der Regierung, bornierte positionelle Interessen der Parteien[21] etc. aus der Spur der Gemeinwohlorientierung allzusehr ausschert, die er halten sollte und zu halten vorgibt. Die paradigmatische Figur der Lippmannschen politischen Öffentlichkeit ist der Zuschauer, der als *Outsider* nur mäßiges *generelles Interesse* für den Gang der sehr spezifischen Dinge, den die *Insider* betreiben und vorführen, erübrigen kann.[22] Zwar lehnt

The ideal of the omnicompetent, sovereign citizen is, in my opinion, such a false ideal. It is unattainable. The pursuit of it is misleading. The failure to achieve it has produced the current disenchantment« (Lippmann, a.a.O., S. 39). Vgl. auch den Tenor der Kritik exaltierten demokratietheoretischen Wunschdenkens bei John Roemer, in diesem Band, S. 157-174.

20 Vgl. besonders Lippmann, a.a.O., S. 107-109, 143-145.

21 Zum Begriff »positioneller« Politik siehe Reinhard Ueberhorst, »Warum brauchen wir neue Politikformen?«, in: Akademie der Politischen Bildung. 10. Streitforum: *Reform des Staates – Neue Formen kooperativer Politik*, Bonn: Friedrich-Ebert-Stiftung 1995, S. 9-41.

22 »The public will arrive in the middle of the third act and will leave before the last curtain, having stayed just long enough perhaps to decide who is the hero and who the villain of the piece. Yet usually that judgment will necessarily be made apart from the intrinsic merits, on the basis of a sample of behavior, an aspect of a situation, by very rough external evidence« (Lippmann, a.a.O., S. 65). Lippmann unterstreicht zwei Differenzen (1): »The fundamental contrast is not between public and private enterprises, between ›crowd‹ psychology and individual, but between men *doing specific things* and men *attempting to command general results.* [...] [I]n governing the work of other men by votes or by the expression of opinion they can only reward or punish a result, accept or reject alternatives presented to them. They can say yes or no to something which has been done, yes or no to a proposal, but they cannot create, administer and actually perform the act they have in mind« (ebd., S. 51 f., meine Kursivierung). Dem entspricht Lippmanns nichtkognitivistische Theorie freier Wahlen: »A vote is a promise of support. [...] [W]hat the public

Lippmann jede Unterscheidung von Experten und Laien nach Maßgabe naturgemäßer Unterschiede (etwa einer geistigen Führungselite) als Anmaßung ab.[23] Im Prinzip könnte jeder als Insider oder Outsider fungieren. Doch zeichnet Lippmann ein zu gutes Bild des professionalisierten politischen Sachverstands (der Insider) und ein zu schlechtes der kognitiven Kräfte der übrigen Staatsbürger (der Outsider):

»Only the insider can make decisions, not because he is inherently a better man but because he is so placed that he can understand and can act. The outsider is necessarily ignorant, usually irrelevant and often meddlesome, because he is trying to navigate the ship from dry land.«[24]

Übersehen wird dabei, daß der Beitrag von Formen politischer Öffentlichkeit zur Vernünftigkeit demokratischer Politik nicht in Konkurrenz zur Exekutive gesehen werden muß. Als Schattenkabinett wäre die Öffentlichkeit nun wirklich jenes »Phantom«, dessen Beschwörung Lippmanns Zorn erregt. Vielmehr könnte ihr Beitrag in der institutionsentlasteten Vorbereitung der politischen, speziell der legislativen Agenda und in der gleichfalls institutionsentlasteten, nachlaufenden Kontrolle der lebenspraktischen Auswirkungen von Regierungshandlungen bestehen. Das ist Deweys Option. Diese Rolle betrifft immer auch die *Substanz* politischer Problembewältigung, aber ohne diese Substanz den spezialisierten, formalisierten und institutionalisierten Verfahren demokratischer Regierungen ganz streitig zu machen. Die Lippmannsche Arbeitsteilung zwischen Öffentlichkeit und Regierung hingegen teilt alle Substanz den Experten und das *rein nur Prozedurale* dem politischen Laienpublikum der übrigen Staatsbürger zu. Das rein Prozedurale sensu Lippmann besteht darin, ohne Sachkompetenz zu einem intelligenten Urteil darüber zu gelangen, wessen angeblicher Sachkompetenz mehr, wessen weniger zu trauen und zuzutrauen ist. Gewiß nicht vertrauenswürdig sind Partikularinteressen, die sich für das Interesse am Gemeinwohl auszugeben versuchen. Ob das so ist, läßt

does is not to express its opinions but to align itself for or against a proposal« (ebd., S. 56 und 61). (2) »The fundamental difference which matters is that between *insiders* and *outsiders*. Their relation to a problem are radically different« (ebd., S. 150, meine Kursivierung).

23 Ebd., S. 149.

24 Ebd., S. 150.

sich (so Lippmann) am besten im kommunikativen Freiraum öffentlicher Debatten herausfinden. Der Wert öffentlich vollzogener Diskursivität ist für Lippmann darum weder veritativ noch volitional, er liegt weder im Erreichen von politischer Wahrheit noch im Erzielen von sachlich hinreichend informiertem Einverständnis. Ihr instrumenteller Wert liegt vielmehr in der Beförderung der Transparenz bestehender Interessenlagen und im Zutagetreten wissenschaftlicher, moralischer, pragmatischer etc. Unsicherheitsbereiche.[25] Sie dient, kurz gesagt, der Einschränkung von beabsichtigter oder verdeckter Willkür und trägt damit, trotz ihrer kognitiven Externalität zur Problemsubstanz, durchaus Nennenswertes zur Vernünftigkeit[26] des Gesamtprozesses bei, dessen Ziel die politische Konstruktion und Verwirklichung von weniger willkürlichen und eher für alle akzeptablen Bewältigungsversuchen dringlich gewordener oder gemachter Probleme ist.

3. Deweys Experimentalismus

Deweys Pragmatismus erlaubt auf die Frage, was Demokratie sei, keine apriorische oder auf andere Weise essentialistische Antwort. Deweys Pragmatismus erlaubt nur schwache, historistische Verallgemeinerungen und »Deduktions«methoden im Sinne von Genealogien, nämlich Bildungsgeschichten, in denen deskriptive und evaluative Fragen nicht *toto coelo* getrennt, sondern in ein erhellendes Wechselverhältnis gesetzt werden. Daher berei-

25 »[T]he main value of debate is not that it reveals the truth about the controversy to the audience but that it may identify the partisans« (ebd., S. 139). S. 131 f. schlägt Lippmann eine Art kantianisches Prinzip der Öffentlichkeit vor.

26 Lippmann steht also nicht außerhalb der Tradition, die den öffentlichen Vernunftgebrauch (Rawls' *public reason*) für ein Essential von Demokratie hält: »[W]e are maintaining a society based on the principle that all controversies are soluble by peacable agreement. [...] For, by insisting in all disputes upon the spirit of reason, we shall tend in the long run to confirm the habit of reason. And where that habit prevails no point of view can seem absolute to him who holds it, and no problem between men so difficult that there is not at least a *modus vivendi*« (ebd., S. 134).

ten Deweys Antworten, was Demokratie sei, besonders den kantianisch-transzendental oder hegelianisch-geschichtsphilosophisch gerüsteten Demokratiephilosophen eine gewisse Enttäuschung. Deweys Antworten, was Demokratie sei, fallen unterschiedlich aus, je nachdem, ob nach Demokratie als institutioneller Form der Organisation politischer Macht in einem Gemeinwesen oder ob nach Demokratie als einer in kooperative Sozialbeziehungen eingelassenen regulativen Idee schätzenswerter Kooperation gefragt wird. Demokratie als *politische Regierungsform* ist kein Prinzipienprodukt, sondern das

»Ergebnis einer unermeßlichen Reihe von Anpassungen und Wiederanpassungen, von denen jede auf eine besondere Situation reagiert. [...] Die politische Demokratie ist als eine Art Netto-Folge aus einer riesigen Menge reaktiver Angleichungen an eine riesige Zahl von Situationen entstanden, von denen keine zwei einander glichen, die aber dazu neigten, in einem gemeinsamen Ergebnis zu konvergieren. Die demokratische Konvergenz war außerdem nicht das Resultat spezifischer historischer Kräfte und Faktoren. Noch weniger ist die Demokratie das Produkt *der* Demokratie, eines inhärenten Triebes oder einer immanenten Idee. Die maßvolle Verallgemeinerung, die Einheit der demokratischen Bewegung sei in dem Bestreben zu finden, in der Folge früherer politischer Institutionen erlittene Übel abzustellen [...], Schritt für Schritt und [...] ohne Vorwissen irgendeines Endergebnisses.[27] [...] Daß die Regierung dazu da ist, ihrer Gemeinschaft zu dienen, und daß dieser Zweck nicht erreicht werden kann, solange die Gemeinschaft sich nicht selbst an der Auswahl ihrer Regierenden und der Festlegung der Politik beteiligt, solche Einsichten sind die faktischen Ablagerungen, die, soweit wir sehen können, im Kielwasser der Doktrinen und Formen dauerhaft zurückbleiben, wie vergänglich letztere auch sein mögen.«[28]

Gemeinsam ist allen demokratischen Politikpraktiken nur, daß sie (1) den Momenten von Willkür und (2) Unsachlichkeit in der Ausübung politischer Herrschaft entgegenarbeiten, (3) der Tendenz entgegenwirken, »politische Macht in den Dienst privater statt öffentlicher Ziele zu stellen« (PP 80), (4) durch Schaffung geeigneter institutioneller Mechanismen, durch die »die Interessen der Regierenden mit denen der Regierten identifiziert werden« (PP 87), und daß (5) in allen repräsentativen Funktionen von Amtsträgern der Öffentlichkeit die Dominanz von Interessen, die als Gemeinwohlinteressen wahrgenommen werden, über

27 PP 80 f.
28 PP 127.

Interessen, die die Amtsträger in ihren nichtpolitischen Rollen besitzen (= Privatinteressen), sichergestellt ist (vgl. PP, S. 75).

Gewöhnlich geben Demokratietheorien ziemlich präzise (und divergierende) Auskünfte, was unter Punkt 4 als das »Wesen« politischer Demokratie zu gelten habe. Rekrutierung der Amtspersonen durch freie, gleiche, geheime Wahlen; »kurze Amtszeiten und regelmäßige Wahlen« (PP 87), politische Parteien, Minderheitenschutz und die Beachtung der Mehrheitsregel für Entscheidungen nach vorausgehender öffentlicher Deliberation[29], Verfassung und Verfassungsgerichtsbarkeit, Privateigentum, Vertragsfreiheit und so fort[30], dies sind institutionelle Arrangements, die Dewey zwar wichtig nimmt, doch ohne ihnen den Segen einer begrifflichen Ewigkeitsgarantie geben zu wollen (vgl. PP 126). Es sind vielmehr kontextabhängige Lösungen auf Probe, kontextrelativ modifizierbar und gegebenenfalls insgesamt zu verbessern. Das irritiert[31], ist aber die logische Konsequenz aus Deweys Einsicht in den historisch kontingenten Charakter der Demokratie, die der Demokratie ja kein Jota ihres eminenten Werts für menschliche Belange nimmt.

Angenommen, die charakteristischen Merkmale 1–5 erlauben variable, aber äquivalente institutionelle Einsetzungen unter wechselnden soziohistorischen Randbedingungen. Haben die Merkmale 1–5 ihrerseits keine Grundlage, die dem historischen Wandel einer herakliteischen Realität robuster standhalten als die institutionellen Arrangements, die durch sie charakteristisch bestimmt sind? Anders gefragt: Läßt sich der Merkmalskranz 1–5, der das politische Projekt Demokratie charakterisiert, historistisch relativieren, oder besitzt er eine Grundlage, die weniger kontingent ist als das aus ihr Begründete?

Die affirmative Standardantwort vieler herkömmlicher Demokratietheorien ist die Berufung auf eine *normative* Idee von Demokratie. Die Standardschwäche solcher Antworten ist die

29 Vgl. hierzu besonders PP 172 f.

30 Vgl. PP 144 f.

31 Irritierend ist vor allem, wie wenig Dewey über Form und Funktion des Rechts für den demokratischen Staat sagt bzw. wie sehr das, was er zu sagen hat, an zivilrechtlichen Paradigmen orientiert bleibt (vgl. besonders PP 58-60.) Gesetze sind kontraktualistisch begründete Festsetzungen von sanktionsbewehrten Bedingungen bestimmter Aktionen und Transaktionen.

Schwierigkeit, Quelle, Autoritätsanspruch und Alternativenlosigkeit der jeweiligen »Idee«, auf die sie sich berufen, überzeugend auszuweisen.[32] Wem Deweys affirmative Antwort gefällt, wird sie vielleicht »sozialontologisch« nennen; wem sie mißfällt, wird nur ein ungeklärtes Ineinander empirischer und normativer Gründe sehen. Deweys affirmative Teilantwort liegt in einer zweiten, emphatischen Lesart von Demokratie als *Ideal einer freien und befreienden Lebensform in Gemeinschaft*.

Über dieses kommunitaristische Ideal hat Dewey viel Gutes, aber wenig Konkretes zu sagen: Das Ideale in diesem Ideal bezieht sich auf Dinge wie die »Befreiung der Potenzen der Gruppenmitglieder in Einklang mit ihren gemeinschaftlichen Interessen und Gütern« (PP 128); auf freien und bereichernden Austausch quer durch kulturell differente Lebenswelten[33]; auf »Sicherstellung einer ausgewogeneren Befreiung der Anlagen aller individuellen Mitglieder aller Gruppierungen« (PP 161); auf die Vereinigung aller »verfügbaren sozialen Kräfte als Ressourcen eines verbesserten Gemeinschaftslebens« (PP 168), »damit eine größere Zahl von Individuen eine reichere und tiefere Erfahrung machen kann« (PP 162). »Demokratie ist ein Name für ein Leben in freier und bereichernder Kommunikation. Sie hatte ihren Seher in Walt Whitman« (PP 155). Doch woher dies alles? Dewey glaubt:

> »Demokratie [...] ist die Idee des Gemeinschaftslebens selbst. [...] Das klare Bewußtsein eines gemeinschaftlichen Lebens, mit allem, was sich damit verbindet, konstituiert die Idee der Demokratie.«[34]

Die Idee der Gemeinschaft ihrerseits bestimmt Dewey ähnlich (wie später MacIntyre) als Ensemble tradierbarer Praktiken, in denen die an ihnen Teilhabenden in den Genuß von praxisintrinsischen, kollektiv konstituierten Gütern kommen können.[35] De-

32 Vgl. die »normativistischen« Positionen bei M. Rejey, *Democracy. The Contemporary Theories*, New York: Atherton 1967.

33 Ebd. – Aus diesem Grunde, so Dewey, ist kein demokratisches Leben im Innern abgeschotteter Gruppen (zum Beispiel »Räuberbanden«) möglich.

34 PP 129.

35 Dewey (PP 129): »Wo immer es eine vereinte Tätigkeit gibt, deren Folgen von allen einzelnen an ihr teilnehmenden Personen für gut befunden werden, und wo die Verwirklichung des Guten von der Art

mokratieideal und politische Demokratieidee verhalten sich bei Dewey zueinander wie ein normativer, das heißt mit der Etablierung kritischer (positiver und negativer) Maßstäbe beschäftiger Gedanke zum Gedanken der zweckmäßigen Ausführung eines (im Licht dieser Maßstäbe) als wertvoll erkannten Projekts. Deweys Demokratieideal wäre eine Art Lückenbüßer für eine mehr als pragmatische normative Begründung – würde insistiert, daß demokratische Politik einer mehr als pragmatischen Begründung bedarf.[36]

Dewey gibt noch eine zweite (und theoretisch robustere) Teilantwort auf die Frage nach der Fundierung politischer Demokratie, und diese Antwort reiht ihn unter die Theoretiker der »deliberativen« Demokratie ein.[37] Denn was den Merkmalsatz 1–5 zusammenhält, ist Deweys klare Einschätzung, daß die Verbesserung demokratischer Verhältnisse die Verbesserung öffentlicher Argumentation voraussetzt: Denn nur eine solche *politische Veränderung* institutioneller Verhältnisse, über deren Sinn und Kriterien sich die von den erzeugten Differenzen in ihren Lebensverhältnissen betroffenen Bürger als Gleiche kritisch ver-

ist, daß sie ein tatkräftiges Verlangen und Bemühen hervorruft, es zu erhalten, weil es ein von allen geteiltes Gut ist, da gibt es insofern eine Gemeinschaft.« Die tugendethische Lesart dieses Gemeinschaftsbegriffs gibt Alasdair C. MacIntyre, *Der Verlust der Tugend*, Frankfurt am Main: Suhrkamp 1995. Er begreift Tugend als eine Personeneigenschaft, die zum Gut jener Art von ganzem menschlichen Leben beiträgt, in dem diverse, in Verfolg bestimmter Praxisarten einem sich erst aufschließende Güter integriert werden in ein lebenslanges Gesamtmuster von Zielen, das eine Antwort auf die Frage darstellt: »Welche Art von Leben ist für ein menschliches Wesen wie mich das beste?«

36 Der Glaube an diesen Bedarf schien Dewey, der sich in diesem Punkt mit Richard Rorty trifft, eher schädlich als nützlich. Vgl. PP 43: »Es ist nicht die Aufgabe von politischer Philosophie und Wissenschaft zu bestimmen, was der Staat im allgemeinen sein soll oder sein muß.« Denn das Organisieren von Staatlichkeit ist für Dewey ein Prozeß kollektiven Lernens aus Versuch und Irrtum, in dem essentialistische Festlegungen die institutionelle Phantasie unzweckmäßig hindern können.

37 Siehe die grundlegenden Arbeiten zum Konzept deliberativer Demokratie in: David Copp/Jean Hampton/John E. Roemer (Hg.), *The Idea of Democracy*, Cambridge: University Press 1993.

ständigen können, kann eine *demokratische Verbesserung* (oder Verschlechterung) sein. Deweys Argument hat zwei Schritte. Im ersten, *humansemiotischen* Schritt behauptet er, daß naturwüchsige menschliche Kooperationsgemeinschaften sich im selben Zuge als Kommunikationsgemeinschaften ausbilden, die Medien zur Artikulation und Mitteilung symbolischer Formen erfinden. Erst die Gemeinschaft, die sich über symbolische Ordnungen als Gemeinschaft erfaßt, ist sensu Dewey »eine Gemeinschaft des Handelns« (PP 132). Über die eigennützige Ausbeutung asymmetrischer Abhängigkeitsbeziehungen in naturwüchsigen (»organischen«) Kooperationsgemeinschaften führt der Möglichkeit nach erst die Semiotisierung der Gemeinschaft hinaus, denn durch Kommunikation steigern sich die Chancen, daß eigennützige Antriebe »durch Bezug zu einem geteilten Interesse modifiziert«[38] werden. Im zweiten, *demokratietheoretischen* Schritt erklärt Dewey eine Steigerung der medialen Resonanz der Kommunikationsgemeinschaft für das »geteilte Interesse an den Folgen interdependenter Tätigkeiten«, für alle diesbezüglichen »Wünsche und Bestrebungen« (PP 134) und für »Beratung und Diskussion« (PP 172) zu einer Überlebensbedingung von Massen*demokratie* in der *Massen*demokratie:

»Das wesentliche Erfordernis besteht [...] in der Verbesserung der Methoden und Bedingungen des Debattierens, Diskutierens und Überzeugens. Das ist *das* Problem der Öffentlichkeit« (PP 173).

4. Deweysche Öffentlichkeiten

Sind entgegenkommende Medienformen wirklich die Crux im Experiment der Demokratie? Die einfache Antwort (mit Dewey) hierauf ist, daß die Krise der politischen Rolle bürgerlicher Öffentlichkeiten in der Massendemokratie gewiß vielfältige Symptome hat; daß aber die Nichtbewältigung derjenigen, die sich auf die richtigen Verständigungsverhältnisse zur Unterstützung solcher Öffentlichkeiten beziehen, eine Bewältigung der übrigen

38 PP 133. Vgl. auch PP 124: »Allein Kommunikation kann eine große Gemeinschaft erschaffen. Unser Babel ist keines der Sprachen, sondern eines der Zeichen und Symbole, ohne die gemeinsam geteilte Erfahrung unmöglich ist.«

Krisensymptome sehr unwahrscheinlich macht. Wir wissen also nicht, *ob* sich im massiven historischen Wandel demokratischer Regierungsformen die Krise der politischen Rolle bürgerlicher Öffentlichkeiten überwinden läßt.[39] Wir wissen aber: *Wenn* überhaupt, wird sie auf dem Wege einer Umgestaltung ihrer Medienkonfiguration überwunden. Denn von der geeigneten Medienkonfiguration hängt die Entfaltung der »sozialen Intelligenz«[40] – Deweys Wort für distribuierte praktische Vernunft – ab und von dieser wiederum die Problemlösefähigkeit der politisch aktiven Gemeinschaften.

Eine differenziertere Antwort (die auch das zugrundeliegende Rational der einfachen Antwort enthält) ergibt sich aus Deweys Begriff einer politisch relevanten Öffentlichkeit überhaupt. Diesen Begriff – nennen wir ihn *konsequentialistisch* – halte ich in der Sparsamkeit seiner Grundannahmen und in der Vielfalt der sozialen Phänomene, die er erschließt, für ausgesprochen fruchtbar.[41]

Was beinhaltet Deweys konsequentialistischer Öffentlichkeitsbegriff? Sein Zentrum hat er in der – für Pragmatisten besonders wichtigen – Tatsache, daß die Wahrnehmung und das Öffentlichmachen wirklicher und möglicher Handlungsfolgen einen Unterschied für das Handeln selbst ergibt, also einen Teil der Handlungsbedeutung ausmacht.[42] Die Zusammenstellung von Deweys einschlägigen Aussagen ergibt zugleich noch einmal die Hauptthese seiner Abhandlung.

»(1) Indirekte, weitreichende, andauernde und schwerwiegende Folgen vereinten und interaktiven Verhaltens bringen eine Öffentlichkeit hervor, die ein gemeinsames Interesse an der Kontrolle dieser Folgen

39 Vgl. die Texte von G. Koch, J. Bohman und J. B. Thompson über Demokratie und Globalisierung im Dezemberheft 1997 der *Deutschen Zeitschrift für Philosophie*, sowie Hauke Brunkhorst/Matthias Kettner (Hg.), *Globalisierung und Demokratie*, Frankfurt am Main: Suhrkamp 1999.

40 Vgl. besonders die Ausführungen über kulturell akkumulierte Intelligenz und die Trivialisierung von Wissenszuwächsen, PP 174 f.

41 Zur näheren Erläuterung siehe M. Kettner, »Mass Media, Ethics and Democracy. A Normative Bermuda-Triangle?«, in: P. Koller/K. Puhl (Hg.), *Current Issues in Political Philosophy: Justice in Society and World Order*, Wien: Hölder-Pichler-Tempsky 1997.

42 Vgl. PP 26 und 135.

besitzt.[43] Eine unfertige Öffentlichkeit kann sich nur organisieren, (2) wenn die indirekten Folgen wahrgenommen werden und (3) wenn es gelingt, Vertretungsinstanzen zu entwerfen, die ihr Eintreten regulieren.[44] (4) Die Beobachtung von Folgen unterliegt zumindest ebenso dem Irrtum und der Illusion wie die Wahrnehmung von Naturobjekten. (5) Urteile darüber, was zu ihrer Regulierung zu unternehmen und wie das zu tun ist, sind so fehlbar wie andere Pläne auch.«[45]

Den Unterschied von Öffentlichem und Privatem definiert Dewey mit Hilfe des Unterschieds zwischen *direkten*, das heißt von den Beteiligten wahrgenommenen und über deren Kreis nicht nennenswert in ihren Folgen hinausreichenden Interaktionen (»transactions«) und *indirekten*, das heißt von Nichtbeteiligten als für sie zum Guten oder Schlechten folgenreich wahrgenommenen Interaktionen. Warum ist die Wahrnehmung positiver oder negativer Interaktionsfolgen ein Stimulus, der Gemeinschaften bildet und strukturiert? Dies erklärt sich daraus, daß alle Betroffenen untereinander von derselben Folgenquelle (der Interaktion anderer) zu Betroffenen gemacht werden und darum bezüglich dieser Interaktion ein ähnliches, gegenüber den anderen differentes Kontrollinteresse haben. Die anderen wiederum haben untereinander ein ähnliches, gegenüber den Betroffenen differentes Interesse an der Aufrechterhaltung ihrer Interaktion. Eine Regelung zu erzielen, die im *gemeinschaftlichen* Interesse (an Aufrechterhaltung *und* an Kontrolle) der indirekten Interaktion liegt, liegt im Interesse der aktuell Beteiligten und im Interesse der bloß Betroffenen.[46] Kurz gesagt:

»Die Öffentlichkeit besteht aus all denen, die von den indirekten Transaktionen in solch einem Ausmaß beeinflußt werden, daß es für notwendig gehalten wird, sich um diese Folgen systematisch zu kümmern.«[47]

Freilich ist durch die Perspektivendifferenz von Beteiligten und Betroffenen nicht sichergestellt, daß Beteiligte und Betroffene je

43 PP 112. ›Folgen‹ und ›Kontrolle‹ können sich auf Schädliches *und* Nützliches beziehen, vgl. PP 27-31.

44 PP 116. Für Punkt 2 ist die Differenz zwischen dem bloßen Empfinden von Folgen und dem Wahrnehmen bzw. Erkennen derselben entscheidend. In Abwandlung eines Hegelwortes könnte man sagen: Das Erlittene ist darum, daß es bekannt ist, nicht auch schon erkannt.

45 PP 39.

46 Vgl. Deweys Zusammenfassung, PP 43.

47 PP 29.

unter sich *inhaltlich* dieselben Überzeugungen teilen. Die inhaltlich bestimmte Bewertung wahrgenommener Handlungskonsequenzen kann ja völlig verschieden ausfallen je nachdem, welche sonstigen Überzeugungen (faktischer, evaluativer, normativer Art) man hat. Daß man mit anderen Menschen ein Kontrollinteresse teilt, heißt noch nicht, daß man sich untereinander einig wäre, wie richtig zu kontrollieren sei. Außerdem können (und werden) sich aktuelle oder potentielle Mitgliedschaften in unterschiedlichen Öffentlichkeiten für den einzelnen überschneiden. Hierin ähnelt die Eigenschaft, Deweyschen Öffentlichkeiten anzugehören, dem soziologischen Rollenbegriff. Und mit dem Wandel von Problemen und Problemwahrnehmungen wechseln auch die relevanten Öffentlichkeiten und die Menschen, die sich in ihrem objektiven Interesse zu solchen Öffentlichkeiten assoziieren. Zudem greift Deweys konsequentialistischer Öffentlichkeitsbegriff nicht nur auf einer bestimmten, sozialontologisch ausgezeichneten Ebene, sondern auf allen möglichen Ebenen der sozialen Aggregierung und gestattet daher die hierarchische Überlappung von Öffentlichkeiten in umfassenderen Öffentlichkeiten usw. Auch der Staat ist nur eine, freilich besonders hoch organisierte Öffentlichkeit, deren genealogisches Rational in einem beschränkten, wenngleich sehr wichtigen Interesse an der Kontrolle erwünschter und unerwünschter Effekte indirekter Interaktionen liegt.[48] Hoch organisiert ist der Staat unter anderem deshalb, weil die staatlich kontrollierte Macht in hohem Maße die Rahmenbedingungen setzen und verschieben kann, unter denen alle *infra*staatlichen Öffentlichkeiten – und mit Blick auf internationale Beziehungen, denen Dewey merkwürdigerweise keine Aufmerksamkeit schenkt, kann man historisch gesehen seit dem Westfälischen Souveränitätssystem[49] sagen: auch

48 Vgl. PP 38 f. und 42: Auch die »Bildung von Staaten muß ein experimenteller Prozeß sein«. PP 53: Die »Hypothese, der zufolge Öffentlichkeiten durch die Erkenntnis weitreichender und dauerhafter indirekter Handlungsfolgen konstituiert werden, erklärt die Relativität der Staaten. […] Die einzige Konstante ist die Funktion des Schutzes und der Regulierung von Interessen, welche als Ergebnis der komplexen indirekten Ausbreitung und Ausstrahlung vereinten Verhaltens entstehen.«

49 P. Limm, *The Thirty Years War*, London: Longman 1984; J. Samuel Barkin/Bruce Cronin, »The state and the nation: changing norms and

alle *supra*staatlichen Öffentlichkeiten – in ihrer Herausbildung und ihren Tätigkeiten gefördert oder gehemmt werden.

Die demokratische Experimentiergemeinschaft experimentiert im allgemeinen Interesse mit dem Reichtum ihrer latenten und manifesten, unterschiedlichen und gegensätzlichen Perspektiven. Sie muß nicht zu gleichen Bewertungen und einmütigen Urteilen kommen, aber zu solchen praktischen Hypothesen, was zu tun sei, die die Kooperationsbereitschaft von keiner der Öffentlichkeiten, deren Perspektiven in die Verfahren der Bildung solcher Hypothesen mehr oder weniger Eingang gefunden haben müssen, vollkommen überfordert oder permanent und systematisch ausschließt. Daher Deweys beharrliche Betonung der Notwendigkeit öffentlicher Kommunikation, die gestattet, daß sich differente Perspektiven und Überzeugungen aneinander abarbeiten. Deliberativ ist eine demokratische Regierungsform dann, wenn sie den Ausbau und die Egalisierung der Chancen solcher Kommunikation in allen staatlichen Belangen, deren Verfolgung auf Existenz und Verteilung solcher Chancen Einfluß hat, zu einem kontinuierlich mitlaufenden Interesse erhebt.

5. Zivile Forschung, Experimentalismus, Mediensynergie

Deweysche Öffentlichkeiten sind keine Wertegemeinschaften, aber Gemeinschaften. Als solche teilen sie hinreichend ähnliche Bewertungen der wahrgenommenen Konsequenzen, an deren Kontrolle ihnen genug gelegen ist, um sich auf dieser Grundlage zu organisieren. Aber Folgen müssen wahrgenommen und beurteilt werden können. Dieses Erfordernis ist der gute Grund – gut relativ zur Berechtigung demokratischer Regierungsweisen – für die Forderung der Ausdrucks- und Meinungsfreiheit (vgl. PP 142). Und die diskrepanten Wahrnehmungen und Beurteilungen müssen sichtenden, bündelnden, auswählenden, ausprobierenden, modifizierenden, abwägenden und erwägenden Praktiken zugeführt werden, damit die in den betreffenden Gemeinschaften distribuierte soziale Intelligenz überhaupt zum Zuge kommen

the rules of sovereignty in international relations«, in: *International Organization* 48 (1994) 1, S. 107-130.

kann. Daß dies möglich und wünschenswert sei, bestreitet der Lippmannsche Externalismus und behauptet der Deweysche Experimentalismus. Was hat Dewey zugunsten seiner Sicht anzuführen?

Dewey hat neben der (schon erwähnten) pragmatischen Vorstellung einer sozialen, in den Denk- und sonstigen Gewohnheiten[50], den normativen Texturen von Kooperationsgemeinschaften distribuierten Intelligenz noch einen weiteren Trumpf: die Verbesserung der Gesellschaft durch eine hierfür engagierte wissenschaftliche Forschung und das von ihr erzielte Orientierungs- wie auch Interventionswissen. Nennen wir eine für die Selbstorganisation Deweyscher Öffentlichkeiten hilfreiche, für die Bewältigung sozialer Probleme engagierte Wissenschaft *zivile Forschung*. Dewey entwirft die Utopie eines zivilgesellschaftlichen Umbaus der Wissenschaft.[51] Ähnlich wie Peirce, der die überlegene Erfahrungsoffenheit und Selbstberichtigungsfähigkeit wissenschaftlicher Forschungsmethoden im Vergleich mit alternativen Weisen der Festlegung faktischer Überzeugungen hervorgehoben hatte, hebt Dewey hervor, daß es zur Unterfütterung demokratischer Meinungs- und Willensbildung mit geeignetem wissenschaftlichen Wissen nur die »Alternative« gibt, daß die *res publica* durch Ignoranz, Vorurteil, Klasseninteresse und Zufall bestellt wird.

Naturgemäß werden die *Sozial*wissenschaften für die zivile Forschung von besonderem Wert sein. Aber dazu dürfen sie nicht erst in der Dämmerung ihren Flug beginnen; sie müssen aktuell sein, so aktuell wie die Probleme, um die sich die Wirbel im Strom der öffentlichen Meinung, zu deren Rationalisierung die Forschung etwas beitragen soll, bilden.

Statt angewandter Ethik fordert Dewey zuerst und vor allem angewandte Wissenschaft. Das darf nicht mit bloßer Sozialtechnologie verwechselt werden. Sozialtechnologie ist die Verwendung wissenschaftlich erzeugten Wissens in einem zweckrationalen Kontext *auf* das soziale Leben so, daß weder die Ziele noch

50 Zum Gewohnheitsbegriff siehe besonders PP 136 f. und 174 f.

51 Daß diese Utopie keine unrealistische Utopie ist, zeigt mit vielen Belegen Charles E. Lindblom, *Inquiry and Change. The Troubled Attempt to Understand and Shape Society*, New Haven: Yale University Press 1990. Die noch vor wenigen Jahren populäre Friedens- und Konfliktforschung ist ein weiteres Beispiel.

die Mittel von denjenigen mitbestimmt werden, für die diese Verwendung indirekt beträchtliche Folgen birgt. Der Anwendungskontext von ziviler Forschung hingegen wird von denen, für die diese Verwendung indirekt beträchtliche Folgen birgt, durch verständigungsorientiertes Handeln hergestellt. Durch diese Bedingung ist zivile Forschung gleichsam von innen her mit einer moralischen Wertigkeit ausgestattet. Es bedarf keiner von außen hinzutretenden, restringierenden Ethik. Das Ethos der zivilen Forschung ist die *informierte Zustimmung* der Bürger. Sie sind der moralische Mandatar der zivilen Forschung.

Experimentellen Charakter hat die zivile Forschung nicht in dem vom logischen Positivismus reduzierten wissenschaftstheoretischen Sinne der Konstellierung einer Situation, in der die Beobachtung des Eintritts oder Ausbleibens bestimmter Ereignisse als Bekräftigung oder Schwächung einer gegebenen Hypothese zählt.[52] Zivile Forschung konfundiert nicht die Gesellschaft mit einem Labor. Ihr Experimentalcharakter bezieht sich vielmehr auf die aktive, gesuchte und gewollte produktive Erweiterung der gemachten Erfahrung[53] sowie auf einen gewaltlosen und undogmatischen Umgang mit Meinungsverschiedenheiten über die Dinge, die sie untersucht.

»Anwendung *im* Leben würde bedeuten, daß die Wissenschaft angeeignet und verbreitet würde; daß sie das Werkzeug jenes gemeinsamen Verstehens und jener umfassenden Kommunikation wäre, welche die Vorbedingung für die Existenz einer wahren und wirksamen Öffentlichkeit darstellen.«[54]

Darum bedarf zivile Forschung geeigneter medialer Darbietungsformen. Geeignete Formen wären solche, die der zivilen Forschung nicht nur Verbreitung und Widerhall bieten, sondern

52 Vgl. Holm Tetens, *Experimentelle Erfahrung. Eine wissenschaftstheoretische Studie über die Rolle des Experiments in der Begriffs- und Theoriebildung der Physik*, Hamburg: Meiner 1987.

53 Im wissenschaftstheoretischen Zusammenhang hat Ernst Mach, »Das physische Experiment und dessen Leitmotive«, in: *Erkenntnis und Irrtum. Skizzen zur Psychologie der Forschung*, Darmstadt: Wissenschaftliche Buchgesellschaft 1980 (zuerst 1905), S. 202, diese schöpferische Funktion des Experiments sinnfällig ausgedrückt, als er das Experimentieren als »absichtliche selbsttätige Erweiterung der Erfahrung« charakterisierte.

54 PP 148.

auch das nötige Maß an Kontinuität in der Zeit finden. Hier setzt Dewey ohne viel Federlesen auf Synergien von ziviler Forschung, Kunst und den Massenmedien:

»Präsentation ist von grundlegender Bedeutung und Präsentation ist eine Frage der Kunst. [...] Die Befreiung des Künstlers in der literarischen Darstellung ist [...] ebensosehr eine Vorbedingung für die wünschenswerte Erzeugung einer angemessenen Ansicht über öffentliche Dinge, wie es die Befreiung der Sozialforschung ist. [...] Eine subtile, empfindsame, lebendige und empfängliche Kunst der Kommunikation muß von der physischen Apparatur der Übertragung und Verbreitung Besitz ergreifen und ihr Leben einhauchen.«[55]

6. Schluß: Die Grenzen von Deweys Programm

Die Einstimmung wissenschaftlicher Forschung auf den Zweck, die Herausbildung und die Aktivitäten konsequentialistischer Öffentlichkeiten vernünftiger zu machen, ist ein *politisches* Projekt. Daß Versuche, es auszuführen, aus demokratietheoretischen Gründen wünschenswert wären, macht sie keineswegs schon aus politischen Gründen akzeptabel für alle, die in einer demokratischen Gesellschaft, wie sie hier und heute existiert, leben. Womöglich führt beim gegenwärtigen Stand politischer Bedingungen überhaupt kein gangbarer Weg von hier nach dort.[56]

Gleiches gilt für die von Dewey visionierten einschneidenden Veränderungen im Selbstverständnis derer, die in den Praxisbereichen von Journalismus, Kunst und Design arbeiten. Deweys Vision einer demokratiedienlichen Synergie von bürgernaher Sozialforschung, von zivilgesellschaftlich aufklärenden, sozialreformerisch genutzten Massenmedien und künstlerischem Kommunikationsdesign hat gegenüber dem abwiegelnden Externalismus Lippmanns den Charme großer ernstgemeinter Versprechen, deren Uneinlösbarkeit keineswegs feststeht. Zwar gibt es Ansätze in dieser Richtung, etwa ein neues journalistisches Selbstverständnis, das als »civic journalism« kursiert und sich dem Geist, wenn nicht dem Buchstaben nach, auf Dewey beruft. Aber Dewey sagt nichts darüber, welche politischen Strategien

55 PP 154 f.
56 Vgl. John Roemer über die Aufgabe kritischer Sozialwissenschaft, in diesem Band S. 160 ff.

Aussicht auf Erfolg böten, der Einlösung des großen Versprechens Schritt für Schritt näher zu kommen.[57] Das bringt Deweys Argumentation in die merkwürdige Lage, daß die wissenschaftlichen, medialen und künstlerischen Bedingungen, die nach der Transformation der Demokratie herrschen würden, eigentlich schon jetzt herrschen müßten, damit diese Transformation der Demokratie überhaupt durchgeführt werden kann.

Dewey, das kann man nach Jahrzehnten des Postempirismus, der wissenschaftlichen Politikberatung und der Professionalisierung der Soziologie wohl sagen, hat auch das Interesse der Öffentlichkeit an sozialreformerisch engagierter Wissenschaft deutlich überschätzt. Hat er auch umgekehrt die Relevanz von Wissenschaft für politische Reformprogramme unterschätzt? Das hängt von den gewählten Beispielen ab. Unsere Klimapolitik zum Beispiel ist weitgehend theorieabhängig, unsere Kulturpolitik ist es nicht: sie hängt deutlich von Erfolg und Mißerfolg der staatlichen Haushaltsführung ab.

Haltbar aber und besonders interessant bezüglich der Frage, wie die Netzwerke der Zivilgesellschaft geknüpft werden, ist Deweys konsequentialistischer Begriff einer politischen Öffentlichkeit.

57 Die Marginalisierung Deweys im Mainstream der amerikanischen Kommunikationsforschung beschreibt J. Michael Sproule, *Propaganda and Democracy. The American Experience of Media and Mass Persuasion*, Cambridge: University Press 1997, besonders S. 81.

Virginia Held
Medienkultur und Demokratie

Medienkultur

Kaum jemand bezweifelt, daß in den USA – und zunehmend auch in vielen anderen Ländern – eine Medienkultur existiert. Das bedeutet, daß die Kultur von den Medien beherrscht wird, die andere Bereiche oder Aspekte der Kultur marginalisieren, absorbieren oder sonstwie in mediale Formen zwingen. Was einmal als »hohe Kunst« galt, wird zunehmend ununterscheidbar von Massenkultur, »Nachrichten« lassen sich kaum noch von Unterhaltung unterscheiden, was als Protestsong und -stil beginnt, geht über in die Erkennungsmelodie einer Autowerbung und den *Look* der neuesten »Haute Couture«, und jene religiösen Gruppen, die nicht im Schwinden begriffen sind, übernehmen zunehmend die Stilmittel und Marketing-Techniken der Medien.

In den Worten von Douglas Kellner, einem der wenigen amerikanischen Philosophen, die sich ernsthaft mit Medienkultur befassen:

»[...] eine Medienkultur ist entstanden, in der Bilder, Klänge und Sensationen am Stoff des täglichen Lebens mitwirken, die Freizeit beherrschen, politische Ansichten und soziales Verhalten formen und sogar den Rohstoff der Identitätsbildung liefern [...] Die Medienkultur hat teil an den vorherrschenden Weltbildern und den tiefsten Werten: sie bestimmt, was man für gut oder schlecht hält, für positiv oder negativ, für moralisch oder für böse.«[1]

Im Mittelpunkt der Medienkultur steht natürlich das Fernsehen. Zur Medienkultur gehören auch Radio, Film, Musik und die Printmedien. Sie enthält alle Wege und Weisen der Verbreitung von Bild- und Tonmaterial, angefangen mit dem Kino, über Kassetten bis hin zu Schallplatten. Und sie beinhaltet die Programme, die Netzwerke und die Hardware der Computerkultur.

1 Douglas Kellner, *Media Culture: Cultural Studies, Identity and Politics Between the Modern and the Postmodern*, New York: Routledge 1995, S. 1. Siehe auch Robert P. Snow, *Creating Media Culture*, Beverly Hills, CA: Sage 1983.

Es wird auch behauptet, daß wir in den USA (bald) in einer Mediengesellschaft leben. Das würde bedeuten, daß die Medien die Kultur beherrschen *und* daß die Medienkultur ihrerseits die ganze Gesellschaft bestimmt: daß sie sogar die Regierung, die Politik, das Recht und die Nicht-Medienunternehmen gleichsam überschattet. Ich finde diese Sicht ganz plausibel, wenn sie mich auch noch nicht völlig überzeugt.[2]

Historisch gesehen wäre eine solche Entwicklung in der Tat bemerkenswert. Es würde bedeuten, daß Bilder und Töne und Ideen mehr effektive Macht in der Gesellschaft haben können als Waffen, Geld und Wählerstimmen. Hierin liegt ein geradezu unglaubliches *Potential* für eine demokratische Gesellschaft: Entscheidungen könnten getroffen und Streitigkeiten beigelegt werden durch *Diskurse* statt durch Gewalt, ökonomischen Druck oder Mehrheiten, die Minderheiten ihren Willen aufzwingen – die traditionellen Weisen, wie Gesellschaften ihre Entscheidungen treffen und Meinungsverschiedenheiten auflösen. Jener demokratische Diskurs *könnte* auf authentischen Darstellungen der Wirklichkeit basieren, auf der imaginativen und einfühlsamen Identifikation der Teilnehmer mit den Geschichten und gegenwärtigen Situationen der anderen. Er *könnte* die rationale Diskussion beinhalten, die Fragestellungen formuliert und begründete Handlungsalternativen bestimmt. Und sie *könnte* einen hohen Grad an Konsens beinhalten oder zumindest Vertrauen darin, daß die Ergebnisse des Diskurses akzeptabel sein würden.

Dieses enorme Potential aber ist in Wirklichkeit *nur* ein Potential, denn die Medien und die Gesellschaft bewegen sich zur Zeit in eine ganz andere Richtung. Die Medien ordnen sich immer stärker kommerziellen Interessen unter, Konzentration und Homogenisierung nehmen zu, es gibt immer weniger ernsthafte Deutungen der Realität und auch immer weniger freie Diskussion über strittige moralische Fragen.

Die gesamte Gesellschaft wird zunehmend mehr von ihren kommerziell geprägten Medien bestimmt. Die Medien kontrollieren nicht nur, was gesellschaftliche und politische Aufmerksamkeit findet, sondern auch schon den Ausgang öffentlicher Debatten und Wahlen. Medienaktivitäten wie das Sammeln von »Nachrichten«, die Interpretation unserer Wirklichkeit und

2 Vgl. Virginia Held, *Feminist Morality: Transforming Culture, Society, and Politics*, Chicago: University of Chicago Press 1993, Kapitel 5.

die Absteckung gesellschaftlicher Möglichkeiten geraten zunehmend unter die Kontrolle von Mediengiganten mit kommerziellen Interessen.

Ein Beispiel dafür ist, wie ganz normale Bürger sich für Werbezwecke benutzen lassen, wie sie auf ihren Hemden und Hüten die Markennamen von Bierbrauern, Sportausstattern oder Textilfabrikanten tragen; öffentliche Diskussion geht über in Unterscheidungen der Werbung für Markenartikel.

Wie Kellner schreibt, ist Medienkultur »eine Form kommerzieller Kultur, und ihre Produkte sind Waren, die möglichst viel Rendite versprechen, von gigantischen Firmen hergestellt, deren Interesse auf Kapitalakkumulation hinausläuft«. Sie ist außerdem eine Hochtechnologiekultur, in der die avanciertesten Technologien eingesetzt werden. Es handelt sich um einen der »dynamischsten Wirtschaftssektoren, in denen die höchsten Profite erzielt werden«.[3] Aber ihr Zweck ist nicht die Freiheit des kulturellen Ausdrucks oder der demokratische Diskurs, sondern Gewinn.

Gleichwohl sollten wir auf keinen Fall jenes Potential aus den Augen verlieren. Die meisten, die diese Trends kritisieren und Gehör innerhalb der Medienkultur finden – zum Beispiel in den Zeitungen erwähnt werden –, vergleichen die Gegenwart mit einer Vergangenheit, in der ihnen die Presse verantwortungsbewußter erschien und das Fernsehen eine sehr viel beschränktere Rolle im gesellschaftlichen Leben spielte. Aber gerade in dieser vergangenen Epoche dominierten ökonomische Macht und die Macht der Mehrheit die Kultur und Gesellschaft viel stärker als heute. Die fünfziger Jahre zum Beispiel waren in den USA nur für eine weiße männliche Elite ein goldenes Zeitalter, für alle anderen aber ein Tiefpunkt. Wir sollten heute nicht versuchen, den Geist der Medien wieder in die Flasche zurückzutreiben. Vielmehr sollten wir versuchen, aus unseren Medien die Medien zu machen, die in einer wirklich demokratischen Gesellschaft benötigt werden: Medien, die frei, verantwortungsvoll und fähig sind, die Gesellschaft demokratisch und ohne Zwang mitzugestalten, wie dies potentiell möglich ist in einer eher vom Mediendiskurs als von ökonomischer oder militärischer Macht geprägten Gesellschaft. Freie Medien sind Medien, die weder von Privatunternehmen noch von der Regierung kontrolliert werden.

3 Kellner, *Media Culture*, a.a.O. (Anm. 1).

Ein solches Verständnis der produktiven und reproduktiven Institutionen, in denen die Bilder, die Töne und die Ideen zirkulieren, ist freilich unter Demokratietheoretikern in den USA nicht gerade üblich.

Wir brauchen heute Medieninstitutionen, die auf die Realisierung der freien Meinungsäußerung und auf die Förderung des demokratischen Diskurses zugeschnitten sind, und genug gesellschaftliche Unterstützung, um zu gewährleisten, daß kommerzielle Interessen nicht, wie gegenwärtig in den USA, fast völlig bestimmen, was in der öffentlichen Kultur abgehandelt wird. Man könnte sich vorstellen, daß solche Institutionen von nicht gewinnorientierten künstlerischen Gruppen oder Bildungsinstitutionen geführt werden, die den rechtlichen Schutz der Freiheit von Kunst und Forschung genießen und die sich nicht am Modell der Warenproduktion aus Profitmotiven orientieren. Rundfunk und Fernsehen zum Beispiel könnten mit *ernstgemeinten* Zulassungsauflagen in den Dienst am öffentlichen Interesse gestellt werden, und sie könnten untereinander um das Privileg konkurrieren, der Öffentlichkeit *gut* zu dienen, statt wie bisher möglichst freie Bahn für einen rein auf ökonomischen Gewinn gehenden Wettbewerb zu erhalten. Auch für die übrigen Medien könnte die Öffentlichkeit wirklich freie und unabhängige kulturelle Institutionalisierungsformen verlangen und die dafür nötigen öffentlichen Mittel bereitstellen.

Regulierung und Information

Als Mark Fowler, Vorsitzender der *Federal Communications Commission* in der Reagan-Ära, gegen die staatliche Regulierung des Rundfunkwesens das Argument anführte, ein Fernsehapparat sei schließlich nichts anderes als ein Toaster mit einem Bild darauf, war dies eine extreme, aber weithin akzeptierte Version der Vorstellung vom Medium als einer Ware.[4] Diese Sichtweise hat aber vielleicht ganz andere Implikationen als die üblicherweise dargestellten.

Wir haben uns an Formen staatlicher Regulierung der Wirtschaft und der Güter gewöhnt, und obwohl ein gewisses Maß an

4 Barry Diller, »Give the F. C. C. Back Its Bite«, in: *New York Times*, Op-Ed, 4. Dezember 1955.

Widerstand dagegen nicht aufhört, erkennen die meisten Bürger doch, daß gewisse staatliche Steuer- und Kontrollfunktionen keineswegs mit einer kapitalistischen »freien« Marktwirtschaft unvereinbar sind. Unternehmen können von der Regierung aufgefordert werden, die Menge umweltbelastender Stoffe zu reduzieren; die Regierung kann sicherere Arbeitsbedingungen verlangen, Kinder können vor der Ausbeutung ihrer Arbeitskraft geschützt werden, und Arzneimittel sind genehmigungspflichtig, bevor sie verkauft werden dürfen. Soweit Medien bloße Waren sind, sollte man also vermuten, daß auch sie einer ähnlichen Kontrolle unterworfen werden können, um gleichsam eine Verschmutzung des Denkens oder die Sucht nach Unterhaltungsangeboten zu verhindern, für die einige Sozialkritiker die Medien verantwortlich machen.[5] Wenn wir die Herstellung von Toastern gesetzlich regulieren können, warum dann nicht auch die Bilder auf ihnen?

Die Produktion von Haushaltsgeräten ist hochgradig »durchreguliert«, aber keine vergleichbare Kontrolle der Medien zeichnet sich in den USA ab: sie würde mit dem Recht auf freie Meinungsäußerung und den starken Verfassungsgarantien des *First Amendment* in Konflikt geraten. Obwohl regelmäßig der Ruf laut wird, die Gewalt im Fernsehen zu reduzieren, die Verbreitung expliziter Anleitungen für den Bau von Sprengkörpern zu kontrollieren oder die Darbietung von Gewaltpornographie zu unterbinden, ist eine staatliche Kontrolle über die medial produzierten Waren nur extrem schwer zu erreichen. Und wann immer auch nur die bescheidenste Auflage oder Vorschrift vorgeschlagen wird, etwa daß das Fernsehen einige Stunden pro Woche didaktisches Fernsehen für Kinder anbieten muß, wird mit Sicherheit lauthals gegen »Zensur« und »Einmischung« protestiert. Mit ihrer enormen Macht, den Gesetzgeber einzuschüchtern, wehren die Medien jeden derartigen Versuch ab. Ein gutes Beispiel für die Macht von Rundfunksendern, Gesetze zu vereiteln, die ihnen nicht passen, stammt aus dem Jahr 1987. Senator Ernest Hollings, ein Demokrat aus South Carolina, schlug eine Steuer auf den Verkauf von Fernsehstationen, Anstalten und Ka-

5 Siehe Neil Postman, *Wir amüsieren uns zu Tode. Urteilsbildung im Zeitalter der Unterhaltungsindustrie*, 9. Auflage, Frankfurt am Main: Fischer 1997; Marie Winn, *The Plug-In Drug*, New York: Penguin 1977.

belnetzen vor, aus der ein Fonds zur Finanzierung eines öffentlichen Rundfunks eingerichtet werden sollte. Bis zur letzten, entscheidenden Lesung hatte dieser Vorschlag Erfolg. Senator Hollings sagte: »[...] wir hatten Einstimmigkeit, aber die Fernsehsender haben viel mehr Macht.«[6] Mit dieser Situation sollten wir uns nicht abfinden!

Ein Wandel in den Trends zu immer stärkerer Kommerzialisierung der Medien und zur Abschottung ihrer Interessen wird schwierig zu erreichen sein. Die Möglichkeit der gesetzlichen Regulierung von Medienprodukten sollte aber nicht a priori mit dem Hinweis auf die Meinungsfreiheit ausgeschlossen werden. Das aber hört man oft. Diese Argumentation werde ich in meinem Aufsatz jedoch nicht untersuchen: statt dessen werde ich mich mit der Frage beschäftigen, was für Medien die Demokratie benötigt.

In den letzten Jahren war in Medien viel die Rede vom sogenannten demokratischen Potential neuer Technologien, wie Fax und Internet, die den Bürgern nicht nur schnellen Zugriff auf Informationen aller Art erlauben, sondern auch die effiziente Organisation von Protestaktionen und den Aufbau virtueller Gemeinschaften. Doch wie Todd Gitlin richtig bemerkt, treibt dies zwar »die Vernetzung in Gruppen politisch gleichgesinnter Bürger« voran, vertieft aber auch die Kluft zwischen »den informierten und den informationsverarmten Bürgern«.[7] Sie tragen zur Entstehung von »Öffentlichkeitskernen« bei, leisten aber vielleicht wenig für die Erzeugung »*einer* Öffentlichkeit, das heißt für einen Raum aktiver demokratischer Interaktion von Bürgern, die ihre unterschiedlichen Meinungen zu einem gemeinsamen Projekt bündeln wollen«.[8]

6 Herbert Schiller, *Culture, Inc.*, New York: Oxford University Press 1989, S. 110.

7 Todd Gitlin, »Television's Anti-Politics: Surveying the Wasteland«, in: *Dissent*, Winter 1996, S. 81 f.

8 Ebd., S. 82. Siehe auch Hubertus Buchstein, *Biting Bytes: Cybercitizens and Democratic Theory*, Typoskript. Buchstein argumentiert überzeugend, daß das Internet eher zu mehr Privatisierung und Individualismus führt als zu demokratischem Diskurs. Er meint, das Gerede von den demokratischen Potentialen des Internet könne als *Public Relations* für die neuen Technologien interpretiert werden. Letztere, meint er, radikalisieren noch mehr als andere Medien die

Wenn weder von regulierenden Einschnitten in die bestehende Medienlandschaft noch von neuen Medientechnologien am Zukunftshorizont die vielgesuchte schnelle Lösung aller Probleme der Demokratie erwartet werden darf, wonach sollen wir dann Ausschau halten?

Philosophische Ideen und empirische Untersuchungen

Unglücklicherweise ist in der anglo-amerikanischen Philosophie über die Medien bislang nur wenig nachgedacht worden. Selbst in der Sozial- und politischen Philosophie stehen Medienthemen im großen und ganzen nicht hoch im Kurs. Dabei ruft doch gleichsam die Realität der Medien, die Kultur, Gesellschaft und Bewußtsein formieren und deformieren, nach philosophischer Analyse und Bewertung. Die Medien bestimmen, welche Probleme die Öffentlichkeit für relevant hält und zum Gegenstand politischen Handelns gemacht sehen will. Die Medien beeinflussen in hohem Maß, wer politische Autorität gewinnen kann und wer nicht. Die Medien schaffen das soziale Klima, in dem das Recht operieren muß und in dem es respektiert oder umgangen oder von den Mächtigen als Instrument ihrer Interessen benutzt wird. Und in überwältigendem Maße verbreiten die Medien die charakteristischen Werte der amerikanischen Unternehmenskultur: die Befriedigung durch Konsum und Erwerb, den Wettbewerb und die Eroberung von Märkten, das Unterhaltsame und Inszenierte.

Die folgenden Fragen bedürfen dringend einer philosophischen Betrachtung: Welche Rolle sollte die Kultur in einer demokratischen Gesellschaft spielen? Welche institutionellen Arrangements für die Produktion, Verbreitung und Rezeption von Kultur sind akzeptabel? An welche Normen sollen sich diejenigen halten, die mit der Produktion und Rezeption kultureller symbolischer Formen und medialer Inhalte befaßt sind? Auf welcher Grundlage sollen Entscheidungen über die Medien getroffen werden? Wo ist und sollte der Ort intellektueller Un-

»libertäre Vorstellung, daß Demokratie und die Wahlfreiheit des Konsumenten ein und dasselbe sind« (S. 21).

abhängigkeit und künstlerischer Integrität in den Medien sein? Welche Verantwortung trägt die Presse in der Medienkultur und der demokratischen Gesellschaft? Kann eine privatwirtschaftlich organisierte Presse ihre Pflicht erfüllen, die Bürger zu informieren? Können kommerzielle Medien die Funktionen erfüllen, die die Kultur in einer demokratischen Gesellschaft wahrnehmen sollte?

Es dürfte, zumindest nach einer vernünftigen Diskussion, weitgehend Einigkeit darüber herrschen, daß man fähig sein sollte, die Kultur einer Gesellschaft als Quelle für die kritische Analyse und Evaluation der gesellschaftlichen institutionellen Strukturen und vorherrschenden Einstellungen zu verwenden; es sollte möglich sein, der Kultur die Umrisse alternativer Ideen der Organisation der Arbeits- und Lebensverhältnisse und der gesellschaftlichen Zukunftsvorstellungen zu entnehmen. Wenn die Medien nur die ohnehin vorherrschenden Werte verstärken und noch dazu eindringlich und effektiv die kommerziellen Wertorientierungen des Wirtschaftssystems anpreisen, dann haben wir gewiß nicht die Kultur, die wir brauchen. Eine Gesellschaft mit einer solchen Medienkultur vermag keine geeignete kulturelle Grundlage zu schaffen, wie sie eine gesunde, jedenfalls eine demokratische Gesellschaft benötigt.

Empirisch arbeitende Politikwissenschaftler in den USA zeigen neuerdings viel Interesse an den Vorbedingungen von Demokratie, besonders an der Bürgergesellschaft (*civil society*). Die Bürgergesellschaft ist, wie ein Kritiker schreibt, »heiß. Derzeit vergißt kaum ein Artikel über Außen- oder Innenpolitik, sie zu erwähnen.«[9] Dieses Konzept ist über ideologische Grenzen hinweg nicht nur für Theoretiker, sondern auch für »praktizierende« Politiker ansprechend. Jenseits des politikphilosophischen *mainstream* und dessen obsessiver Beschäftigung mit distributiver Gerechtigkeit wird Problemen der Bürgertugenden, des sozialen Vertrauens und der Formen bürgerlicher Assoziationen sehr viel Aufmerksamkeit geschenkt.

Linke wie rechte Theoretiker, Journalisten und Politiker scheinen sich einig, daß eine blühende Demokratie auf einer bürgerlichen Gemeinschaft aufbauen muß. Tocqueville wird wieder

9 F. Zakaria, »Bigger Than the Family, Smaller than the State«, in: *New York Times Book Review*, 14. August 1995, S. 1.

zitiert, wie Amerika im 19. Jahrhundert eine Nation von Vereinsmeiern war und wie es dadurch für so grundsätzlich eigeninteressierte einzelne wie uns überhaupt möglich wurde, zu einer demokratischen Gesellschaft zu werden. Formen bürgerlicher Vereinigungen gelten als besonders geeignet, Bürger zum vernünftigen Geben und Nehmen und zu jener Toleranz zu erziehen, die für demokratische Beteiligungs- und Regierungsformen unerläßlich sind.

Man kann jedoch zeigen, daß es einen dramatischen und stetigen Verfall des bürgerlichen Engagements und der Teilnahme an Formen bürgerlicher Vereinigungen in den USA gibt.[10] Und wenn Robert Putnam recht hat, ist dieser Abstieg dem Fernsehen geschuldet. Denn ein Haupteffekt des Fernsehens, so Putnam, ist »die Verringerung der Beteiligung an sozialen, Freizeit- und Gemeinschaftsaktivitäten bei Menschen aller Altersgruppen. Kurz, das Fernsehen führt zur Privatisierung unserer freien Zeit.«[11] Im Unterschied hierzu korrelieren Zeitunglesen und starke bürgerliche Teilnahmebereitschaft, aber die Zeitungsnutzung pro Haushalt ist seit 1947 um mehr als die Hälfte gesunken. »Fernsehen geht zu Lasten nahezu jeder sozialen Aktivität außer Haus.«[12]

Während die Generation der vergangenen Jahrzehnte, die ohne massiven Fernsehkonsum aufgewachsen ist, von einer abgelöst wird, die mit 40 Stunden Fernsehen pro Woche groß geworden ist, zeigen sich beträchtliche Gefahren für die demokratische Gesellschaft. Die Beweise für einen hohen Grad an Mißtrauen und Unbeteiligtheit gegenüber dem politischen Geschehen sind zahllos, während die Wahlbeteiligung weiter absinkt und die Intoleranz ansteigt.

Eine Demokratie ohne eine demokratische Kultur ist wahrscheinlich unmöglich, und wenn Kultur zu Medienkultur wird, dann ist Demokratie ohne die richtige Medienkultur wahrscheinlich unmöglich. Dies genau zu verstehen ist eine enorme Aufgabe. Im folgenden möchte ich mich auf den Teil der Medienkultur konzentrieren, der mit den Nachrichten zu tun hat. Was müssen die Nachrichtenmedien leisten, damit die Bürger adäquat informiert und öffentliche Belange adäquat diskutiert werden kön-

10 Robert D. Putnam, »The Strange Disappearance of Civic America«, in: *The American Prospect*, Winter 1996.

11 Ebd., S. 48.

12 Ebd., S. 47.

nen? Können kommerzielle Nachrichtenmedien die für eine demokratische Gesellschaft notwendige Funktion der Presse erfüllen?

Pressefreiheit

Es ist eine alte Behauptung, daß eine »freie Presse« in einem bestimmten Sinn zu den Voraussetzungen von Demokratie zählt. Daß die Demokratie eine informierte Bürgerschaft erfordert, versteht sich von selbst – obwohl man natürlich diskutieren kann, was das genau zu bedeuten hat. Die Leute können nicht vernünftig abstimmen, wenn sie nicht wissen, was oder wen sie wählen. Man kann generell davon ausgehen: Je mehr und je wichtigere Informationen (Quantität und Wichtigkeit stehen aber oft gegeneinander) die Bürger haben, desto besser. Eine Demokratie bedarf der informierten Öffentlichkeit.

Daß eine staatliche kontrollierte Presse unbefriedigend wäre, versteht sich ebenfalls von selbst. Und kein Verfechter der Demokratie würde für eine staatliche *Kontrolle* der Medien plädieren. Welche Alternativen gibt es? Offensichtlich soll es eine *freie* Presse geben, aber es müßte darüber gesprochen werden, was das genau erfordert. Die Medien selbst haben die Vorstellung genährt, die einzige Alternative zu staatlich kontrollierten Medien seien die privatwirtschaftlich organisierten Medien. Diese Propaganda ist so erfolgreich gewesen, daß für die meisten US-amerikanischen Bürger ein Drittes jenseits der Alternative staatlicher oder unternehmerischer Kontrolle nicht einmal vorstellbar ist. Vor *diese* Alternative gestellt, bevorzugen die Leute natürlich eine kommerzielle Presse. Die Konservativen und die meisten Liberalen (freilich nicht die radikaleren) sind sich hierin einig. Linksliberale Sozialkritiker sorgen sich wohl über die wachsende Unternehmenskonzentration in den Medien, aber sie problematisieren nicht die zugrundeliegende Voraussetzung, wonach eine freie Presse eine kommerzielle Presse ist.[13] Liberale Politikwissenschaftler setzen sich für eine gerechtere Vermögens- und Einkommensverteilung ein, aber gehen fraglos davon aus, daß die Medien privatwirtschaftliche Unternehmen bleiben, auch in einer »gerechteren« Marktwirtschaft der Zukunft.

13 Siehe auch Ben H. Bagdikian, *The Medie Monopoly*, Boston: Beacon Press 1983.

Man muß die Frage stellen, wie die Kräfte des linksliberalen Lagers zusammengeführt werden können, um monopolistische Tendenzen aufzubrechen oder einen gerechteren Markt zu schaffen, solange die kommerziellen Medien die Kultur und damit die Politik derart dominieren. Für Beobachter der Medienkultur müßte der Wandel zuerst in und mit den Medien kommen, um den Einfluß der kommerziellen Medien (natürlich nicht den von Medien überhaupt) auf die Gesellschaft als ganze zu reduzieren. Ein solcher Wandel ist meines Erachtens nicht unmöglich. Er müßte auch radikale Änderungen in den Beziehungen zwischen Medienproduzenten und -rezipienten mit sich bringen sowie eine deutliche Verbesserung der Mitbestimmung der Bürger in den Medienunternehmen.

Es gibt eine bedenkenswerte Übereinstimmung darüber, wo die Hauptprobleme im Mediengenre der Nachrichten liegen. Auf einem Diskussionsforum der *Columbia University Graduate School of Journalism* wurde besonders »die Vorliebe der Fernsehnachrichten, Politik wie Krieg mit anderen Mitteln zu behandeln«[14], heftig kritisiert. Der Journalismus vernachlässigt sträflich die substantiellen Fragen in öffentlichen Angelegenheiten zugunsten von Berichten über wettkampfmäßige Details, wer wen wie verbal angegriffen hat und wer im politischen Wettkampf gerade vorn liegt. Das vergrößert aber nur eine Tendenz zur Polarisierung und die Unfähigkeit, Nuancen zu erkennen. In den Worten der Politologin Jean Bethke Elshtain: »[…] wir haben die Fakten durch eine bestimmte Art von Statistik über Stellungnahmen zu den Fakten ersetzt.«[15] Je hitziger einer für oder gegen irgend etwas eintritt, desto eher wird er als »Experte« oder »Aktivist« von den Fernsehnachrichtenproduzenten um ein *sound bite* gebeten, und die Journalisten wie die Öffentlichkeit wollen oder können nicht wahrhaben, daß es auch subtilere und ausgewogenere Positionen gibt.

Programme wie *Crossfire* und *The McLaughlin Group*, die sich vorgeblich »öffentlichen Angelegenheiten« widmen, sind nicht viel mehr als ein Wettkampf im Schreien. Die lokalen Abendnachrichten sind geradezu ungeheuerlich. Ein prominenter Fernsehredakteur sagt, es sei falsch, von solchen Programmen auch

14 Walter Goodman, »Inverse Relation of Heat and Light«, in: *New York Times*, 14. Februar 1996, S. C18.
15 Ebd.

nur zu denken, es handle sich hier um »Nachrichten«; vielmehr sind es *spot deliverers* – billige Zeitüberbrückung, um das Publikum bei der Werbung zu halten.[16] Gewiß, eigentlich funktioniert die gesamte Programmgestaltung mehr oder weniger als ein Vehikel, das Zuschauer an die Werbung vermitteln soll, deren Einkünfte die Fernsehindustrie so profitabel machen. Gleichwohl halten sich Reste einer Illusion, Nachrichten seien anders. Sie sind es zunehmend weniger. Die lokalen Abendnachrichten sind nur das beste Beispiel dafür, sie enthalten buchstäblich nichts Interessantes über wichtige lokale Angelegenheiten und zeigen praktisch nur eine Parade billigsten Filmmaterials aus der Polizeistation und der Feuerwache. Todd Gitlin bemerkt, daß in den letzten Jahren die etablierte Presse durch die Konkurrenz von Billigblättern dazu getrieben worden ist, auch sensationelle Beschuldigungen zu den Nachrichten zu rechnen.

»Der Markt beglaubigt das, was die Aufmerksamkeit wert ist [...]. Die Politikberichterstattung wird bisweilen zum Komplizen der Demagogie, bisweilen eine Abteilung des Sports und der Unterhaltungsindustrie, bisweilen eine Übung in Zynismus. Das alles hilft vielleicht den Amerikanern dabei, sich zu zerstreuen, aber nicht dabei, sich selbst zu regieren.«[17]

Vor kurzem ist ein Buch erschienen, das einige Aufmerksamkeit erregt hat, *Breaking The News: How The Media Undermine American Democracy* von James Fallows, dem Washingtoner Herausgeber von *The Atlantic Monthly*. Er zeigt, daß die Öffentlichkeit Journalisten noch mehr mißtraut als Politikern; wie arrogant und selbstgerecht Journalisten geworden sind; und wie zerstörerisch für den Geist demokratischer Debatten die mediale Verkehrung von Politik in nichts weiter als ein zynisches und belangloses Spiel ist. »Wie mit einem Schuhlöffel«, schreibt Fallows, »werden alle Probleme in den Rahmen jenes Expertenwissens gezwängt, das die prominentesten Korrespondenten noch am ehesten haben, nämlich wer im Kampf einer Handvoll politischer Führungsfiguren wem gerade eine Nasenlänge voraus ist.«[18]

16 Max Frankel, »The Murder Broadcasting System«, in: *New York Times Magazine*, 17. Dezember 1995.
17 Gitlin, »Television's Anti-Politics«, a.a.O. (Anm. 7), S. 78.
18 James Fallows, *Breaking The News: How The Media Undermine American Democracy*, New York: Pantheon 1996, S. 78.

Fallows macht für einen großen Teil des Problems die Stars der Nachrichtenmedien verantwortlich, die Mediengurus und die Leitfiguren der Nachrichten, die unglaubliche Gehälter und Vortragshonorare erhalten und niemandem Rechenschaft schuldig sind. Üblicherweise werden sie um so besser bezahlt, je selbstherrlicher und rechthaberischer sie mit ihren Meinungen aufwarten. »Fernsehexperten sind die am besten bezahlten und am meisten bekannten Vertreter der journalistischen Zunft. Ihre Arbeit macht es eher schwerer als leichter, mit den Problemen in unserem Land zurechtzukommen, wegen ihrer unerbittlichen Betonung von Uneinigkeit, ihrem Hang zum Abgeben von Prognosen und ihrem Faible für politischen Wirbel. Das unterminiert das gesamte journalistische Handeln, weil Journalismus zunehmend als eine Art von Sondervorstellung inszeniert wird, die um so erfolgreicher ist, je mehr Gaffer sie ins Zelt bringt.«[19]

Aber auch Fallows übersieht die Frage, die weder von den Medien selbst noch von ihren üblichen Kritikern gestellt wird: Sind vollständig kommerzialisierte Nachrichtenmedien überhaupt *fähig*, die Öffentlichkeit so zu informieren, wie es für die Demokratie notwendig ist?

Fallows stellt eine Analogie zwischen der Nachrichtenindustrie und der Automobilindustrie her; er argumentiert, daß die Nachrichtenindustrie sich selbst so reformieren sollte, wie dies die US-amerikanische Automobilindustrie getan hat als Antwort auf den Wettbewerb mit den japanischen Autoherstellern. Die Analogie überzeugt jedoch nicht. Es ist ja gerade das grundsätzliche *Problem* des Nachrichtengeschäfts, daß es von kommerziellen Kräften angetrieben wird und daß es keinen Wettbewerb gibt, der eine hegemoniale kommerzielle Medienkultur herausfordern könnte, wohingegen genau das, was eine erstarrte US-amerikanische Autoindustrie »gerettet« hat, der Wettbewerbsdruck von außen war. Fallows glaubt, daß sich die Leute von den Zeitungs- und Fernsehnachrichten abwenden, weil die Medien ihnen nicht das geben, was sie wirklich wollen. Aber zunehmend und sogar über das Nachrichtenprogramm bestimmen die Einschaltquoten, und da die Industrie ihre bisherige Praxis, zumindest einige Nachrichtenprogramme vom Quotendruck abzukoppeln, abgeschafft hat, erscheint Fallows Beschwörung des Populären als ein wenig probates Heilmittel.

19 Ebd., S. 127.

Walter Goodman schließt seinen Bericht auf dem *Columbia Journalism Forum* mit der Warnung, daß »zivilgesellschaftliche Reformer nicht unterschätzen sollten, wogegen sie angehen. Angesichts der Alternative, was die Leute Interviewern über ihre Wünsche erzählen und was die Quoten enthüllen, wird natürlich jeder karrierebewußte Produzent sich nach den Quoten richten.«[20]

Kommerzielles Fernsehen wird also genau das senden, was seiner Werbung die meisten Zuschauer beschert, ob das die Nachrichten verdrängt oder nicht und ob die Nachrichten dabei zu Unterhaltung werden oder nicht. Wenn die Demokratie etwas Verantwortungsvolleres von ihrer vierten Gewalt braucht, wird ein kommerzieller Rundfunk ihr das wohl kaum bieten.

Sicher kann man (wie ich) die vielen talentierten Journalisten bewundern, die Leib und Leben aufs Spiel setzen, um uns Nachrichten aus aller Welt zu beschaffen. Aber allzuoft können diejenigen, die im Nachrichten-»Geschäft« arbeiten, wegen des kommerziellen Drucks, unter dem sie arbeiten, nicht das leisten, was die Presse für die Demokratie leisten sollte.

Einige Prinzipien

Ich wende mich nun der Frage zu, ob es in bezug auf die Nachrichtenmedien in der Demokratie Prinzipien und politische Standards gibt, mit denen man in diesem historischen Moment, in dem wir uns jetzt in den USA befinden, arbeiten kann. Solche Prinzipien sollten meines Erachtens bei unserem derzeitigen System des Sammelns, Bewertens, der Verbreitung und des Erhalts von Nachrichten und Information ihren Ausgang nehmen, bei den sozialen, ökonomischen, politischen und kulturellen Realitäten. Sie sollten nicht von einer ganz unwahrscheinlichen vollständigen Transformation des Wirtschafts- und Mediensystems abhängen. Und sie sollten sich an diejenigen richten, die die Nachrichten verbreiten (oder dies in der nächsten Generation tun werden), und an ihre eigentlichen Adressaten. Man kann sich durchaus gegen die Überkommerzialisierung der Nachrichtenmedien einsetzen, ohne gleich das Ende des Kapitalismus zu erwarten.

20 Goodman, »Inverse Relation of Heat and Light«, a.a.O. (Anm. 14).

Ich möchte nun vier Prinzipien und Positionen und ihre Interpretation vorstellen:

1. Die Presse soll unabhängig sein. Die Unabhängigkeit der Presse im Sinne der Freiheit von Einmischung ist ein fest verankerter Wert. Ein Prinzip, das die Unabhängigkeit der Presse behauptet, kann auf Werten, anerkannten Verpflichtungen und Zielen aufbauen, für die sich schon eine beachtliche Tradition und Unterstützung entwickelt hat. Das bedeutet: Reporter wie Rezipienten von Nachrichten können Alarm geben, daß eine »Zensur« stattfindet, wann immer zum Beispiel Unternehmen sich direkt einmischen, etwa wenn die Zigarettenindustrie durch Sanktionsdrohungen einen Sender dazu bringt, ein Programm nicht auszustrahlen, in dem über die Förderung von Suchtverhalten unter Rauchern und über wissentliche Täuschung der Öffentlichkeit durch das Management berichtet wird. In den USA findet der Vorwurf der »Zensur« beträchtliche öffentliche Resonanz. Wie inadäquat auch immer eine derart einseitige Betonung der negativen Freiheit der Nicht-Einmischung auch war und ist, sie kann jedenfalls auch eine sehr nützliche Waffe sein im Kampf gegen die Einmischung von Unternehmensinteressen in das Sammeln und Verbreiten von Nachrichten. Es sollte noch viel mehr zur Gewohnheit werden, solche Einmischungen aufzuzeigen und dagegen zu protestieren. Dadurch bildet sich nämlich Bewußtsein über die Einflußmöglichkeiten der Unternehmer, selbst wenn das am Problem »Unternehmenszensur« nur auf eine vergleichsweise triviale und oberflächliche Weise erfolgt.

2. Die Verbreitung von Nachrichten und die Erzielung von unternehmerischem Gewinn sollten als unterschiedliche Ziele gesehen werden. Das Bewußtsein dieser Differenz ist bereits gut verankert. Es gibt journalistische Schulrichtungen, die diesen Unterschied deutlich erkennen, es gibt professionelle Standards, die ihn unterstreichen, und es gibt den in der Öffentlichkeit weitverbreiteten Wunsch nach gezielter, sachlicher und möglichst unvoreingenommener Information. In den USA wird das Abgleiten der Nachrichten in politische Propaganda mit größerer Skepsis betrachtet als das Abgleiten in Unternehmenswerbung, aber auch *diese letztere* Skepsis kann man entwickeln. Die Betonung der Differenz zwischen Information für die Öffentlichkeit einerseits und den ökonomischen Interessen der Rundfunkveranstalter andererseits kann sehr nützlich sein, und wenn auch das

Nachrichtengeschäft ein »Geschäft« bleibt, kann man jene Differenz doch immer aus Gründen der effektiven Arbeitsteilung und der professionellen Verantwortung rechtfertigen. Ein Bewußtsein davon, daß man beide Funktionen deutlich unterscheiden und getrennt bewerten soll und daß es für die Demokratie gefährlich ist, die Differenz zu verwischen, sollte innerhalb wie außerhalb der Nachrichtenredaktionen ständig argumentativ wachgehalten werden.

Was nun die Lieferung von Informationen betrifft, über die man in einer Demokratie verfügen muß, um überhaupt sinnvoll debattieren zu können, so sind die sogenannten »lokalen Nachrichten« in den USA noch unzulänglicher als alle übrigen Nachrichtensendungen. Wegen ihrer Selektivität für das, was am billigsten zu produzieren ist und am wahrscheinlichsten die Art von Emotionen anspricht, die der Werbung nutzt, bestehen die Lokalnachrichten oft nur aus ein paar Minuten, die angefüllt sind mit Gewalttaten, Katastrophen und den obligaten Wetter- und Sportnachrichten. So senden sie weitgehend an den Bedürfnissen wählender Staatsbürger vorbei. Nicht einmal über die lokalen politischen Verhältnisse wird genug Wissen vermittelt, geschweige denn über größere Kontexte, in die die Lokalpolitik eingebettet ist. Für viele Bürger sind solche »Nachrichten« die einzigen Nachrichten, die sie bekommen. Die Unterordnung der Lokalnachrichtensendungen unter Profitinteressen wird endlich so weit gehen, daß eine Öffentlichkeit, die sich auch das durchkommerzialisierte »Kinderfernsehen« der Privaten zunehmend weniger gefallen läßt, zu Protesten bereit ist.

3. Nachrichten sollen nicht mit Unterhaltung verwechselt werden. Das folgt teilweise aus dem zweiten Prinzip, kann aber auch unabhängig geltend gemacht werden. Es besteht eine Verpflichtung zur Aufrichtigkeit auf seiten derjenigen, die Nachrichten sammeln und verbreiten, so wie auf der Seite der Nachrichtenrezipienten die legitime Erwartung einer wahrheitsgemäßen Berichterstattung besteht, und darauf kann man aufbauen. Gewiß gilt, daß Ereignisse erst durch Kommentar zu »Nachrichten« werden, aber ebenso gewiß gilt, daß ganz verschiedenartige Motive in den Interpretationsprozeß eingehen, je nachdem, ob sie so wahrheitsgemäß wie möglich sein wollen oder aber unterhaltsam. Damit die Presse die Privilegien und den gebührenden Respekt einer »vierten Gewalt« anstrebt, muß sie diese Differenz

sichern und für ihre Aufrechterhaltung arbeiten, und die Bürger müssen dies ihrerseits wollen. Man kann an den professionellen Stolz der Journalisten und Kommentatoren appellieren; auch Scham ist ein der Zunft bisweilen nicht fremdes Gefühl, das etwas in Bewegung setzen kann

4. In einer Demokratie ist die Presse verantwortlich dafür, die Öffentlichkeit zu informieren und in gewissem Sinne zu bilden. Sie muß verantwortlich über die wichtigen Ereignisse, Angelegenheiten, Stellungnahmen und relevanten Faktoren des Zeitgeschehens berichten und genügend Meinungen, Deutungen und Debatten den Bürgern so vermitteln, daß diese ausreichend Material haben, um selbst über die Probleme nachzudenken und sich ihre eigene Meinung bilden zu können.

In den USA herrschte lange die Ansicht, daß der Journalismus diese Verantwortung in Gestalt kommerzieller Unternehmen (Zeitungen, Fernsehsender) erfüllen könne. Es besteht weithin Einigkeit darüber, daß die Presse diese Verantwortung in einer Demokratie trägt und daß eine Demokratie ohne eine Presse, die das leistet, nicht gut funktionieren kann. Wenn man zeigen kann, daß ein privatwirtschaftlich bestimmtes System des Journalismus dieser Verantwortung nicht gerecht werden kann, darf man erwarten, daß eher versucht wird, die ökonomischen Kräfte in geeigneter Weise zu modifizieren, als die Verantwortlichkeit für die öffentliche Informierung zu verwässern, denn letztere ist eine der notwendigen Funktionsbedingungen von Demokratie.

Es wird mitunter gesagt, daß doch alle möglichen Sichtweisen, die irgendwer haben möchte, irgendwo »da draußen« schon existieren (etwa im Internet); daher sei es völlig in Ordnung, Medienprodukte als Waren zu (be)handeln. Aber das entspräche dem Argument, daß es keines Erziehungswesens bedarf, weil es ja öffentliche Bibliotheken gibt: Wer braucht eine Schule oder ein College, wenn man doch in öffentliche Bibliotheken gehen und jedes Buch zu jedem Thema ausleihen kann? Obwohl öffentliche Bibliotheken bewundernswerte Einrichtungen sind, ersetzen sie wohl kaum die öffentliche Bildung und Erziehung. Die Leute brauchen Kurse und Seminare, in denen das Material organisiert und auf verständliche Weise dargeboten wird, so daß die Schüler über ein Thema in begrenzter Zeit etwas Wesentliches lernen können. In ähnlicher Weise haben Journalisten in einer Demokratie, selbst wenn der Zugang zu Medienprodukten eher »frei«

als kostspielig wäre, die Verantwortung, »die Öffentlichkeit zu informieren« und die Nachrichtendaten so zu organisieren, daß die berichteten Tagesereignisse Sinn bekommen. Redakteure haben die Pflicht, die Daten so aufzubereiten, daß sie für die Bürger, die den Gang der Dinge, über die sie mitzuentscheiden haben, verstehen wollen, auch einen Gebrauchswert haben. Die Flut trivialer, nutzloser, falscher, irreführender und haßerfüllter »Mitteilungen«, die das Internet überschwemmt, beweist, daß es von der Fähigkeit, nach Daten herumzustöbern, bis zum gut informierten Bürger noch ein weiter Weg ist.[21]

Mir scheint, ein kommerzialisiertes Pressewesen kann der Verantwortung, die ihm in einer von der Medienkultur geprägten Demokratie zuwächst, nicht gerecht werden. Die Informierung der staatsbürgerlichen Öffentlichkeit und der Erfolg im marktwirtschaftlichen Wettbewerb ergeben unversöhnliche Zielkonflikte. Ich meine, wir sollten uns für ein Pressewesen einsetzen, das dem Modell gemeinnütziger Kunst- und Bildungseinrichtungen folgt, ohne den Zwang, die Dividende für die Aktionäre zu erhöhen, und durch öffentliche Mittel und private Spenden hinreichend unterstützt, um sich über Wasser zu halten. Es sollten weit mehr öffentliche Mittel für den Erhalt eines öffentlich-rechtlichen Rundfunksystems aufgewendet werden, und es sollte Zeitungen geben, die eher Universitäten als Unternehmen ähneln.[22] Aber das ist im gegenwärtigen Klima unwahrscheinlich. Diesseits derart grundlegender Änderungen gibt es bescheidenere Ziele, auf die man hier und jetzt hinarbeiten kann. Auf Fernsehsender kann Druck ausgeübt werden, die Nachrichtenredaktion unabhängiger von ökonomischen Zwängen zu organisieren, als sie es derzeit sind. Anstatt für bestimmte Programme Werbezeit zu verkaufen, können die Sender die Sendezeit unspezifisch verkaufen, wie Zeitungen das machen, wenn sie die Kontrolle darüber behalten, welcher Artikel neben welcher Anzeige erscheint. Und diejenigen, die in den Nachrichtenredaktionen der Fernsehsender oder den Redaktionen der Zeitungen arbeiten, könnten relativ abgeschirmt sein von den Interessen derjenigen,

21 Weitere Argumente finden sich bei Buchstein, *Biting Bytes*, a.a.O. (Anm. 8).

22 Siehe auch Virginia Held, *Rights and Goods: Justifying Social Action*, New York: Free Press 1984 und Chicago: University of Chicago Press 1989.

die Werbezeit oder -platz verkaufen, wie es in einigen Magazinen der Fall ist. Vom Bereich der Werbung gehen einige der schlimmsten Zwänge aus, unter denen die Qualität der Nachrichtenberichterstattung in den Zeitungen am meisten leidet. Werbeagenturen glauben zum Beispiel, daß harmlose Geschichten über Kochen und Dekorieren eine effektivere Begleitung für Anzeigen sind als verstörende Berichte über besorgniserregende Probleme.

Die Öffentlichkeit kann verlangen, daß ernsthaften Nachrichten und politischen Diskussionen auch in den kommerziellen Medien mehr Platz und Gewicht eingeräumt wird als derzeit üblich. Wir alle können uns, so gut es geht, der aktuellen Eilfertigkeit widersetzen, mit der sie das wenige (und sicher Unzureichende), das es in den USA an öffentlichem Rundfunk gibt, privatisieren und kommerzialisieren.[23] Und die Journalisten können sich auf weitverbreitete Ansichten von der Notwendigkeit einer wohlinformierten Öffentlichkeit berufen, um ihre professionelle Verpflichtung, trotz kommerzieller Zwänge autonom zu arbeiten, mit mehr Nachdruck zur Geltung zu bringen.

Eher ein längerfristiges Ziel sollte sein, Bürgern mehr Bewußtsein ihrer Rechte im Hinblick auf die Presse- und die Meinungsfreiheit zu vermitteln. Herkömmlicherweise bedeutete Pressefreiheit nichts weiter als die negative Freiheit der Nichteinmischung durch die Regierung. Diejenigen hörbar und sichtbar zu machen, deren Stimmen andernfalls unhörbar blieben, war bedauerlicherweise in den Debatten über Meinungsfreiheit unter liberalistischen Prämissen kein Thema. Der Redner auf dem Platz, dessen Fähigkeit zur Rede vorausgesetzt wird, ist auch weiterhin die herrschende Metapher in der Verfassungsinterpretation des *First Amendment* und in philosophischen Debatten über Probleme der Meinungs- und Redefreiheit. Solange die Armen Versammlungsfreiheit und Demonstrationsrecht haben, hat die Tatsache, daß ihnen alle Mittel zu medialer Präsenz fehlen, schändlicherweise keinen liberalen Theoretiker besonders

23 Ein Beispiel dafür, wie armselig der öffentliche Rundfunk in den USA gefördert wird im Vergleich mit anderen Ländern: Pat Aufderheide berichtet, daß die USA 1988 ca. 77 Cent pro Kopf für den öffentlichen Rundfunk verwendet hat, Japan 14 Dollar, Kanada 23,60 Dollar und England 24,52 Dollar. Pat Aufderheide, »What Makes Public TV Public?«, in: *The Progressive*, Januar 1988, S. 35-38.

beunruhigt.[24] Aber wenn wir uns die Debatten über das Recht auf Meinungsfreiheit und das Recht auf Information ansehen, läßt sich überzeugend argumentieren, daß diese Rechte *befähigende* Rechte sein müssen, also positive Rechte auf die für die betreffenden Freiheiten notwendigen Mittel: für die Freiheit, sich in heutigen Kommunikationskontexten zu äußern, und für die Freiheit, Diskussionsangebote zu erhalten und Informationen zu gewinnen, die man braucht, um die Bürgerrolle effektiv ausgestalten zu können.[25] Wer mit solchen Rechten Ernst machen will, muß mehr öffentliche Ressourcen für die Verwirklichung solcher Meinungsäußerungen und Informationsangebote fordern: Mehr offene Kanäle (*public access channels*), Bildungsangebote in Medienkompetenzen für alle Interessenten, ein *primär* am Zweck öffentlicher Information ausgerichtetes Pressewesen und dergleichen mehr.

Das Recht auf freie Meinungsäußerung als ein ermöglichendes Recht, als ein positives Recht auf Zugang, habe ich an anderer Stelle behandelt. Natürlich impliziert es nicht, daß jeder, wenn er nur möchte, Zeit im Fernsehen oder Raum in den führenden Zeitungen erhält. Ebenso klar ist, daß ein positives Recht auf Bildung natürlich nicht jedem ein Recht gibt, an den wenigen Spitzenuniversitäten zu studieren, aber sehr wohl ein Recht, eine seinen Fähigkeiten gemäße Bildung zu erhalten, unerachtet der Barriere der hohen Kosten teurer privater Bildungsanstalten. Das impliziert ein öffentliches Schulsystem, auch öffentliche Institutionen der höheren Bildung (zum Beispiel Hochschulen) auf der Grundlage von Befähigung und Leistung. Mit Zugangsrechten zu den Medien könnten gewisse Anforderungen an Talent und Kompetenz verknüpft werden, die fair beurteilbar sein müßten. Aber wenn die Fähigkeit, sich medial zu äußern, von der jeweiligen Finanzkraft abhängt, Medienzeit zu kaufen, so vereitelt das mit Sicherheit die freie Meinungsäußerung. Mediale Zugangsrechte erfordern, daß die Information und der Kommentar dazu am Ziel staatsbürgerlicher Bildung ausgerichtet werden statt am privaten Profitstreben. Da wir den Sinn des Rechts auf Bildung immerhin schon im Lichte von Zugangsrechten verstehen (auch

24 Siehe Virginia Held, »Access, Enablement, and the First Amendment« in: Diana T. Meyers und Kenneth Kipnis (Hg.), *Philosophical Dimensions of the Constitution*, Boulder, CO: Westview Press 1988.

25 Ebd.

wenn das so verstandene Recht auf Bildung in den USA nicht wirklich implementiert ist), können wir ein analoges Verständnis der verfassungsmäßig garantierten Meinungs- und Informationsfreiheit entwickeln. Die Arbeit der Implementierung kann dann hier ansetzen. Die neuesten Bestimmungen, daß Kabelnetzbetreiber einige »offene Kanäle« gewährleisten müssen, sind gewiß ein guter Anfang[26]; weitere Formen des Zugangs und des Kompetenzerwerbs speziell mit Blick auf die politischen Informations- und Bildungsbedürfnisse von Staatsbürgern, die im politischen Prozeß mitwirken wollen, müssen noch entwickelt werden.

Risse in der Hegemonie

Wie stehen die Chancen, die gegenwärtige Tendenz zur immer stärkeren Kommerzialisierung der Medien und zu journalistisch immer unbefriedigenderen Produkten umzukehren? Obwohl man Sozialphilosophen eher nach Empfehlungen als nach empirischen Prognosen fragen sollte, verteidige ich die Auffassung, daß wir unsere Empfehlungen auf unsere aktuelle historische Situation zuschneiden sollten, statt lediglich Idealkonstruktionen zu entwerfen. Gibt es irgendeine Hoffnung, daß Empfehlungen für die Verbesserung der Information der Öffentlichkeit und des öffentlichen Diskurses Wirkungen haben?

Jürgen Habermas schrieb 1962, daß »die strenge Scheidung von fact und fiction immer häufiger aufgegeben« wird. »Nachrichten und Berichte, selbst Stellungnahmen werden mit dem Inventar der Unterhaltungsliteratur ausgestattet. [...] Was sich derart in der Tagespresse erst andeutet, ist in den neueren Medien schon fortgeschritten.«[27] Der von ihm beobachtete Trend hat sich inzwischen extrem verstärkt, vor allem in den USA. Man mag sich fragen, wie weit diese Tendenz überhaupt noch gehen kann oder ob es Hoffnung gibt, daß schon bald eine Zeit der Korrektur anfangen wird, mit Möglichkeiten für langfristige und substantielle Veränderungen.

26 Siehe besonders Douglas Kellner, *Television and the Crisis of Democracy*, Boulder, CO: Westview Press 1990, Kapitel 5.

27 Jürgen Habermas, *Strukturwandel der Öffentlichkeit* (1962), Frankfurt am Main: Suhrkamp 1990, S. 260.

Im letzten Jahrzehnt hat eine kritische Medienwissenschaft überzeugend das Bild problematisiert, das in früheren Interpretationen der Kulturindustrie eine so große Rolle gespielt hat: daß die Konsumenten kulturindustrieller Produkte rein passiv den Botschaften der Medien ausgesetzt sind, die die herrschenden kapitalistischen Interessen verstärken und reproduzieren.[28] Neuere Untersuchungen zeigen, daß Zuschauer und Zuhörer über Fähigkeiten zum Widerstand verfügen, die in den älteren Theorien nicht erkannt worden sind. Konsumenten benutzen Medienprodukte oft ganz anders, als die Produzenten intendieren. Und da die Medien, um erfolgreich zu sein, eine Resonanz mit den Gefühlen und Sorgen vieler Menschen erzeugen müssen, betrachtet man nun das Publikum als weit weniger passiv und weit mehr in der Lage, die Medieninhalte auf eigene Weise zu interpretieren. Allerdings ist der Aufbau medienkritischer Einstellungen ein dauernder Kampf, immer in Gefahr, von neuen hegemonialen Trends und Technologien überwältigt zu werden. Ist also jeglicher Widerstand unweigerlich oberflächlich und kurzlebig?

Douglas Kellner, der sich mit Untersuchungen über die Medien vielleicht mehr beschäftigt als jeder andere Philosoph, sieht die Medieninstitutionen nicht als bloßes Instrument des Kapitals und der Klassenherrschaft. In *Television and the Crisis of Democracy* (1990) argumentiert er, daß die Medien die Arena gleitender Kämpfe und Kompromisse sind, in denen »Konsense über konkurrierende politische Positionen [der herrschenden Klasse] geschmiedet werden«, indem »die herrschenden Gruppen versuchen, die unteren Schichten in die etablierte politische Ordnung einzubinden«.[29]

Die Medien produzieren Identitäten, Rollenvorbilder und Ideale; sie definieren Situationen und bestimmen die Tagesordnung diskutabler Themen. Aber (so Kellner) auch das Publikum spielt eine Rolle und ist fähig, die medialen Botschaften zu beein-

28 Max Horkheimer und Theodor W. Adorno, *Die Dialektik der Aufklärung* (1947), Frankfurt am Main: Fischer 1988; Herbert Schiller, *The Mind Managers*, Boston: Beacon Press 1973; Michael Parenti, *Inventing Reality: The Politics of the Mass Media*, New York: St. Martins' Press 1986.

29 Kellner, *Television and the Crisis of Democracy*, a.a.O. (Anm. 26), S. 16.

flussen. Kellner sieht eine eher aktive als bloß passive Bürgerschaft, die der Dominanz widerstehen kann und die Möglichkeit des Wandels offenhält. Zum Beispiel wurde die Hegemonie der Konservativen der fünfziger Jahre von den radikalen politischen Bewegungen der sechziger und siebziger Jahre abgelöst. Es stimmt zwar, daß in den Achtzigern die Konservativen wieder den Ton angaben, nachdem die Radikalen an den Rand gedrängt und die liberalen Kräfte besiegt worden waren. Hieran hatte das Fernsehen keinen geringen Anteil. Trotzdem sieht Kellner einige ermutigende Anzeichen für die Möglichkeit, die Medien in die Verantwortung zu nehmen und die Bürger stärker zu beteiligen.

Trotz Gingrich, trotz Dole, trotz der zunehmenden Belagerung der Restbestände des öffentlichen Rundfunks in den USA – man darf annehmen, daß die Hegemonie nicht ohne Risse ist. Einen der besten Gründe, an der Unangreifbarkeit der kommerzialisierten Medien zu zweifeln, liefert die Geschichte der Frauenbewegung seit den sechziger Jahren. Als die neuere Frauenbewegung in den USA begann, hat buchstäblich alles in der Kultur und in den Medien das Bewußtsein der Frauen zu Unterwürfigkeit, zu mangelnder Autonomie und zum Hinnehmen des Beherrschtwerdens geformt. Trotzdem hat sich Widerstand entwikkelt und substantiell etwas verändert. Trotz aller Rückschläge während der Ära Bush und Reagan und trotz deren Medienunterstützung haben die Frauen weiter Fortschritte erzielt. Wenn auch die Verbesserungen schrecklich langsam und stets von Rückschlägen bedroht sind, ist doch die Zahl der Frauen, die ins Parlament gewählt werden, gewachsen, und die Einkommenskluft zwischen Männern und Frauen ist schmaler geworden. Auch die Umweltschutzbewegung hat relativ erfolgreich dafür gesorgt, daß ihre Aussagen gehört werden *trotz* der Konzerne, denen große Teile der Medien gehören.

Man sollte sich immer vor Augen halten, daß die Kontrollmacht der Medien nicht darin besteht, Gehorsam zu erzwingen, sondern Bewußtsein zu formen. Die Macht der Medien ist ihr Einfluß auf unsere Gedanken und Gefühle, nicht über Leib und Leben, und darum haben wir Möglichkeiten genug, Widerstand zu leisten. Einerseits gibt die Bewußtseinsmacht die denkbar effektivste Kontrolle, da die Menschen dem, was sie für ihre eigenen Beweggründe halten, zuverlässiger folgen als äußerem Zwang; andererseits bietet die Bewußtseinsmacht auch Ansatzstellen für effektiveren Widerstand. Bewußtsein ist allen verfügbar, läßt sich zurückgewinnen, erhöhen, verändern. Und es gibt erste Anzeichen, daß dies in Hinsicht auf die Medien geschieht. Endlich wird allgemeiner Protest darüber laut, wie weit die kommerziellen Medien in der Manipulation und Ausbeutung der Kinder gehen. Läßt sich aber der Trend zur grenzenlosen Ausweitung der Kommerzialisierung bei Kindersendungen stoppen, kann man ihn womöglich auch an anderen Stellen umkehren. Durchaus machbar erscheint zum Beispiel eine Reform der Finanzierungsregelung für die Mediennutzung im Wahlkampf. Politisch im Aufwind ist auch die Kritik an der Medienindustrie wegen exzessiver Gewalt und Vulgarität ihrer Programme.

In den USA hat die Linke nur sehr langsam Medienstrategien entwickelt. Teile der Linken tun Medienkritik als elitär ab, als mangelndes Verständnis für die Freuden der Arbeiterklasse. Viele ignorieren auch einfach Ausmaß und Implikationen der Medienmacht. Was die Linke an Medienpräsenz mobilisieren kann, ist nichts im Vergleich mit der religiösen Rechten und zuwenig, um einem überwiegend rechtslastigen »talk radio« etwas entgegensetzen zu können. Aber die Linke kann von denjenigen lernen, deren Medieninteressen sich von denen der großen etablierten Netzwerke und deren Sponsoren unterscheiden. Und die Linke *kann* eine Medienpolitik entwickeln. Hierzu meint Douglas Kellner:

»[...] jede gemeinwohlorientierte Bürgerinitiative, jede politisch progressive soziale Bewegung, sollte [...] eine Medienstrategie entwickeln, um ihr Anliegen in die Öffentlichkeit zu tragen, von der Herstellung von Informationsmaterial für die Öffentlichkeitsarbeit und für Pressekonferenzen bis hin zur Produktion und Verbreitung von eigenem Print- und Fernsehprogrammaterial. Im Medienzeitalter sind die politischen Kämpfe medial vermittelt, und wer hier nicht mitmischen kann, ist von den wichtigsten Kämpfen und Themen der Zukunft abgeschnitten.«[30]

Wer für die Entwicklung des demokratischen Diskurses eintritt, muß die Medien ernster nehmen und die Realitäten der Medienkultur besser verstehen, als dies die Linke in der Vergangenheit getan hat.

Vielleicht ist die Zeit bald reif für eine soziale Bewegung zur Befreiung der Kultur. Die vielen talentierten Menschen, die in

30 Ebd., S. 222.

den Medien arbeiten und an größerer Unabhängigkeit interessiert sind, könnten ihr beitreten, genau wie die Masse derer, die mit den ganz zur Ware gewordenen Medien unzufrieden sind, alle, denen an einer Kultur des ungegängelten Ausdrucks, an wirklichen Nachrichten und herrschaftsfreien Debatten liegt. Mir scheint, wir alle sollten mitmachen bei einer solchen sozialen Bewegung zur Befreiung unserer Kultur.

Ich möchte jedoch eher mit einer Mahnung schließen. Angesichts der zunehmenden weltweiten Ausbreitung jener wirtschaftlichen und gesellschaftlichen Kräfte, die die Medien, die Nachrichten und überhaupt die Kultur in den USA bestimmen, ist es offensichtlich von größter Wichtigkeit für Philosophen und andere, über rechtfertigbare Prinzipien und Positionen nachzudenken, mit denen wir diese alarmierenden Entwicklungen steuern könnten.

Übersetzt von Iris Junker

Gertrud Koch
Unterhaltung und Autorität
Konstellationen der Massenmedien

Seit es Massenmedien gibt, und ich schließe da den Boom der Druckmedien im 18. Jahrhundert ein, sind diese Gegenstand großer Hoffnungen und Befürchtungen gewesen, die sich auf deren Wirkmächtigkeit richten. Schon für Blaise Pascal schien die Sache klar, als er in den *Pensées* schrieb:

»[...] ich habe oft gesagt, daß alles Unglück der Menschen einem einzigen Grund entstammt, nämlich, daß sie es nicht verstehen, in Ruhe in ihrem Zimmer zu bleiben. [...] Sie haben einen geheimen Trieb, der sie dazu bringt, Zerstreuungen und Beschäftigungen außerhalb zu suchen.«[1]

Seitdem die Zerstreuungen in die Zimmer eingezogen sind, die Fenster nach draußen sich ins Unendliche zu multiplizieren scheinen, nicht nur ferngesehen wird, sondern auch Kaskaden von Fenstern aus der Computer-Software die Zimmer zu öffentlichen Orten und Plätzen gemacht haben, ist die Klage nicht verstummt, die mit Pascal angehoben hatte. Pascals Demonstrationsobjekt ist der König, der sich einen ganzen Hofstaat hält, der ihn davor bewahren soll, erkennen zu müssen, daß auch er sterblich, ein unglücklicher Mensch wie alle Geschöpfe Gottes, ist. Die Unterhaltungssucht, die Pascal in den Gedanken zum *divertissement* zu erfassen sucht, forciert ein Vanitas-Motiv in jeder Repräsentation, denn »der König ist umgeben von Leuten, die an nichts anderes denken, als den König zu unterhalten und ihn davon abzuhalten, über sich selbst nachzudenken. Denn ein

1 Blaise Pascal, »Pensées«, Nr. 139, in: ders., *Œuvres Complètes*, Paris: Éditions du Seuil 1963, S. 516 f. Ich habe mir erlaubt, die Übersetzungen aus dem Französischen selbst zu besorgen. Da es verschiedene Editionen der *Pensées* gibt, folge ich der Numerierung der Edition Brunschvicg, auf die sich alle gängigen Ausgaben zurückbeziehen. Den Hinweis auf die Bedeutung Pascals im Rahmen der Entstehung des Diskurses über Zerstreuung habe ich Leo Löwenthal zu verdanken. Leo Löwenthal, *Literatur und Gesellschaft*, Neuwied: Luchterhand ²1972.

jeder König ist unglücklich, wenn er darüber nachdenkt.«[2] Die Unterhaltungen und Zerstreuungen, die von ›d'ailleurs‹ und ›dehors‹, von woandersher und von draußen kommen, sind notwendige Plomben zwischen der Todesfurcht der Sterblichen und ihrem unglücklichen Bewußtsein darüber. Die Massenmedien bieten den Massen den Stoff, den sie als Henkersmahlzeit ihrem unglücklichen Bewußtsein verfüttern. Heilige oder Gott zu sein ist ihnen verwehrt – und das sind doch die einzigen, die Sterblichkeit nicht zu fürchten haben. Zwischen dem fiktiven Glück der Heiligen und dem Unglück der Massen treten die Medien vermittelnd auf, indem sie neue Ikonen und Idole herbeischaffen. Oder wie Nietzsche über die neuen Notwendigkeiten schreibt: »[...] man schlägt an alle Glocken auf einmal und erregt den dunklen Verdacht, daß man ein Gott sei.«[3]

Die Repräsentation in den Medien der Unterhaltung und Zerstreuung ist ein Zeichen der Differenz, der zwischen Gott und König. Pascal betont an anderer Stelle, daß der Zwang zu Unterhaltung und Zerstreuung des Königs kein Spezifikum der christlichen Könige sei, sondern für Könige gelte, eben insofern sie Könige sind. Unterhaltung und Zerstreuung wird hier also direkt als eine Funktion weltlicher Macht gesehen.[4] Mit ihr muß die Leere gefüllt werden, die der verlorene Glaube gerissen hat. Denn für Pascal kann nur im Glauben an den wahren Gott das Glück der Menschen liegen. Diese Lücke ist nicht aufzufüllen. Wie Lacan denkt schon Pascal das verlorene Objekt als imaginär und unauffindbar, weil es Ganzheit außerhalb Gottes nicht geben kann. Alle Versuche, an diese Leerstelle weltliche Zeichen zu setzen, bleiben unbefriedigend und treiben zu neuen an:

»Und seit er ihn verlassen hat, ist es eine merkwürdige Sache, daß es nichts in der Natur gibt, das in der Lage wäre, an seine Stelle zu treten, weder Sterne, Himmel, Erde, Elemente, Pflanzen, Kohl, Lauch, Tiere, Insekten, Kälber, Schlangen, Fieber, Pest, Krieg, Hungersnot, Laster, Ehebruch, Inzest. [...] Die einen suchen ihn in der Autorität, die anderen in den Entdeckungen und Wissenschaften, die anderen in den Genüssen.«[5]

2 Ebd., S. 517.
3 Friedrich Nietzsche, »Der Wille zur Macht«, Nr. 824. *Nietzsches Werke.* Zweite Abteilung, Bd. XVI, Leipzig 1911, S. 248 f. Zitiert nach Leo Löwenthal, *Literatur und Gesellschaft*, a.a.O., S. 41.
4 Blaise Pascal, *Pensées*, Nr. 142, a. a. O., S. 518.
5 Ebd., Nr. 425, S. 519 f.

Die Zerstreuung und Unterhaltung als Surrogat zu sehen, mit dem religiöse Macht gegen weltliche Herrschaft getauscht wird, bedurfte also nicht erst der kritischen Intellektuellen des 20. Jahrhunderts, sondern findet sich als Denkfigur bereits mit dem Eintritt in die Neuzeit vor. Gleichzeitig wird aber die Welt, die der Deus absconditus zurückläßt, holistisch geschlossen. Der König ist ein Zeichen der Autorität und Macht, das nur innerhalb des säkularen Systems Verursacher ist, Zeichen zur Generierung von Zeichen. Was dem weltlichen Souverän als Zerstreuung gegenübertritt, repräsentiert ihn selbst nur noch als Beobachter seines Beobachtungssystems, der König im Spiegel der Hofnarren, später der Presse. »Unterhaltungsvorführungen«, schreibt Niklas Luhmann einige hundert Jahre später, »haben somit immer einen Subtext, der die Teilnehmer einlädt, das Gesehene oder Gehörte auf sich selber zu beziehen. Die Zuschauer sind als ausgeschlossene Dritte eingeschlossen – als ›Parasiten‹ im Sinne Michel Serres'.«[6] Oder – polemisch gesagt – Pascals, der den König sieht als jemanden, der im Medium der Unterhaltung sich selbst als einen der vielen (Menschen) zu sehen bekommt.

Abgesehen von den Fanatikern unter den Medientheoretikern haben die meisten (von Pascal bis Luhmann) die Komplexität der neuen Massenmedien in ihrer neuzeitlichen Erscheinungsform gesehen. Daß die Massenmedien selber Teil des Mediums Macht werden können, gehört zu den kontinuierlichen Erkenntnissen über Massenmedien, ohne daß der Übergang selbst offen zutage läge. Ein Umstand, der freilich in zwei Richtungen wirkt: diese lassen sich am ehesten auffächern, indem der Begriff der Macht ergänzt wird um zwei weitere, nämlich Autorität und Einfluß.

Nach einer Definition des Politiktheoretikers C. J. Friedrich ist Autorität eine Eigenschaft der Kommunikation zwischen Personen und keine Eigenschaft einzelner Personen. Eine Person besitzt nicht Autorität, sondern kann Autorität ausüben in kommunikativen Akten. Äußerungen und soziale Handlungen nehmen Autorität in Anspruch, die auf Begründung verzichten, aber jederzeit begründbar sind. Die Gründe und Begründungen werden also nicht verweigert, sondern aus rationalen Gründen der Vereinfachung abgetrennt und sozusagen zwischengelagert.

6 Niklas Luhmann, *Die Realität der Massenmedien*, Opladen: Westdeutscher Verlag ²1996, S. 112.

Nicht legitimierte Autorität übt zum Beispiel ein Beamter aus, der Amtsstempel willkürlich nach eigenem Dünken verwendet. Der Akt des Stempelns selber ist eingelagert in eine Kette von Legitimationen, die diesem Stempel am Ende Autorität und damit Wirkmächtigkeit verleihen. Wird er unlegitimiert eingesetzt, erlischt seine Wirkung, sobald auf Nachfrage die Legitimationskette nicht lückenlos aufgezeigt werden kann. Auf dieser Ebene erfordern die Akte der Autorität zuallererst Vertrauen, daß widerfahrene Autorität nicht usurpiert ist. Bis zu einem gewissen Grade kann man sogar davon ausgehen, daß ohne solches Vertrauen in die institutionelle Legitimität von Autorität unser gesamtes soziales System von paranoischen Zweifeln bedroht würde.[7]

Die Massenmedien, die mit der Einführung des Buchdrucks entstanden sind, haben neben dem aufgezeigten Unterhaltungsaspekt und seinen strukturierenden Einflüssen auf die Lebenswelten und Zeitorganisationen eine doppeldeutige Rolle in bezug auf Autorität angenommen.[8] Denn Nachfragen an Autorität sind mit den modernen Verbreitungstechnologien jederzeit möglich geworden, die Autoritäten können selbst Thema der Massenmedien werden und sind nicht mehr die ausschließlichen Programmierer der Medien, wie das etwa noch der Papst als unfehlbare Autorität im Kirchenstaat war.

Ein einfaches Beispiel hierzu liefert ein Klassiker eines Genres, das Autorität begründende Traditionen durch Techniken der Ridikülisierung unterspült. Die Eingangssequenz aus Chaplins *City Lights* (USA 1931) ist hierfür ein gutes Beispiel. Städtische Honoratioren wollen ein noch verhülltes Denkmal von monumentalen Ausmaßen auf einem städtischen Platz enthüllen; die Festredner haben sich versammelt, die Zuschauer warten auf den Moment der Enthüllung. Die Reden, die legitimierenden Worte der Autoritäten werden so verzerrt, daß nichts zu verstehen ist.

7 Vgl. hierzu auch Niklas Luhmanns Untersuchung, in: ders., *Vertrauen. Ein Mechanismus der Reduktion sozialer Komplexität*, Stuttgart: Enke [2]1973, insbesondere S. 56 f.

8 Die Programmstruktur des Fernsehens hat eine Orientierungsfunktion für häusliche Zeitabläufe übernommen. Die tagsüber ausgestrahlten *soap operas* zeigen die Verzahnung von dramaturgischem Timing und Verbraucheradressierung besonders gut an. Vgl. hierzu den Themenschwerpunkt Soap Opera in: *Frauen und Film*, Heft 42, 1987.

Diese Verzerrung entzieht den Autoritäten die Legitimation, sie bringen keine Gründe vor, nur Geräusche, Tonfolgen und abgezirkelte Gesten. Soweit ist das ein noch sehr einfach konstruiertes Beispiel, das sich die Trennung von Ton und Bild zunutze macht, um den Traditionsaspekt der Autorität zu entlegitimieren. Aber Chaplin hat natürlich noch mehr im Sinn, wenn er sich zum Gegenstand der Inszenierung macht. Sowie das Tuch des Denkmals gefallen ist, sieht man Chaplin als Tramp sich in den Armen der allegorischen Figuren des Denkmals in Schlaf und Sicherheit wiegen. Durch die Enthüllung geweckt, beginnt er den Abstieg, der gänzlich zur Obszönität gerät. Nicht nur, weil das Schwert des heroischen Recken ihn von hinten penetriert, er die Gliedmaßen der Dame als Klettergerüst und zum Schuhebinden disqualifiziert, er senkt sich schließlich noch mit dem Hintern direkt auf die emporgereckte Nase des Helden, womit der Sadismus der ersten Penetration durch das Schwert zu einem derben obszönen Witz erweitert wird. Das Hohe und Niedere, die traditionelle Monumentalplastik und die vulgäre Filmkomödie, entscheidet der Film ganz eindeutig zu seinen Gunsten. Der kinematographische Fall der Autorität findet zuerst in den Slapsticks statt.

Aber es geht natürlich nicht nur um die *success story* des neueren Mediums über ein älteres, das Monument, das ja auch schon im Zeichen des Öffentlichen steht und an die Massen sich adressiert. Wenn Chaplin sich im direkten visuellen Sinne an die Stelle des Denkmals setzt, dann lenkt er die Zuschauer auf sich, den Blick der Zuschauer vor dem Denkmal nimmt er wie den der Kinobesucher im wahrsten Sinne des Wortes mit. Tradition und Autorität werden zwar auf der Leinwand gebrochen, in der visuellen Zote zum Beispiel, aber gleichzeitig verweist der Körper des Komikers Chaplin, der permanent dem Regisseur Chaplin ins Bild folgt oder an der anderen Seite von ihm herausgezogen wird, auf die apparative Vermittlung selbst. Viele typische Einstellungen aus Chaplin-Filmen spielen mit dem Blick des Akteurs Chaplin, der dem Kameramann – und durch ihn vermittelt den Zuschauern – zuzuwinken scheint, ihm nachzugehen und über die Schulter zu gucken. Das scharfe Bremsen, das rasende Drehen um die eigene Achse, um nun auf die Kamera zuzulaufen und hinter sich her und vor die Kamera x^n Polizisten oder andere Widrigkeiten zu ziehen, ist eines der vielen charakteristischen

Motive in Chaplin-Filmen, die auf ein Drittes, auf die Beobachtung der Kamera, gerichtet sind. Der spielerische Umgang, mit dem sich Chaplin von der Kamera mal entfernt und mal ihr sich und die Dinge zutreibt, erinnert an die Eleganz kindlicher und tierischer Pirouetten vor einem Spiegel – aber das täuscht. Wie genau Chaplin die Funktionsmöglichkeiten der audiovisuellen Beobachtungs- und Wiedergabeapparate kannte, würde ich gerne an einem zweiten Chaplin-Beispiel vorführen, um mit ihm die einfache Ebene des internen kinematographischen Falls der Autorität aufzugeben und auf die dem Medium zugeschriebene Macht zu kommen.

In *Modern Times* (USA 1936) hat Chaplin die sozialtechnische Seite des neuen Mediums inszeniert. Technisch vermittelte Kommunikation unter Abwesenden heißt hier strenge Asymmetrie: das Bild des Herrn und seine auf überdimensionale Bildschirme übertragenen Anweisungen sind ubiquitär geworden, der Knecht ist in persona, wo das Bild ist, der Herr ist im Bild, wo der Knecht ist. Daß Chaplin mit dem *office* des Präsidenten beginnt, täuscht nicht darüber hinweg, daß er diesen zwar leibhaftig zeigt, aber doch nur über symbolische Machtmedien handeln läßt. Herrschaft ist gleichzeitig personell anonymisiert (der Herr wird zum Symbol) und idolatrisiert. Technik in *Modern Times* ist nicht nur Produktionstechnologie, die Fließbänder, die ineinander greifenden Zahnräder etc., sondern auch Kommunikationstechnologie. Die Abläufe der Produktion bedürfen kommunikativer Vermittlung. Die Schafherde, die dem Film als Leitornament dient, hat einen wachsamen Hirten gefunden, der die schwarzen Schafe und ihre Ausbruchsversuche aus donnernder Ferne und als lichte Erscheinung führt.

In *Modern Times* wird auf gegenläufige Weise bereits vorweggenommen, wie die Technologie zunehmend die Individuen aus dem Produktionsprozeß auswirft. Chaplin in seinem Schraubenschlüssel-Ballett bereitet die Gegenwart vor, der Mann von der Straße wird zum Mann von der Straße. Die Befehlshierarchie von Herde und Führer ist in den Kommunikationsmedien vermittelt und organisiert den Produktionsprozeß symbolisch. Wie Chaplin hat auch Kracauer das ästhetische Muster erkannt. In seiner berühmten Studie über *Die Angestellten* (1929) beschreibt er die symbolische Abrichtung, die weiblichen Schreibkräften in der Ausbildung widerfuhr:

»Der schlaue Lehrer kurbelt ein Grammophon an, nach dessen Klängen die Schülerinnen tippen müssen. Wenn lustige Militärmärsche ertönen, marschiert sich's noch einmal so leicht. Allmählich wird die Umlaufgeschwindigkeit erhöht, und ohne daß es die Mädchen recht merken, klappern sie immer rascher. Sie werden in den Ausbildungsjahren zu Schnellschreiberinnen, die Musik hat das billig entlohnte Wunder bewirkt.«[9]

Symbolische Kommunikationsmedien wie die Musik werden in den technischen Verbreitungsmedien wie dem Grammophon zu direkten Wirkfaktoren im Produktionsprozeß – und obwohl Chaplin die beiden Prozesse trennen möchte, indem er sie narrativ voneinander abkoppelt (der Arbeiter führt sein Ballett auf, weil er einen Nervenzusammenbruch erleidet, der Präsident ist nicht nur auf der Leinwand anwesend, sondern auch in persona etc.), sind die Filme weit eher als Zeichen der Verschlungenheit von symbolischer, technischer und personaler Kommunikation zu sehen. Gerade bei Chaplin kann dies zu unheimlichen Konfigurationen führen, die die soziale Harmlosigkeit des humanistisch gesonnenen Tramps leicht hinter sich läßt.

Am stärksten wird dies im zwiespältigen Aufbau von *The Great Dictator* (USA 1940), in dem Chaplin nicht nur den Tramp in Gestalt eines jüdischen Friseurs im polnischen Ghetto spielt, sondern auch den Diktator Hynkel/Hitler, der am Ende des Films die Macht über die technischen Verbreitungsmedien an den Friseur verliert. Es ist oft darauf hingewiesen worden, daß die pathetische Schlußansprache des Friseurs in der Maske des Diktators, mit der der Regisseur Chaplin auktorial den Medieneinfluß einsetzt, den er zuvor beklagt, widersprüchlich sei. Aber die Sache scheint doch komplizierter, wenn man bedenkt, daß Kommunikations- und Verbreitungsmedium unabtrennbar in der Form des Films ineinanderlaufen.

Schon die Trennung von Ton- und Bildspur, von Stimme und Körper, die eine Folge der technischen Gegebenheiten des Mediums ist, gibt dem Vorschub. Zu Recht hat Slavoj Zizek darauf hingewiesen, daß in den technischen Möglichkeiten auch eine psychische und kulturelle Form steckt:

»In seinem Film *Der große Diktator* beweist Charles Chaplin eine außergewöhnliche Sensibilität für diesen unheimlichen Status der Stimme.

9 Siegfried Kracauer, »Die Angestellten« (1929), in: ders., *Schriften*, Bd. 1, Frankfurt am Main: Suhrkamp 1971, S. 228.

Chaplin spielt zwei Rollen [...], der entscheidende Punkt ist, wie diese Spaltung durch die Präsenz bzw. Absenz der Stimme bestimmt ist: der jüdische Barbier ist die Fortführung der klassischen Figur des Tramps aus Chaplins stummen Burlesken, während Hynkel ein Stimmwesen, ein bedeutungsloses Dröhnen ist, das sein Bild beherrscht.«[10]

Nicht die konstruktivistische als vielmehr die destruktive Möglichkeit der radikalen Fragmentierung steht im Mittelpunkt, der implodierende Effekt, der die fragile Identität zusammenfallen läßt im Bild des Doppelgängers. Zizek führt dies an einer berühmten Sequenz des Films vor:

»Exemplarisch ist die Szene, als der Barbier und sein Liebchen am Sonntagnachmittag im Ghetto spazierengehen; die Idylle wird abrupt abgebrochen durch Hynkels hysterische, antisemitische Rede, die durch Lautsprecher ausgestrahlt wird. Alle Juden ziehen sich zurück, so daß der Barbier allein auf der Straße bleibt und sich einem Nazi-Polizisten gegenübersieht. Das nun folgende Katz-und-Maus-Spiel ist eine obszöne Parodie auf das *Mickeymousing*, in der der Rhythmus von Hynkels Rede die Bewegungen der Personen leitet. Das obszöne Gesicht Hynkels, verzerrt im selbstverlorenen Genuß seiner Stimme, ist das unheimliche Ebenbild des armen jüdischen Barbiers – wir haben es hier mit einer Art von Desublimation zu tun, mit dem Auseinanderfallen ein und derselben Person. Zum einen zerfällt sie in den armen Barbier, der sich selbst vor allem mit den Mitteln visueller Gesten ausdrückt, zum anderen in eine obszöne Karikatur, die der autonomen Stimme einen Körper verleiht. Die konstituierte/geformte Realität zerbricht in eine substanzlose körperliche Form und in die Stimme als ihren formlosen Rest.«[11]

Dieses Zerfallen in visuelle Geste und Stimme inszeniert auch den Bruch zwischen den Medien und ihren Formen. Die Doppelfunktion als Verbreitungs- und Kommunikationsmedium wird in dieser Spaltung deutlich. Von Anfang an hat der Film ästhetisch auf Fragmentierungsstrategien gesetzt, wenn er sich den aristotelischen Codes des theatralischen und szenischen Raumes in der Montage zu widersetzen versuchte. Žižek bringt diesen Zug in Chaplins Film in Zusammenhang mit Schönbergs Liedkompositionen, in denen wie »in einer Art Spektralanalyse die Einheit eines Liedes in einen *Sprechgesang* und einen Schrei zer-

10 Slavoj Žižek, »Der audio-visuelle Kontrakt – der Lärm um das Reale«, in: *Deutsche Zeitschrift für Philosophie* 3 (1995), S. 527 f.
11 Ebd.

fällt«.[12] Insbesondere die autoritäre Geste des Illusionsrealismus, der im traditionsverbürgten Wahrnehmungsmodus des »Wahr ist, was ich sehe« operiert, gerät dann ins Wanken, wenn die Spaltung in den Medien Gegenstand der visuellen Inszenierung ist. Zum Beispiel basieren einige der hinreißenden Musiknummern der Marx Brothers darauf, daß die Instrumente, die von den Komikern gespielt werden, auf der Tonspur durch die Klänge anderer ersetzt werden: die Harfe wird zum Klavier, das Klavier zu Geigen usw. Aber auch das Spiegelbild kann sich verselbständigen und damit den Realismus brechen. Aber diese Beispiele sind nur Beispiele für eine bestimmte Anwendung, für eine Form – sie sind nicht Paradigmen des Filmischen an sich.

Im technischen Medium des Films gibt es kein Entrinnen vor den gegebenen Einflußmöglichkeiten der Verbreitungsmedien; der Typus von Kommunikation, der über sie vertrieben wird, ist freilich abhängig von den sozialen Praktiken, mit denen ihre Symboliken, Formen und Semantiken konstituiert werden. Wenn Chaplin in *The Great Dictator* die Form wechselt, von der grusligen, grotesken und makabren Verwechslungskomödie zum pathetischen Schlußakkord, dann bedient er sich der Verbreitungsmedien, um zu kommunizieren, und zwar autoritär. Dazu bedient er sich des Charismas, das er als Filmstar ausstrahlt. Aus dem Führer im Film, der eine delegitimierte Gewaltherrschaft betreibt, wird der charismatische, prophetische Führer, der die Massen vor der Leinwand in Bann und Einfluß schlägt. Aber auch jetzt wird es ununterscheidbar, welcher Chaplin spricht, der Star, der Komiker, der Regisseur, der Mensch – im Medium des Films amalgamieren sich die Einflußkanäle.

Die gängigen Theorien und generalisierten Vorstellungen vom Kino – und schließlich von den Medien insgesamt – lassen sich in drei große Gruppen fassen, unter denen die spezifische Beziehung zu Fragen der Autorität, Macht und Gewalt thematisiert werden. Eine davon ist die hier zur Debatte stehende: charismatische Herrschaft.

Unter charismatischer Herrschaft versteht insbesondere Max Weber die säkulare Folge eines vormals religiösen Konzepts.[13]

12 Ebd.

13 Max Weber, *Wirtschaft und Gesellschaft*, Tübingen: Mohr ^{5}1972, insbesondere Kapitel III, »Die Typen der Herrschaft«, S. 122-176, darin Abschnitte 4 und 5 zur charismatischen Herrschaft.

Im Christentum etwa haftet Charisma jedem Mitglied der Gemeinde an durch die Taufe. Im säkularen Sinne geht das Erbe der Propheten an die charismatischen Führer über, die als Revolutionäre die neue Gesellschaft, als Künstler eine neue Wahrnehmung der Gesellschaft, als Wissenschaftler neues Orientierungswissen anzubieten haben. Das Charisma entfaltet sich in der Kommunikation mit Massen, die als Anhänger zur Gemeinde des charismatischen Führers sich bilden. Nicht zufällig wird gerade in Bildungs- und Erziehungsprozessen gerne auf die charismatische Wirkung einzelner abgehoben. Charisma wird zwar als rhetorische Begabung, als Charme oder Ausstrahlung einzelnen zugerechnet, wird aber funktional wirksam erst als ein Typus von Kommunikation. Denn ohne Massenwirksamkeit würde man schwerlich vom Charisma einer Person reden wollen. Im Weberschen Schema der Herrschaftssoziologie haftet der charismatischen Herrschaft ein Zeitlimit an, denn sie ist Übergangsherrschaft auf dem Wege zur rationalen oder legalen Herrschaft – Charisma, so die Webersche Paradoxie, veralltäglicht sich.

Webers Theorie der charismatischen Herrschaft läßt sich medien- und kommunikationstheoretisch umformulieren: Charismatische Herrschaft ist zeitlich begrenzte Einflußnahme auf die Massen, sie bedient sich der Kommunikationsmedien, vor allem der Rede. Im Zeitalter technischer Verbreitungsmedien, über die vor allem der Zeitabstand verringert werden kann, mit dem ein Redner möglichst viele erreicht, wird charismatische Einflußnahme zu einem Nebeneffekt des Starsystems. Stars haben Macht über die Verbreitungsmedien und genügend kommunikative Macht, um sie bisweilen selbständig zu nutzen. Obwohl sie nicht unbedingt als Experten über sachbezogene Reputation Einfluß nehmen, sondern über das Quantum an Bekanntheit, das sie auf einem anderen Gebiet haben, ist es immer wieder vorgekommen, daß Stars für kurze Zeit politischen Einfluß über das von ihnen aktivierbare Charisma ausgeübt haben. Die Schlußrede in *The Great Dictator* ist dafür nur ein Beispiel unter vielen, es sei nur an die politische Aktivität von Marlene Dietrich in den vierziger Jahren erinnert oder an Jane Fondas Aktivitäten gegen den Vietnamkrieg der sechziger Jahre. Wie Chaplin wurde auch Jane Fonda (von keinem Geringeren als Jean-Luc Godard in *Letter to Jane*, 1972) einer medienkritischen Analyse unterzogen, die auf die Paradoxien einer solchen Einflußnahme abhob: daß nämlich die autoritäre Herrschaft durch die Medien *in* den Medien von ihren Akteuren reflexiv zu brechen wäre.[14] In der Tat erscheint es sinnvoller, diese Phänomene nicht als generalisierbare Herrschafts*kritik* aufzufassen, sondern als einen spezifischen *Typus* von Herrschaft, der sich *im* Kontext der Unterhaltungsmedien etablieren konnte. Herrschaft auf Zeit wie die Mode. Ein Typus von Herrschaft, der aber insofern von Interesse ist, als er an Potentiale des Ästhetischen sich anlehnt, die sich von der von Pascal so beklagten Entleerung des Religiösen her speisen.

Fahrlässig erschiene es, die Doppeldeutigkeiten, die hierin liegen, nicht zu berücksichtigen. Die Kritiken am charismatischen Herrschaftsanspruch der Stars wollen ja mit diesen vor allem die politische Problemlage ins Licht rücken. Immerhin hat schon Max Weber gesehen, daß die größte angestrebte Massenwirksamkeit zu einer zunehmenden Entleerung der Reden selber führt:

»Denn die Wirkung ist [...] rein emotional und hat nur den gleichen Sinn wie die Parteiumzüge und Feste: den Massen die Vorstellung von der Macht und Siegesgewißheit der Partei und vor allem von der charismatischen Qualifikation des Führers beizubringen.«[15]

Chaplin nutzt zweimal den Effekt, politische Rhetorik als affektheischende Gestik vorzustellen: einmal in der satirischen Darstellung bürgerlicher Festredner in *City Lights* und ein zweites Mal in den bösartigen Stimmverwerfungen des *Great Dictators*. Während im ersten Beispiel die falsche Feierlichkeit populistischer Monumente von der obszönen visuellen Geste des populären Mediums Film unterspült wird, wird beim zweiten die usurpierte Autorität des Gewaltherrschers zur Rede gestellt und im Medium der Sprache delegitimiert. Als gelungen kann das nur dann gesehen werden, wenn das Massenmedium nicht in einer konservativen Auslegung des Weberschen Modells a priori wegen seiner *Massen*adressierung als usurpierte Führerherrschaft gedeutet wird.

Vor diesem Hintergrund wären ganz sicher auch die Filme der

14 Vgl. hierzu Colin MacCabe, *Godard: Images, Sounds, Politics*, London: British Film Institute 1980. Godard setzt wie alle Avantgardisten auf die Brechung durch die Vorführung der Medien*praxis*. In dieser setzt sich das Bild des Stars immer vor die Ereignisse, auf die er verweisen möchte.

15 Weber, *Wirtschaft und Gesellschaft*, a. a. O. (Anm. 13), S. 667.

Leni Riefenstahl noch einmal zu untersuchen. Denn gerade der von ihr und ihren Liebhabern so oft angeführte formal-technische Charakter ihrer Filme würde sie nicht davon befreien, einem Typus charismatischer Führerherrschaft zugearbeitet zu haben, der nicht als Übergangsherrschaft auf Zeit gedacht war, sondern als Erbcharisma einer ›Rasse‹, nämlich der als überlegen erdachten ›arischen‹, sich institutionalisieren wollte. Auch wenn in Riefenstahls Parteitagsfilm *Triumph des Willens* die expliziten politischen Programme nur am Rande überhaupt formuliert werden, so stellt sich doch die gesamte Ästhetik des Films als rhetorische Legitimierung der Führerherrschaft dar.

Die neuen Massenmedien erscheinen immer dann problematisch, wenn sie als Ersatz für etwas anderes angesehen werden, für die Leerstelle der Religion von Pascal bis weit ins 20. Jahrhundert hinein oder für die Leerstelle politischen Handelns, die nach Max Weber und seinen Nachfolgern bis zu Hannah Arendt in modernen Demokratien weitgehend von Verwaltungsrationalität und Expertenherrschaft besetzt wird. Die Massen der Massenmedien werden nicht wie ›the people‹ in Konzepten der ›popular culture‹ als aktive Träger einer eigenen Kultur gesehen, sondern als Adressaten eines einseitigen kommunikativen Prozesses. Beide Alternativen erscheinen mir zu scharf geschnitten: Weder sind die Massen der Massenmedien einseitig gebunden, noch sind die Akteure der ›popular culture‹ unabhängig von systemischen Kontexten.

In jüngster Zeit hat der amerikanische Philosoph und Medienwissenschaftler Noel Carroll dafür plädiert, den lädierten Begriff der *Massen*kultur wieder einzuführen.[16] Und zwar in einem pragmatistisch-funktionalen Sinne: Massenkulturell ist keine Eigenschaft (des Untergangs des Abendlandes zum Beispiel), sondern eine Relation. So kann ein Kunstwerk der Hochkultur oder sogar ein Gegenstand der Sakralkunst Teil der Massenkultur werden, wenn er in den Massenmedien in Umlauf gesetzt wird. Weder haben die Massen den Gegenstand als symbolische Vergegenständlichung hervorgebracht, so wie anonyme mythische Erzählungen den Populationen soziogeographischer Räume zugerechnet werden, noch sind sie die Produzenten. Massen*kultur* wird daraus in der Rezeption. Der Einfluß der Massenmedien auf

16 Noel Carroll, »The Ontology of Mass Art«, in: *The Journal of Aesthetics and Art Criticism* 55 (1997) 2, S. 187-199.

ihre Rezipienten ist dadurch gekennzeichnet, daß er sich spezifischer Herrschafts- und Machtformen bedienen kann.

Das sagt aber noch nichts über die Binnengrenzen von Kulturen, innerhalb deren sich deren Mitglieder die Produkte der Massenkultur einverleiben. Das liegt aber nicht an der Massenkultur, sondern daran, daß Identitäten in modernen Gesellschaften multipel, variabel und zeitlich begrenzt sind. Dasselbe Produkt kann auf ganz unterschiedliche Weise rezipiert werden, unter Umständen sogar von derselben Person. Die Massenkultur ist so wenig geschlossen wie andere moderne Kulturen. Die kulturelle Differenz, die für die *Cultural studies* paradigmatisch gesetzt wird, ist bereits im Kern ihrer Entstehung eingeschrieben: als Selbstentfremdung und Dezentrierung, die Voraussetzung ebenso wie Folge neuzeitlichen Denkens und Fühlens ist.[17]

Will der König im höfischen Amüsement die Differenz verstärken, die ihn als säkulare Macht vom Untertanen trennt, so etabliert sich damit gleichwohl die Folie der Gleichheit, vor der die Spektakel der Differenz aufgeführt werden. Nichts anderes will der einzelne in der Massenkultur: ein *tertium comparationis* einführen, an dem die eigene Fremdheit erfahren werden kann. Im Unterhaltungsmedium ist der Kunde König, in Prinzessin Diana findet er einen Teil seines Hofstaats wieder. Das Erbcharisma, auf das das britische Königshaus traditionell setzte und dem entsprechend es auch seine eigene mediale Repräsentation auf die Inszenierung der Insignien der überlieferten Macht, der Häuser, abstellte, ist längst abgelöst vom charismatischen Wirken der Unterhaltungsstars. Die kurze Mediengeschichte vom Leben und Sterben der Lady Di hat uns darüber auf dem laufenden gehalten. Es ging nicht um die tragische Gegenübersetzung von traditioneller Privatheit und in Gestalt einiger Paparazzi losgelassener Öffentlichkeit – es ging um weniger und um mehr, es ging um die Rolle der Unterhaltungsmedien in der zeitweisen Herstellung charismatischer Herrschaft im Kontext von Massendemokratien.

Man muß die reduktionistischen Kritiken an den Massenmedien nicht akzeptieren, um dennoch sehen zu können, daß die alten Machtfragen in bezug auf die Medien nicht aufgehört haben, sich immer wieder neu zu stellen. Allerdings sind zu ihrer Beantwor-

17 Vgl. hierzu insbesondere die Arbeit von John P. Thompson, *The Media and Modernity. A Social Theory of the Media*, Stanford: Stanford University Press 1995.

tung Analysen vonnöten, die es erlauben, demokratische Potentiale unterschiedlicher Herrschaftstypen auszumachen. Der seinerzeit von Jürgen Habermas festgestellte *Strukturwandel der Öffentlichkeit* ist nicht beendet – und vor allem nicht so einseitig im Verlauf, wie ihn der Autor sich noch in den frühen sechziger Jahren vorgestellt hatte, bevor er ihn in den späten Achtzigern im Vorwort zur Neuausgabe korrigierte.[18]

18 Jürgen Habermas, *Strukturwandel der Öffentlichkeit*, Frankfurt am Main: Suhrkamp 1990, Vorwort S. 11-50.

Matthias Vogel

Medien im Experiment der Demokratie

Einleitung

Wenn man jemandem erzählt, daß man an einem Aufsatz[1] mit dem Titel »Medien im Experiment der Demokratie« arbeitet, muß man damit rechnen, gefragt zu werden, ob es in dem Vortrag um Presse, Funk und Fernsehen oder das Internet gehen wird. Und man muß weiterhin damit rechnen, daß sich eine gewisse Enttäuschung im Gesicht der Gesprächspartner abzeichnet, wenn man antwortet, daß dies nur bedingt der Fall sei und mit dem Begriff des Mediums eher an ein allgemeineres theoretisches Konzept gedacht ist als an die omnipräsenten Werkzeuge der Telekommunikation.

Verständlich ist diese Enttäuschung: denn mit Worten wie »Mediengesellschaft« oder »Fernsehdemokratie« versuchen ja inzwischen sogar kritische Fernsehjournalisten jedenfalls hierzulande ihr Publikum für Zusammenhänge zu sensibilisieren, die ihres Erachtens zwischen der fernsehspezifischen Darstellung von Problemsituationen, politischen Entscheidungsträgern und politischen Entscheidungsfindungsprozessen bestehen.

Allerdings scheint es äußerst schwierig zu sein, starke Einflüsse der Massenmedien etwa auf das Konsum- oder Wahlverhalten nachzuweisen oder auch nur eine empirische Grundlage für kulturpessimistische Diagnosen an den gewaltigen durchschnittlichen Fernsehkonsum zu knüpfen.[2]

1 Für kritische Hinweise danke ich den Mitgliedern des »Informellen Kolloquiums«, besonders aber Eva Gilmer, Markus Büchting, Thomas Bonschab und Wolfgang Detel.

2 Es scheint im Gegenteil sogar so zu sein, daß der Mythos von der Wirksamkeit der Werbung in der Hauptsache von Werbetreibenden und (*nota bene*) von (warnenden) Medienforschern aus durchsichtigen Gründen am Leben gehalten wird. Vgl. dazu den nach wie vor lesenswerten Artikel von Eva Heller (1984) und die Arbeit über den Zusammenhang von Massenmedien und Wahlen von Klaus Merten (1983), der unter anderem zu dem Ergebnis kommt, daß sich die Wähler und Wählerinnen solche Programme und Beiträge aussuchen, die ihren Überzeugungen am nächsten kommen. Dabei sind im Bereich

Viele der gängigen Thesen, die ähnlich wie in meiner Jugend mit dem Populärwerden der Comics den Untergang des gebildeten Abendlandes heraufziehen sahen, sehen sich damit konfrontiert, daß das wenig homogene Bild, das die empirische Medienforschung zeichnet, immer wieder auch unerwartete Aspekte zutage fördert. Ich nenne hier nur den nicht selten zweckentfremdenden Gebrauch, den die Rezipienten von Produkten der Kulturindustrie machen[3], oder die Tatsache, daß die vermeintlich isolierten und sprachlosen Konsumenten sich keineswegs daran gehindert fühlen, über das, was sie gesehen haben, zu sprechen.

Ich will allerdings nicht verhehlen, daß die Entspanntheit dieser Feststellungen sich möglicherweise einem gesetzlichen Rahmen verdankt, der in der Bundesrepublik Deutschland mit der Bestandsgarantie für öffentlich-rechtliche Rundfunkanstalten neben privaten Sendern, der Sicherung einer informationellen Grundversorgung, der Finanzierung offener Kanäle und mit Hilfe detaillierter Regelungen wie der Limitierung von Werbezeiten für eine massenmediale Situation sorgt, die im Vergleich mit den US-amerikanischen Zuständen, die Virginia Held beschrieben hat[4], relativ günstig erscheint.

Klar scheint jedenfalls zu sein, daß man keines Fernsehers bedarf, um uninformiert zu sein oder zu verblöden, und die Grundlagen einer *democratic culture* – um den Ausdruck von Held aufzunehmen – werden so lange nicht von den Massenmedien

der Presse deutlich stärkere, weil langfristigere Einflüsse auf das Wahlverhalten zu beobachten als im Bereich des vermeintlich »allmächtigen« Fernsehens. Grundlegende Einstellungen, so scheint es, sind weder durch Werbung noch durch die in einer liberalen Öffentlichkeit mögliche Propaganda massiv zu beeinflussen. Solcher Einschätzung steht Thomas Schuster (1995, vgl. S. 65-75) skeptisch gegenüber, da er sie als Konsequenz einer positivistischen Medienwirkungsforschung betrachtet. Ein Einwand allerdings, der Heller nicht trifft, da sie genau die Verhaltensformen zum Ausgangspunkt ihrer Diagnose der weitgehenden Unwirksamkeit von Werbung macht, auf deren Beeinflussung Werbung zielt, nämlich das Konsumverhalten. Dieses aber orientiert sich eher an individuellen ökonomischen Bedingungen und sozialen Erwartungen. Im Gegensatz zu Erwachsenen, die das Genre der Werbung durchschaut haben, stellen Kinder wahrscheinlich eine effektiv manipulierbare Gruppe dar.

3 Etwa: das Radio als Geräuschkulisse, der Fernseher als Aquarium.

4 Vgl. in diesem Band S. 67-91.

gefährdet, solange nicht ein Mindestmaß an Pluralität und unparteiischer Information von gleichgeschalteter Propaganda ersetzt wird. Gelegt werden die Grundlagen einer solchen Kultur jedoch kaum durch die Massenmedien, sondern durch Erziehung und das Bildungssystem, das vor der Aufgabe steht, nicht nur die elementaren Kulturtechniken des Lesens und Schreibens, sondern auch Kompetenzen im Umgang mit dem Fernsehen und mit anderen Telekommunikationsmitteln zu vermitteln.[5]

In nicht wenigen Fällen, so läßt sich vermuten, verbergen sich hinter dem medienzentrierten Kulturpessimismus egozentrische Motive heutiger Bildungseliten, die sich der sozialen Dominanz genau der Medien zu versichern trachten, deren Beherrschung sie ihren Einfluß und ihren Status verdanken. Neben den Medienforschern, die als Zulieferer der Werbeindustrie ein Interesse am Getöse um die allmächtigen Medien haben, tragen dabei insbesondere solche Theoretiker zur Dämonisierung der Medien bei, die auf Grundlage eines Amalgams aus McLuhanscher Spekulation und postmodernem Antirealismus ihre Lehrstühle zu Priesterthronen der Medienmagie umgewidmet haben: Die Massenmedien als Kinder des modernen Krieges[6] werden als »historisches Apriori der Organisation der Sinneswahrnehmung«[7] zu Mechanismen der Welterzeugung, deren Effekte völlig unabhängig vom Programm[8] längst die Regie übernommen haben. Angesichts solcher Diagnosen ist es kaum der Erwähnung wert, daß Medientheorie als Projekt im Sinne alteuropäischer Paradigmen der Aufklärung und Kritik lächelnd fallengelassen wird, denn erst im »Augenblick gnadenloser Unterwerfung unter Gesetze, deren Fälle wir sind, vergeht das Phantasma vom Menschen als Medienerfinder. Und die Lage wird erkennbar.«[9]

Wenn ich mich im folgenden von der Debatte um die Folgen von Medien im technologischen Sinne abwende und mit einer

5 Ich denke dabei auch an Medien, die nicht mehr bloße Verteilungsmedien sind, wie nicht wenige Services im Internet.

6 »Die Geschichte der Massenmedien ist die *historia in nuce* des modernen Krieges«; siehe Bolz 1990, S. 82.

7 Siehe ebd., S. 84.

8 Vgl. ebd., S. 116. Nicht notwendig zu erwähnen, daß es bei diesem Gedanken um eine Implementierung des McLuhanschen Slogans »The medium is the message« handelt.

9 Siehe Kittler 1986, S. 5 f.

anderen Konzeptualisierung des Begriffes Medium auseinandersetze, so deshalb, weil ich die Hoffnung hege, daß sich im Anschluß an eine Rekonstruktion tragfähigerer Medienbegriffe eine Perspektive entwickeln läßt, mit deren Hilfe zugleich die grundbegriffliche Krise der Medienwissenschaft überwunden[10] und ein konsistent angelegter allgemeiner Medienbegriff entwickelt werden kann, der sich vielfältig theoretisch fruchtbar machen läßt.[11]

Die Strategie, die ich dabei verfolge, läßt sich im Überblick folgendermaßen beschreiben:

1. Eine Analyse etablierter soziologischer Medientheorien fördert zwei Gesichtspunkte zutage, unter denen diese Theorien trotz aller Differenzen konvergieren: Sie konzipieren Medien als Mechanismen, die in ausdifferenzierten Gesellschaften Handlungsspielräume und Kommunikationsmöglichkeiten zur Verfügung stellen, und sie konvergieren auf einer metatheoretischen Ebene darin, daß sie mit dem Konzept der Medien ein theoretisches Werkzeug einführen, das angesichts des komplexen Explanandums ›Gesellschaft‹ die Formulierung spezifischer Verstehenshypothesen erlaubt.
2. Als Gegengewicht zu den in einem systemtheoretischen Vokabular formulierten gesellschaftstheoretischen Medientheorien läßt sich die wenig beachtete Medientheorie John Deweys lesen, die ich als einen Kronzeugen für eine in *handlungstheoretischen* Begriffen angelegte Theorie der Medien rekonstruieren möchte.
3. Im dritten Schritt will ich mit Blick auf Deweys Konzept des epistemischen Instrumentalismus seine Konzeption des Experiments rekapitulieren, wobei ich unter Experimenten den kontrollierten Umgang mit medial generierten Vorschlägen verstehen will.
4. Eine Theorie der Medien, die nicht im Spannungsfeld spezifischer Probleme der soziologischen Theoriebildung entsteht, sondern als allgemeine Theorie angelegt ist, kann von diesem Konvergenzpunkt ausgehen und Medien als intersubjektiv erzeugte Mengen von Wahlmöglichkeiten fassen, vor deren Hintergrund Handlungen als Wahlen beschrieben und verstanden werden können.

10 Vgl. Hickethier 1988, S. 51 ff.
11 Vgl. dazu und zum folgenden Vogel 1995.

5. Mit dem Problem des Verstehens wird ein interpretationstheoretisches Motiv ins Spiel gebracht, das – folgen wir einer Davidsonschen (aber auch einer hermeneutischen) Strategie – auf eine Rationalitätsunterstellung bezogen ist, die wir an das zu Verstehende herantragen. Rationalität läßt sich vor dem Hintergrund der medientheoretischen Überlegungen jenseits basaler Unterstellungen wie der der Kohärenz und der Logizität des Interpretandums als Kompetenz zur Proliferation von Möglichkeiten des Verstehens beschreiben.
6. In diesem Sinne versuche ich abschließend, die Demokratie als ein mediales Experiment zu beschreiben, das einerseits der Aufgabe gewidmet ist, Konflikte unter Vermeidung von kriegerischer Aktion und Unterdrückung effektiv zu regeln, neben dieser funktionalen Dimension aber auch als diejenige politische Organisationsform beschrieben werden könnte, die unserer unhintergehbaren Selbstbeschreibung als Handelnde einen institutionellen Ausdruck verleiht. (Damit hat die Demokratie vielleicht keinen Selbstzweck, auf dem Ingeborg Maus mit Kant insistiert[12]; immerhin hätte sie aber eine Verbindung zu einer derart basalen Rationalitätsunterstellung, daß die Rede vom ›Zweck an sich‹ nicht fernliegt.)

Abschließend versuche ich also, einen Zusammenhang zwischen einem medientheoretisch begründeten Rationalitätskriterium und einigen Forderungen an eine demokratische Struktur wenigstens in groben Zügen plausibel zu machen.

1. Medien als theoretisches Instrument der Gesellschaftstheorie

Mit dem Ausdruck »Medium« im Sinne eines theoretischen Konzeptes, das bei der Analyse moderner komplexer Gesellschaften nützlich, ja vielleicht sogar unabdingbar sei, ist in den einflußreichsten soziologischen Theorien unseres Jahrhunderts ein Begriff aufgetaucht, der zuvor nur im Kontext spiritueller Rituale einen vagen terminologischen Sinn hatte.

Parsons hatte im Kontext der Soziologie einen terminologischen Gebrauch des Wortes eingeführt, und er hat auf makrosoziologischer Ebene Phänomene wie Geld, Macht, Einfluß und

12 Vgl. Maus 1993.

Wertbindung als Medien bezeichnet, die die mit ihrer Hilfe ausdifferenzierten gesellschaftlichen Subsysteme (ökonomisches, politisches, gemeinschaftliches und kulturelles System) strukturieren. Medien stellen dabei zugleich Austauschmechanismen dar, mit deren Hilfe subsystemspezifische Leistungen über Systemgrenzen hinweg intersystemisch getauscht werden können sollen.

In mikrosoziologischer Perspektive sollen die Medien zugleich als »Spezialsprachen« fungieren, mit deren Hilfe Adressaten von sozialen Handlungen zur Annahme eines Angebotes, einer Anweisung oder eines Appells motiviert werden können. Auf der Ebene intersubjektiven Handelns übernehmen Medien also die Funktion, gelingende Handlungskoordination wahrscheinlicher zu machen, um so zur Lösung von Parsons' Grundproblem beizutragen, die Handlungsfreiheit sozialer Individuen und die Möglichkeit sozialer Ordnung theoretisch zu integrieren. Problematisch neben den strukturellen Inkonsistenzen, die Parsons den Medien infolge der Hypertrophierung seiner Systemtheorie zumutet, ist die Tatsache, daß sein Medienbegriff von zwei inkompatiblen Motiven strukturiert wird, nämlich dem am *Modell des Geldes* orientierten Motiv intersystemischen Austausches und dem am *Modell der Sprache* gewonnenen Motiv der Handlungskoordination. Parsons' systemtheoretischer Ansatz – ursprünglich eingeführt, um der Komplexität eines voluntaristischen Handlungsbegriffes gerecht zu werden, der zugleich mit der Entstehung sozialer Ordnung vereinbar bleibt – entwickelt eine *eigene* Differenzierungs-Dynamik. Das Problem, Handlungsfreiheit und soziale Ordnung zusammenzudenken, transformiert sich in das Problem, Subsysteme eines allgemeinen Handlungssystems zu integrieren. Die Bewältigung genau dieser Aufgabe vertraut Parsons einem Medienbegriff an, den er zuvor im Kontext eines einzigen Subsystems des allgemeinen Handlungssystems – nämlich des sozialen Systems – durch Generalisierung von Eigenschaften des prototypischen Mediums Geld gewinnt, die weder für andere Medien überzeugend nachgewiesen werden können noch mit den Eigenschaften vereinbar sind, die Parsons im Rückgriff auf das Medium Sprache zu gewinnen versucht.

Auch Habermas und Luhmann haben, wenngleich mit unterschiedlichen theoretischen Zielen, Medienkonzepte in den grundbegrifflichen Fundus ihrer Theorien aufgenommen. Und auch bei Habermas steht das Medienkonzept wie bei Parsons, von dessen Überlegungen Habermas kritisch ausgeht, in engem Zusammenhang mit Konstruktionsproblemen der Gesellschaftstheorie. Habermas schlägt explizit vor, handlungs- und systemtheoretische Momente, ohne die seiner Ansicht nach keine hinreichend komplexe Gesellschaftstheorie auskomme, über eine Medientheorie begrifflich zu integrieren.[13]

Dabei liegt bei Habermas das Schwergewicht darauf, erklären zu können, wie die Dissensrisiken von zeit- und energieaufwendigen Kommunikationsprozessen derart minimiert werden können, daß sich moderne Gesellschaften unter Hervorbringung medienintegrierter Subsysteme den anfallenden Steuerungsaufgaben gewachsen zeigen können. Zugleich geht es aber auch darum, die Kosten dieser Effektivitätssteigerung zu beziffern, die sich aus der Entkopplung der durch Steuerungsmedien gestützten Interaktionen vom lebensweltlichen Hintergrund ergeben, und somit die spezifischen Pathologien kritisch in Augenschein zu nehmen, die für moderne, funktional ausdifferenzierte Gesellschaften spezifisch sind.

Auf der *explanativen Ebene* trägt das Medienkonzept also zur evolutionstheoretischen Rekonstruktion sozialer Entwicklungsprozesse bei, *theoriestrategisch* soll es als Bindeglied zwischen System- und Handlungstheorie fungieren. Bei genauerem Hinsehen jedoch läßt sich zeigen, daß der Riß zwischen Handlungstheorie und Systemtheorie durch das medientheoretische Konzept nicht überwunden wird, sondern den Medienbegriff selbst zerreißt, der sowohl sprachliche Verständigung *substituierende* und der systemischen Ebene zugehörige *Steuerungsmedien* als auch sprachliche Kommunikation *vereinfachende* – der Lebenswelt zugehörige – Medien umfassen soll.[14] Die Integration systemtheoretischer Motive mit Hilfe des Medienbegriffes führt so zu einer Steigerung der theoretischen Heterogenität der Gesellschaftstheorie, auf die ihr diagnostisches Potential jedoch angewiesen bleibt.

13 Vgl. Habermas 1979, S. 74.

14 Diese Trennung wiederholt sich auch auf der Ebene eines spezifischen Mediums, nämlich auf der Ebene des Rechts, das in das formale Steuerungsmedium und die lebensweltlich vermittelte Institution gespalten wird. Vgl. Habermas 1981b, S. 525, 536.

Bei Luhmann hingegen ging es – jedenfalls bis 1986 – darum, mit Hilfe des Medienkonzeptes die Unwahrscheinlichkeit des Zustandekommens der konstitutiven Grundoperation sozialer Systeme – nämlich Kommunikation – unter Bedingungen der doppelten Kontingenz zu mildern und so die Existenz sozialer Systeme plausibel zu machen. Da Kommunikationen in Luhmanns Perspektive nichts weiter darstellen als koordinierte Selektionen, alle Selektionen kommunizierender Einheiten aber unter Bedingungen doppelter Kontingenz stattfinden, bedarf es Mechanismen, die das hochgradig unwahrscheinliche Zustandekommen von Kommunikationen wahrscheinlicher machen. Solche Mechanismen nennt Luhmann Medien.

Die Unwahrscheinlichkeit des Zustandekommens von Kommunikationen differenziert Luhmann in drei Hinsichten, denen jeweils genau ein Medientyp entspricht. Dabei wird die Unwahrscheinlichkeit des Verstehens durch das *Medium Sprache*, die Unwahrscheinlichkeit des Erreichens des Adressaten einer Kommunikation durch *Verteilungsmedien* wie Schrift, Funk usw. und die Unwahrscheinlichkeit des Erfolges einer Kommunikation durch zur Annahme einer Selektion motivierende *symbolisch generalisierte Medien* wie Geld, Macht, Recht, Liebe, Kunst und Glauben gemildert.

Daß es in der Durchführung dieses Programmes zu gewaltigen Friktionen zwischen systemtheoretischen Konstruktionen und handlungstheoretischen Residuen der Theorie kommt, soll uns hier genausowenig beschäftigen wie die Tatsache, daß der Codebegriff, mit dem Luhmann die interne Struktur der Medien erhellen will, inkonsistent ist, da er unvereinbare Generationsregeln für die Codewerte umfaßt, die für Medien spezifisch sein sollen.[15]

Ich will hier auf die zahlreichen Probleme, die die Details der Medientheorien bereithalten, nicht weiter eingehen. Was mich primär interessiert, ist die Tatsache, daß keine dieser wohl ein-

15 Die Codewerte erzeugende Operation der Duplikationsregel ›Negation‹ mag für symbolisch generalisierte Kommunikationsmedien auf den ersten Blick wenigstens nicht inkonsistent sein (Luhmann ordnet beispielsweise dem Medium Macht die Codewerte ›stark/schwach‹, dem Medium Liebe ›Du/Nicht-Du‹ zu), für Verteilungsmedien müssen jedoch völlig andere und keineswegs nur binäre Codewerte angenommen werden. Vgl. dazu auch Künzler 1989, S. 102.

flußreichsten Theorien moderner Gesellschaften ohne ein Medienkonzept auskommt und sich die These formulieren läßt, daß diese Medientheorien darin konvergieren, daß sie neben der Sprache Interaktionsmechanismen einführen, die jeweils spezifische Mengen von Wahlmöglichkeiten bereitstellen: Medien, so könnte man sagen, sind intersubjektiv etablierte Mechanismen zur Erzeugung von Wahlmöglichkeiten.

Alle Autoren verbinden mit Medien spezifische Handlungsspielräume oder, wie Habermas sagt, »Freiheitsgrade«[16], die an die soziale Implementierung von Medien gebunden sind. Handlungen lassen sich so als gewählte Aktivitäten verstehen, die aus diesem sozial erzeugten Möglichkeitsvorrat schöpfen.

Mit dieser Beschreibung ist zugleich eine Voraussetzung dafür gewonnen, den explikativen Anspruch, mit dem die Theorien auftreten, nämlich die Möglichkeit sozialer Interaktion oder das Gelingen von Kommunikation als Bedingung gesellschaftlicher Ordnung oder der Möglichkeit von Gesellschaft überhaupt zu erklären. Was auf der Ebene der zu erklärenden Interaktion trägt, daß nämlich Verhalten vor dem Hintergrund unterstellter gemeinsamer Möglichkeiten verstehbar – und damit erklärbar – wird, gilt auch auf der Ebene der explikativen Theorie: Medien stellen in den untersuchten Theorien theoretische Instrumente dar, die der Formulierung von Unterstellungen dienen, mit deren Hilfe das Verhalten sozialer Einheiten sinnvoll funktional oder intentional beschrieben werden kann. Bevor ich auf diesen Befund genauer eingehe, möchte ich im Rückgriff auf Überlegungen Deweys zeigen, daß es möglich ist, eine Medientheorie in einem Vokabular anzulegen, das nicht die Folgeprobleme des systemtheoretischen nach sich zieht.

2. Medien bei Dewey

Weniger bekannt als die Medientheorien Parsons', Habermas', und Luhmanns oder gar McLuhans, dessen Name fast immer fällt, wenn es irgendwie um Medien geht, ist die Tatsache, daß Dewey, bekannter als Inaugurator des Begriffes Experimentalismus, seinerseits eine Theorie der Medien skizziert hat. Ich sage bewußt »skizziert«, denn der Versuch, diese Theorie der Medien

16 Vgl. Habermas 1981b, S. 396.

zu rekonstruieren, fordert einiges interpretatorisches Wohlwollen gegenüber einem Text, der in weiten Teilen eher von einem heute etwas befremdlichen Enthusiasmus geprägt ist als von knapper Präzision. Ziel meiner rekonstruktiven Lektüre ist es jedoch nicht, dem eigentümlichen Gemisch aus hegelianischen, organismischen, lebensphilosophischen und pragmatischen Motiven in allen Details gerecht zu werden, sondern einen transparenten Übersetzungsvorschlag zu erarbeiten.

Dewey hat seinen Begriff des Mediums nicht im Rahmen soziologischer oder technikphilosophischer Theoriebildung entwikkelt, sondern im Rahmen ästhetischer Reflexion und in *Kunst und Erfahrung* von 1934 einen Begriff des Mediums eingeführt, den er in Absetzung von den Begriffen Material, Mittel bzw. Werkzeug entwickelt.

Den Kontext seiner Überlegungen bildet dabei der Versuch, sich dem Phänomen der Kunst durch die Analyse der *Erfahrungen* mit Kunstwerken zu nähern. Dewey tritt also für den von Kant zugespitzten rezeptionsästhetischen Perspektivenwechsel in der Ästhetik ein, der bis heute fruchtbar ist[17], den er allerdings gegenüber Kant unter Aufnahme Hegelscher Motive um die Dimensionen der sozialen Situierung ästhetischer Erfahrung erweitert. Nicht Spezifika von Kunstwerken sollen den Ausgangspunkt seiner Untersuchung bilden, sondern das Spezifikum der ästhetischen Erfahrung, die er auf der Seite der Rezipienten wie auch auf der Seite der Produzenten präpariert.

Spezifisch für Deweys Vorgehen ist dabei die Vorstellung, daß die ästhetische Erfahrung auf dem Wege einer Spezifizierung alltäglicher Erfahrung geleistet werden soll. Dabei geht Dewey von einem *holistischen Begriff der Erfahrung* aus, in den die Momente der Wahrnehmung, der Empfindung, der Reflexion und ein starker Bezug auf die soziale Lebenspraxis integriert sind. Erfahrungen, psychische Episoden, die wir als Einheiten erinnern, umfassen so passivische und aktivische Aspekte.

Ästhetische Erfahrungen stellen zunächst eine Teilmenge der Erfahrungen dar, die dadurch ausgezeichnet ist, daß sie solche Erfahrungen umfaßt, die eine Rekonstruktion der produktiven Prozesse einschließt, die zur Hervorbringung der Eigenschaften des wahrgenommenen Gegenstandes geführt haben.[18]

17 So etwa in den Arbeiten Bubners (1989) und Seels (1985).
18 Vgl. Dewey 1934, S. 68 f.

Künstlerische Handlungen, als die aktivische Dimension der ästhetischen Erfahrung, stellen demgegenüber zunächst eine Teilmenge der alltäglichen problemlösenden Handlungen dar, die dadurch ausgezeichnet ist, daß sie solche Aktivitäten umfaßt, bei denen sich die Handelnden an den wahrnehmbaren Eigenschaften ihrer Handlungen oder ihrer Produkte orientieren.[19]

Wenn wir diese passivischen und die aktivischen Aspekte der Erfahrung mit den Perspektiven kreuzen, die wir auf Kunstwerke einnehmen können, nämlich die Perspektiven, ein Kunstwerk zu produzieren oder es zu rezipieren, ergeben sich folgende Relationen, die Deweys entwickelten Begriff der ästhetischen Erfahrung strukturieren.

1. Die ästhetische Erfahrung des Produzenten P_1 umfaßt
   (a) ein aktivisches Moment, insofern P_1 einen Gegenstand *K gestaltet*;
   (b) sie umfaßt ein passivisches Moment, insofern P_1 Impulse von *K* auf *sich wirken lassen* muß, um *K* gemäß den unterstellten Wahrnehmungsweisen von P_n zu gestalten.
2. Die ästhetische Erfahrung des Rezipienten P_2 umfaßt
   (a) ein aktivisches Moment, insofern P_2 einen erfahrungskonstitutiven Gegenstand *K interpretiert*;
   (b) sie umfaßt ein passivisches Moment, insofern P_2 Impulse von *K aufnehmen muß*, um *K* gemäß der unterstellten Absichten von P_1 zu interpretieren.

Die Grundsituation ästhetischer Erfahrung ist so eine kommunikative: P_1 produziert einen wahrnehmbaren Gegenstand *K* mit Blick auf die Rezeption von *K* durch andere Personen P_n ($n \geq 1$), und eine Person P_2 rezipiert ein *K* mit Blick auf dessen Produktion durch P_1.[20]

In einer derart sozial situierten ästhetischen Erfahrung läßt sich

19 Vgl. ebd., S. 62 f. Ich will hier von der Frage absehen, ob dieses Kriterium hinreichend spezifisch für die ästhetische Erfahrung ist, denn auch die Erfahrung, die die Produzenten bzw. die Nutzer von Handwerkszeugen bei der Herstellung bzw. bei der Nutzung von Werkzeugen machen, verbindet die Aspekte von Produktions- und Rezeptionsperspektive, d.h. von Produktions- und Gebrauchsperspektive.

20 Dewey (ebd., S. 69) schreibt: »Auf seiten des Betrachters wie des Künstlers wird Arbeit geleistet« – eine Arbeit, die sozusagen wechselseitig Maß aneinander nimmt.

nun die Schnittstelle für die medientheoretischen Überlegungen Deweys klar ausmachen.

Der Blick des Rezipienten auf die Perspektive des Produzenten und der Blick des Produzenten auf mögliche Perspektiven der Rezipienten, diese *soziale* Dimension ästhetischer Erfahrung, ist auf vermittelnde Momente angewiesen, wenn sich die Blicke nicht in purer Kontingenz verlieren sollen. Genau diese vermittelnden Momente nennt Dewey Medien. Ein »Medium ist ein Vermittler. Es vermittelt zwischen Künstler und Betrachter.«[21]

In dieser Vermittlung geht es nun – wie aus den vorangegangenen Überlegungen ersichtlich wird – nicht um die Lösung eines bloß technisch verstandenen Transportproblems. Es geht vielmehr darum, den ästhetisch Kommunizierenden Mittel an die Hand zu geben, die sowohl den rezeptiven Nachvollzug als auch die prospektive Orientierung der Produktion hinsichtlich erwünschter Effekte erleichtern, die also Möglichkeiten des interpretierenden Verstehens einerseits und des antizipierenden »Zuverstehen-Gebens« andererseits eröffnen.

Medien scheinen im Falle der Kunst so etwas wie notwendige Hilfsmittel in Situationen radikaler Interpretation darzustellen, da Kunstwerke von ihren Entstehungskontexten derart isoliert sind, daß wir mit Hilfe einer kausalen Referenztheorie – mangels Beobachtbarkeit von situativen Verhaltensweisen – kaum Anhaltspunkte gewinnen können, die wir als Basis für Interpretationssätze nutzen könnten. Medien erleichtern uns die Bildung von Interpretationshypothesen dadurch, daß wir die Spezifika eines Kunstwerkes vor dem Hintergrund sozial geteilter Möglichkeitsmatrizen beschreiben können. Ein Komponist etwa, so können wir sagen, hat diesen Ton aus einem *bekannten* Vorrat von Tönen gewählt und keinen der anderen möglichen.

Medien können insofern als Schemata verstanden werden, die es uns erlauben, Rationalitätsunterstellungen zu formulieren, insofern wir eine Handlung als eine Wahl aus einem bekannten Vorrat von Möglichkeiten beschreiben können.

Wenn eine Person sich mit Hilfe eines Mediums artikuliert, dann können wir erstens ihre Artikulation als Folge des Wählens aus der Menge der medialen Möglichkeiten *beschreiben*, und wir müssen zweitens, um sie zu *verstehen*, unterstellen, daß die Person ihre Wahl mit Gründen vollzogen hat, wobei wir (a) vermu-

21 Siehe ebd., S. 232.

ten dürfen, daß sie den *Wunsch* hat, bestimmte Effekte zu erzielen, und (b) der *Überzeugung* ist, daß sich diese Effekte mit Hilfe der gewählten Artikulation innerhalb des gewählten Mediums erreichen lassen.

Die Annahme eines geteilten Mediums, das Wahlen ermöglicht, die mit Blick auf erwartete *und* erwünschte Effekte motiviert werden, ist eine Bedingung dafür, kommunikativ orientierte Handlungen anderer, aber auch eigene derartige Handlungen als rational motivierte verstehen zu können. Medien, so könnte man also sagen, mildern die Radikalität der radikalen Interpretation.

Der Kontext, in dem Dewey den Begriff des Medium erstmals erwähnt, macht deutlich, daß Medien im Rahmen von Handlungen, also im Rahmen bewußter intentionaler Aktivitäten ihre Rolle spielen. Im folgenden gehe ich daher zunächst der Linie der Bemerkungen nach, in denen Dewey aus der Perspektive der Produzenten Kriterien für Medien gewinnt.

»Eine Handlung, durch die man sich erleichtert oder durch die man etwas zur Schau stellt, hat kein Medium. Instinktives Weinen und Lächeln bedarf genausowenig eines Mediums wie Niesen oder Augenzwinkern.«[22]

Weinen, Niesen und vielleicht auch Augenzwinkern sind einerseits Beispiele für Aktivitäten, die nicht intentional herbeigeführt werden, sie sind andererseits aber auch Beispiele für Aktivitäten, die keiner anderen Mittel bedürfen als der Körper der »Handelnden«. Entscheidend ist aber zunächst, daß der Körper nicht *bewußt* als Mittel eingesetzt wird. Damit ein Mittel ein Medium genannt werden kann, muß also gelten:

1. Das Mittel muß bewußt zweckvoll verwendet werden.[23]

Einen weiteren Präzisierungsschritt gewinnen wir, wenn wir die Menge bewußt verwendeter Mittel intern weiter differenzieren, indem wir uns fragen, in welchem Verhältnis sie zum Ziel der Handlung stehen. Im Unterschied zu Werkzeugen, für deren Verwendung *als* Werkzeuge das Kriterium bewußten und intentionalen Handelns gleichfalls zutrifft, die aber in einem äußerli-

22 Siehe ebd., S. 78.

23 Diese Bedingung sichert zwanglos eine Anschlußfähigkeit an die Figur des praktischen Syllogismus, die für die Verknüpfung des Medienkonzeptes mit rationalitätstheoretischen Überlegungen wichtig ist.

chen, das heißt austauschbaren Verhältnis zu den Ergebnissen ihrer Verwendung stehen, gehen Medien in die Produkte, die mit ihrer Hilfe erzeugt werden, konstitutiv ein: Mit Blick auf Beispiele wie Benzin als Treibstoff im Zusammenhang mit Transportproblemen schreibt Dewey:

»Solche äußerlichen oder *bloßen* Mittel (wie wir sie ganz richtig nennen) sind gewöhnlich von der Art, daß andere als Ersatz dafür eintreten können, die jeweils aufgewendeten Mittel sind durch einen äußeren Grund wie den billigen Preis bestimmt. Doch mit dem Moment, das wir Medien nennen, beziehen wir uns auf Mittel, die mit dem Ziel verbunden sind.«[24]

Als weiteres Kriterium für Medien können wir also formulieren:

2. Medien sind Mittel im Rahmen von Handlungen, die in einem intrinsischen Zusammenhang mit dem Ziel der jeweiligen Handlung stehen.

Eine Bestätigung für die Richtigkeit der Kriterien der Intentionalität und der Zielverbundenheit der Medien findet sich in folgender Bemerkung Deweys, die allerdings auch Anlaß zur Irritation gibt. Denn:

»Selbst Ziegelsteine und Mörtel werden ein Bestandteil des Hauses, zu dessen Bau sie verwendet werden; sie sind nicht bloße Mittel zu dessen Errichtung. Farben *sind* das Gemälde, Töne *sind* die Musik.«[25]

Um die zunächst kontraintuitiv wirkende Auffassung von Mörtel und Ziegeln als Medien zu klären, ist es vielleicht nützlich, zwei Formen eines intrinsischen Zusammenhangs zwischen Mitteln und Produkten zu unterscheiden. Ein intrinsischer Zusammenhang zwischen Mittel und Produkt in einem *trivialen* Sinne liegt dann vor, wenn das Produkt das Mittel enthält oder aus dem Mittel besteht, so wie ein Kuchen aus Mehl oder ein Haus aus Ziegeln und Mörtel besteht. Ein *nicht-trivialer* intrinsischer Zusammenhang zwischen Mittel und angestrebtem Produkt dagegen läge dann vor, wenn das Mittel darüber hinaus notwendig dafür ist, die mit dem Produkt verfolgte Absicht zu erreichen.

Die Konjunktion der beiden Bedingungen Intentionalität und Zielverbundenheit im trivialen Sinne liefert ein notwendiges Kriterium für den Medienbegriff, aber kein hinreichendes. Ein hinreichendes Kriterium kommt erst über die Spezifizierung der

24 Siehe Dewey 1934, S. 229.
25 Siehe ebd.

Ziele in den Blick, die mit den Produkten verbunden werden, die mit Hilfe der Mittel erzeugt werden.

Ein im vorgeschlagenen nicht-trivialen Sinn notwendiges Mittel ist dann ein Medium, wenn mit dem Produkt ein kommunikativer Zweck verfolgt wird. Ziegel sind also dann Medien, wenn sie zur Realisierung eines Bauwerks beitragen, mit dessen Beschaffenheit auch kommunikative Absichten verbunden werden.[26] Ein Mittel, das Medium genannt werden kann, ist ein Mittel, mit dem seine Nutzerinnen und Nutzer kommunikative Ziele verbinden.

3. Medien sind Mittel, die in expressiver, mitteilender Absicht gebraucht werden.

»Was ein Material zu einem Medium macht«, schreibt Dewey, »ist der Umstand, daß es als Mittel benutzt wird, eine Bedeutung zum Ausdruck zu bringen, die anderer Art ist als die, die es kraft seiner puren physischen Existenz besitzt: das heißt die Bedeutung nicht dessen, was es physisch ist, sondern dessen, was es ausdrückt.«[27] Dieses Medium denkt Dewey nun nicht bloß in Relation zur Medien verwendenden Person, also nicht wie das widerständige Material, an dem sich Hegels Knecht auf sich bezogen als selbständig und eigene Ziele verwirklichend erfährt. Das Medium hat also keinen Dingcharakter im Sinne Hegels[28], sondern ist intrinsisch soziales Material, das im Dienste nicht nur des Ausdrucks, sondern auch der Kommunikation steht. »Ein Medium, da verschieden von rohem Material«, so Dewey, »ist immer eine Art *Sprache* und somit von Ausdruck und *Kommunikation*.«[29]

Die Verschiedenheit von »rohem Material« aber erklärt noch nicht viel. Die Frage ist, was notwendig dafür ist, über den Status des rohen Materials hinauszugelangen.

Eine Antwort läßt sich vielleicht mit Blick auf folgenden Befund geben: Auffällig ist, daß sich Dewey wie Parsons, der Medien auf der Ebene der Interaktion von Handelnden als Spe-

26 Daß es sich bei dem Ziegel-Beispiel nicht um einen Lapsus Deweys handelt, macht seine Zusammenfassung S. 285 f. deutlich, wo er das Beispiel der Baumaterialien erneut heranzieht.

27 Siehe ebd., S. 234.

28 Vgl. Hegel 1807, S. 153 f.

29 Siehe Dewey 1934, S. 335.

zialsprachen charakterisiert, dazu veranlaßt sieht, Medien zur Sprache in Beziehung zu setzen. Und Sprache ist nun genau der Zusammenhang, für dessen Zustandekommen viele Theorien einen Satz sozial geteilter *konstitutiver Regeln* postulieren.[30]

Das Konzept konstitutiver Regeln hatte Searle[31] im Rückgriff auf Rawls' »rules of practices«[32] als solche Regeln definiert, ohne deren Kenntnis ein von diesen Regeln geleitetes Verhalten nicht angemessen beschrieben werden kann. Im Unterschied zu *regulativen Regeln*, die auf ein Verhalten Einfluß nehmen, das unabhängig von diesen Regeln existiert, ermöglichen konstitutive Regeln allererst die Verhaltensweisen, die sie regulieren. Solche Regeln haben die Form:

X gilt (im Kontext *K*) als *Y*!

Wer die entsprechenden konstitutiven Regeln nicht kennt, könnte sich beispielsweise fragen, ob der Mechanismus zum Schließen und Öffnen des Vorhangs in einem Theater gestört ist, sehend, daß es nicht beim einfachen Schließen des Vorhangs am Ende einer Aufführung bleibt, der Vorhang in der Pause jedoch noch tadellos arbeitete.

Nun, wir werden erklären: Das wiederholte Öffnen und Schließen des Vorhanges *gilt* im Kontext einer Theateraufführung *als* quantifizierter Ausdruck der Zustimmung zur Aufführung, den das Publikum durch die Intensität und Dauer des Applauses steuert. Auf die gleiche Weise *gelten* bunte Bildchen auf Briefen *als* Nachweis der Entrichtung des Beförderungsentgeltes und ordnungsgemäß ausgefüllte Wahlzettel *als* politische Willensäußerungen.

Hinweise dafür, daß auch Dewey solche nur in intersubjektiver Praxis etablierbare Regeln als Kriterium für Medien im Auge hatte, lassen sich in *Kunst als Erfahrung* aufspüren. So führt er im

30 Auf die *petitio principii*, die diesem Verfahren in bedeutungstheoretischer Perspektive innewohnt, hat unter anderem Davidson nachdrücklich hingeweisen. Im hiesigen Zusammenhang stellt sich das Problem jedoch nicht in der diagnostizierten Schärfe, denn man kann annehmen, daß Dewey die Sprache als das Medium der Formulierung solcher Regeln voraussetzt, ohne sich auf den Mechanismus konstitutiver Regeln für die Sprachkonstitution festzulegen.

31 Vgl. Searle 1971.

32 Vgl. Rawls 1955.

Kontext der ersten Erwähnung des Medienbegriffs das Beispiel von Tabuvorschriften, also ein Musterbeispiel für ein Set konstitutiver Regeln, als Bedingung der Semantizität von Medien an:

»Dort, wo Material als Medium eingesetzt wird, entstehen Kunst und Ausdruck. Die Tabuvorschriften der Wilden, die der Außenstehende als bloße, äußerlich auferlegte Verbote versteht, mögen für diejenigen, denen sie echte Erfahrung bedeuten, Ausdrucksmittel des sozialen Status, der Würde und Ehre darstellen. Alles hängt davon ab, wie das Material eingesetzt wird, wenn es als Medium fungiert.«[33]

Offensichtlich will Dewey auch sagen, daß es für Medien spezifisch ist, sozial etabliert zu sein, denn die kommunikative Funktion erfüllen die Medien oft nur auf Basis einer geteilten Praxis oder auf Basis eines geteilten Vorwissens.

4. Medien sind Ausdrucksmittel, die durch konstitutive Regeln sozial etabliert werden.

Allerdings ist der Set der konstitutiven Regeln im Bereich der Kunst heute selten noch festgelegt, sondern durch die Kunstwerke selbst permanenten Revisionen ausgesetzt. Ja, man könnte sagen, daß Interpretationen von Kunstwerken unter anderem genau den *Modifikationen* am Set bekannter konstitutiver Regeln auf der Spur sind, sich so aber immerhin an Abweichungen von *bekannten* Regeln orientieren können.

Vielleicht sollten wir sagen, daß die Rekonstruktion der Kunst, die sich unter Verwendung des Deweyschen Medienbegriffs ergibt, der Bedeutung von Kunst einen systematischen Platz anweist, der zwischen einem regelbasierten Konzept der Bedeutung im Rückgriff auf Geltung und einem Konzept der Bedeutung als Ergebnis radikaler Interpretation oszilliert.[34] Einerseits können

33 Siehe Dewey 1934, S. 78.

34 Klar ist hier, daß ›radikale Interpretation‹ hier weiter gefaßt werden muß als im technischen Sinne Davidsons. Denn Davidsons Verfahren nimmt mit seiner Voraussetzung der Wahrheitsfähigkeit der zu interpretierenden Äußerungen eine Einschränkung der Interpretanda ein, die für den Bereich der Kunst nicht akzeptabel ist. Der Vorteil dieser Theorie, den Bedeutungsbegriff zugunsten eines Konzepts der wahrheitsäquivalenten Übersetzung einer objektsprachlichen Äußerung in eine metasprachliche aus der Bedeutungstheorie eliminieren zu können, um so die Voraussetzung des zu Erklärenden zu vermeiden, hat einen hohen Preis.

wir wohl sagen, daß sich Bedeutungsdimensionen der Kunst einem Rahmen verdanken, der auf ein Konzept sozial geteilter Regeln zurückgreift. Andererseits ist gerade mit dem Gebot der Entfaltung der sinnlich erfahrbaren Spielräume die dauernde Gefährdung dieses Rahmens Programm.

»Da das physikalische Material, das bei der Herstellung eines Kunstwerkes verwendet wurde, von sich aus kein Medium ist, können *a priori* keine Regeln für seinen richtigen Gebrauch festgelegt werden. Die Grenzen seiner ästhetischen Möglichkeiten können nur versuchsweise und nur durch das bestimmt werden, was Künstler in der Praxis daraus machen.«[35]

Zusammenfassend läßt sich die Konstruktion des Medienbegriffs bei Dewey durch eine Konjunktion der gewonnenen notwendigen Bedingungen kriteriologisch rekonstruieren:

M ist ein Medium, wenn gilt:
(1) *M* wird intentional gebraucht; und
(2) *M* geht konstitutiv in die Produkte ein, zu deren Erzeugung es herangezogen wird; und
(3) *M* wird in expressiver, mitteilender Absicht verwendet; und
(4) *M* ist durch konstitutive Regeln sozial etabliert.

Der Zusammenhang, der mich im Anschluß an diese Rekonstruktion interessiert, ist nun der folgende: Anders als Habermas, der häufig mit Blick auf die Kosten der Medien, jedenfalls der Steuerungsmedien, argumentiert, insofern sie nämlich die Handlungskoordination von Verständigungsprozessen zu entkoppeln erlauben, verbindet Dewey das Medienkonzept mit Prozessen des Lernens und der Erweiterung unserer Handlungs- und Wahrnehmungsspielräume. Und die Künste, für die in seinen Augen der Umgang mit je spezifischen Medien konstitutiv ist, werden sogar auf die Ausschöpfung dieser Möglichkeitsspielräume verpflichtet.

»›Medium‹ in der ›schönen‹ Kunst meint den Sachverhalt, daß diese Besonderung und Individualisierung eines einzelnen Erfahrungsorgans bis zu dem Punkt vorangetrieben wird, wo alle ihre Möglichkeiten ausgeschöpft werden.«[36]

Dewey versucht offenbar, den Medienbegriff für eine normative Überlegung nutzbar zu machen, die Überlegung nämlich, wie

35 Siehe Dewey 1934, S. 336.
36 Siehe ebd., S. 228.

wir bessere von schlechteren Kunstwerken unterscheiden oder mit Hilfe welchen Maßstabs wir über das Gelingen oder Mißlingen künstlerischer Experimente entscheiden. Gelingende künstlerische Experimente sind dabei solche, die neben anderen hier nicht weiter zu diskutierenden Kriterien zur Erweiterung unserer Erfahrungsspielräume beitragen. Wir können den obigen Kriterienkatalog durch den Zusatz ergänzen:

(5) *M* stellt im Rahmen der Kunst die Basis der experimentellen Erweiterung unserer Erfahrungs- und Handlungsspielräume dar.

Kunst, so können wir sagen, ist ein Experimentieren mit Medien, das auf die Entfaltung unserer ästhetischen Erfahrungsmöglichkeiten gerichtet ist.[37]

Bevor ich versuche, dieses normative Kriterium der Verpflichtung der Kunst auf die experimentelle Ausschöpfung und Erweiterung medialer Spielräume, das ich als ein Rationalitätskriterium der Kunst verstehe, zu verallgemeinern, will ich mich kurz des Begriffes des Experimentalismus versichern.

3. Was heißt Experimentalismus?

Zu den Standardverfahren bei der Erläuterung des Suffix ›-ismus‹ gehörte bei einem meiner philosophischen Lehrer, Herbert Schnädelbach, der Übersetzungsvorschlag, daß ein Ismus das, worauf er bezogen wird, zum Prinzip erhebe. Experimentalismus wäre demnach ein Programm, das das Experimentieren zum Prinzip erklärte. Da sich Deweys Konzept nicht auf aufregende Weise von dem heute üblichen Verständnis von Experimentieren unterscheidet, gebe ich im folgenden nur einen kurzen Abriß seines Systematisierungsvorschlages: In »How we think« gliedert Dewey das Experimentieren in fünf Phasen:

1. Die Startsituation bildet eine wahrgenommene Schwierigkeit (*a felt difficulty*),
2. in Phase 2 wird das Problem genauer beschrieben, in seinem Kontext situiert und definiert,
3. in Phase 3 wird eine mögliche Lösung des Problems vorgeschlagen, die

37 Diesen Gedanken hat Seel (1985) aufgenommen und weitergeführt.

4. in Phase 4 einer Prüfung auf Konsistenz unterzogen und im Blick auf mögliche empirische Konsequenzen geprüft und verbessert wird,
5. in der abschließenden fünften Phase kommt es zum Test der relevanten Hypothesen, die nicht in Phase 4 aussortiert wurden, einem Test, der zur Annahme oder Ablehnung der verbleibenden Lösungsvorschläge führt.

Was bedeutet es nun, dieses Verfahren zum Prinzip zu erheben? Es heißt, knapp formuliert: Sollten infolge der Implementierung des gefundenen Lösungsvorschlages Schwierigkeiten auftauchen, und sollte es keine anderen tragfähigen Verfahren bei der Bewältigung von Problemen geben, die uns die Mühsal und die Risiken des Experimentierens ersparen könnten, so muß das Verfahren erneut durchlaufen werden.[38]

Was heißt es aber nun, mit Blick auf Probleme demokratischer Organisation Experimentalist zu sein? Klar ist zunächst wohl, daß damit nicht zu sozialtechnologischen Steuerungsexperimenten aufgefordert wird, denn im Rahmen demokratischer Organisation können nur solche Experimente durchgeführt werden, die demokratisch beschlossen werden. Fraglich ist aber, ob wir uns bei Experimenten dieses Maßstabs die kühle Distanz leisten können, mit der Rorty schreibt:

»Jefferson wie Dewey haben Amerika [gemeint ist die amerikanische Demokratie] als ›Experiment‹ gekennzeichnet. Falls das Experiment fehlschlägt, kann es sein, daß unsere Nachkommen daraus etwas Wichtiges lernen. Aber eine philosophische Wahrheit werden sie damit ebensowenig lernen wie eine religiöse, sondern sie werden schlicht ein paar Hinweise erhalten, die zeigen, worauf sie bei der Gestaltung des nächsten Experimentes achten müssen.«[39]

So ernüchternd dieser Kommentar wirkt, so irritierend ist seine Nähe zu der quasi exterritorialen Härte, mit der Luhmann die Ansprüche vorgängiger normativer Reflexion verwirft und festhält: »Fürs Überleben genügt Evolution.«[40]

Neben dem Ernstnehmen der paar Hinweise, die uns das Scheitern eines etwa 70 Jahre zurückliegenden Experiments hinterlas-

38 Dabei rechnet Dewey damit, daß sich für unterschiedliche Problemkontexte unterschiedliche Ausgestaltungen der einzelnen Phasen in der *community of inquirers* etablieren werden.
39 Siehe Rorty 1988, S. 111.
40 Siehe Luhmann 1984, S. 645.

sen hat, muß uns daran liegen, solche Experimente im Vorwege – also in Phase 4 des Deweyschen Ablaufschemas – theoretisch auszuschließen, die einem elementaren Rationalitätskriterium widersprechen. Einen Vorschlag für ein solches Rationalitätskriterium versuche ich im Kontext einer allgemeinen Medientheorie zu entwickeln. Mein Vorschlag geht von der Vermutung aus, daß sich im Anschluß an einen handlungstheoretisch eingeführten Begriff des Mediums ein erweiterter Begriff des Verstehens formulieren läßt, der (1) Sprachverstehen nur als einen Sonderfall des Verstehens medialer Handlungen betrachtet und (2) versucht, Medien als Basis der Formulierung von Rationalitätsunterstellungen auszuzeichnen, auf die unser Verstehen nichtsprachlicher, gleichwohl aber nicht bloß instrumenteller Handlungen angewiesen ist.

Die Hoffnung, die ich mit diesen Überlegungen verbinde, besteht nun darin, daß sich mit Hilfe eines solchen Rationalitätskriteriums jedenfalls jene Experimente im Vorfeld als unsinnig auszeichnen lassen, in deren Vollzug Wahlmöglichkeiten verlorengehen, ohne daß dieser Verlust der Erhaltung grundlegenderer Wahlmöglichkeiten dient.

Ich versuche damit zu zeigen, daß ein in handlungstheoretischen Begriffen entwickelter Medienbegriff sowohl in der Lage ist, die theoretische Heterogenität der Gesellschaftstheorie zu reduzieren, als auch die normative Depotenzierung der Medientheorie hinter sich lassen kann, die für Medientheorien systemtheoretischer Provenienz charakteristisch ist.

4. Skizzen zu einer allgemeinen Theorie der Medien

Um den Medienbegriff theoretisch konsistent einzuführen, scheint es mir zunächst sinnvoll zu sein, auf einer Ebene anzusetzen, die sich als gemeinsamer Nenner der vorgestellten Medienkonzepte herausgestellt hat, nämlich auf der Ebene der *Organisation von Wahlmöglichkeiten, die sie uns als Handelnden bieten.*

Zunächst muß geklärt werden, wie die Wahlmöglichkeiten, die für ein Medium spezifisch sind, *generiert* werden. Die für ein Medium spezifischen Wahlmöglichkeiten, so lautet die trivial anmutende Antwort, basieren auf *medienintern Unterschiedenem.*

Möglichkeiten, wie etwa bestimmte Töne, Farben, Zeichen oder was sonst für ein Medium spezifisch sein mag, müssen mit Hilfe relevanter Parameter unterschieden werden können, die in die Konstitution von Medien auf noch nicht geklärte Weise eingehen.

Die Operation, auf die alle medialen Möglichkeiten zurückgehen, ist die medienunspezifische *Operation der Unterscheidung*. Medien basieren zunächst also auf einer elementaren Kompetenz, die wir Menschen ohne größere Bedenken zuschreiben können. Auf der grundlegendsten Ebene stellen Medien *Mengen von Medienelementen* dar. Medienelemente können innerhalb des Mediums, das sie konstituieren, nicht weiter analysiert werden. Beispiele für Medienelemente sind für das Reduktionsmedium[41] ›Recht‹ die Elemente ›Recht‹ und ›Unrecht‹, die Elemente des Binärmediums ›An/Aus‹ oder ›Null/Eins‹, Tonhöhen innerhalb musikalischer Skalen und die kleinsten relevanten Frequenzniveaus innerhalb eines standardisierten elektromagnetischen Spektrums. Die Medienelemente basieren auf Unterscheidungen, die entweder durch ein bestehendes Medium – McLuhan würde sagen: ein älteres Medium – gegeben sind oder durch die aktualisierte Unterscheidungsfähigkeit von Organismen. Insofern gehen Medien auf Relationen einer für sie spezifischen Möglichkeitsmenge zu einer anderen, von den jeweiligen Medien unabhängigen Möglichkeitsmenge zurück. Im Rückgriff auf diese Medienelemente können im Falle der meisten Medien mediale Konstellationen erzeugt werden, indem Elemente ausgewählt und kombiniert werden. Die Bildung solcher Konstellationen wird häufig durch regulative Regeln angeleitet, die den konstruktiven Umgang mit Medienelementen kanonisieren. Die Menge aller erzeugbaren medialen Konstellationen eines Mediums soll *Möglichkeitsraum* eines Mediums heißen. Den Möglichkeitsraum eines Mediums entfalten wir, indem wir die Elemente des jeweiligen Mediums verwenden (und dabei hin und wieder die regulativen Regeln modifizieren).

41 Reduktionsmedien möchte ich solche Medien nennen, die die Funktion haben, eine unendliche Menge von medialen Konstellationen (siehe unten) zum Beispiel im Medium ›Sprache‹ auf eine endliche Menge von Elementen abzubilden, wie im Falle des Rechtes die unendliche Menge von Beschreibungen sozialer Akte auf die beiden Medienelemente ›recht‹ und ›unrecht‹.

Neue Medien werden erzeugt, indem Elemente bestehender Medien mit Hilfe von Regeln auf eine neuartige Art und Weise integriert werden, wenn dadurch Möglichkeitskonstellationen bestehender Medien ausgeschlossen und zugleich andere Konstellationen realisierbar werden, oder indem eine neue Menge von Medienelementen erzeugt wird, die durch einen Satz kohärenter Kriterien gewonnen wird. Mit Bezug auf die Erzeugung der Medienelemente neuer Medien lassen sich diese Kriterien als die deskriptive Komponente konstitutiver Regeln verstehen, die die Elemente mit konventionalisierbaren Eigenschaften versehen. Da konstitutive Regeln nicht privatim eingeführt und befolgt werden können, sind Medien intrinsisch an die Sphäre intersubjektiver Interaktion gebunden. Ein Befund, der mit der Tatsache harmoniert, daß schon auf der basalen Ebene der Unterscheidungsfähigkeit von Organismen Medien geteilte Unterscheidungskompetenzen voraussetzen.[42]

Medien können zusammenfassend als sozial etablierte Mechanismen der kontrollierten Erzeugung von Kontingenz verstanden werden. Dabei verdankt sich die Kontingenz den medienkonstitutiven Begrenzungen, die in einer geteilten Praxis zugleich gegen Kontingenz geschützt werden müssen.

Als Handelnde, das heißt als solche, die Aktivitäten wählen, müssen wir ein Interesse an der reichen Entfaltung der Möglichkeitsräume haben. Vor diesem Hintergrund kann sich Kritik auf nicht-notwendige Exklusionen von Möglichkeiten beziehen und angesichts der notwendigen medienspezifischen Begrenzungen eine Pluralität von Medien einfordern.

Als Verstehende stellen uns nichtsprachliche Medien sozial etablierte Mechanismen zur Verfügung, mit deren Hilfe wir experimentell Verstehenshypothesen auch in Kontexten formulieren können, in denen uns keine propositional strukturierten Äußerungen als Interpretanda gegenüberstehen. Im Nachvollzug des medialen Handelns findet dabei eine gewöhnliche Handlungsrationalisierung statt, die jedoch auf ein modifiziertes Set von Annahmen zurückgreifen muß, das ich nach dieser eher kursorischen Präsentation einer medientheoretischen Terminologie genauer untersuchen möchte.

42 So ist beispielsweise ein Stummfilm kein Medium zwischen Nicht-Sehenden und Sehenden.

5. Medien, Rationalität und Verstehen

Mit den beiden zuletzt genannten Aspekten ist der Versuch angedeutet, medientheoretische Überlegungen für eine Theorie der Rationalität nutzbar zu machen. Ich möchte dabei zwei Argumentationsstrategien verfolgen, die einander gegenseitig erhellen und ergänzen sollen. Beide haben ihren Ausgangspunkt in Konzeptionen des Handelns. Das erste Argument setzt bei einem allgemeinen Interesse an, das wir Handelnden unterstellen müssen, nämlich das Interesse am Bestehen von Wahlmöglichkeiten (1), während das zweite Argument versucht, organisierte Sets von Wahlmöglichkeiten als Bedingung der Möglichkeit von Handlungszuschreibungen und Handlungserklärungen plausibel zu machen (2).

1. Der wesentliche Zusammenhang, der sich für einen solchen Versuch anbietet, ist das zugegebenermaßen triviale, aber dennoch notwendige Verhältnis zwischen Wahl und Wahlmöglichkeit: Ohne Wahlmöglichkeiten bestehen keine Möglichkeiten zu wählen. Wenn wir einmal voraussetzen, daß es ein Interesse daran gibt, zu handeln, also wählen zu können, dann ergibt sich ein erster Ansatzpunkt dafür, Handlungen hinsichtlich ihrer Rationalität mit Blick auf die Folgen für die Möglichkeiten zukünftigen Wählenkönnens zu beurteilen.[43]

Rational, so könnte ein erster vorsichtiger Vorschlag lauten, wären solche Wahlen, die die Möglichkeiten zukünftigen Wählens am wenigsten einschränken.

Ich glaube nun zeigen zu können, daß das bei dieser Argumentation vorausgesetzte Interesse nur eine schwache Annahme ist, denn das Interesse am Wählenkönnen kann nicht ohne Selbstwiderspruch bestritten oder muß als Ausdruck des Zusammenbruchs der Selbstbeschreibung einer Person als ›handlungsfähig‹ verstanden werden.

2. Die zweite Argumentationsstrategie versucht, Argumente nutzbar zu machen, die Davidson im Kontext der Handlungs- und Bedeutungstheorie entwickelt hat. Davidson hat geltend gemacht, daß wir, wenn wir eine Äußerung verstehen wollen, eine

43 Dabei wird der Begriff der Wahl hier derart in Anspruch genommen, daß nicht nur Handlungen oder Ziele, sondern auch Meinungen gewählt werden.

basale Rationalitätsunterstellung machen müssen, die die Voraussetzung dafür ist, daß wir einer Person überhaupt Interessen, Wünsche, Überzeugungen, kurz: propositionale Einstellungen zuschreiben können. Zu den elementaren Annahmen, die wir dabei über die sich artikulierende oder handelnde Person machen müssen, gehört nun, daß die Möglichkeit, eine einzelne propositionale Einstellung zu haben, voraussetzt, daß die Identität dieser Einstellung in Relation zu anderen Einstellungen individuiert werden muß. Rationalität als eine Annahme, die das Erfülltsein von Individuierungsbedingungen propositionaler Einstellungen hypothetisch postuliert, ist daher eine Annahme über die Kohärenz des Netzes von propositionalen Einstellungen, innerhalb dessen solche Einstellungen durch Unterscheidung von anderen Einstellungen bestimmt werden. Zu den elementaren Bedingungen der Individuierung von propositionalen Einstellungen gehören nun Davidson zufolge zunächst die Logik des Satz- und Prädikatenkalküls, darüber hinaus aber auch solche Prinzipien, die die Ordnung des Netzes propositionaler Einstellungen vor der Gefahr des Integritätsverlustes schützen. Als solche Prinzipien nennt Davidson:

- das Prinzip des *requirement of total evidence* (Carnap): Akzeptiere die Hypothese, die durch die Totalität der Evidenz unterstützt wird, die du hast;
- das Kontingenzprinzip (Davidson): Handle stets in Übereinstimmung mit demjenigen Urteil, das du auf der Basis sämtlicher verfügbarer relevanter Evidenzen gefällt hast[44];
- das auf Quine zurückgehende *principle of conservation*: Verändere so wenige Erwartungen wie möglich, wenn du dich, unter Bedingungen der Konstanz einiger Dinge, an die Eingliederung widerspenstiger Phänomene machst[45]; und
- entscheidungstheoretische Prinzipien (zum Beispiel Transitivität der Präferenzen).

Wenn wir uns unter Voraussetzungen dieser elementaren Rationalitätsprinzipien an die Interpretation von Äußerungen machen, müssen wir mit der kargen Annahme beginnen, daß die Sprecher ihre Äußerung für wahr halten, und dürfen keine weiteren spezifischen Intentionen unterstellen. In Davidsons Worten:

44 Vgl. Spitzley 1995.
45 Vgl. Quine 1960, S. 50, und Davidson 1985, S. 348.

»Wenn wir uns an nichts weiter halten können als an die Tatsache der aufrichtigen Äußerung, können wir die Überzeugung nicht erschließen, ohne die Bedeutung zu kennen, und es besteht keine Aussicht, die Bedeutung zu erschließen, ohne zu wissen, was der Sprecher glaubt.«[46]

Die radikale Interpretation, die diesen Zirkel durchbrechen will, soll daher »gleichzeitig eine Theorie des Glaubens und eine Bedeutungstheorie liefern«.[47] Wenn das Glauben des Sprechers aber nicht in einer reichen Variante des Meinens, wie in intentionalistischen Bedeutungstheorien, in Anschlag gebracht werden darf, sondern auf ein »Für-wahr-Halten« begrenzt ist, bleiben als Belege einer Interpretation nur solche Sätze (T-Äquivalenzen) übrig, die eine Wahrheitsäquivalenz zwischen dem Interpretandum und dessen Übersetzung in der Metasprache des Interpreten konstatieren, mithin Sätze, die empirisch getestet werden können.

Zwar betrachtet es auch Davidson als ein unabgeschlossenes Projekt, zu zeigen, daß sich die ganze Bandbreite der »Sprachmittel« im Sinne der Wahrheitssemantik erklären läßt[48]; kaum in Frage zu stehen scheint mir jedoch, daß wir mit der Wahrheitssemantik eine weitgehende Einschränkung der Phänomene akzeptieren müssen, die auf diese Weise interpretierbar sind. Denn mit der Wahrheitsannahme kommen nur jene Entitäten als Interpretanda ins Spiel, die auch wahrheits*fähig* sind: mithin Sätze.[49] Inwiefern aber können wir die Ausdrucksakte eines Künstlers mit Hilfe dieses Akkords oder jener Farbe als wahrheitsfähige Äußerung verstehen?

Um den Sachverhalt etwas genauer zu klären, möchte ich drei Fälle des Verstehens von Aktivitäten von Personen unterscheiden:

(IH) das Verstehen von (instrumentellen) Handlungen
(SH) das Verstehen von sprachlichen Handlungen

46 Siehe Davidson 1974, S. 206.
47 Siehe ebd., S. 208.
48 Vgl. Davidson 1984, S. 12 f.
49 Auch wenn man versucht, Davidson so zu verstehen, daß nur eine nicht weiter spezifizierte Zustimmung zu den Äußerungen vorausgesetzt werden muß, ergeben sich Probleme, solche nämlich des Anschlusses dieser Lesart an eine extensionale Wahrheitstheorie, denn die Äquivalenz zwischen Interpretandum und Interpretation muß ja weiterhin über eine Wahrheitsäquivalenz hergestellt werden.

(MH) das Verstehen von medialen Handlungen, die angemessen weder als bloß instrumentelle noch ausschließlich als sprachliche Handlungen verstanden werden können.

Dabei möchte ich zeigen, daß jede dieser Weisen des Verstehens mit spezifischen Unterstellungen operiert. Um dabei mit möglichst kargen Annahmen zu operieren, versuche ich mit minimalen Unterstellungen auszukommen, die einerseits mit dem Nominalismus konform gehen, also auf die Annahme von Bedeutungen als Entitäten verzichten und nur die Existenz von Einzeldingen postulieren, andererseits aber auch auf theoretisch voraussetzungsreiche und daher fragile Konstrukte wie etwa das universalpragmatische Konzept der Geltungsansprüche verzichten.

Wenn wir ein Ereignis als eine Handlung verstehen wollen, dann liefern wir zunächst eine Beschreibung des Ereignisses, die das Ereignis unter ein intentionales Vokabular stellt, das heißt, wir stellen das Ereignis in Relation (a) zu mentalen Zuständen einer handelnden Person P, (b) zu der Bedeutung, die die Aktivitäten von P für P haben, und (c) zu den Aktivitäten, die P tatsächlich vollzieht. Der praktische Syllogismus integriert diese drei Voraussetzungen einer intentionalen Erklärung in Form eines Schlusses, bei dem (a) und (b) als Prämissen fungieren und (c) als Konklusion. Folgende formalisierte Rekonstruktion soll dabei den Blick auf die unterschiedlichen Annahmen deutlich machen.

(IH) Wenn wir eine Handlung einer Person *P* als *instrumentelle Handlung* verstehen, hat eine Erklärung dieser Handlung folgende Form:
(a) *P* hat den Wunsch, *Z* zu erreichen;
(b) *P* ist der Überzeugung, daß *X* ein Mittel ist, *Z* zu erreichen;
(c) (ergo) *P* tut *X*.

(SH) Wenn wir eine Handlung einer Person *P* als *sprachliche Handlung* verstehen, hat eine Erklärung dieser Handlung in Spezifizierung von (IH) die Form:
(a) *P* hat den Wunsch, *Z* auszudrücken;
(b) *P* ist der Überzeugung, daß »*X*« ein Mittel ist, *Z* zu sagen (X ist wahr gdw Z wahr ist);
(c) (ergo) *P* sagt »*X*«.

In diese Rationalisierung der Handlung *P sagt X* gehen folgende vorausgesetzten Annahmen ein:

Um Z als metasprachliche Übersetzung von X formulieren zu können, muß angenommen werden, daß die Bedingungen, die implizit in die Möglichkeit der Zitattilgung eingehen, erfüllt sind, denn erst sie erlaubt es, X in unserer Interpretationssprache als sprachliches Ereignis zu beschreiben. Zu diesen Voraussetzungen gehören:

(i) X muß als etwas Sprachliches identifiziert werden können; und
(ii) X muß als Teil einer bestimmten Sprache identifiziert werden.

Diese Voraussetzungen sichern elementare Bedingungen dafür, daß mit dem Mittel der Zitattilgung Interpretationshypothesen formuliert werden können, auf deren Formulierung der radikale Interpret angewiesen bleibt. Wenn die Angabe der Bedeutung von *X*, die in (SH (b)) erfolgen muß, wegen der Situation radikaler Interpretation nicht auf Grundlage eines Wörterbuches erfolgen kann, das die Korrektheit der Übersetzung sichert, kann die Interpretationshypothese nicht auf Bedeutungsrelationen zwischen Ausdrücken in der Interpretandumsprache und Ausdrükken in der Interpretensprache zurückgreifen. Die Interpretationshypothese »›*X*‹ bedeutet *Y*« nimmt vielmehr die Form einer empirischen metasprachlichen Prognose über das Für-wahr- oder Für-falsch-Halten der Interpretanden ihrer Sätze in ihrer eigenen Sprache an und hat die Form:

(BT) *P* hält die Äußerung von »*X*« (zur Zeit *t* im Kontext *k*) für wahr genau dann, wenn ich als Interpret *Z* im Kontext *k* zur Zeit *t* der Äußerung von *P* für wahr halte.

Unentbehrliche Annahme für die Formulierung von BT ist:

(iii) *P* hält *X* für wahr.

Interpretierende sind nun gehalten, im Prozeß des Interpretierens (vieler Äußerungen) die Übereinstimmungen zwischen ihren Überzeugungen und den unterstellten Überzeugungen des Interpretanden zu maximieren, denn erst eine hohe Übereinstimmung sichert die Annahme der Rationalität und Sprachfähigkeit des Interpretanden und damit Bedingungen dafür, ihn oder sie zu verstehen. Damit werden der zu verstehenden Person die obengenannten Rationalitätskriterien unterstellt. Als Interpretation kann (BT) aber nur dadurch gehaltvoll werden, daß angenommen wird:

(iv) *P* hält X für wahr, weil die Äußerungssituation einen kausalen Einfluß auf die Überzeugung von P hat, daß P X für wahr hält.[50]

(MH) Wenn wir eine Handlung einer Person *P* als *mediale* Handlung verstehen, erklären wir diese Handlung in Spezifizierung von (IH) folgendermaßen:
(a) *P* hat den Wunsch, *Z* auszudrücken oder erfahrbar zu machen;
(b) *P* ist der Überzeugung, daß *X* ein Mittel ist, *Z* auszudrücken oder erfahrbar zu machen; weil:
(c) *P* hat *X* mit Hilfe eines Mediums *M* hergestellt, von dem *P* glaubt (oder weiß), daß die Rezipienten von *X M* im Prinzip kennen oder kennenlernen können.
(d) *P* tut *X*.

In diese Rationalisierung der Handlung *P tut X* müssen andere Annahmen eingehen als in (MS), da einige der zentralen Bedingungen von (MS) im Falle von (MH) nicht erfüllt sind.

Zu diesen Bedingungen gehören sicher die Annahmen (iii) und (iv), denn X ist im Falle einer medialen Handlung sicher nicht wahrheitsfähig (in einem gewöhnlichen Sinn). Daher läßt sich auch keine Prognose über die Wahrheitsäquivalenz zwischen X und seiner interpretativen Übersetzung formulieren. Die Annahmen (i) und (ii) müssen dahingehend modifiziert werden, daß nicht die Zugehörigkeit des Interpretandums zu einer Sprache, sondern zu einem Medium und seine Identifizierbarkeit als Realisation einer Teilmenge der Möglichkeiten, die sich mit Hilfe dieses Mediums realisieren lassen, angenommen wird. Eine an (MH) angepaßte Liste impliziter Verstehensvoraussetzungen sieht daher folgendermaßen aus:

(i) *X* muß als einem Medium zugehörig identifizierbar sein;
(ii) *X* muß als Produkt einer Wahl aus der Möglichkeitsmenge eines Mediums identifiziert werden;
(iii) *P* hält *X* für angemessen oder interessant;
(iv) *P* unterstellt, daß *X* durch die Rezipierenden ähnlich rezipiert wird, wie von *P* selbst.

Der Hintergrund, vor dem mediales Handeln verstehbar wird, wird von weitaus weniger objektiven Momenten bestimmt als im Falle des sprachlichen Handelns. Denn die Interpretativität von Verstehenshypothesen kann nicht mit Hilfe einer kausalen Wahr-

50 Dabei gelten (c) und (d) mit Blick auf Z analog natürlich auch für den Interpreten.

heitstheorie gesichert werden. Als Interpretandum steht uns im Normalfall eine Handlung gegenüber, die Teil einer sozialen Praxis ist, wenn es also wenigstens zwei Personen gibt, die ihre Handlungen in einem durch geteilte Regeln strukturierten Raum wählen. Innerhalb dieses Raumes sind individuelle Praxen möglich, die vor dem Hintergrund des geteilten Möglichkeitsvorrats interpretiert werden können. Wie jedoch stellen wir fest, ob eine einzelne Person medial handelt? Wie orientieren wir uns in der Situation radikaler Interpretation mit Blick auf mediales Handeln?

Es scheint mir entscheidend zu sein, daß Medien sich einerseits einschränkender Reglementierungen von Handlungsspielräumen verdanken, daß aber andererseits diese Einschränkungen allererst einen Handlungsspielraum eröffnen, der genau von den medienkonstitutiven Einschränkungen abhängig ist.[51] Wer sich die Möglichkeiten eines Mediums für eigenes Agieren zunutze machen will, muß zunächst die Regeln respektieren, die seiner Konstitution zugrunde liegen. So lassen sich beispielsweise die Möglichkeiten Dur-Moll-tonaler Musik nur nutzen, wenn die Regeln, die die Elemente solcher Musik bestimmen, in ihrem Kern unangetastet bleiben. Dafür, daß sich auch revolutionäre Brüche mit solchen Regeln nicht durch das einfache Streichen von Regeln ergeben, sondern das Komponieren oft nur anderen und in Teilen bei weitem engeren Regeln unterwirft, dafür ist die Zwölftonmusik ein beredtes Beispiel.

Wenn wir eine Handlung als Resultante eines Wählens aus einem Vorrat von Möglichkeiten beschreiben können, einem Vorrat, der durch bestimmte »produktiv einschränkende« Regeln erzeugt wurde, dann können wir hypothetisch unterstellen, daß die handelnde Person in dem von uns unterstellten Rahmen handelt. Dabei *unterstellen* wir, daß die Möglichkeiten innerhalb des Vorrats – genauer die Medienelemente – durch konstitutive Regeln eingeführt wurden, deren Konjunktion die Grenzen des jeweiligen Mediums bestimmt.

Eine Person, die sich innerhalb einer Praxis bewegt, die alle die Handlungen umfaßt, die mit den Medienelementen operieren, können wir in dem Sinne verstehen, daß wir der Person unter-

51 Vgl. dazu die Rekonstruktion von Foucaults Konzept einer repressionsfreien produktiven Macht bei Detel (1996), besonders Anmerkung 13.

stellen können, einen Gebrauch von medialen Elementen zu machen. Dabei müssen wir davon ausgehen, daß sie zum einen über Kriterien verfügt, diese Elemente von nicht zum Medium gehörigen Dingen oder Ereignissen zu unterscheiden, und zum anderen, daß diese Kriterien lehrbar sind.[52] Denn andernfalls könnten wir nicht erklären, daß die Person die Kriterien selbst befolgen könnte. Die Bedingung der Lehrbarkeit aber impliziert, daß die Kriterien nicht inkonsistent sein dürfen, sondern konsistent und überwiegend kohärent organisiert sein müssen. Wie im Falle des sprachlichen Interpretierens unterstellen wir also eine elementare Rationalität, die allerdings kriteriologisch weniger bestimmt ist als im Fall des sprachlichen Verstehens, weil die Formulierung von Rationalitätskriterien auf jene Formulierungen verzichten muß, die auf das Konzept der Wahrheit bezogen sind. Wir müssen daher in weitaus größerem Maße mit der Unterbestimmtheit unserer Interpretationen rechnen.[53]

Bei allen Problemen, die es hier im Detail geben mag, versuche ich den Gedanken, daß Verstehen auf eine Rationalitätsunterstellung angewiesen ist, für die medientheoretische Fassung eines Rationalitätsbegriffes fruchtbar zu machen, indem ich die Explikation von Rationalität in Termen der Kohärenz mit der Konstitution von Medien verknüpfe. Wenn Medien nämlich als durch Unterscheidungen erzeugte Sets von Wahlmöglichkeiten gefaßt werden und weiterhin gezeigt werden kann, daß es Kohärenzbedingungen für die Erzeugung von Wahlmöglichkeiten durch Unterscheidungen gibt, können Medien als Mittel verstanden werden, die es uns möglich machen, Äußerungen als Wahlen aus einem organisierten Vorrat zu beschreiben und somit Äußerungen vor dem Hintergrund quasi externalisierter Rationalitätsunterstellungen zu interpretieren.

52 Notfalls durch eine deiktische Praxis.

53 Genau diese weitreichendere Unterbestimmtheit der Interpretation verstehen Kunsttheorien, die auf der Unabschließbarkeit der ästhetischen Deutung insistieren, gerade nicht als Nachteil künstlerischen (das heißt medialen) Handelns.

6. Medien, Rationalität und Demokratie

Der Vorschlag, den ich im letzten Abschnitt unterbreiten will, ist selbst experimentell und hat bei weitem nicht das Ausarbeitungsniveau erreicht, das etablierte demokratietheoretische Überlegungen für sich geltend machen können.

Ich möchte versuchen, die zwei Dimensionen der Rationalität, die sich im Anschluß an das medientheoretisch fundierte Rationalitätskonzept ergeben haben – nämlich (1) das Gebot der Erhaltung von Wahlmöglichkeiten und (2) das Gebot der Proliferation von Medien als Möglichkeiten, Prozesse des Verstehens auf dem Wege der Einführung von distinkten Möglichkeitsmengen zu stützen –, für die Rekonstruktion von Anforderungen an demokratische Strukturen zu nutzen. In dieser Perspektive geht es darum, Demokratie als die soziale Implementierung eines Mediums, nämlich der Wahlstimme, und damit als Institutionalisierung eines Gegenstandes für Verstehenshypothesen zu beschreiben.

Zunächst lassen sich zwei Ebenen demokratischen Experimentierens unterscheiden: Einerseits kann jedes Gesetz und jede Maßnahme, die demokratisch beschlossen wird, als ein Experiment verstanden werden, insofern offen ist, ob die erhofften Ziele eintreten oder nicht und welche Folgen sie im komplexen gesellschaftlichen Ganzen zeitigen werden. Davon sind andererseits solche Experimente zu unterscheiden, die die Organisationsform des Staates betreffen, sich also auf die Form jener Strukturen beziehen, innerhalb deren Entscheidungen getroffen werden. Auf Überlegungen zu Experimenten dieser Art möchte ich mich im folgenden beschränken.

Wenn wir Demokratie als Organisationsexperiment beschreiben, dann betonen wir den offenen Ausgang demokratischer Organisationsversuche. Zugleich aber müssen wir ein Interesse daran haben, daß nicht jedes Organisationsexperiment im Rahmen der Demokratie auch tatsächlich ausgeführt wird. Kurz, wir müssen bestimmte Experimente ausschließen. Klar ist, und darauf hatte ich oben schon hingewiesen, daß all jene Experimente ausgeschlossen werden können, die in einem formalen Sinne nicht demokratisch zustande kommen. Mit dieser Bestimmung ist allerdings nicht viel gewonnen, solange das, was als demokratische Form akzeptiert wird, selbst experimentell gefunden werden muß. Damit ist die Frage aufgeworfen, mit Hilfe welcher Kriterien der Rahmen des zur Demokratie gehörigen Experimentierens bestimmt werden kann und wie solche Experimente ausgezeichnet werden können, die prinzipiell ausgeschlossen werden müssen. Ich möchte nun den Vorschlag machen, neben menschenrechtlichen Begrenzungen dieses Experimentierrahmens die basalen Rationalitätskriterien ins Spiel zu bringen, die sich aus den medientheoretischen Überlegungen ergeben haben.

(1) Ich will im folgenden zunächst von einem wenig emphatischen Begriff der Demokratie ausgehen, einem Begriff, der Demokratie zunächst als Namen für einen Lösungsvorschlag von Steuerungsproblemen versteht. Spezifisch für das Steuerungsverfahren, das mich hier interessiert, ist die Wahldemokratie, eine Demokratie, die vor dem Hintergrund der Möglichkeiten bestimmt werden kann, der entsteht, wenn wir die Möglichkeiten kollektiver Entscheidungen mit Hilfe von Wahlstimmen ausbuchstabieren.

Ich versuche also, die Organisationsform der Wahldemokratie als ein Experiment zu beschreiben, in dessen Verlauf wir Erfahrungen mit dem Medium »Wahlstimme« machen.

Wenn man versucht, das Steuerungsverfahren »Demokratie« genauer zu bestimmen, kann man sich nicht der Übersetzung des Terminus Demokratie mit ›Herrschaft des Volkes‹ anvertrauen, denn zum Beispiel Kinder – obwohl Bestandteil des Volkes – sind nicht Teil des Subjekts der Herrschaft in einer Wahldemokratie. In der Analyse des Steuerungsverfahrens läßt sich dieses Subjekt jedoch klar bestimmen: Denn es herrscht die Mehrheit der Stimmberechtigten (in Abstimmungen) oder im Falle von Wahlen zu repräsentativen Gremien die Repräsentanten der Mehrheit der Wahlberechtigten.

Wenn aber Demokratie als Herrschaft einer Mehrheit von Wählern definiert wird, wie es zum Beispiel Giovanni Sartori vorschlägt[54], dann muß sofort eine Einschränkung vorgenommen werden, denn es müssen Bedingungen dafür gesichert werden, daß erneut gewählt werden kann, ohne daß jede weitere Wahl durch die erste schon entschieden ist. Es müssen also Wahlen ausgeschlossen werden, in denen sich eine Mehrheit auf unabsehbare Zeit inthronisiert. Genau dies läßt sich durch zwei Maßnahmen verhindern: Zum einen müssen zeitliche Begrenzun-

54 Vgl. Sartori 1987.

gen der Wahlentscheidung vorgesehen werden, zum Beispiel dadurch, daß es in regelmäßigen Abständen zu neuen Wahlen kommt, und zum anderen ergibt sich eine zwingende Notwendigkeit des Schutzes derer, die in der Wahl unterlegen waren.

Kein demokratisches Verfahren darf die bei der Wahl Unterlegenen auf Dauer daran hindern, auf dem Wege der Gewinnung einer Mehrheit zu herrschen, solange diese Minderheit nicht ihrerseits Wahlen abschaffen will. Zu den entscheidenden institutionellen Ausdrucksformen dieses Schutzes von in der Wahl Unterlegenen gehört die Institution der Opposition. Diese ist nicht nur pragmatisch als Kritikerin der Regierung zu verstehen, sondern als eine Position, in der die Stimme derer, die in der Wahl unterlegen waren, hörbar bleibt.

(2) Wenn wir die Steuerungsprobleme, zu deren friedlicher Lösung die Demokratie antritt, als Konsequenz aus der Tatsache verstehen, daß in einem Kollektiv Personen mit unterschiedlichen Interessen, Präferenzen und Überzeugungen konfliktträchtig zusammenleben, kann Demokratie als Reflex auf den Zwang zur Kooperation der in einem Kollektiv lebenden Personen verstanden werden. Darüber hinaus kann sie jedoch auch als Form einer politischen Ordnung verstanden werden, innerhalb deren der Selbstbeschreibung der einzelnen als Handelnde institutionell Rechnung getragen wird.

Da mit dieser Beschreibung aber keine materiale anthropologische Bestimmung gegeben ist, sondern höchstens eine formale, die mit der Offenheit der Bestimmung von Wünschen und Zielen des Handelns rechnet, läßt sich Demokratie nicht als eine Organisationsform verstehen, die einem positiv bestimmbaren Wesen des Menschen gerecht würde. Der Verzicht auf eine nicht-triviale anthropologische Begründung stellt jedoch kein Manko der Strategie dar, Demokratie auf Basis der mageren Selbstbeschreibung von Personen als Handelnde zu begründen, sondern vielmehr eine Stärke: Putnam hat das im Anschluß an Dewey bemerkenswert klar formuliert:

»The dilemma facing the classical defenders of democracy arose because all of them presupposed that we already know our nature and capabilities. In contrast, Dewey's view is that we don't know what our interests and needs are or what we are capable of until we actually engage in politics. A corollary of this view is that there can be no final answer to the question of how we should live, and therefore we should always leave it open to further discussion and experimentation. That is precisely why we need democracy.«[55]

Demokratie, so könnte man vor diesem Hintergrund sagen, ist die politische Organisationsform, die unseren Selbstbeschreibungen als Handelnde institutionellen Ausdruck zu verleihen versucht und in diesem institutionellen Rahmen dafür Sorge trägt, daß die materiale Offenheit dieser Selbstbeschreibungen auf der Ebene politischer Entscheidungen nicht einfach unterlaufen werden kann.

Die Idee geheimer, freier, allgemeiner und gleicher Wahlen umgibt jede wahlberechtigte Person mit einer Sphäre von Wahlmöglichkeiten, die nicht veräußert werden dürfen. (Die Wahlstimme darf deswegen nicht gegen andere Medien, wie etwa Geld, getauscht werden, weil die Unabhängigkeit des Verfügens über eine Wahlstimme eben nicht von der Verfügung über andere Medien abhängen darf.)

Entscheidend scheint mir nun folgender Aspekt zu sein: Während wir für die Beschreibung und Interpretation von Aktivitäten einzelner Personen nicht auf deren Artikulation durch das Medium Wahlstimme angewiesen sind (die uns ja inhaltlich auch gar nicht zugänglich ist), sondern auf deren Artikulation mit Hilfe beliebiger Medien zurückgreifen können, sind wir beim Verstehen und Interpretieren von kollektiven Prozessen auf summierbare Artikulationsakte angewiesen. Was das Medium der Wahlstimme auf Basis der Zumutung, die eigenen Präferenzen durch das Wählen eines Repräsentanten oder einer Repräsentantin zu artikulieren, leistet, ist eine Mitautorenschaft an der Zusammensetzung demokratischer legislativer Gremien. Mit Blick auf die obigen Überlegungen zum Zusammenhang zwischen Wählen und Verstehen wird zugleich die Frage aufgeworfen, ob unsere Wahlzettel unter Beibehaltung der Zählbarkeit und Diskretheit der Voten nicht differenziertere Möglichkeiten der Mitautorenschaft erlauben könnten. Möglichkeiten des Panaschierens und Kumulierens, aber auch die Artikulation von Präferenzen mit Blick auf materiale Probleme scheinen mir ein Experiment wert zu sein.

Was ich also vorschlagen möchte, ist keine naturrechtliche, aber auch keine bloß funktionalistische Fundierung der Demokratie, sondern eine rationalitätstheoretische. Klar ist, daß damit zu-

55 Siehe Putnam 1992, S. 189.

nächst nicht mehr artikuliert ist als ein Projekt und die Frage an die Demokratietheoretikerinnen und -theoretiker, ob dieser Vorschlag in ihren Augen Aussicht auf Erfolg hätte.

Literatur

Bohn, Rainer, Eggo Müller und Rainer Ruppert (Hg.) (1988), *Ansichten einer künftigen Medienwissenschaft*, Berlin: Edition Sigma.

Bolz, Norbert (1990), *Theorie der neuen Medien*, München: Raben Verlag.

Bubner, Rüdiger (1989), *Ästhetische Erfahrung*, Frankfurt am Main: Suhrkamp.

Davidson, Donald (1974), »Der Begriff des Glaubens und die Grundlage der Bedeutung«, in: ders., *Wahrheit und Interpretation*, Frankfurt am Main: Suhrkamp 1984, S. 204-223.

– (1985), »Incoherence and Irrationality«, in: *Dialectica*, Nr. 4, Bd. 39, S. 317-357.

Detel, Wolfgang (1996), »Foucault on Power and the Will to Knowledge«, in: *European Journal of Philosophy* 4, Nr. 3, Dezember 1996, S. 296-327.

Dewey, John (1910), *How we think*, New York: D.C. Heath & Co.; deutsch: *Wie wir denken*, Zürich: Morgarten Verlag 1951.

Dewey, John (1934), *Kunst als Erfahrung*, Frankfurt am Main: Suhrkamp 1988.

Faulstich, Werner (Hg.) (1979), *Kritische Stichwörter zur Medienwissenschaft*, München: Fink.

Habermas, Jürgen (1979), »Handlung und System. Bemerkungen zu Parsons' Medientheorie«, in: Wolfgang Schluchter (Hg.), *Verhalten, Handeln und System*, Frankfurt am Main: Suhrkamp 1980, S. 68-105.

– (1981a), *Theorie des kommunikativen Handelns.* Bd. 1: *Handlungsrationalität und gesellschaftliche Rationalisierung*, Frankfurt am Main: Suhrkamp [3]1985.

– (1981b), *Theorie des kommunikativen Handelns.* Bd. 2: *Zur Kritik der funktionalistischen Vernunft*, Frankfurt am Main: Suhrkamp [3]1985.

– (1996), »Drei normative Modelle der Demokratie«, in: ders., *Die Einbeziehung des Anderen*, Frankfurt am Main: Suhrkamp, S. 277-292.

Hegel, Gottfried Wilhelm Friedrich (1807), *Phänomenologie des Geistes*, Frankfurt am Main: Suhrkamp 1971.

Heller, Eva (1984), »Werbung: Manipulation ohne Wirkung«, in: Dieter Prokop (Hg.), *Medienforschung*, Bd. 2, Frankfurt am Main: Fischer 1985, S. 136-149.

Hickethier, Knut (1988), »Das ›Medium‹, die ›Medien‹ und die Medienwissenschaft«, in: Rainer Bohn/Eggo Müller/Rainer Ruppert (Hg.),

Ansichten einer künftigen Medienwissenschaft, Berlin: Edition Sigma, S. 51-74.
Kittler, Friedrich (1986), *Grammophon. Film. Typewriter*, Berlin: Brinkmann und Bose.
Künzler, Jan (1989), *Medien und Gesellschaft. Die Medienkonzepte von Talcott Parsons, Jürgen Habermas und Niklas Luhmann*, Stuttgart: Enke.
Luhmann, Niklas (1974), »Einführende Bemerkungen zu einer Theorie symbolisch generalisierter Kommunikationsmedien«, in: ders., *Soziologische Aufklärung 2*, Opladen 1975, S. 170-192.
– (1975a), *Soziologische Aufklärung 2. Aufsätze zur Theorie der Gesellschaft*, Bd. 2, Opladen: Westdeutscher Verlag [4]1991.
– (1981c), »Die Unwahrscheinlichkeit der Kommunikation«, in: ders., *Soziologische Aufklärung 3*, Opladen: Westdeutscher Verlag, S. 25-34.
– (1984), *Soziale Systeme*, Frankfurt am Main: Suhrkamp 1987.
– (1986a), »›Distinctions directrices‹. Über Codierung von Semantiken und Systemen«, in: ders., *Soziologische Aufklärung 4. Beiträge zur funktionalen Differenzierung der Gesellschaft*, Bd. 4, Opladen: Westdeutscher Verlag 1987, S. 13-31.
– (1986c), *Ökologische Kommunikation*, Opladen: Westdeutscher Verlag.
Maus, Ingeborg (1993), *Zur Aufklärung der Demokratietheorie*, Frankfurt am Main: Suhrkamp.
McLuhan, Marshall (1962), *The Gutenberg Galaxy*, Toronto/Buffalo/London: University of Toronto Press 1992.
– (1964), *Understanding Media. The Extensions of Man*, New York: New American Library [2]1966; deutsch: *Medien verstehen*, Köln: Bollmann 1982.
McLuhan, Marshall, und Eric McLuhan (1988), *The Laws of Media. The New Science*, Toronto/Buffalo/London: University of Toronto Press 1992.
Merten, Klaus (1983), »Zweierlei Einfluß der Medien auf die Wahlentscheidung«, in: Dieter Prokop (Hg.), *Medienforschung*, Bd. 2, Frankfurt am Main: Fischer 1985, S. 116-135 (erstmals in: *Media Perspektiven*, 7/1983).
Parsons, Talcott (1963a), »Über den Begriff der ›Macht‹«, in: ders., *Zur Theorie der sozialen Interaktionsmedien*, Opladen: Westdeutscher Verlag 1980, S. 57-137.
– (1963b), »Über den Begriff ›Einfluß‹«, in: ders., *Zur Theorie der sozialen Interaktionsmedien*, Opladen: Westdeutscher Verlag 1980, S. 138-182.
– (1968a), »Über den Begriff ›Commitments‹«, in: ders., *Zur Theorie der sozialen Interaktionsmedien*, Opladen: Westdeutscher Verlag 1980, S. 183-228.

– (1975), »Sozialstruktur und symbolische Tauschmedien«, in: ders., *Zur Theorie der sozialen Interaktionsmedien*, Opladen: Westdeutscher Verlag 1980, S. 229-259.
– (1980), *Zur Theorie der sozialen Interaktionsmedien*, hg. von Stefan Jensen, Opladen: Westdeutscher Verlag.
Putnam, Hilary (1992), *Renewing Philosophy*, Cambridge, Mass./London: Harvard University Press 1992.
Quine, Willard van Orman (1960), *Wort und Gegenstand*, Stuttgart: Reclam [10]1980.
Rawls, John (1955), »Two Concepts of Rules«, in: *The Philosophical Review*, Bd. 64, S. 3-32.
Rorty, Richard (1988), »Der Vorrang der Demokratie vor der Philosophie«, in: ders., *Solidarität oder Objektivität?*, Stuttgart: Reclam, S. 82-125.
Sartori, Giovanni (1987), *Demokratietheorie*, Darmstadt: Wissenschaftliche Buchgesellschaft 1992.
Schuster, Thomas (1995), *Staat und Medien. Über die elektronische Konditionierung der Wirklichkeit*, Frankfurt am Main: Fischer.
Searle, John R. (1971), »Was ist ein Sprechakt?«, in: Siegfried J. Schmidt (Hg.), *Pragmatik 1. Interdisziplinäre Beiträge zur Erforschung der sprachlichen Kommunikation*, München: Fink 1974, S. 84-102.
Seel, Martin (1985), *Die Kunst der Entzweiung. Zum Begriff der ästhetischen Rationalität*, Frankfurt am Main: Suhrkamp 1985.
Spitzley, Thomas (1995), »Zur Rationalitätsannahme bei Davidson«, in: A. Wüstehube (Hg.), *Pragmatische Rationalitätstheorien*, Würzburg: Königshausen & Neumann 1995, S. 205-221.
Vámos, Tibor (1991) »Rechnerwissenschaft und Demokratie«, in: Dieter Mersch und J. C. Nyíri (Hg.), *Computer, Kultur, Geschichte. Beiträge zur Philosophie des Informationszeitalters*, Wien: Passagen Verlag, S. 15-20.
Vogel, Matthias (1995), *Vernunft und Differenz. Studien zu einer Theorie der Rationalität auf Grundlage einer Theorie der Medien* (Dissertation, im Erscheinen).

Friedrich Kambartel
Wert, ökonomisch betrachtet

Der normale ökonomische Verkehr ist von versteckten Werturteilen durchsetzt. Ich meine hier nicht seine Rekonstruktion durch Rationalitätstheorien wie den neoklassischen Utilitarismus und die Entscheidungstheorie. Vielmehr geht meine Feststellung von Urteilen aus, die wir unbestritten zum *Alltagsgebrauch* ökonomischer Orientierung zählen (wie immer der allgemeine und *theoretische* Umgang damit beschaffen sein mag).

Es sind dies etwa Feststellungen über die »Kosten« oder die »Produktivität« ökonomischer Prozesse und Leistungen. Diese verstehen wir im allgemeinen als *wertneutrale*, empirisch gestützte technische (technisch-praktische) quantitative Aussagen. Demgegenüber erscheint dann die *normative* Seite der Ökonomie in wirtschafts*politischen* Urteilen konzentriert.

Was ist hier das Problem? – Betrachten wir eine ökonomische Kostenfeststellung, eine Aussage also der Form, die Herstellung eines Gutes (eines Gegenstandes etwa oder einer Situation) verursache Kosten einer wohlbestimmten Höhe. Dabei kann die Kostenhöhe durch einen Geldbetrag oder auch durch eine Liste von Ressourcen, im allgemeinen mit jeweils zugeordneten Quantitäten als Kostenteilen (ohne bereits einen gemeinsamen *Maßstab* also), zum Ausdruck kommen. In diesem Sinne erscheinen Kosten als monetärer oder materialer Aufwand, den wir bei der Produktion von Gütern und Leistungen treiben (müssen).

Es wäre nun allerdings ein Irrtum, solche Kosten als *natürliche* oder durch den Stand der Produktionstechnik *gegebene Daten* anzusetzen. Vielmehr entspringen die ökonomischen Kostendaten wesentlich, wenn auch nicht nur, *normativen*, zum Beispiel politischen Verhältnissen, Urteilen und Entscheidungen; und dies so sehr, daß die derzeitige ökonomische Kostenfeststellung hier eher als ein (allerdings folgenreicher) Schein über den wirklichen praktischen Verhältnissen liegt.

Mit Kostenfeststellungen sind eine Reihe anderer sogenannter ökonomischer Aussagen begrifflich verbunden, insbesondere Aussagen über die *Produktivität* eines Ressourceneinsatzes oder allgemeiner zu den Verhältnissen, welche zwischen Kosten und

Nutzen bestimmter Güter und Leistungen bestehen. Probleme des ökonomischen Kostenbegriffes übertragen sich daher wie eine Krankheit auf andere vertraute ökonomische Feststellungen. Ich werde dieser Übertragung hier nicht im einzelnen nachgehen können, vielmehr mich im wesentlichen auf die Urteile über den ökonomisch relevanten Aufwand bei der Güterproduktion beschränken.

Wir stellen uns als erstes vor, daß ein Produkt unter Einsatz einer Reihe von Ressourcen ($r_1, \ldots, r_n$) hergestellt wird, die auf Märkten erworben werden. $r_1, \ldots, r_n$ haben auf diesen Märkten, so unterstellen wir, einen Preis, der insbesondere von der Nachfrage nach $r_1, \ldots, r_n$ abhängt. Diese Nachfrage wiederum, so wollen wir weiter annehmen, hängt zu einem wesentlichen Teil von der Verfügung über Einkommen und Vermögen, von den Verteilungsverhältnissen also, ab. So wird im allgemeinen der bei einem extremen Einkommensgefälle mögliche Luxuskonsum eine Nachfrage induzieren, deren Knappheitsfolgen auch sonst wirksam werden. Man denke etwa an reichtumsbedingten Grundstückskonsum, der die Kosten des Wohnungsbaues erhöht. Oder: eine Umverteilung zu Lasten hoher Einkommen möchte unter bestimmten Umständen Kapitalknappheit und entsprechend hohe Kapitalkosten (Kapitalzinsen etwa) verursachen. – Verteilungsverhältnisse sind nun nicht naturgegeben, sondern im allgemeinen das Ergebnis erhaltungs- oder veränderungsorientierter *Politik*. Insoweit sind dann aber auch die Kosten einer Produktion nicht ein rein *technisches* Datum, sondern über die Distributionsverhältnisse *politisch* bestimmt.

Das in der Ökonomie selbst am meisten diskutierte Beispiel für das normative Fundament von Kostenstrukturen ist die sogenannte *Externalisierung* von Kosten, das heißt der Sachverhalt, daß eine Produktion Ressourcen beansprucht, deren »Verbrauch« ihr nicht zugerechnet wird, vielmehr an anderer Stelle, und in *diesem* Sinne: *extern*, zutage tritt oder eingerechnet werden muß. Verursacherprinzipien etwa lassen die normative Seite der Externalisierung deutlich werden. Solche Prinzipien gehören dann zur *Konstitution* eines angemessenen Kostenbegriffes, nicht lediglich zu seiner Anwendung.

Ein wesentliches Element fast aller Kostenrechnungen ist der in einer Produktion notwendige *Arbeits*aufwand. Was hinwiederum als Arbeits*aufwand* zählt, hängt im allgemeinen davon ab, ob diese Tätigkeiten überhaupt als *Arbeit* ökonomisch, »formell«, anerkannt sind. Ob etwas im formellen Sinne Arbeit ist, also politische Entscheidungen zur ökonomischen Anerkennung gesellschaftlicher Arbeit, dies hat daher einen unbestreitbar großen Einfluß auf die Kalkulation und Zumessung von Kosten. Ein Beispiel für solche Problemlagen bildet etwa die Bewertung der in Familien meistens von Frauen geleisteten gesellschaftlichen Arbeit als relevant für einschlägige Kostenaussagen.

Dies alles sind eher bekannte, wenn auch beim Umgang mit ökonomischen Bewertungen häufig verdrängte Probleme. Tieferliegend ist eine andere, sehr allgemeine Schwierigkeit, welche die Vorstellung eines rationalen quantitativen Kostenmaßstabes im üblichen Sinne überhaupt in einem merkwürdigen Licht erscheinen läßt.

Bevor ich mich jetzt diesem sehr grundsätzlichen Problem zuwende, möchte ich eine Reihe von terminologischen Zwischenbemerkungen machen.

Zunächst bediene ich mich im Rahmen meiner Überlegungen eines Begriffs des *Gutes*, der auch *Leistungen* (im engeren Sinne) einschließt. Dies kann so geschehen, daß wir bei Gütern weniger an *Gegenstände* als an *Situationen*, darunter insbesondere Situationen *der Verfügbarkeit* von Gegenständen, denken: Situationen, welche unseren Bedürfnissen und Interessen in bestimmter Weise förderlich sind, wenn wir auf geeignete Weise mit ihnen umgehen.

Dienstleistungen sind im allgemeinen entweder selbst Teil einer Praxis (praktischen Situation), welche sie produktiv ermöglichen und die als solche ein Gut für eine Person ist, das die Nachfrage dieser Person nach solchen Dienstleistungen bestimmt. Von dieser Art sind etwa die Dienste von Bergführern oder bestimmte Formen der Therapie. – Oder Dienstleistungen (re)produzieren eine Situation, welche als Gut verstanden wird, wie im Falle des Gesundheits- oder Gastgewerbes. – Jedenfalls fallen so Dienstleistungen unter den Begriff des Guts im genannten Sinne.

Situationen, die Güter sind, haben in diesem Sinne einen *Gebrauch*. Die ökonomische Klassik, schon Adam Smith, hat entsprechend von einem *Gebrauchswert* (value in use) der ökonomischen Produkte gesprochen. Gebrauchswertangaben sind offenbar ganz und gar qualitativer Natur: Handschuhe dienen dem Schutz gegen Kälte oder Schmutz oder auch als modisches

Accessoire der Abendbekleidung. Vorlesungen sollen Resultate wissenschaftlichen Experimentierens und Nachdenkens darstellen oder berufliche Kompetenzen fördern usf.

Die Rede vom *Gebrauchswert* der Güter bedarf allerdings weiterer Differenzierung. Es erscheint zunächst natürlich, sie auf Eigenschaften der produzierten Güter selbst zu beziehen. Der Gebrauchswert eines Gutes g müßte dann, so scheint es, in der im allgemeinen großen Vielzahl der Verwendungen bestehen, für die sich g eignet. Der so verstandene Gebrauchswert ist, da wir ihn ja im allgemeinen nicht einer *wohlbestimmten konkreten* Verwendung zuordnen, »abstrakt«. Und man könnte dann hier die Vorstellung anschließen, daß der *Preis* von g (auf einem geeigneten Markt) ein Maß für die Interferenzen der Nachfrage ist, die sich aus den verschiedenen (irgendwo) realisierten Momenten des abstrakten Gebrauchswertes ergibt.

Andererseits läßt uns die Abstraktheit dieses Verständnisses darauf aufmerksam werden, daß hier eine Alternative besteht, nämlich bei der Rede vom Gebrauchswert an *konkrete Gebrauchssituationen* zu denken. Vom (mit g verbundenen) *abstrakten* Gebrauchswert unterscheiden wir so die »*real*« bestimmte Nutzung von g. Für viele Güter kommt sogar nur *ein* eindeutig bestimmter Gebrauch – oder wenigstens Kerngebrauch – in Frage.

Dem realen Gebrauch wiederum stehen auf der anderen Seite *Intentionen* eines realen Gebrauches gegenüber, der *intendierte* (reale) Gebrauchswert. Es ist offensichtlich, daß der intendierte Gebrauch nicht zum realen Gebrauch werden muß, weil sich dem Hindernisse oder Absichtsänderungen in den Weg stellen können.

Könnten wir statt »Gebrauchswert«, in allen genannten Differenzierungen, auch »Nutzen« sagen? – Ökonomen mögen das für selbstverständlich halten. Ich möchte jedoch unter »Nutzen« im Sinne eines terminus technicus nur den *auf einer* (ordinalen oder kardinalen) *Skala bewerteten* Gebrauchswert verstehen. Das läßt dann die Frage diskutierbar werden, ob und gegebenenfalls wann die zunächst qualitativen Urteile über den Gebrauchswert eines Gutes in Bewertungen auf einer ordinalen oder kardinalen Gesamtskala überführt werden können.

Neben den Gebrauchswertorientierungen spielen in der Ökonomie Werturteile eine hervorgehobene Rolle, welche sich auf den für die Produktion eines Gutes erforderlichen *Aufwand* stützen. Schon Adam Smith ging bekanntlich davon aus, daß beim rationalen Tausch solche Gütermengen getauscht werden sollten, deren Herstellungsaufwand gleich ist. Der Aufwand für die Produktion eines Gutes g stellt sich zunächst dar als eine Vielfalt von eingesetzten konkreten Ressourcen: darunter Arbeit und Arbeitszeit, Materialien und Geräte, Zinsen auf benötigtes Kapital usf. Auch hier können wir der Rede von *Kosten* statt Aufwand künstlich einen engeren Sinn geben: Im Blick auf eine quantitativ (numerisch) einheitliche Bewertung der verschiedenen Komponenten des Aufwandes, wie dies etwa über Marktpreise geschieht. Bei gleichem Arbeits*aufwand* können etwa dessen *Kosten*, in diesem Sinne, verschieden sein, weil der Preis der Arbeit differiert.

Von einem auf den Produktionsaufwand bezogenen Verständnis von Kosten müssen wir eine in der ökonomischen *Entscheidungstheorie* eingeführte Rede von Kosten unterscheiden, welche von der Gesamtbewertung aller jeweiligen Alternativen ausgeht. Diese sogenannten *Opportunitätskosten* sind dabei definiert als der Gesamtnutzen der besten, das heißt der am höchsten bewerteten Alternative unter den bei einer Entscheidung *nicht* gewählten Möglichkeiten.

Gebrauchswert und Aufwand (oder Kosten) sind allerdings *Gesichtspunkte*, unter denen wir Situationen, Gegenstände, Entscheidungen, Handlungen usf. bewerten und in ihrem Verhältnis ökonomisch beurteilen. Diese Gesichtspunkte stehen zunächst nebeneinander, das heißt, es ist nicht von vornherein klar, warum wir einen dieser Gesichtspunkte dazu benutzen sollten, andere Gesichtspunkte auf ihn zurückzuführen; wie es geschieht, wenn wir versuchen, Kosten als entgangenen Nutzen, als Opportunitätskosten zu verstehen.

Wir müssen nun unterscheiden zwischen dem Aufwand für die *Produktion* eines Gutes g auf der einen Seite – und andererseits den Normen (Regeln), nach denen dieser Aufwand bestimmten *Weisen des Umgangs* mit g, insbesondere Gebrauchssituationen von g, *zugemessen* wird. Im allgemeinen richtet sich die Kostenzumessung zunächst nach dem *intendierten* Gebrauch von g. Dies geschieht normalerweise über den Kaufpreis von g oder über anteilige Gebühren für seine Inanspruchnahme. Wir kaufen etwa Geräte, um sie in bestimmter Weise für einen Gesamtzweck z zu nutzen, und verstehen dann den für die Geräte gezahlten Gesamtpreis als Kosten der Verfolgung von z.

Urteile, die sich auf den Aufwand oder den Gebrauchswert eines Guts beziehen, können vielfältiger und dabei nicht eo ipso *ökonomischer* Natur sein. *Ökonomisch im engeren Sinne* möchte ich hier solche Urteile nennen, die das Verhältnis von *Aufwand* (oder *Kosten*) und *Gebrauchswert* auf seine Angemessenheit hin bewerten. Untersuchungen, die isolierte Urteile über Kosten oder Nutzen eines Gutes begründen, sind dann nur eine *Vorbereitung* für den Kern ökonomischen Urteilens. Das ökonomische Handeln muß letztlich auf einen haushälterischen Umgang mit den eingesetzten Ressourcen im Verhältnis zum produzierten Ergebnis ausgerichtet sein, kann seine spezifische Rechtfertigung nicht etwa bloß aus dem erzielten Gewinn und der (bezahlten) Beschäftigung erhalten.

Nach diesen terminologischen Erläuterungen komme ich nun zu dem Grundproblem ökonomischer Feststellungen, um das es mir hier vor allem geht: den intentional fundierten Beziehungen nämlich, welche zwischen einem rationalen Verständnis von Aufwand oder Kosten und dem Gebrauchswert von Gütern bestehen. Dazu kehren wir zurück zum *intendierten* Gebrauch von Gütern und zu der vertrauten Tatsache, daß der *intendierte* Gebrauch nicht zum *realen* Gebrauch werden muß: Das kann auf unvorhergesehenen, kontingenten Umständen beruhen, für die kein Handlungssubjekt eine Verantwortung trägt. Zu diesen Umständen gehört insbesondere die unintendierte Interferenz von Handlungen. Wenn wir bestimmte Absichten verfolgen, so kollidiert dies häufig mit dem, was andere tun oder lassen (wollen). Aus solchen Gründen wird häufig der intendierte Gebrauch von Gütern (und Leistung) ganz oder teilweise unterbleiben; wie dies auch dann der Fall ist, wenn sich unsere Absichten ändern. Der zugehörige Aufwand wird dann im selben Maße zunächst wertlos, gebrauchswertlos. *Vor* einer solchen Situation konnte er – oder sein Geldpreis – im allgemeinen als *Aufwand* des intendierten Gebrauchs gelten. Wird der intendierte Gebrauch (ganz oder teilweise) nicht realisiert, so ist der zugeordnete Aufwand zwar vergebens, wird aber im allgemeinen weiterhin der *bloßen* Absicht als »Kosten« zugemessen.

Weniger klar liegen die Dinge offenbar, wenn sich ein anderes Handlungssubjekt *S* dafür *verantwortlich machen* läßt, daß der intendierte Gebrauch nicht Wirklichkeit wird. Das kann verschiedene Formen annehmen: So mag *S* den intendierten Gebrauch bewußt oder fahrlässig *verhindert* haben. Oder *S* muß an der Verwirklichung der Gebrauchsintention mitwirken, hat dies aber unterlassen. Dieser Fall liegt insbesondere dann vor, wenn Subjekte an einer gemeinsamen Willensbildung beteiligt sind, sich dann aber von dem auf sie entfallenden Teil des Handelns dispensieren, so daß die dafür bereitgestellten Güter nicht in Anspruch genommen werden.

Wir stellen uns etwa vor, daß für ein bestimmtes Problem zwei Lösungsalternativen *A* und *B* zur Verfügung stehen. Wir wollen ferner annehmen, daß die Gesellschaft eine Entscheidung für eine dieser Alternativen, sagen wir *A*, getroffen hat: Eine Stadtverwaltung könnte sich etwa entschieden haben, für den Personennahverkehr öffentliche Verkehrsmittel einzusetzen, um den privaten Autogebrauch zurückzudrängen. Es werden dann zum Beispiel Straßenbahnen angeschafft und Personal für ihren Betrieb eingesetzt. Aber, so wollen wir weiter unterstellen, die Bürger und Besucher der Stadt ziehen großenteils weiterhin das Auto den öffentlichen Verkehrsmitteln vor, so daß die erworbenen Straßenbahnen ihre geplanten Zwecke nicht oder nur teilweise erfüllen und, sagen wir: fast leer durch die Gegend fahren.

In liberalen Gesellschaften werden politische Entscheidungen häufig nicht mit dem Zwangsrecht durchgesetzt, sondern dem Handeln der Beteiligten und Betroffenen überlassen, das heißt ihrer Einsicht und, über besondere Anreize, ihrem Interesse anvertraut. Die Gesellschaft hat dann nur die notwendigen rechtlichen Voraussetzungen und öffentlichen Güter bereitzustellen, führt jedoch deren Nutzung für die politisch gewollte Variante nicht direkt herbei.

Was ist aber *jetzt* in einer solchen Situation eine vernünftige Zuordnung des entstandenen und sich häufig fortsetzenden Aufwandes? – Es erscheint in dem geschilderten Falle prima facie vernünftig, die Kosten des intendierten Gebrauches ganz oder teilweise auf seine Verhinderung zu übertragen. Dem entsprechen etwa rechtliche Regelungen, daß im allgemeinen der Zerstörer oder Beschädiger eines Gebrauchsgegenstandes »für den Schaden aufkommt« oder daß bereitgestellte, aber nicht in Anspruch genommene Leistungen im allgemeinen gleichwohl bezahlt werden müssen.

Die Norm, welche sich hier in ihren Anwendungen abzeichnet, wird allerdings häufig nicht konsequent praktiziert. Dies läßt sich an unserer Geschichte über den Personennahverkehr erläutern:

Es ist in der geschilderten Situation eher üblich, den gesamten Aufwand des Nahverkehrs als Kosten zu verstehen, welche seinen tatsächlichen Benutzern zuzuordnen sind. Die Kosten einer tatsächlichen Fahrt mit den öffentlichen Verkehrsmitteln erscheinen dann, wegen des mitgeführten Leerraumes, ziemlich hoch und müssen im allgemeinen erheblich »subventioniert« werden.

Diese Kalkulation berücksichtigt nun allerdings den unterstellten praktischen Willen und die begleitende Toleranznorm für den privaten Verkehr nicht. Nehmen wir in einem solchen Falle den gebildeten Willen, das heißt die geschilderte politische Beschlußlage, überhaupt ernst, so sind die Kosten des entstandenen Leerverkehrs nämlich eine Folge der Toleranznorm und damit den privaten Autofahrern anzulasten. Für diese, das heißt für ihre Entscheidungsfreiheit, werden in öffentlichen Verkehrssystemen dann gewissermaßen freie Plätze vorgehalten. Die entsprechenden Defizite sind öffentlich anfallende Kosten, welche der private Autoverkehr verursacht. Es ist also vernünftig, den Privatfahrern diese Kosten auch tatsächlich durch eine entsprechende Steuer oder durch erzwungene Käufe von Fahrscheinen öffentlicher Verkehrsmittel aufzubürden.

Erste Realisierungen solcher Überlegungen gibt es in Deutschland jetzt für den Verkehr zu den Universitäten, indem an einigen Orten jeder Student als Teil des Sozialbeitrages eine Monatskarte für die öffentlichen Verkehrsmittel erwerben muß, ganz unabhängig davon, ob er dann gleichwohl mit seinem privaten Auto zur Universität fährt.

Anders liegt der Fall bei einer Unentschiedenheit der politischen Entscheidungsinstanzen, welche etwa weder zu einer Einschränkung des öffentlichen Verkehrs (auf den Rahmen der tatsächlichen Benutzer) noch zu einer radikalen Substitution des privaten Verkehrs bereit sind und sich das Ganze wildwüchsig entwickeln lassen. In diesem Falle sind leere Sitze in den öffentlichen Verkehrsmitteln Kosten der (mangelhaften) politischen Entscheidungsprozesse. – Dieser Fall läßt sich verallgemeinern: Es kommt im Felde politischer Entscheidungen sehr häufig vor, daß Beschlüsse keine *konsequent gemeinte* Willensbildung darstellen. Kompromisse oder politische Entscheidungsschwäche beruhen immer wieder darauf, daß die politische Willensbildung Situationen schafft, deren Gebrauch, ganz oder teilweise, bloß intendiert bleibt; etwa weil er gegenüber einflußreichen kollidierenden Interessen nicht wirklich durchgesetzt werden soll.

Nur in dem Falle, daß die öffentlichen Verkehrsmittel genau für diejenigen explizit gewollt sind, welche sie auch tatsächlich benutzen, sind die Kosten der leeren Sitze allein bei den tatsächlichen Benutzern anzusiedeln.

Nicht *jede* Verhinderung intendierten Gebrauches ist allerdings ein Grund für eine Übertragung von Kosten: Dem Mörder, der das Messer zückt, in den Arm zu fallen kann nicht zur praktischen Folge haben, ihm die Kosten des Messerkaufs zu erstatten. Und auch der zivile Ungehorsam hat nicht automatisch Entwertungen durch die zugehörige Behinderung zu kompensieren, sondern nur im Verhältnis zur Qualität der Gründe, welche den Ungehorsam tragen.

Wir sehen also, daß sich die Zumessung von Aufwand und Kosten vernünftigerweise nach dem Geflecht der Absichten und Entscheidungen richten muß, in welches der Gebrauch eines Gutes eingebettet ist.

Die Probleme, welche sich hier zeigen, hängen auch mit der Formel von einer gerechten Verteilung der Kosten (oder Lasten) zusammen. Allerdings ergibt sich aus unseren Überlegungen, daß schon das Kosten*verständnis*, das *definitorische* Problem der Rede von Kosten, eine Frage der praktischen Vernunft oder Gerechtigkeit wird.

Der Rede von den Kosten entspricht damit kein rein *technisch* definierter Begriff. Es liegt nahe, die *technische* und die *normative* Seite des Ganzen auf die folgende Weise gegeneinander zu isolieren: Wesentlich für eine sinnvolle Produktion ist nur der *abstrakte* Gebrauchswert. Kosten im *technischen* Sinne ergeben sich durch eine quantitative Bewertung des Aufwandes, der bei der *Produktion* und gegebenenfalls dem Vertrieb *eines Gutes* entsteht. Die Verwendungssituationen können dabei abstrakt bleiben. Erst der intendierte und der reale *Gebrauch* des Gutes führen zu einer normativen Zumessung und häufig Aufteilung der rein produktions- und vertriebstechnisch definierten Kosten. – Es ist leicht einzusehen, daß eine solche Trennung unmöglich ist.

In entwickelten Ökonomien geschieht die Güterproduktion

fast nirgends mehr *unmittelbar*, bedeutet vielmehr praktisch immer auch den *Gebrauch* bestimmter Güter, die wir in einem sehr weiten Sinne als *Investitionsgüter* bezeichnen können. Daher nisten sich die *normativen* Probleme einer gebrauchsbezogenen Kostenzumessung bereits in die scheinbar bloß technischen Orientierungsverhältnisse ein.

So könnte etwa bei unserem verkehrspolitischen Beispiel der Aufwand für den Leerverkehr über Fahrtkostenerstattungen durch einen Betrieb Teil der Produktionskosten bestimmter Güter werden. Und die Frage ist, ob dies angesichts der in die Gesamtsituation eingearbeiteten Be- und Entschlußlagen zu einer sinnvollen Kostenzumessung führt. Und wie dann auch die Weitergabe von Aufwand für den privaten Berufsverkehr in den Kostenrechnungen zu beurteilen ist.

Oder es stellt sich das Problem: Sollten spekulative Preiserhöhungen (Knappheitsrenten) von Gütern, die in eine Kostenkalkulation eingehen, tatsächlich als eine Erhöhung der Güterkosten gelten oder als eine rechtlich tolerierte, vielleicht erwünschte Form der Umverteilung zwischen den Eigentümern der knappen Güter und ihren Erwerbern?

Ein anderes intentionales Problem ergibt sich daraus, daß Güter und Leistungen im allgemeinen nicht isoliert, sondern »im Verbund« produziert werden. Das heißt, die eingesetzten Ressourcen dienen dazu, eine ganze Reihe verschiedener Produkte »gleichzeitig« zu erzeugen. Wäre es dabei möglich, einem *bestimmten* produzierten Gut eindeutig *bestimmte* Ressourcenanteile zuzuordnen, so entstünde aus dem Umstand einer Verbundproduktion kein nennenswertes Problem. Tatsächlich ist dies aber sehr häufig nicht möglich. Dann lassen sich verschiedene Lösungen des Problems denken:

So könnte etwa der eingesetzte allgemeine Aufwand gleichmäßig entsprechend dem Mehrwert der damit produzierten Güter verteilt werden – oder gemäß einer intentionalen Unterscheidung zwischen Haupt- und Nebenprodukten so, daß die Hauptproduktion jedenfalls sämtliche unabänderlichen Grundkosten trägt, die Nebenproduktion lediglich die spezifischen Zusatzkosten.

Eine andere »Lösung« könnte darin bestehen, die Kosten nach erzielbaren Preisen, also marktabhängig, zuzuordnen. Gemeinsame Kosten wären dann dort zuzuordnen, wo sie sich in den

Preisen »weitergeben« lassen. Auch diese Norm wird allerdings die Kostenverteilung bei Verbundproduktion im allgemeinen nicht eindeutig bestimmen; ganz abgesehen davon, daß die Rede von Kosten damit ihren Zusammenhang mit dem realen Aufwand zu verlieren beginnt.

Man könnte dann auch überhaupt davon absehen, einzelnen hergestellten Produkten oder einer bestimmten Seite von Produkten Kosten zuzuordnen. Das heißt, der *Gesamt*aufwand wird über den erzielbaren *Gesamt*preis weitergegeben.

Eher schon gilt die Eindeutigkeit für eine Zuordnung, welche über eine bestimmte Periode einen maximalen Gewinn erwarten läßt. Es bleiben allerdings auch dabei die normative Konkurrenz zwischen kurzfristiger und langfristiger Gewinnorientierung und die damit verbundene wirtschaftspolitische Auseinandersetzung bestehen. – Ganz allgemein ist überdies die Gewinnrate im engeren Sinne, also der über eine bloße Risikoprämie hinausgehende durchschnittliche Kapitalzins, eine gesellschaftliche, insbesondere durch die Politik der Zentralbanken festgelegte und damit nicht allein technisch bestimmte Größe.

Soweit die Kosten für Investitionsgüter über eine Reihe von zeitlichen Produktionseinheiten, etwa Jahren, anteilig zugerechnet werden, entsteht das normative Problem, auf welchen Gesamtzeitraum diese Abschreibungsmodalitäten bezogen werden sollen. Bei der Wahl der entsprechenden Kalkulationen kommt es nämlich nicht nur auf die Entwicklung der Produktivität an, sondern auch auf die Unternehmensstrategien und den Zeitraum, für den sie optimiert werden sollen.

Ganz allgemein ist auch hier ferner die zu Beginn erwähnte »Infektionskrankheit« aller Kostendaten zu bedenken: Praktisch jede Kostenrechnung betrachtet Ressourcen, in deren Preis im allgemeinen bereits selbst ein Kostenkalkül eingeht. Soweit die Bewertungen dieses Kalküls normativ anfechtbar sind, werden dies eben im allgemeinen auch die darauf gestützten Kostendaten und ökonomischen Urteile der nächsten Ebene sein.

Ist dies alles ein Grund, doch auf das Verständnis von Kosten als *Opportunitätskosten* zurückzugreifen? – Bei der Rede von Opportunitätskosten zählt allerdings nur die gegenwärtige Alternativensituation des Individuums oder des ökonomischen Subjekts (der Unternehmung, ökonomisch tätigen staatlichen Institution usf.) und deren Bewertung der gegenwärtigen Alternativen. Die intentionale Genese spielt dabei nur dann eine Rolle, wenn sie zufällig in den Präferenzen, welche das Entscheidungssubjekt hat, auftritt. Daher kann der Opportunitätskostenansatz die intentionalen Probleme zwischen praktischer Interferenz und Kooperation nicht wirklich aufgreifen und in die Form von Regeln eines rationalen Kostenkalküls überführen.

Ich fasse noch einmal die wesentlichen Schritte meiner Überlegungen zusammen. Wir leben in einer Welt, in welcher die Verteilung von Einkommen und Vermögen weitgehend willkürlich, kontingent geworden, jedenfalls nicht gerechtfertigt ist. – Die in ihr leitende Gewinnorientierung tendiert zur Externalisierung von Kosten, wo immer dies möglich ist. – Ferner bleiben große Teile der gesellschaftlichen Arbeit informell und treten damit als Kosten von vornherein nicht in Erscheinung. – Man kann sich vorstellen, daß diese Verzerrungen ökonomischer Werturteile in der den Menschen möglichen Weise behoben sind, so daß solche Urteile dann, wie es scheint, eine rationale Grundlage erhalten.

Jedoch bleibt auch dann ein tieferliegendes Problem ökonomischer Werturteile bestehen: Die normale Ökonomie hat ein objektiv-abstraktes oder ein subjektives, auf individuelle Präferenzen bezogenes Verständnis von Gütern und dem Aufwand über Produktion. Dieses Verständnis ist unangemessen, wenn wir an *institutionelle*, insbesondere *politische* Formen der Willensbildung zum einen und an die *Kollision von Absichten* zum anderen denken. Nehmen wir die *tatsächlichen* intentionalen Verhältnisse ernst, so muß an die Stelle der üblichen betriebs- und volkswirtschaftlichen Kalkulationen ein komplexes Geflecht von Regeln und Normen treten, welche Aussagen über Kosten – und damit ökonomische Werturteile im definierten engeren Sinne – an inhaltlich bestimmte Entschlüsse und Beschlüsse zurückbinden. Ein ökonomisches Werturteil ist dann so vernünftig wie die von der *Form der Willensbildung* abhängigen Regeln des Kostenkalküls, welche ihm zugrunde liegen.

Was ist die praktische Konsequenz dieser Gedanken? – Darüber bin ich mir nicht ganz im klaren. Zu erwägen sind zwei Alternativen:

Wir können *zum einen* Kostenfeststellungen und darauf gegründete ökonomische Urteile im engeren Sinne jeglichen Rationalitätsanspruchs entkleiden. Dann ließe sich bei betriebs- und volkswirtschaftlichen Berechnungen im wesentlichen wie bisher verfahren. Wir würden uns mit ihnen lediglich auf gesellschaftliche Gewohnheiten und die in ihnen zugrunde liegenden faktischen Interessen beziehen. Die Rede etwa davon, »daß gespart werden muß«, könnte keine eigentliche Rechtfertigung beanspruchen.

Die *Alternative* wäre wohl eine Revolution der ökonomischen Denkungsart, die die normativen und intentionalen Grundlagen ihrer wesentlichen Unterscheidungen wirklich ernst nimmt.

Wir können in einer Perspektive praktischer Vernunft mit dieser Perspektive sympathisieren. Aber ihr eine weltwirtschaftsrechtliche institutionelle Form zu geben, ohne planwirtschaftlichen Paradigmen zu folgen, bleibt vorderhand ein ungelöstes Problem. Daß die begrifflichen und praktisch-politischen Rationalitätsansprüche des normalen (realen) Kapitalismus ungedeckt sind, mag uns drastisch vor Augen stehen. Daß diese Wirtschaftsform nach dem Scheitern des realen Sozialismus übriggeblieben ist, rechtfertigt sie nicht bereits.

Alternativen allerdings bedürfen institutioneller *Erfindungen*, wie sie die Philosophen des achtzehnten Jahrhunderts für den bürgerlichen demokratischen Rechtsstaat vorbereitet haben. Die normale, insbesondere politische Philosophie beschäftigt sich derzeit leider allerdings nur mit der Klärung und Weiterentwicklung der Verfassungsideen des achtzehnten Jahrhunderts. Eine kritische und konstruktive praktische Philosophie des einundzwanzigsten Jahrhunderts müßte aber wohl endlich die Montesquieus, Rousseaus und Kants der Politischen Ökonomie hervorbringen.

John E. Roemer
Einige Probleme der Demokratie

1. Die wahre Demokratie

Der Rechtswissenschaftler Karl Klare von der Northeastern University in Boston schrieb unlängst folgendes über die Chancen der Demokratie im postkommunistischen Osteuropa:

»Vorstellbar und machbar ist eine neue, postliberale Demokratieform, die egalitärer, partizipatorischer und umweltsensibler ist; eine feministisch inspirierte Form von Demokratie, die die Rassendiskriminierung aufhebt und Gerechtigkeit schafft. Die postliberale Demokratie würde die Chancen politischer Mitbestimmung viel reicher und umfänglicher machen, so daß nicht nur der Regierungsprozeß, sondern auch der Arbeitsplatz, die Familie und andere Bereiche der ›Privatsphäre‹ demokratisiert würden. Das soziale, wirtschaftliche und politische Leben könnte völlig neu konfiguriert werden, neue Vernetzungen – etwa zwischen Arbeits- und Familienleben – würden möglich, mit mehr Raum für unterschiedliche Möglichkeiten menschlicher Selbstverwirklichung, besonders für die Frauen. Das Wirtschaftssystem könnte solidarischer und partizipativer werden. Neue, nichthierarchische Beziehungen zwischen ethnischen, rassischen und religiösen Gruppen könnten entstehen, mit denen der Triumphzug kultureller Vielfalt in die sozialen und politischen Institutionen Einzug halten würde« (Klare 1994, S. 310)

Mag sein, daß manche diese Vision berauschend finden. Mir gefällt sie ganz und gar nicht, denn sie erinnert an die innerhalb der Linken der sechziger, siebziger und achtziger Jahre so häufig anzutreffende Denkgewohnheit, alles Wahre, Schöne, Gute *Sozialismus* zu nennen. Im Sozialismus, so sagten wir gerne, werde der Klassenwiderspruch entfallen, Rassismus und Sexismus würden aufhören, und alle würden ihr menschliches Potential endlich voll ausschöpfen. Eine Gesellschaft, die diesen Maßstäben nicht genügte, wäre gewiß keine sozialistische.

Der Hauptfehler dieser Denkweise ist die Gleichsetzung von Sozialismus – oder, bei Klare, von Demokratie – mit einer Reihe von bestimmten Ergebnissen statt mit einem Kranz von bestimmten Institutionen. Sozialismus, Demokratie oder irgendeine andere Gesellschaftsvision mit bestimmten Endergebnissen gleichzusetzen ist meines Erachtens praktizierter Utopismus, denn sofort entsteht die Frage nach der Existenz von Institutionen und konkreten sozialen Praktiken, die geeignet wären, um jene Ergebnisse zustande zu bringen. Womöglich gibt es sie nicht. Die sozialwissenschaftliche Aufgabe sollte sein, Institutionen vorzuschlagen, von denen sozial ersprießliche Ergebnisse erwartet werden dürfen; die intellektuelle Arbeit besteht in der Ausarbeitung einer Argumentation, die zeigt, warum und unter welchen Bedingungen solche Ergebnisse zustande kommen.

Wenn viele Linke heute immer noch die politischen Systeme avancierter kapitalistischer Gesellschaften als »bürgerliche Demokratien« beschreiben, so geht auch das noch aufs Konto der unreflektierten Gewohnheit, Demokratie mit bestimmten Endergebnissen gleichzusetzen. Impliziert wird, daß es in diesen Gesellschaften keine *wirkliche* Demokratie gibt, zum Beispiel weil die Reichen und überhaupt die Kapitalisten die Ergebnisse des politischen Prozesses massiv beeinflussen. Ich ziehe es vor zu sagen, daß die Demokratie in diesen Gesellschaften sehr wohl wirklich ist; ich denke nämlich, daß eben die politischen *Institutionen*, die es in diesen Gesellschaften schon gibt, unter anderen Umständen auch weit egalitärere und wünschenswertere Resultate hervorbringen würden. Unter den gegebenen *exogenen* Bedingungen – drastisch ungleich verteilter Besitz- und Bildungschancen – (re)produzieren sie allerdings sehr viel Ungleichheit, so daß zum Beispiel nur ein kleiner Teil der Menschen sich verwirklichen kann. Unter den Institutionen, an die ich denke, sind die entscheidenden der Rechtsstaat, ein Repräsentationssystem und ein Parteiensystem mit politischer Konkurrenz und freiem (im Sinne von rechtlich gestattetem) Zugang aller Parteien zur Arena der Politik.

An diesem Punkt wird gern argumentiert, daß die genannten Institutionen doch nicht konstitutiv für die Demokratie seien, eben weil sie unter Bedingungen drastisch ungleich verteilter Besitz- und Bildungschancen das Zustandekommen politischer Programme, die im wahren Interesse der Mehrheit der Bürgerschaft liegen würden, nicht gewährleisten. Ich stimme zwar der im Schlußsatz ausgedrückten Tatsache zu (daß besagte Institutionen unter besagten Bedingungen keine im wahren Interesse der Mehrheit der Bürgerschaft liegenden politischen Programme gewährleisten), verwerfe aber den Schluß, daß diese Institutionen *deshalb* nicht demokratisch seien. Denn ob es überhaupt einen

Kranz von Institutionen gibt, der das Zustandekommen politischer Programme, die im wahren Interesse der Mehrheit der Bürgerschaft liegen würden, gewährleistet, ist eine offene Frage. Gäbe es sie, würde ich wohl zugeben, daß die zuvor erwähnten Institutionen *nicht* die Demokratie ausmachen. Solange aber kein Beweis in Sicht ist, daß es die geforderte Konstellation gibt, bleibe ich bei meiner Auffassung, daß Rechtsstaat, Parteienkonkurrenz etc. demokratie*konstitutiv* sind.

Ein weiteres Problem der skizzierten Schlußfolgerung ist, daß ich nicht einsehe, warum Demokratie mit Bezug auf die »wahren« Interessen der Mehrheit definiert werden sollte. Womöglich kennen die Leute ihre wahren Interessen gar nicht (ich halte das tatsächlich für unausweichlich), und wenn Demokratie systemisch eher die Bedürfnisse oder Präferenzen der Bürger repräsentiert als ihre wahren Interessen, dann wird sie wohl kaum das Zustandekommen politischer Programme im wahren Interesse der Mehrheit gewährleisten. Der Zusatz, daß die Interessen, um die es in demokratischer Politik zu gehen habe, als »wahre« qualifiziert sind, ist der Zusatz einer wohlwollenden Diktatur, denn irgendwelche gesalbten Häupter werden bestimmen müssen, was die wahren Interessen sind. Ich halte mich bei diesem Punkt so lange auf, weil ich denke, daß in den meisten avancierten kapitalistischen Ländern Interessen demokratisch abgearbeitet werden, wie die Mehrheit *selbst sie wahrnimmt.* Wenn wir also einwenden, daß bürgerliche Demokratien keine echten Demokratien seien, müssen wir wohl eine Qualifikation der »wahren Interessen« im Hinterkopf haben.

Wie würde ich die Demokratie definieren? Vielleicht als dasjenige Arrangement von Institutionen, das die Chancen aller Bürger, sich am politischen Prozeß zu beteiligen, einander angleicht, soweit dies überhaupt möglich ist. Diese unbefriedigend abstrakte Definition erfordert allerdings gleich eine weitere Definition, nämlich davon, was es heißt, die politischen Partizipationschancen von Bürgern einander anzugleichen. Dieses überaus wichtige Problem werde ich hier nicht zu lösen versuchen. Wenn ich eingangs behauptet habe, daß die in avancierten kapitalistischen Ländern vorhandenen Institutionen unstrittig demokratisch sind, so war das etwas ungenau. Präziser meine ich, daß ich nicht glaube, daß wir eine Blaupause für ein institutionelles Arrangement hätten, dessen Funktionsergebnisse eher im wahrgenommenen Interesse der Mehrheit der Bürger lägen als diejenigen Ergebnisse, die die gegenwärtig vorhandenen Institutionen liefern. Mit anderen Worten: Anhängern egalitärer Politik wie mir erscheinen nicht so sehr die vorhandenen Institutionen als das eigentliche Problem, sondern vielmehr die Bedingungen der Ungleichheit, die die Ausgangspunkte des politischen Prozesses definieren.

2. Eine Vielzahl von Interessen

Politik ist der methodische Versuch von Bürgern mit konkurrierenden Interessen, deren Widerstreit aufzulösen. Daß sie ihn auflösen, heißt nicht, daß sie alle ihre Differenzen beilegen; wohl aber, daß sie politische Strategien entwickeln, die der Staat implementieren kann.

Arrows Unmöglichkeitstheorem ist ein Beispiel für die Art von Forschung, die demokratietheoretisch interessierte Sozialwissenschaftler auf einer gewissen Abstraktionshöhe betreiben sollten. Denn gefragt wird hier, ob es überhaupt Institutionen geben kann, die die Präferenzen der Bürger auf eine nachweislich »gleiche« Weise zur Geltung brächten. Arrow listet vier formale Eigenschaften auf, die ein derart ausgezeichnetes Ensemble von Institutionen aufweisen müßte, das Ergebnisse zeitigte, von denen man sagen könnte, daß sie die Auffassungen aller Bürger gleichermaßen repräsentieren. Das erste Axiom (»Pareto-Axiom«) besagt: Wenn alle Gesellschaftsmitglieder die Politik X der Politik Y vorziehen, dann müssen die Institutionen die Politik X auswählen. Das zweite Axiom (»Axiom des uneingeschränkten Bereichs«) besagt, daß die politischen Institutionen in der Lage zu einer politisch bindenden Entscheidung sein müssen, egal was die Politikpräferenzen der Bürger sein mögen. Das dritte Axiom (»Binäre Unabhängigkeit«) läßt sich nicht so leicht erklären. Es besagt: Die politische Entscheidung, die Politik X der Politik Y vorzuziehen, darf allein von der Konstellation der Präferenzen abhängen, die in der Gesellschaft mit Bezug auf die Menge politischer Optionen {X, Y} existieren. Die Entscheidung muß von den Ansichten der Bürger über *andere* Politiken unabhängig sein. Anders gesagt, *wenn* die Gesellschaft ihren Wahlspielraum auf {X, Y} kleingearbeitet hat, dann sollten aus der politischen Entscheidung über diese Alternative alle Präferenzen als irrelevant herausfallen, die die Bürger über andere Politiken jenseits dieser Alternativenmenge haben. Das vierte Axiom (»Diktaturverbot«) erklärt eine bestimmte Art politischer Institutionen für inakzeptabel, nämlich die der Einsetzung einer einzelnen besonderen Person, die nach ihren eigenen Präferenzen immer über den Inhalt des politischen Wahlspielraums entscheidet. Arrows Unmöglichkeitstheorem besagt, daß kein Ensemble politischer Institutionen alle vier Bedingungen zugleich erfüllen kann.

Obwohl ich dieses Theorem für ein Beispiel achtenswerter Sozialwissenschaft halte, haben wir doch im Lauf der Jahre gelernt, daß es nicht so fatal für die Möglichkeit von Demokratie ist, wie es zunächst scheint. Gegen einige der Axiome kann man einwenden, daß sie zu stark sind, gemessen an dem, was Demokratie erfordert: Meines Erachtens gibt es besonders gegen das Axiom des uneingeschränkten Bereichs überzeugende Einwände. Doch der durchschlagendste Einwand gegen Arrows Theorem ist einer, der gar nicht unmittelbar zutage liegt, so wie Arrow sein Theorem formuliert hat und wie ich es beschrieben habe. Ein in Arrows Ansatz verborgenes Axiom ist, daß die politischen Institutionen die Interessen oder Wohlfahrtniveaus zweier Bürger niemals vergleichen dürfen. Institutionen, die Reichtum von den Gutgestellten auf die Schlechtgestellten aus dem Grund umverteilen, weil das Wohlfahrtniveau der Ärmeren angehoben und dafür das der Reichen gesenkt werden soll, ist unter Arrowschen Prämissen undenkbar. Im formalen Modell drückt man das so aus: Der Politikmechanismus reagiert nur auf ordinal meßbare und interpersonell nicht vergleichbare Wohlfahrtsgrößen. Läßt man aber Institutionen zu, die interpersonelle Wohlfahrtsvergleiche in Rechnung stellen können, dann ist die Konjunktion der vier Arrow-Axiome nicht mehr notwendigerweise leer, sondern es gibt dann Verfahren, die alle vier erfüllen. Zu dieser Klärung des Arrow-Theorems sind Wirtschaftswissenschaftler in den späten Siebzigern gelangt.[1]

Mit Arrows Theorem war die Sozialwahltheorie (*social choice theory*) geboren, deren Anfangsimpetus darauf ging, Arrows Paradoxon »aufzulösen«, das heißt zu zeigen, daß der Weg zur

1 Im ersten Kapitel von Roemer (1996a) stelle ich diese Entwicklung genauer dar.

Demokratie, der in Arrows Ergebnis verschlossen scheint, doch noch offen ist. Dieser Theoriebereich ist auch heute noch lebendig und schreibt seine eigene Problemstellungen fort, trotz der vielen heute entdeckten Auflösungen des Arrow-Paradoxons. Ich habe zwei allgemeine Einwände gegen das meiste (wenn auch nicht gegen alles), was die Sozialwahltheorie treibt:

Sie mißt das, was ein politischer Mechanismus erreichen können muß, an einem zu hohen Maßstab. Genauer: Die von der Sozialwahltheorie durchgespielten Theoreme halten sich darin durchweg an Arrows Strukturvorgabe, daß sie nach derjenigen Menge politischer Verfahrensweisen suchen, die in einem gegebenen Bereich möglicher Politiken nach Maßgabe der Präferenzen der Bürger gute Resulte erzielen werden. Zu hoch ist der Maßstab in dem Sinne, daß nur solche politische Verfahren als akzeptabel gelten, die ausschließlich erwünschte Ergebnisse liefern (das heißt, die bestimmte Axiome erfüllen), und zwar über die ganze Breite festgelegter Politiken (das Bereichsaxiom). Mir scheint, wir sollten uns besser nach einem politischen Verfahren umsehen, das die Axiome zumindest in einer *großen Teilmenge* des Gesamtbereichs möglicher politischer Entscheidungen erfüllt (oder *nahezu* erfüllt). So wird die Menge gesuchter Verfahren im allgemeinen viel größer, als wenn *alle* Axiome im *Gesamt*bereich möglicher Politiken erfüllt sein müssen. Bis heute kann praktisch kein Sozialwahltheoretiker den Gedanken erfolgreich modellieren, daß das Axiom in einer *großen* Teilmenge *nahezu* erfüllt ist.

Der zweite Einwand lautet, daß die politischen Verfahren, die die Sozialwahltheorie untersucht, so abstrakt sind, daß sie realistisch gar nicht als solche firmieren können. So könnte uns ein bestimmtes Sozialwahltheorem etwa sagen, daß ein bestimmtes Verfahren, wenn es einen gewissen Satz wünschenswerter Axiome erfüllt, dasjenige wäre, das die Wohlfahrt auch des schlechtestgestellten Bürgers maximieren würde. Über die konkrete Institution, die solche Ergebnisse haben würde, erfahren wir nichts – zum Beispiel wie man in einer Demokratie dasjenige Steuersystem einführen könnte, das, einmal implementiert, zu jenem Maximin-Ergebnis führen würde. Doch trotz ihrer unbefriedigenden Abstraktheit halte ich die Leistungen der Sozialwahltheorie nicht für unwichtig. Denn wenn ein Theorem besagt, daß es kein Verfahren gibt, um eine bestimmte Menge erwünschter Ergebnisse herbeizuführen, dann wäre eben jede Suche nach einer konkreten Institution, die das leisten würde, fruchtlos. Der Nutzen der Sozialwahltheorie ist ein negativer: Sie kann uns zeigen, daß gewisse Kombinationen wünschenswerter Eigenschaften politischer Institutionen konkret in einer bestimmten Institution nicht gemeinsam zu verwirklichen sind und daß die Fortsetzung der Suche nach ihr Utopismus wäre. Einen positiven Nutzen hat sie freilich nicht: Angenommen, ein entsprechendes Theorem besagt, daß es gewisse Verfahren gibt, die gewisse wünschenswerte Eigenschaften haben, sind wir immer noch mit der immensen Aufgabe konfrontiert, implementierbare konkrete Institutionen für sie zu finden (siehe das angeführte Maximin-Beispiel). Und womöglich existiert keine derartige Institution.

3. Politische Parteien

Aufgrund des zweiten beschriebenen Einwands hat mich in den letzten Jahren besonders eine politische Institution interessiert, die ich zum Kern jeder Demokratie zähle, nämlich konkurrierende politische Parteien. Falls die Untersuchung ergibt, daß bestimmte Verzerrungen, bestimmte unerwünschte Ergebnisse mit dieser Institution einhergehen, bin ich dennoch nicht zu dem Schluß bereit, daß sie undemokratisch ist. Ich würde dann eher annehmen, daß die Erwartung, man könnte derartige Ergebnisse in einer Demokratie vermeiden, utopisch ist. Bis mir jemand eine Ersatzinstitution für Parteien aufzeigt, werde ich dabei bleiben, daß sie wesentlich zu einer Demokratie gehören. Dabei leugne ich keineswegs den Einfluß der Reichen auf die Parteipolitik, die Korruptionsanfälligkeit usw. Auf der Suche nach konkreten Institutionen darf man nicht zimperlich sein. Es ist vollkommen sinnlos, über wunderschöne Institutionen zu diskutieren, die doch nur Einbildungen sind.

Den Rest meines Aufsatzes widme ich einigen Folgerungen über den Klassenkampf in der Demokratie, wie er unter Bedingungen von Parteienkonkurrenz ausgetragen wird. Ich bediene mich dabei wirtschaftswissenschaftlicher Methoden: Ich versuche, politische Konkurrenz in Modellen darzustellen; ich postuliere, wie sich die Akteure in dem Modell (Parteien, Wähler, Kandidaten, Parteispender) verhalten, und versuche die Ergebnisse, die im Modell vorhergesagt werden, im Licht dieser Postulate zu verstehen.

In allen Modellen postuliere ich eine politische Gemeinschaft von Wählern mit Einkommens- bzw. Reichtumsunterschieden. Es gibt zwei politische Parteien, deren jede eine Teilmenge der Bürger repräsentiert, in genau dem Sinne, daß die Partei im Kampf um die Wählerstimmen politische Programme ankündigt, mit denen das Wohlfahrtniveau ihrer Parteigänger so weit wie möglich verbessert werden soll, unter der Bedingung, daß die erste gegen eine andere Partei antritt, die eine andere Mitgliederschaft repräsentiert, und daß der Sieger nach der Mehrheitsregel von der Gesamtbürgerschaft bestimmt wird. Normalerweise lasse ich die eine Partei eine Wählerschaft von relativ armen Bürgern repräsentieren (»Sozialdemokraten«) und die andere eine Wählerschaft von relativ wohlhabenden (»Liberaldemokraten«).

Das erste Ergebnis, das ich beschreiben will, betrifft die Parteipropaganda. Wir wollen annehmen, daß jeder Wähler eine Präferenzordnung mit Blick auf *Ergebnisse* einer gewissen Art hat – sagen wir: mit Blick auf die gesamtgesellschaftliche Verteilung der steuerbereinigten Nettoeinkommen. (Vollständig selbstbezogene Wähler werden sich nur um ihre eigenen Einkommen scheren, aber wir brauchen nicht zu postulieren, daß alle Wähler vollständig egozentrisch denken.) Parteien können aber nicht mit Versprechungen werben, wie die Nettoeinkommensverteilung aussähe, wenn sie an der Macht wären: Vielmehr kündigen sie konkrete *politische Programme* an, etwa die Art von Steuergesetzen, die sie durchzubringen versuchen würden, wenn sie gewählt würden. Wähler wissen nun aber im allgemeinen sehr wenig über die Zuordnung von Politikprogrammen zu Endergebnissen. Sie kennen nicht alle ökonomischen Parameter, sie haben von der Natur des Wirtschaftssystems wenig Ahnung und können sich deshalb nicht mit Sicherheit ausrechnen, welche Ergebnisse eine gegebene Steuerpolitik haben wird. Ich behaupte, daß ein wesentlicher Teil der Propaganda einer Partei aus Argumenten besteht, die die Überzeugung vermitteln sollen, daß die Politik, für die sie sich stark macht, die Ergebnisse haben werden, die viele Wähler wollen. Ein Streit der Interpretationen wird zwischen den Parteien besonders über den wahren Stellenwert gewisser wirtschaftlicher Parameter entbrennen. Die Liberaldemokraten könnten zum Beispiel behaupten, daß der Staat sehr ineffizient bei der Umsetzung von Steuergeldern in öffentliche Güter ist, während die Sozialdemokraten genau das Gegenteil behaupten könnten. Oder die Liberaldemokraten könnten sagen, daß das Arbeitsangebot der einkommensstarken Bürger sehr elastisch auf die Besteuerung reagiere, so daß hohe Steuern de facto weniger Geld in die Staatskassen brächten, während die Sozialdemokraten behaupten könnten, daß es sich nicht so verhalte, sondern daß höhere Steuern auch dem Staatsbudget zugute kämen. Das sind Beispiele für Dispute über die Funktionswerte bestimmter ökonomischer Parameter, über die die Meinung sogar der wirtschaftswissenschaftlichen Experten drastisch auseinandergeht, so daß es nicht verwundert, daß die Parteien überzeugende Gründe konstruieren können, um die Bedeutung dieser Parameter je nachdem hoch oder niedrig zu veranschlagen.

Ich kann zeigen, daß die Liberaldemokraten, die die Reichen repräsentieren, immer mit der Ineffizienz des Staats und der hohen Elastizität des Arbeitsangebots argumentieren werden, die Sozialdemokraten immer mit dem Gegenteil. Der Grund ist nämlich, daß, wenn die Liberaldemokraten die Wähler davon überzeugen können, daß die Parameter so sind, wie sie sagen, die Wähler für niedrigere Steuern stimmen werden, was im Interesse der Mitgliederschaft der Besserverdienenden liegt. Und wenn die Sozialdemokraten die Wähler von ihrer Deutung der Parameter überzeugen können, werden sie für höhere Steuern stimmen, was im Interesse ihrer Mitgliederschaft liegt (Roemer 1994). Wie weit die Parteien in ihren jeweiligen Ausdeutungen der Parameter gehen können, hängt natürlich auch vom Ausmaß der Ignoranz der Bevölkerung ab. Angesichts der Meinungsverschiedenheiten sogar unter Experten müssen wir der Bevölkerung zubilligen, daß ihre Unentschiedenheit ein gewisses Recht hat.

Ich möchte hieraus den vorsichtigen Schluß ziehen, daß der Disput über das angemessene Verständnis des Wirtschaftssystems, selbst absichtliche Fehlinformation, ein Korrelat der Konkurrenz von Parteien ist, die unterschiedliche Interessengruppen repräsentieren. Ich kann mir keine Demokratie vorstellen, in der diese Art von Meinungsstreit und Fehlinformation fehlten, denn das Wirtschaftssystem ist eine sehr komplizierte Sache, und es wird nicht einfacher.

Man könnte mir mangelndes Verständnis der Natur von Parteipropaganda vorwerfen. Man könnte gegen mich einwenden, daß

Parteien die *Präferenzen* der Bürger mit Bezug auf bestimmte Ergebnisse zu beeinflussen versuchen und nicht, wie die Bürger die Wertigkeiten von bestimmten wirtschaftlichen Parametern wahrnehmen. Konservative glauben schließlich an so etwas wie »jeder für sich«, und Sozialisten glauben an gegenseitige Hilfe und daß »einer des anderen Hüter« sein soll. Gewiß. Mir scheint aber, daß in vielen der heutigen fortgeschrittenen Demokratien solche ideologischen Meinungsverschiedenheiten sich in die Form von Disputen über ökonomische Leitgrößen übersetzen. Das Problem lautet dann: In welchem Ausmaß sollen die einzelnen verantwortlich gemacht werden, wenn es ihnen schlecht geht? Konservative werden sagen, daß Leute zu Sozialhilfeempfängern werden, weil sie nicht hart genug versucht haben, Arbeit zu finden, während Linke argumentieren, daß die meisten Sozialhilfeempfänger eine Arbeit annähmen, wenn sie eine finden könnten. Das ist ein Disput über ökonomische Leitgrößen: Wie hart versuchen die Leute, Arbeit zu finden, und wie viele Jobs werden angeboten? Konservative meinen generell, daß die Sozialpolitik den Leuten starke Anreize zur Arbeitssuche geben muß, während Linke sagen würden, daß starke Anreize sinnlos sind, wenn es zu wenige offene Stellen gibt: ein Disput über ökonomische Leitgrößen.

Von Thomas Piketty (1995) stammt ein sehr interessantes Demokratiemodell. Eines seiner Postulate ist, daß die Bürger unsicher darüber sind, welche ökonomischen Parameter für das Einkommen bestimmend sind. In Pikettys Modell wird das Einkommen einer Person von zwei Faktoren bestimmt: von der eigenen Anstrengung (die zum Beispiel als Arbeitssuche, als Absolvieren von Ausbildungen etc. verstanden werden kann) und von einem stochastischen Faktor (Glück). Unsicher sind die Bürger über die relative Bedeutsamkeit eines jeden der beiden Faktoren: Wie wichtig ist Anstrengung, wie wichtig Glück in dem Gesamtprozeß, in dem sich Einkommensgrößen bilden? Ausgangspunkt ist für jeden seine eigene Überzeugung, wie relativ bedeutsam jeder Faktor ist. Manche Bürger (nennen wir sie Rechte) denken, daß die eigene Anstrengung massiv in das Endergebnis eingeht und Glück keine große Rolle spielt, andere Bürger (nennen wir sie Linke) denken das Gegenteil. Alle Bürger in Pikettys Modell haben dieselben Präferenzen oder Werthaltungen: Sie glauben alle, daß der Staat Leuten helfen soll, deren niedriges Einkommen das Ergebnis übler Zufälle ist. Aber ihre Ansichten darüber, ob es jemandem mit geringem Einkommen aus Zufall oder aus mangelnder Anstrengung schlecht geht, gehen weit auseinander. Nun beginnt der eigentliche iterative Prozeß im Modell. In jeder Runde legt jeder Bürger für sich ein bestimmtes Maß an Anstrengung fest und erhält ein Einkommen. Auf der Grundlage der eigenen Erfahrung revidiert und aktualisiert einer seine Überzeugungen hinsichtlich der relativen Bedeutsamkeit von Anstrengung und Glück im Prozeß der Einkommenserzielung. (Es ist wichtig, daß wirklich beides, Anstrengung und Glück, im Prozeß der Einkommenserzielung zählt.) Auf der Grundlage dieser Überzeugungen hat nun jeder Bürger abzustimmen über das Problem der Umverteilung durch Besteuerung. Rechte Wähler stimmen für niedrige Steuern, da sie denken, daß die Wenigverdienenden sich nicht genug anstrengen, und Linke stimmen für hohe Steuern, da sie denken, daß Wenigverdienende einfach Pech gehabt haben. Jetzt gehen wir in die nächste Runde des Modellspiels. Wieder legt jeder Bürger auf der Grundlage seiner eigenen Überzeugungen für sich eine bestimmte Anstrengungshöhe fest. Wieder werden Einkommen erzielt, wieder aktualisieren alle aufgrund der gemachten Erfahrungen ihre Überzeugungen. Dieses Spiel geht weiter. Piketty kann nun zeigen, daß der Prozeß früher oder später konvergiert in dem Sinne, daß jeder einzelne zu bestimmten Überzeugungen über die relative Bedeutsamkeit von Glück und Anstrengung gelangen wird, die sich auch nicht mehr ändern, und daß *verschiedene Leute zu enorm unterschiedlichen Überzeugungen gelangen können*. Dieses Modell ist ein ganz anderes als das zuerst von mir beschriebene, denn es gibt weder politische Parteien noch Parteiprogapanda, und die einzelnen verhalten sich rational, indem sie ihre Meinungen über ökonomische Leitgrößen andauernd im Licht ihrer eigenen Erfahrungen auf den neuesten Stand bringen. In Pikettys Modell werden die Bürger am Ende zu »Linken« oder »Rechten«, wobei dieser Unterschied hier natürlich nur mit Bezug auf Auffassungen von der relativen Einkommensrelevanz von Anstrengung und Glück definiert wird; und diese Auffassungen sind das Ergebnis rationalen Schlußfolgerns und rationalen Verhaltens im Ausgang von einer bestimmten Menge anfänglicher Überzeugungen. Das Beunruhigende an diesem Befund ist, daß offenbar auch ohne Fehlinformation durch politische Autoritätsinstanzen das Verständnis, das die Bürger von ihrer Wirtschaft gewinnen, sehr unterschiedlich ausfallen kann, sogar unter der Annahme, daß ihr Verhalten, was das Lernen aus ökonomischen Erfahrungen betrifft, durchaus rational ist.

Nun zu einer dritten Beobachtung. Albert Hirschman (1982) hat gezeigt, daß Enttäuschung eine allgemein menschliche Tendenz ist. Ein beredter Beleg hierfür ist zum Beispiel die Tatsache, daß es in jeder ihm bekannten Sprache ein Wort für Enttäuschung, in keiner aber ein Wort für das Gegenteil, eine angenehme Überraschung, gibt. Für Hirschman folgt aus dem anthropologischen Universale der Enttäuschungsgefühle, daß Demokratien immer hin und her schwanken zwischen einer am Öffentlichen und einer am Privaten orientierten Politik mit gleichsam kollektiv egoistischen oder altruistischen Phasen. In meinem Modell erscheint Hirschmans Idee folgendermaßen: Es gibt die besagten zwei Parteien (»Sozialdemokraten«, »Liberaldemokraten«), deren Mitgliederschaft den Unterschied zwischen relativ armen und relativ wohlhabenden Bürgern repräsentiert. Es geht um die Höhe der Besteuerung, wobei der Staat mit dem Steueraufkommen bestimmte öffentliche Ausgaben (eine saubere Umwelt, öffentliche Krankenversicherung, ein nationales Bahnnetz etc.) finanzieren will. Ärmere Wähler sind in der Regel für höhere Steuern und reichere für niedrigere, da öffentliche Ausgaben praktisch so etwas wie eine Einkommensumverteilung von den Reicheren zu den Ärmeren bedeuten. Freilich können sich die Präferenzen von Wählern im Lauf der Zeit auch ändern, je nachdem, ob sie viel oder wenig von dem öffentlichen Gut konsumiert haben. Das ist der Hirschman-Effekt. Die Präferenzen von Wählern, die eine Zeitlang sehr viel an öffentlichen Gütern »verbraucht« haben, werden sich zugunsten privater Konsumption ändern, und umgekehrt, durch einen auf Enttäuschung beruhenden Mechanismus, den wir uns wie folgt vorstellen können: Viele Bürger sind, nach Jahren hoher Staatsausgaben für öffentliche Güter, immer noch unzufrieden, und konservativen Politikern gelingt es, die hohen öffentlichen Ausgaben als den wahren Grund für die Unzufriedenheit darzustellen. Nun werden immer mehr Wähler für niedrigere Steuern stimmen. Im umgekehrten Fall, nach Jahren niedriger öffentlicher Ausgaben, gelingt es Politikern von Linksparteien, mehr Wähler davon zu überzeugen, daß der Grund ihrer Unzufriedenheit auf das zu niedrige Niveau öffentlicher Ausgaben zurückgeht, und die Stimmung verändert sich zugunsten höherer Steuern. Durch diese Dynamik entstehen relativ langwellige Zyklen »konservativer« und »fortschrittlicher« Politik, beide Parteien werden in bestimmten Phasen eher für niedrigere, in anderen eher für höhere Steuern plädieren.

Wenn Hirschman recht hat, gehören derartige Oszillationen zur Natur von Demokratien. Es handelt sich nicht um behebbare Symptome einer Funktionsstörung, sondern um ein gleichsam natürliches Resultat der Vertretung von Interessen unter Bedingungen von Parteienkonkurrenz.

Warum enteignen in Demokratien die Armen nicht einfach die Reichen? Diese Frage verdient meines Erachtens höchstes Interesse. Ein Blick auf die Geschichte des Stimmrechts zeigt ja, daß das Stimmrecht nur sehr langsam zuerst allen erwachsenen Männern, dann allen Erwachsenen zuerkannt wurde, weil die besitzenden Bevölkerungsschichten befürchteten, im Zuge der Universalisierung des Wahlrechts würden sie von den Armen enteignet. Ihre Befürchtungen scheinen aber, bis jetzt jedenfalls, grundlos gewesen zu sein. Dafür werden unter anderem die folgenden Erklärungen gegeben. (1) Die Armen glauben, richtiger- oder fälschlicherweise, daß Enteignung zur Flucht vieler talentierter Mitbürger führen würde, so daß die Gesellschaft zu viele unersetzliche Mitglieder verlöre. (2) Die Leute glauben, daß sie selbst oder ihre Kinder einmal reich werden, und wollen nicht die eigene Dynastie enteignen. (3) Die Leute glauben, daß die Reichen ihren Reichtum verdienen – was Marxisten ›falsches Bewußtsein‹ nennen. Ich möchte nun einen vierten Grund anführen, der in gewissem Sinne ein Korrelat von Demokratie ist, insofern er auf die Natur politischer Konkurrenz in Demokratien zurückgeht.

Nehmen wir einmal an, es gebe zwei Dinge, für die sich die Bürger besonders interessieren, eine ökonomische Frage, etwa eine Steuerpolitik der Umverteilung, und eine weitere Frage, die meinetwegen Religion, Abtreibung, die Werte der Familie, ethnische oder Rassenprobleme, Kriminalität etc. betrifft. Nach meinem Modell sollen die Bürger Präferenzen mit Bezug auf diesen zweidimensionalen Politikraum haben. Daß nichtökonomische Fragen wie die zuletzt genannten in der Wahlkampfpolitik sehr wichtig werden, belegen viele neuere empirische Untersuchungen der Politikwissenschaft. Nach meinem Modell repräsentieren die Parteien Wähler, die zu beiden Fragen bestimmte Positionen beziehen, sagen wir: die Sozialdemokraten sind für Umverteilung und antiklerikal, die Liberaldemokraten (oder meinetwegen die Christdemokraten) sind gegen Umverteilung und proklerikal. Es gibt in der Gesamtbevölkerung viele Bürger, die verschiedenartig kombinierte Auffassungen zur sozialen Umverteilung und zur Haltung ihrer Regierung in Religionsfragen haben.

Ein politisches Gleichgewicht kann nun dadurch eintreten, daß jede Partei ein »Politikpaket« schnürt, indem sie für bestimmte Steuersätze und für eine bestimmte staatliche Haltung in Religionsfragen plädiert. Jedes dieser Pakete ist das aus der Sicht der jeweiligen Parteimitgliederschaft und unter den Bedingungen des Wahlkampfes bestmögliche Paket. Ich untersuche dann, was aus der Steuerpolitik der Sozialdemokraten wird, wenn Religionsfragen im Lauf der Zeit immer mehr Aufmerksamkeit der Wähler auf sich ziehen. (Man darf davon ausgehen, daß während der letzten 20 Jahre gewisse nichtökonomische Fragen tatsächlich deutlich mehr Aufmerksamkeit bei den Wählern gefunden haben; Herbert Kitschelt [1994] zufolge kreisen solche Fragen um die Leitdifferenz von autoritären vs. libertären Politikvorstellungen.) Ich kann zeigen, daß, wenn eine bestimmte Bedingung erfüllt ist, im Zuge der Aufwertung nichtökonomischer Fragen die Sozialdemokraten mit ihren Vorschlägen redistributiver Besteuerung immer mehr zurückstecken werden. Möglich ist sogar, daß die Sozialdemokraten an einem Gleichgewichtspunkt der Wahlkampfpolitik extrem niedrige Steuern befürworten, selbst wenn die Mehrheit der Bevölkerung extrem hohe Steuern besser fände! Das hängt mit der Zweidimensionalität des betrachteten Politikraums zusammen. Einmal angenommen, die stipulierte Bedingung treffe zu, dann muß die sozialdemokratische Partei gewisse Wähler, die zwar antiklerikal, aber einkommensstark sind, einwerben, und um deren Stimme zu gewinnen, muß sie ihre Vorschläge für eine hohe Steuerquote ein wenig, vielleicht sogar massiv abmildern. Die stipulierte Bedingung ist, daß Wähler mit mehrheitsrepräsentativen Ansichten über Religion Bezieher überdurchschnittlicher Einkommen sind. Für die Wahlbevölkerung der Vereinigten Staaten ist diese Bedingung, wie man empirisch zeigen kann, erfüllt, wenn man in die Modellvariable

»nichtökonomische Fragen« politische Rassenfragen (Diskriminierung, *affirmative action* etc.) einsetzt. Mit meinem Theorem kann ich erklären, warum sogar eine sozialdemokratische Partei auf eine konservative Wirtschaftspolitik eingeschwenkt wäre, als die Rassenfrage nach und nach im Bewußtsein der Wähler breiteren Raum anzunehmen begann.

Dieses Beispiel ist ein allgemeines Lehrstück dafür, wie ein scheinbar nicht parteipolitisch motiviertes Verhalten – daß beide Parteien im Wahlkampf für sehr niedrige Steuern sind, obwohl die Bevölkerungsmehrheit für hohe ist – tatsächlich doch nur das logische Ergebnis der Konkurrenz politischer Parteien ist, die nach Kräften die Interessen ihrer jeweiligen Klientel zu bedienen versuchen. Ich möchte nicht sagen, daß das Parteiensystem hier nicht demokratische Ergebnisse lieferte. Zutreffend wäre meines Erachtens die Beschreibung, daß hier wegen des internen Problems, wie die hoch disparaten Präferenzen innerhalb eines politischen Gemeinwesens in eine einheitliche Sozialpolitik zu aggregieren sind, hier eine Institution der Demokratie ein Ergebnis produziert, dessen Repräsentativität verzerrt scheint.

Hier kommt vielleicht der Einwand, die Leute hätten in bezug auf die Religion oder in bezug auf Rassenfragen eben ein falsches Bewußtsein, und eine wirkliche Demokratie würde das schon ändern. Diesen Einwand lehne ich ab. Ich habe einen allgemeinen Befund beschrieben, der etwas über die Fähigkeit systematisch konkurrierender politischer Parteien aussagt, die Auffassungen von Bürgern wiederzugeben, wenn den Bürgern an mehr als nur einem Problembereich gelegen ist. Das wird meines Erachtens auch in Zukunft der Normalfall bleiben, und solange Parteien der Diversität der Auffassungen repräsentativ gerecht werden wollen, können die von mir beschriebenen Pathologien auftreten.

4. Chancengleichheit

Chancengleichheit halte ich für die Art von Gleichheit, die wirklich erstrebenswert ist. Worin sie eigentlich besteht, versteht sich aber nicht von selbst, sondern ist das Hauptthema des egalitären Strangs politischer Philosophie seit Rawls und über Rawls hinaus, zum Beispiel bei Sen (1980), Dworkin (1981a, 1981b), Arneson (1989) und Cohen (1989). Meine eigenen Versuche (1995, 1996a, 1996b), diese Ideen zu entwickeln, bedienen sich der Sprache der Ökonomik. Ohne ins Detail zu gehen, möchte ich die wahrscheinlich gar nicht besonders strittige These behaupten, daß Chancengleichheit eine massive Erhöhung der Ressourcen erfordert, die für Bildung und Erziehung von benachteiligten Kindern bereitgestellt werden. In der Tat betrachte ich dies als das wichtigste Ziel für die heutigen Demokratien. Warum? Ich kann meine Antwort hier nur skizzieren.

Komplexe Wirtschaftssysteme, meine ich, können nur marktwirtschaftliche Systeme sein. Auf dem Wege der Reorganisation von Besitzrechten (*property rights*) kann meines Erachtens zwar sehr viel getan werden, um Unternehmensgewinne umzuverteilen, aber nur wenig zur Veränderung der Verteilung der Arbeitslöhne. Wo sich (meines Erachtens unvermeidlich) ein funktionierender Arbeitsmarkt bildet, werden die Arbeitslöhne auch Qualifikationsunterschiede abbilden, die wiederum großteils durch Bildung und Familienhintergrund bestimmt werden. Daher die große politische Bedeutung von Erziehung und Bildung.

Das skandinavische sozialdemokratische Modell mag faszinierend gewesen sein, auf den Rest der Welt ist es schwerlich übertragbar. Die skandinavischen Länder sind klein und homogen. Unter diesen Bedingungen lassen sich Solidaritätsideologien vergleichsweise einfach verbreiten. Die Erfolge des skandinavischen Modells lassen uns völlig darüber im unklaren, wie man in großen heterogenen Gesellschaften wie Rußland, den USA, China, Indien und Brasilien eine programmatisch egalitäre Politik durchsetzen könnte.

In den Vereinigten Staaten wird das öffentliche Schulsystem auf Landesebene, oft sogar auf Gemeindeebene finanziert. Je reicher eine Gemeinde oder ein Regierungsbezirk ist, desto mehr wird dort pro Schüler für die Schulbildung ausgegeben. Einige Staaten, zum Beispiel Kalifornien, haben ein vergleichsweise fortschrittliches System interregionaler Ausgleichszahlungen, um auf der Staatsebene die lokalen Unterschiede in der Finanzkraft so auszugleichen, daß landesweit pro Schüler ungefähr derselbe Betrag aufgewandt wird. In einer Demokratie wirft die Implementierung dieser Art von Gleichheit aber gewaltige Probleme auf. In Kalifornien stocken viele reiche Gemeinden die ihnen zugewiesenen Bundesmittel mit lokalen Mitteln noch einmal auf und erhöhen so ihre durchschnittlichen Aufwendungen pro Schüler. Ich behaupte aber, daß eine *Politik der Chancengleichheit* viel höhere Summen für Kinder aus ärmeren Gemeinden aufwenden muß als für Kinder aus reichen. Die Schulen in ärmeren Gemeinden benötigen einen hohen Zuschuß an Ressourcen, wenn die Benachteiligungen ausgeglichen werden sollen, die den dortigen Schülern daraus erwachsen, daß sie in armen Familien aufwachsen und Eltern mit geringerer Schul- und Ausbildung haben.

Hier liegt das meines Erachtens entscheidende demokratietheoretische Problem: Sind wir in der Lage, einen Institutionalisierungspfad auszumachen, der bei den hier und jetzt gegebenen gesellschaftlichen Verhältnissen beginnt und am Ende zu der demokratischen Entscheidung hinführt, daß wir sehr viel mehr Ressourcen für Bildung und Erziehung unserer am stärksten benachteiligten Kinder einsetzen? Der Pfad muß demokratisch gangbar sein, das heißt, der jeweils nächste Schritt muß zu leisten sein mit den dann existierenden politischen Institutionen, die die Demokratie so verwirklichen, wie sie eben in diesem Schritt geworden ist. Ansätze wie der von Karl Klare, den ich eingangs zitierte, sind meines Erachtens nicht nur nutzlos; schlimmer: sie verlängern nur die utopistischen Träumereien jener Architekten der Demokratie, die sich nicht der Bedingung stellen wollen, daß wir mit demokratischen Institutionen, wie wir sie haben, und mit Bürgern, wie wir es sind, anfangen müssen. Im Hinblick auf den osteuropäischen Kontext, auf den sich Klare bezieht, sehen wir heute, was seine Visionen wirklich waren: nichts als Träume.

Übersetzt von Iris Junker

Literatur

Arneson, R., »Equality of opportunity for welfare«, in: *Philosophical Studies* 56 (1989), S. 77-93.

Cohen, G. A., »On the currency of egalitarian justice«, in: *Ethics* 99 (1989), S. 906-944.

Dworkin, R. (1989 a), »What is equality? Part 1: Equality of welfare«, in: *Philosophy & Public Affairs* 10 (1989), S. 185-246.

– (1989 b), »What is equality? Part 2: Equality of resources«, in: *Philosophy & Public Affairs* 10 (1989), S. 283-345.

Hirschman, A. (1982), *Engagement und Enttäuschung. Über das Schwanken der Bürger zwischen Privatwohl und Gemeinwohl*, Frankfurt am Main: Suhrkamp 1984.
Kitschelt, H., *The Transformation of European Social Democracy*, New York: Cambridge University Press 1994.
Klare, K., »Legal theory and democratic reconstruction: Reflections on 1989«, in: G. Alexander und G. Skapska (Hg.), *A Fourth Way?*, London: Routledge 1994.
Piketty, T., »Social mobility and redistributive politics«, in: *Quarterly Journal of Economics* 110 (1995), S. 551-584.
Roemer, J. E., »The strategic role of party ideology when voters are uncertain how the economy works«, in: *American Political Science Review* 88 (1994), S. 327-335.
– (1995a), »Political Cycles«, in: *Economics and Politics* 7 (1995), S. 1 bis 20.
– (1995 b), »Why the poor do not expropriate the rich in democracies: A new argument«. Unveröffentlichtes Arbeitspapier, Davis: University of California.
– (1995 c), »Equality of opportunity: A theory and examples«. Unveröffentlichtes Arbeitspapier, Davis: University of California.
– (1996 a), *Theories of Distributive Justice*, Cambridge MA: Harvard University Press 1996.
– (1996 b), »Equality of Opportunity: A theory and examples«. Unveröffentlichtes Arbeitspapier, Davis: University of California.
Sen, A., »Equality of what?«, in: S. McMurrin (Hg.), *The Tanner Lectures on Human Values*, Bd. 1, Salt Lake City: University of Utah Press 1989.

Gerd Grözinger

Weltbürgerschaft und Nationalitätslotterie

Zwei Überlegungen zur globalen Verteilung von Reichtum und Bevölkerung[1]

This land is my land, this land is your land
From California to the New York island
From the Redwood forest to the Gulf Stream waters
This land was made for you and me
Woody Guthrie (Folksong der zwanziger Jahre)

This land is my land. This land is your land
Before, it was their land. Whose land is this anyway?
(Rapsong der neunziger Jahre)

In den philosophischen und sozialwissenschaftlichen Diskursen der Gegenwart nimmt das Thema *internationale* Verteilungsgerechtigkeit nur einen vergleichsweise bescheidenen Platz ein. Sonst ausführliche moderne Fachlexika bieten dazu kaum Informationen, und auch die Konsultation von Bibliographien führt nur zu wenigen Hinweisen auf einige Autoren und Ansätze.[2] Für diese Zurückhaltung mögen viele Gründe verantwortlich sein. Einer aber wäre sicher auszuschließen: der der mangelnden empirischen Relevanz. Ob in absoluten, ob in relativen Zahlen oder ob in der zeitlichen Entwicklung betrachtet, immer ist die weltweite Ungleichheit im Bereich der Einkommen um ein vielfaches drastischer, als wir sie von der so heftig diskutierten einzelstaatlichen Ebene kennen.

Der aktuelle Bericht für das Entwicklungsprogramm der Vereinten Nationen enthält dazu erneut eine Fülle von Informationen, von denen wenigstens jeweils eine in den drei angesproche-

1 Für wertvolle Hinweise und Diskussionen bedanke ich mich bei Birgit Brandt, Warwick, und Hauke Brunkhorst, Flensburg.

2 So erbrachte eine Recherche im *Philosophical Index* mit diesem Stichwort nicht mehr als 16 Nennungen ab Erscheinungsdatum 1970. Oder: der *Companion to Contemporary Political Philosophy* widmet dem Thema ganze zwei Seiten (Brown 1993, S. 521 f.).

nen Dimensionen hier zitiert sein soll. Absolut wird in dieser Dokumentation materielle Armut in Entwicklungsländern bei einem Einkommen von weniger als 1 US-Dollar pro Tag angesetzt. Unter jene höchst bescheidene Grenze fallen in den neunziger Jahren etwa 1,3 Milliarden Menschen, fast ein Viertel der Weltbevölkerung. Relativ liegt das Verhältnis des Einkommens des jeweils reichsten zum jeweils ärmsten Fünftel in keinem entwickelten Industrieland über 10:1. Diese Relation ergibt jedoch, auf die Welt insgesamt bezogen, dramatische 61:1. Und im Trend ist dabei alles andere als eine Verbesserung zu erkennen. Vor dreißig Jahren wurde das weltweite Verhältnis des einkommensstärksten zum einkommensschwächsten Quintils noch mit 30:1 berechnet.[3]

Die meisten Verteilungstheoretiker haben von dieser manifesten *Ungleichheit* sofort auf eine ihr zugrunde liegende *Ungerechtigkeit* geschlossen. Dafür als ursächlich angesehen wurden Mischungen folgender Momente: die gegenwärtige *Machtstruktur* des Welthandels, die eine eigenständige ökonomische Entwicklung verhindere; eine vergangene *koloniale* Ausbeutung, die sowohl erzwungenen Reichtumstransfer als auch eine kulturelle Deformation bedeutet habe, die dann akkumulationsfeindliche Sozialverhältnisse mit sich brachte; eine ungleiche *Ausstattung* mit Rohstoffen und Land; eine kostenlose *Übernutzung* global gemeinschaftlicher Ressourcen – vor allem der Erdatmosphäre – durch die frühindustrialisierten Länder.

So vielfältig wie die Erklärungen weltweiter Ungleichheit sind auch die jeweils vorgetragenen Veränderungsvorschläge. Doch allen gemeinsam ist, daß sie immer die Wirtschaftskraft von als begünstigt angesehenen Staaten mit einer *Abgabe* belegen wollen, deren Ertrag benachteiligten Völkern zufließen soll. Zum Beispiel hat Brian Barry eine progressive Steuer in Relation zum Sozialprodukt pro Kopf vorgeschlagen, eventuell ergänzt um eine Förderabgabe auf nicht-nachwachsende Rohstoffe. Hillel Steiner möchte einen globalen Fonds errichten, der jedem Menschen einen gleichen Anteil am Marktwert allen Landes, minus der darin enthaltenen Investitionen, sichert. Thomas Pogge begnügt sich mit einer globalen Rohstoffabgabe allein, während Ruben P. Mendez eine Fülle finanzpolitischer Vorschläge auflistet, die von einer Besteuerung der Militärhaushalte bis zu Park-

3 UNDP 1996, S. 31, 219, 2.

gebühren für die Nutzung geostationärer Satellitenumlaufbahnen reichen.[4]

Aus *ökonomischer* Sicht – der im folgenden vor allem benutzte Ansatz – wird dabei auf Begründungen sehr unterschiedlicher Beweiskraft zurückgegriffen, und Abhilfe wird bei nicht immer gleich geeigneten Instrumenten gesucht. Die höchste Akzeptanz dürfte unter Wirtschaftswissenschaftlern noch der Regelungsnotwendigkeit der Nutzung der sogenannten *globalen Allmende* zukommen. Heutzutage hat sich bis auf die Wirtschaftsseiten der konservativen Presse herumgesprochen, daß vor allem die Erdatmosphäre ein gefährdetes kollektives Gut darstellt, das dringend nach einer effizienten globalen Verwaltung verlangt.[5] Die zur Zeit in der Diskussion hoch gehandelten Zertifikatslösungen sehen etwa vor, daß die starken CO_2-Emittenten als intensive Nutzer den bescheidener zugreifenden Bevölkerungen dafür eine Kompensation zu zahlen haben, um über die Kostensteigerung sowohl eine Verbrauchsverringerung der kostbaren Ressource zu erreichen wie ärmeren Ländern zugleich eine Einkommensalternative beim Verzicht auf eine forcierte Industrialisierung anzubieten.

Sollte eine solche Regelung der atmosphärischen Verschmutzungsrechte unterbleiben, ist nach vorherrschender Expertenmeinung absehbar, daß der dadurch angerichtete Schaden in Zukunft alle Bevölkerungen treffen würde, also auch die in den Industriestaaten. Das damit anzunehmende – wenn auch bisher noch wenig umgesetzte – aufgeklärte *Selbstinteresse* wohlhabender Gesellschaften an einer vernünftigen globalen Regelung stellt eine Ausnahme dar. Die anderen Begründungen internationaler Umverteilungen verlangen *einseitige* Transfers ohne Gegenleistung oder Unterstellung eines gemeinsamen Nutzens. Sie sind deshalb naturgemäß sehr viel umstrittener.

Gerade der größeren Herausforderung wegen scheinen sie mir aber für Überlegungen geeignet, die im Sinne Deweys ganz *experimentell* gemeint sind, also als dogmenarme »Formung und Erprobung von Auffassungen über moralische und soziale Fragen«.[6] Im folgenden soll zuerst gezeigt werden, welche Vorteile

4 Barry 1982, S. 242; Steiner 1995, S. 18 f.; Pogge 1995, S. 192 ff.; Mendez 1995, S. 40.

5 Bonus 1995.

6 Dewey 1993, S. 434.

damit verbunden wären, wenn statt einer der immer etwas willkürlich begründeten Abgabenlösungen zur internationalen Umverteilung die viel marktnähere Variante der Freigabe der *Migration* gewählt wird. Und dann wird es als alternative Möglichkeit um die Frage gehen, ob die Übernahme globaler Verantwortung nicht vielleicht nur dadurch zu erreichen ist, wenn sie in der sinnlich wahrnehmbaren Form einer *Komplementärstaatsbürgerschaft* neben der eigenen Nationalität fest institutionalisiert wird. Aber zuerst soll angesprochen werden, welche ökonomische Bedeutung den beiden hierzu benötigten Zentralkategorien *Staat* und *Gerechtigkeit* zukommt.

1. Staat

In der ökonomischen Theorie läßt sich der Frage nach den Vorteilen einer Staatsorganisation am leichtesten nachspüren, wenn zuerst eine nicht minder luftig scheinende andere Frage gestellt und beantwortet wird: Warum gibt es *Unternehmen*? Genau dies war Thema einer Arbeit, die Ronald Coase in den dreißiger Jahren dieses Jahrhunderts veröffentlichte und die einige Jahrzehnte später maßgeblich zu seiner Nobelpreisehrung beitrug.[7] Coase wunderte sich damals, daß in den Wirtschaftswissenschaften üblicherweise *Preise* als das effizienteste Mittel des Ressourceneinsatzes gelten. Ausgerechnet innerhalb von privaten Firmen fänden wir aber gar keine Märkte, dort herrsche die Organisationsform der *Hierarchie*. Seine Erklärung dafür beruhte auf der – bis dahin vernachlässigten – Einsicht, daß die Nutzung von Preisen zur Informationsgewinnung nicht kostenlos ist, sondern selbst wieder Ausgaben verursacht, die einen Marktmechanismus in bestimmten Situationen ineffizient werden lassen. Diese Überlegung ist später unter den Begriff der *Transaktionskosten* zusammengefaßt worden. Jedes etwas komplexere Handeln hat solche Kosten zu tragen. Darunter fallen *Informationskosten*, um überhaupt eine Problemlage richtig einschätzen zu können, *Entscheidungskosten*, wenn etwa mehrere Optionen ausgearbeitet und bewertet werden müssen, sowie *Kontrollkosten*, wo die Umsetzung einer einmal getroffenen Entscheidung überprüft wird.

Vor allem ein weiterer Nobelpreisträger der Ökonomie, der

7 Coase 1937.

Wirtschaftshistoriker Douglass C. North, hat diese Einsicht auf Staaten ausgedehnt.[8] Eine auf Dauer angelegte staatliche Autorität erfüllt Aufgaben, die kaum oder nur unter prohibitiv hohen Kosten privat, also über individuelle Nachfrage, zu organisieren sind. Dazu gehört an erster Stelle die Bereitstellung notwendiger *öffentlicher Güter*, deren wichtigstes Kennzeichen ist, daß bei ihrer Nutzung kein Ausschlußprinzip wirkt. Zum Beispiel kann die Garantie physischer Sicherheit gegenüber einer äußeren Bedrohung nicht nur denen gewährt werden, die bereit sind, dafür zu zahlen; viele Infrastrukturmaßnahmen lohnen sich nicht, wenn ihre Inanspruchnahme einzeln abzurechnen wäre; die Funktion eines zufriedenstellenden Rechtswesens hängt an seiner Neutralität, also daran, daß Urteile nicht gekauft werden können. Die Finanzierung solcher Dienste muß deshalb zwangsweise erfolgen, und dort, wo dies nicht oder nur unvollständig möglich ist, bleibt die wirtschaftliche Wohlfahrt einer Gesellschaft suboptimal.

Eine solche Staatsvorstellung, die den dadurch möglichen Effizienzgewinn betont, konfligiert scheinbar stark mit einem anderen theoretischen Zugang, der das *Gewaltmonopol* für das bedeutendere Charakteristikum hält. Die beiden Erklärungen schließen sich aber nicht wirklich aus. Die erste betont nur die Möglichkeit eines Surplus, der durch staatliche Organisation entsteht, die zweite thematisiert die Wahrscheinlichkeit seiner Aneignung durch eine bestimmte Gruppe. Ökonomisch gesprochen kann politische Herrschaft wie ein Eigentumsrecht behandelt werden, das den Inhabern Rendite bringen soll: schwächere gewöhnlich im Bereich von Demokratien, stärkere in Diktaturen. Zwischen den beiden Merkmalen Effizienz und Gewalt existieren natürlich auch Interdependenzen. Denn Zwang ist nicht umsonst. Seine Anwendung gehört selbst wieder zu den staatlichen Transaktionskosten. Den meisten Regimes ist dies bewußt. Sie wollen diese Ausgaben mindern, indem sie ihrer Herrschaft *Legitimität* zu verschaffen versuchen. Eine freiwillige Unterwerfung möglichst vieler Bewohner unter Gesetze und gesellschaftliche Normen ist eine besonders kostengünstige Lösung sozialer Organisation.[9]

8 North 1988, Kap. 3, »Eine neoklassische Theorie des Staates«, S. 20 ff.

9 Gelingt dies nicht besonders gut, weil etwa keine Mitsprache des Volkes bei politischen Entscheidungen vorgesehen ist, muß statt dessen

Nun scheint weder die Erklärung von Staatlichkeit über Effizienzsteigerung noch die über Gewinnusurpation notwendigerweise *Einwanderungsbeschränkungen* zu implizieren. Aber so wenig uns Unternehmen bekannt sind, die auf Dauer mit einem völlig flexiblen und in der Zusammensetzung ständig wechselnden Mitarbeiterstamm arbeiten, so wenig scheinen – zumindest moderne – Staaten fähig und willens zu sein, ohne Regulierung von Migration zu existieren. Zwei negative Erfahrungen könnten dafür ausschlaggebend sein. Erstens, Einwanderung hat in der Regel den Hintergrund, daß die Einkommenschancen im Zielland sehr viel besser sind. Von wenigen Ausnahmefällen (unbedeutende Zahl der Migranten, komplementäre Qualifikationen, ungenutzte Ressourcen, gleichzeitiger Kapitaltransfer) abgesehen, führt Migration zu einem Angleich der Faktorentlohnung für Arbeit an ein unteres Niveau, sprich: zu einem Sinken der Löhne. Selbst wenn das Sozialprodukt im gleichen Zug steigt[10], tangiert dadurch Einwanderung die Legitimität des Regimes negativ, ist also mit einer Zunahme staatlicher Zwangskosten gegenüber großen Teilen der Alteinwohnerschaft verbunden. Zweitens kann man davon ausgehen, daß erst ein mehr oder minder fester Kern von Bevölkerung die nötige Basis für das *Sozialkapital* schafft, das ein bestimmtes Verhalten von Arbeitskräften, Konsumenten, Geschäftspartnern und nicht zuletzt Staatsbürgern selbstverständlich werden läßt, das auch über Sozialisation der nächsten Generation weitergegeben werden kann und das

der *Repressionsapparat* kostspielig ausgebaut werden. Dieser Zusammenhang zeigt sich unter anderem darin ganz deutlich, daß in Entwicklungsländern die Höhe der Militärausgaben und der Grad der Demokratisierung negativ hoch korreliert ist (Kimenyi und Mbaku 1995).

10 Das übliche Standardmodell von Migration kommt zu diesem Schluß: es nimmt dadurch die gesellschaftliche Wohlfahrt zu, es vermindert sich aber der Anteil des Faktors Arbeit. Allerdings ist bei komplexeren Modellen, die auch internationalen Handel und Kapitaltransfer einbeziehen, häufig gar keine eindeutige Richtung der Effekte mehr prognostizierbar (Sykes 1995). Sowohl für die USA wie für die Bundesrepublik sind jedoch solche negativen Umverteilungseffekte durch Immigration bei Arbeiterlöhnen, wenn auch in einem kleinen Ausmaß, statistisch wahrscheinlich (Borjas 1995, S. 8; Zimmermann 1993, S. 293).

damit ständig neue und kostspielige Verhandlungen über akzeptable Regeln erspart.

Allerdings, auch wenn uns der Stabilitätsgewinn durch eine relative Abgeschlossenheit intuitiv als vorteilhaft für eine Gesellschaft in vielen Situationen einleuchten mag, ist es auch gegenüber den daraus Ausgeschlossenen *gerecht*? Das Problem der Exklusion stellt sich bei der Nationalität viel schärfer als bei Unternehmen. Denn im Unterschied zum Werden und Vergehen von Institutionen auf Märkten sind Neugründungen von Ländern äußerst selten und wegen der damit gewöhnlich verbundenen Kosten auch weitgehend unerwünscht. Es bleibt als individuelle Option also nur der Wechsel zwischen bestehenden Staaten, und dessen Versagung ist begründungspflichtig.

2. Gerechtigkeit

Bevor die internationale Dimension Thema wird, ist es sinnvoll, sich zuerst über den hier zugrunde gelegten generellen Begriff von *Verteilungsgerechtigkeit* zu verständigen. Thomas Nagel hat dazu von liberaler Seite eine einfache Taxonomie aufgestellt, die systematische, also überzufällige Ungleichheiten nach der Art ihrer Herkunft bewertet. Er unterscheidet als Gründe: Diskriminierung, Klasse, Talent, Anstrengung.[11] Mit dieser Reihung verbunden ist eine aufsteigende Linie moralischer Akzeptanz, die sich nach den jeweiligen Anteilen von Fremdeinwirkung und des eigenen Zutuns bemißt.

Ungleichheit aufgrund einer *Diskriminierung* – zum Beispiel wegen Rasse, Geschlecht, Herkunft – bedeutet völlige Fremdbestimmung, bei der das Individuum gar keine Rolle spielt. Deshalb wird eine daraus resultierende Ungleichheit in modernen Gesellschaften als moralisch völlig inakzeptabel gesehen. Auf dem gegenüberliegenden Pol findet sich eine Differenz, die auf Unterschieden in rein individueller *Anstrengung* zurückgeführt werden kann. Können alle anderen Bedingungen als gleich vorausgesetzt werden, finden wir es recht unproblematisch, wenn die Erträge einer stärkeren Bemühung von Person X im Vergleich zu denen von Person Y auch ihrem Urheber zukommen.

Weniger eindeutig werden die verbleibenden Gründe bewertet.

11 Nagel 1991, S. 103 ff.

Hier ist eine eher graduelle Abstufung gesellschaftlicher Akzeptanz/Nichtakzeptanz zu beobachten. *Klasse* soll dabei die Vor- oder Nachteile beschreiben, die eine bestimmte Herkunft mit sich bringt. Ungleichheit fördernd können hinterlassene große Vermögen sein, aber auch die Geburt in ein Elternhaus, das besonderen Wert auf eine gute und teure Erziehung legte. Da in diesen Fällen der individuelle Beitrag der Begünstigten zu solchen Vorteilen gering ist, würden wir eigentlich gern eine Umverteilung der dadurch erzeugten Einkommen sehen. Aber ein als mit der Gerechtigkeit als gleichbedeutend angesehenes Prinzip hält praktisch alle Staaten hier von allzu radikalen Maßnahmen ab: solange Menschen in *Familien* aufwachsen, wird die Akzeptanz und Unterstützung der besonderen Sorgfalt ihrer Mitglieder füreinander als gesellschaftlich produktiv angesehen, auch wenn dadurch die Ungleichheit wächst.

Ähnliches gilt für die Dimension von *Talent*. Das ist ebenfalls primär als Gabe zu sehen, wird also ohne eigenes Zutun erreicht und nur in zweiter Linie eventuell noch durch eine besondere Anstrengung ausgebildet. Ein Versuch der vollständigen Umverteilung der Einkommensdifferenz der Begabteren verstrickte sich aber nicht nur in unlösbare Abgrenzungsschwierigkeiten mit den als gerecht akzeptierten Gewinnen durch *Anstrengung*, sie liefe auch Gefahr, daß zum Schaden aller Mitglieder einer Gesellschaft besondere Fähigkeiten künftig unangewandt blieben, da der individuelle Anreiz zu ihrer Ausbildung, Pflege und Nutzung entfiele.

Mit einer solchen Beobachtung, daß gleichverteilende Gerechtigkeit nicht unter allen Umständen das wichtigste Ziel ist, sondern manchmal von anderen übertrumpft werden kann, ist eine prominente ökonomische Denkfigur angesprochen. Wirtschaftswissenschaftler denken in *Tradeoffs*, also in den Kosten, die eine Entscheidung für ein bestimmtes Vorgehen im Vergleich mit einer anderen Wahl mit sich bringt. Und der wichtigste gesellschaftliche Tradeoff dürfte der zwischen *Effizienz* und *Gleichheit* sein, wie Arthur Okun es in seinem berühmten gleichnamigen Buch formulierte.[12] Effizienz wird dabei grundlegend als

12 Okun 1975, S. 2. Die Spannung zwischen Allokationseffizienz und Verteilungsgerechtigkeit muß nicht immer einen eindeutigen Tradeoff bedeuten, also eine tragische Wahl implizieren. Neuerdings er-

Pareto-Prinzip definiert: Ein Zustand ist dann effizient, wenn sich keine Person mehr in ihrer Nutzenposition verbessern kann, ohne damit zugleich den Nutzen einer anderen Person zu verschlechtern.

Das ist nun eine wenig operationalisierbare Formel. Im gesellschaftlichen Raum ist fast keine relevante Handlung denkbar, die nicht auch eine – und sei es vielleicht noch so kleine – relative Schädigung anderer implizierte. Darum hat sich bei politiknahen Fragen eine zweite, realitätstüchtigere Version der Bewertung durchgesetzt. Das *Kaldor-Hicks-Kriterium* definiert einen neuen Zustand auch dann als effizient, wenn dadurch zwar die Nutzenposition einzelner Personen erst einmal verschlechtert wird, zugleich aber der Wohlstand der Gesellschaft insgesamt sich so stark erhöht, daß den Verlierern aus dem Gewinn eine ausreichende Kompensation geleistet werden kann, und dazu noch etwas übrigbleibt.

Wo Erträge aufgrund von – eigentlich als wenig gerecht angesehenen – Vorteilen bei *Klasse* und *Talent* nicht völlig umverteilt werden, gibt es zweifellos Verlierer. Aber insgesamt erwartet man von der dadurch begünstigten Gruppe so viel an Engagement in der Art und im Umfang ihrer Aktivitäten, daß auch die ursprünglich Geschädigten noch von der Konstruktion profitieren könnten. Damit dies auch tatsächlich geschieht und nicht nur trügerische Hoffnung bleibt, bauen praktisch alle westlichen Staaten hier zwei Sicherungen ein. Sie besteuern laufendes Einkommen mit *progressiven* Sätzen, und sie kennen alle bei Vermögen das Institut der *Erbschaftssteuer.*

Diese traditionelle ökonomische Gerechtigkeitskonzeption basiert methodisch darauf, daß monetäre Gleichsetzungen vieler Dimensionen menschlicher Empfindungen möglich sind und daß Gleichheit das Streben distributiver Politik beschreibt (wenn sie auch bei der Gesamtschau aller Ziele eventuell Effizienzüberlegungen weichen muß). Daneben hat sich in den letzten Jahren aber noch ein etwas anderer Ansatz etabliert, der sich unter

scheinen zunehmend empirische Studien, die einen negativen Einfluß zu starker Einkommensungleichheit auf das Wachstum ermitteln. Denn dann – so zumindest die Erklärung der dahinter liegenden Modelle – gebe es einen politischen Druck in Richtung korrigierender staatlicher Eingriffe, die wiederum akkumulationshemmend wirkten (Alesina und Rodrik 1994; Clarke 1995; Park 1996).

den Begriff der *Fairneß* stellte.[13] Sein großer methodischer Vorteil für die hier zu behandelnde Frage ist die Ausgangsannahme von *Güterbündeln*, die weder in den Bestandteilen leicht auf einen gemeinsamen Nenner zu bringen sind noch auch nur immer in solche Bestandteile zu zerlegen wären. Natürlich würden wir als gewünschtes Schicksal immer wählen, reich plus gesund plus schön zu sein. Aber wenn in unserer unvollkommenen Welt die einzig verfügbaren Optionen nun wären: arm/gesund/schön versus reich/krank/unattraktiv, dann dürfte die Entscheidung schon weniger eindeutig ausfallen.

Auch die Merkmale eines Staatsgebietes bedeuten eher ein miteinander verknüpftes Bündel denn eine Anreihung trennbarer Eigenschaften. Deshalb kann jede internationale Umverteilung, die sich auf nur ein Segment konzentriert – wie zum Beispiel der gern als allen Menschen gemeinsam definierte Besitz an nichtnachwachsenden Rohstoffen –, neue Ungerechtigkeiten und Unklarheiten produzieren. Sollte etwa Norwegen zwar für sein Erdöl eine der vorgeschlagenen Abgaben bezahlen, aber nichts für seine ebenfalls reichliche Wasserkraft? Wenn jedoch auch die regenerierbare Wasser- oder Windenergie zu besteuern wäre, dürfen dann in diesen Ländern die erheblichen Ausgaben für Gebirgsstraßen und Küstenschutz vorher abgezogen werden? Bekommen dafür andere hochgebirgige, aber wasserarme Länder im Gegenzug einen generellen Extrabonus? Wie bewerten wir die unterschiedliche natürliche Fruchtbarkeit von Boden, wie die verschiedenen investiven Voraussetzungen zu deren Nutzung und wie eigentlich die von früheren oder heutigen Menschen verursachten Schäden?

Oder noch schwieriger: Sollte nicht Kuwait legitimerweise seine immensen Ausgaben für militärischen Schutz in Abschlag bringen können, ein Budgetposten, der schließlich nur wegen seines Rohstoffreichtums so hoch ausfällt? Welchen geldwerten Vorteil hat dagegen eine regional günstige Lage inmitten friedlicher Nachbarn? Und müßten wir bei Umverteilungsberechnungen nicht auch die Nähe/Ferne zu großen Absatzmärkten berücksichtigen? Wo ordnen wir die früher zumeist bettelarmen, unfruchtbaren Küstenstreifen ein, die heute blühende Touristenzentren sind – das ist doch auch ein natürlicher Vorteil? Und bedeutet wirklich ein mildes Klima mit viel Sonnenschein in äs-

13 Varian 1975.

thetisch ansprechender Landschaft – ganz unabhängig von Landwirtschaft und Fremdenverkehr – etwa keine zu berücksichtigende Besserstellung an Lebensqualität, impliziert das nicht vielleicht sogar eine meßbar höhere Gesamtproduktivität der Bewohner wegen größerer Arbeitsfreude?

Die hier vorgeschlagene Alternative besagt: Statt sich in solchen nicht enden wollenden Listen möglicher Einwände und scholastischer Spezifizierungen bei Abgabemodellen zu verlieren, sollte die Bewertung unterschiedlicher Gesamtsituationen direkt den Menschen selbst übertragen werden. Denn als eine *faire* Verteilung ist definiert, wenn keine Person das eigene Bündel an Rechten und Pflichten gegen das – davon möglicherweise stark abweichende – einer anderen Person eintauschen möchte. Eine solche Überlegung mag im Bereich rein individueller Lebensweisen recht hypothetisch klingen; zum Beispiel krank oder gesund zu sein erscheint uns sicher kaum als eine reine Frage der Wahl. Aber bei Situationen mit prinzipiellem Optionscharakter und vielen Facetten – wie es auch eine *Staatsbürgerschaft* darstellt – ist die Annahme fest verschnürter Güterbündel nützlich.

Wer auf Dauer migriert, verbessert nicht einfach nur seine materielle Situation um soundso viel Kaufkrafteinheiten. Er wechselt in eine ganz andere Kultur, vielleicht in eine unterschiedliche Klimazone, er muß häufig seine Sprache aufgeben, es verändert sich sein politisches Umfeld, er hat sich an ein neues Rechtssystem anzupassen, er muß sich anderen Gewichtungen von Effizienz–Gleichheit, von öffentlich–privat, von männlich–weiblich etc. unterwerfen. Und nicht alles davon dürfte einem Einwanderungsinteressierten automatisch zusagen. Sondern er wird zu bilanzieren versuchen, und es zählt das Ergebnis einer Gesamtbewertung der – zumindest absehbaren – Vorzüge und Nachteile. Ein Unterschied im Einkommensniveau allein kann uns deshalb noch nicht darüber Aufschluß geben, ob oder wieviel Angehörige des Staats X ihre Situation als international unfair definieren und gerne ihr eigenes gesellschaftliches Gesamtarrangement mit dem des Staats Y tauschen würden.[14] Dazu benötigten wir schon

14 Auch innerhalb von Staaten gibt es oft erstaunliche und zählebige Unterschiede im Lebensstandard, die nicht durch Binnenwanderungen ausgeglichen werden. So zeigt die Schweiz, die nicht einmal einen Länderfinanzausgleich kennt, wodurch dann wenigstens die öffentlichen Leistungen ähnlich werden, selbst bei nahe beieinander

den tatsächlichen Nachweis der *Wanderungswilligkeit*, eine nicht leicht aufzufindende, aber unter den richtigen Bedingungen doch meßbare Größe.

3. Umverteilung durch Einwanderungsrechte

Der Einfachheit halber wird im folgenden eine weltweit vertretene Agentur unterstellt, bei der von jedermann Einwanderungswünsche in jedes beliebige Land angemeldet werden können.[15] Vorausgesetzt ist weiter die Erfüllung einiger Basisbedingungen auf seiten der Migrationsinteressierten, wie vor allem der bekundeten Bereitschaft zur Akzeptanz der im Zielland jeweils vorhandenen Rechtsordnung sowie zum Erlernen der Landessprache. Bei der Erhebung des korrekten Ausmaßes der gesuchten Wanderungswilligkeit kommt es nun auf das Setzen der richtigen Anreize für alle Beteiligten an. Zum einen ist für die Bereitschaft zur Registrierung eine *Teilnahmeprämie* auszusetzen, und das kann hier nur die Möglichkeit einer wirklichen Einwanderung sein. Die Wahrscheinlichkeit davon muß keine hundert Prozent betragen. Sie kann sehr viel geringer ausfallen – jedes Glücksspiel lehrt: Wenn nur der Gewinn hoch genug ist, wird ein Einsatz auch bei kleiner Chance gewagt –, aber sie muß im Bereich einer realistischen Erwartung liegen.

Eine solche Regelung versichert uns gegenüber der Gefahr von zu geringen Meldungen an Migrationswünschen. Aber was läßt sich gegen die symmetrische Gefahr überhöhter Wanderungsansprüche tun? Die klassische ökonomische Antwort ist hier: eine *Preisbestimmung* unternehmen. Wenn eine Person aus dem Land A gerne in das Land B umsiedeln möchte und bereit ist, für dieses Recht eine Summe a zu zahlen, wissen wir genau, wieviel für ihn die Differenz der beiden Staatsbürgerschafts-Bündel wert ist.

Preise werden bekanntermaßen nicht nur von einer Seite her gesetzt, sondern beschreiben einen Kreuzungspunkt von Angebot und Nachfrage. Um die Höhe des hier gesuchten speziellen

liegenden Kantonen Durchschnittseinkommen, die bis um den Faktor 1:2 differieren (Freiburghaus 1995, S. 174).

15 Temporäre Arbeitsmigration ist hier kein Thema. Aber es spräche wohl nichts dagegen, das im folgenden beschriebene Zugangssystem auch auf reine Arbeitserlaubnisse auszudehnen.

Preises zu ermitteln, hat ein anderer bedeutender Wirtschaftswissenschaftler, Gary Becker, vorgeschlagen, in gesuchten Zielländern wie den USA eine *Auktion* von Einwanderungserlaubnissen zu veranstalten, ein Vorschlag, der auch im deutschsprachigen Raum schon Befürwortung gefunden hat.[16] Eine politisch vorgegebene Menge an Neustaatsbürgerschaften würde somit einfach an die Höchstbietenden versteigert.

Für Becker war die Zunahme der *Effizienz* des Einwanderungsverfahrens aus der Sicht des Ziellandes Motiv des Vorschlags. Der Preismechanismus erlaubt eine Selbstselektion potentieller Migranten, die einer Steuerung über bürokratische Mechanismen (wie Quoten nach Herkunftsländern oder Qualifikationen) vermutlich weit überlegen ist. Wenn aber die Verbesserung *internationaler Verteilungsgerechtigkeit* die Suche nach einer Schätzung von Migrationswünschen bestimmt, dürfte die Auktion ein ganz ungeeignetes Mittel darstellen: Dadurch werden nur die Oberschichten korrekt erfaßt und andere Gruppen von einer Teilnahme am Verfahren abgehalten. Gerecht im Sinne von neutral gegenüber dem gegenwärtigen Vermögensstatus von Einwanderungswilligen ist dagegen eine ganz andere Auswahlmethode: die *Lotterie.* Und genau diesen Weg haben die USA denn auch eingeschlagen, wenn sie einen Teil ihrer hochbegehrten unbefristeten Arbeitserlaubnisse – die Green Cards – frei vergibt.

Die klassische Lotterie erlaubt aber wiederum nicht mehr, damit zugleich die Intensität des Migrationswunsches zu erkunden. Wenn die Chancen auf einen Gewinn davon unabhängig ist, wieviel man bietet, werden alle nur den geforderten Standardeinsatz zahlen. Zwischen den beiden ganz gegensätzlich scheinenden Prinzipien Auktion und Lotterie läßt sich jedoch eine formale Brücke schlagen: eine Lotterie mit *einsatzproportionaler Gewinnwahrscheinlichkeit.*[17] Das bedeutet, daß eine Person, die be-

16 Becker 1992; Pies 1993. Das englische Original des Aufsatzes von Becker ist übrigens sehr prominent, am Tag mit der Meldung seines Nobelpreises (14. 10. 1992) im Wall Street Journal unter dem in diesem Kontext besonders schönen Titel »A Nobel Idea: Free-Market-Immigration« erschienen.

17 Bruno Frey hat die Vorteile eines solchen Prinzips bei dem nicht unähnlichen Problem politischer Entscheidungen beschrieben. Stehen mehrere Optionen zur Auswahl, sind Wähler mit Präferenzen

reit ist, 100 000 Dollar für eine neue Nationalität zu zahlen, nicht automatisch einer anderen vorgezogen wird, die dafür nur 1000 Dollar anlegen will. Aber die erste Person erhält eine hundertmal größere Chance, in der Einbürgerungslotterie einen Gewinn zu ziehen, als die zweite. Diese Verfahrenskombination impliziert somit zum einen den Anreiz, weitestmöglich korrekte Angaben über den Wert zu machen, den eine neue Staatsbürgerschaft den Interessierten mit sich zu bringen scheint; die Wahrnehmung, auf jeden Fall auch bei geringem Einsatz noch eine Trefferchance zu haben, läßt zum anderen aber auch die Ärmeren noch einen Sinn in der Teilnahme an dem Verfahren sehen.[18]

Die *Summe* all dieser angebotenen Einsätze beschreibt nun in Geldeinheiten ausgedrückt die gesuchte *Fairneßlücke*: So viel schulden die jeweiligen Zielländer der übrigen Welt.[19] Wie diese

für Minderheitenkandidaten in der Versuchung, ihre Stimme entweder für eine gewinnträchtigere Person abzugeben oder gleich ganz der Wahl fernzubleiben. Aber statt den Sieg bei einer Verteilung von 45 % für A, 35 % für B und 20 % für C automatisch A zuzusprechen, kann das Ergebnis auch nur als Ausgangspunkt einer zweiten Stufe genommen werden: der Sieger wird dann endgültig mit Hilfe eines Zufallsverfahrens bestimmt, wo die Kandidaten mit dem Gewicht der auf sie versammelten Stimmen eingehen (Frey 1982, S. 500). Dadurch würde sich für alle Wähler Teilnahme und Angabe der wirklichen Präferenzen lohnen.

18 Der Einwand liegt nahe, daß die Ärmeren auch hier faktisch ausgeschlossen werden, weil sie wegen ihrer Einkommensposition bei der Lotterie benachteiligt bleiben. Aber damit unterschätzt man den Netzwerkcharakter von Familienverbänden in Ländern der Dritten Welt. Ersparnisse werden auch heute schon zusammengelegt, um *Arbeitsdelegierten* die Auswanderung zu ermöglichen. Diese unterhalten dann aus ihren Verdiensten die Zurückgebliebenen in einem oft erstaunlichen Ausmaß. So wird zum Beispiel geschätzt, daß auf den Philippinen im Großraum Manila etwa 60 % aller Familien ganz oder teilweise von solchen Überweisungen leben (Nuscheler 1995, S. 65). Manche Ökonomen fürchten gerade von einer Versteigerung, daß davon die Ärmeren besonders angezogen werden, weil der Abstand der Löhne zwischen Erster und Dritter Welt bei den Schlechtausgebildeten viel größer ist als bei Facharbeitern und Akademikern (Borjas 1990, S. 227).

19 Kein Thema ist hier, daß Migrierende auch ihrem Heimatland etwas schulden könnten. Besonders bei vorheriger Nutzung von teuren, aber oft öffentlich subventionierten höheren Bildungsangeboten

Verpflichtung beglichen wird, kann unterschiedlich ausfallen. So dürften viele Staaten eine wirkliche Einwanderung – außer der oben genannten Vorschrift einer Mindestchance, um das Lotterieverfahren überhaupt in Gang zu setzen – weiter sehr restriktiv handhaben wollen. Wenn eine Regierung oder Bevölkerung, aus welchen Gründen auch immer, gegen einen stärkeren Zuzug von Fremden optiert, sollte das akzeptiert werden, da es für sie vielleicht einen interessanten Effizienzgewinn bedeutet. Aber der Nutzenzuwachs dieser Gesellschaften durch Beibehaltung des Status quo bringt einen Nutzenverlust für Migrationsinteressierte mit sich, und der muß nach dem *Kaldor-Hicks-Kriterium* finanziell kompensiert werden. Die Höhe dieser Verpflichtung – im folgenden kurz *DIF* (für *Differenz in internationaler Fairneß*) genannt – ist bei unterstellter Existenz einer solchen Lotterie dann die Summe aller angebotenen Einwanderungseinsätze minus der Zahlungen, die das Zielland von den zugelassenen Migranten erhalten hat.[20]

Damit läßt sich als erstes Kennzeichen dieser Lösung aussagen: je einwanderungsoffener sich ein Staat verhält, desto geringer

spricht nichts dagegen, die Entlassung aus der Staatsbürgerschaft mit Zahlungsverpflichtungen zu verknüpfen, da der sonst übliche Rückzahlungsweg via lebenslangen Steuerzahlungen entfällt (Bhagwarti und Partington 1976).

20 Zwei technische Noten: (A) um einen Einfluß der – rein praktisch zu bestimmenden – Häufigkeit der zu veranstaltenden Lotterie auf die Berechnung der *DIF* auszuschließen, sollte das Zahlungsangebot für eine Einwanderungserlaubnis als zeitpunktinvariant definiert werden. Das heißt, wer zum Zeitpunkt t bereit ist, 10 000 Dollar zu zahlen, aber nicht zur Einwanderung zugelassen wird, und sein Angebot zum Zeitpunkt t+1 wiederholt, verpflichtete das gewünschte Aufnahmeland nicht zur erneuten Zahlung. Und wenn sein Angebot bei t+1 höher liegt, wäre neu nur die Differenz in die *DIF* einzuberechnen. Eine Rückzahlung bei sich verringender Zahlungsbereitschaft muß dagegen nicht vorgesehen werden, da es ja zu einem früheren Zeitpunkt das größere Bedürfnis real gab und nicht erfüllt wurde. (B) Dieses Bestprinzip sollte auch bei der Angabe mehrerer Migrationswünsche gelten, etwa indem proportional zwar alle gewünschten Länder belastet werden, aber die Gesamtsumme davon nur so hoch wie das höchste Einzelgebot des Wanderungswilligen ist. Bei einem eventuellen Losgewinn wären diesmal Rückzahlungen/Ausgleichsverrechnungen zwischen den Zielländern angebracht.

fallen die monetären Transfers aus. Ein Land ohne alle Beschränkungen hat auch keine *DIF* mehr abzutragen.

Um nicht Scheinwünsche zu provozieren, darf die finanzielle Kompensation allerdings nicht den abgewehrten Migrationswilligen direkt ausgezahlt werden.[21] Sondern diese Gruppe sollte als Repräsentanz einer viel weiter reichenden prekären Lage ganzer Bevölkerungen angesehen werden, von denen nur einige den schweren Schritt der Auswanderung gewagt haben. Somit sollte die *DIF* vor allem für Projekte verwandt werden, die in den Herkunftsländern zu einer Verbesserung der Lebensverhältnisse beitragen. Die nationale Zusammensetzung der Migrationsinteressierten liefert dabei den Schlüssel für die proportionale Aufteilung dieser Transfers. Die Empfänger müssen auch nicht notwendigerweise die Regierungen dieser Länder sein; politische Unterdrückung ist selbst eine Wanderungsursache, und selbstverständlich sollten die Urheber davon nicht auch noch belohnt werden.[22]

Teile der *DIF* könnten auch in den Zielländern ausgegeben werden. Und zwar ist das immer dann angemessen, wenn der Zugriff auf die Stärken der ersten Welt Vorteile für beide Bevölkerungen zu erbringen vermag. Davon gibt es zwei: unsere *politische* Kombination von Freiheit/Demokratie und der *technische* Standard der Produktion. Die erste heimische Ausgabevariante betrifft die Gewährung von Asyl wegen Verfolgung. Wenn Migration durch politische Unterdrückung oder Kriegszustände befördert wird, ist es nur legitim, wenn die anderen Ländern dadurch entstehenden Kosten von einer Umverteilungsschuld abgezogen werden.

So gilt für Zielländer eine zweite Relation: Zukünftig kann es sich schon allein wegen der damit induzierten Nachfrageeffekte finanziell lohnen, Flüchtlinge innerhalb der eigenen Grenzen

21 Ebenso wäre zu prüfen, zu wieviel Prozent die angegebene Wanderungswilligkeit ernsthaft als dauerhaft interpretiert werden kann, und die Kompensationsverpflichtung wäre um den Faktor der Zurückkehrenden zu bereinigen. So wird für die USA geschätzt, daß ca. ein Viertel wieder remigriert (Friedberg und Hunt 1995, S. 28).

22 Als Anreiz mit Selbstverstärkungscharakter wurde vorgeschlagen, daß die Regierung eines Empfängerlandes einen um so größeren Anteil an solchen Transferzahlungen bekommen sollte, je mehr diese in ihrer Budgetpolitik selbst armutsbekämpfend tätig wird (Pogge 1995, S. 195).

aufzunehmen statt nur zu ihrem Unterhalt irgendwo beizutragen.

Die andere Überlegung betrifft die Forschungs- und Hightech-Produktionskapazitäten der Industrieländer. Werden *DIF*-Mittel auch dazu genutzt, um wegen mangelnder Kaufkraft sonst unterbliebene Behandlungsmethoden gegen in der Dritten Welt auftretende Krankheiten oder ressourcenangepaßte Techniken zu entwickeln, sollten wir dagegen keinen Einspruch erheben. Es ist nur die Wahrnehmung der Produktivitätschance, die in einer bestehenden Arbeitsteilung liegt. Natürlich wären gegen die allgegenwärtigen Mißbrauchsmöglichkeiten organisatorische Vorsichtsmaßnahmen zu treffen. So könnte die Genehmigung solcher Ausgaben neutralen Instanzen anvertraut werden[23], und damit finanzierte Aufträge wären weltweit auszuschreiben und nicht nur an nationale Einrichtungen zu vergeben.

Die dritte Spezifikation lautet deshalb: je mehr ein reicher, westlicher Staat seine technischen Fähigkeiten auch für die Bedürfnisse der ärmeren Länder einsetzt, um so mehr kann er von der *DIF* selbst wieder profitieren und seine Nettobelastung vermindern.

Diesen Vorteilen stehen auch einige handfeste Probleme gegenüber, von denen wenigstens zwei hier angesprochen werden sollen. Eines betrifft den möglichen Umfang der Umverteilung, der die reicheren Länder in ihrer Leistungsfähigkeit auch überfordern könnte. Das andere fragt nach den Manipulationen, die Zielländern bei der Gestaltung ihrer Einwanderungsnachfrage zur Verfügung stehen. Über das vermutliche Ausmaß der Kompensationszahlungen wissen wir in der Tat vorab nicht allzuviel. Die UNDP hat aber vor einigen Jahren geschätzt, daß der Verlust, der der Dritten Welt durch untersagte Migration zugefügt wird, auf 250 Mrd. Dollar anzusetzen wäre, während die staatliche Entwicklungshilfe gegenwärtig gut 60 Mrd. Dollar beträgt, also weniger als ein Drittelprozent des Sozialprodukts der Indu-

23 Eine ähnliche Konfliktlinie beobachten wir heute schon bei den Menschenrechten, wo die Prinzipien der eigenen Verfassung und das Handelsinteresse der Regierungen vieler westlicher Länder nicht übereinstimmen. Deshalb haben Länder wie Kanada und Norwegen sich einer Selbstbindung unterzogen, indem sie Teile ihrer Menschenrechtspolitik unabhängigen Organisationen übertrugen (Heinz 1994, S. 44).

strieländer ausmacht.[24] Auch eine Vervier- oder Verfünffachung davon wäre also keine Größenordnung, die allzu Schlimmes erwarten ließe. Und gegen das nie auszuschließende Risiko eines abrupten Anstiegs dieser Zahlungsverpflichtungen könnte man sich dazu noch versichern, wenn als Übergangslösung niedrige und mit der Zeit dann ansteigende Obergrenzen für tatsächliche *DIF*-Zahlungen festgelegt würden.

Schwieriger ist die Frage der Manipulierbarkeit der Nachfrage zu regeln. Länder mit der Politik der Sicherung einer starken ethnischen Homogenität – wie Japan – sind trotz hohem Lebensstandard einwanderungsabschreckend. An in der Vergangenheit offene Staaten – wie die USA – werden dagegen überproportional viele Immigrationswünsche herangetragen, weil dort bereits ethnische und familiäre Netzwerke existieren.[25] Um nicht den falschen Anreiz zu unterstützen, möglichst diskriminierend sich darzustellen, dürfte es keine andere Lösung geben, als hier einen internationalen *Ausgleich* vorzusehen, bei der Länder der gleichen Pro-Kopf-Einkommensgruppe einen Durchschnitt an *DIF* zugewiesen bekommen, unabhängig wie hoch ihre spezifische Nachfrage nach Einwanderungserlaubnissen ausfällt. Eine national isolierte Einführung einer Lotterie mit daran geknüpften Transferzahlungen würde dagegen auch die Wünsche all derer auf sich ziehen, die es eigentlich woanders hinzieht, die dort aber keine Chance sehen. Mit dieser Notwendigkeit einer internationalen Abstimmung muß aber zugegeben werden, daß eine politische Durchsetzbarkeit in eine sehr weite Ferne rückt. Gibt es nicht vielleicht eine konzeptionelle Alternative, die prinzipiell auch einzelstaatlich eingeführt werden könnte?

24 Zitiert nach Nuscheler 1995, S. 39; UNDP 1996, S. 203, 229.

25 Auf diese Manipulationsmöglichkeit wurde in der Diskussion um Migration als Mittel internationaler Verteilungsgerechtigkeit mehrfach hingewiesen (Sinopoli 1992, S. 524; Carens 1995, S. 3). Der Sogeffekt bestehender Einwanderung ist gut dokumentiert (Massey u.a. 1993, S. 448 ff., S. 460 ff.) Allerdings verliert auch Japan durch seinen Siegeszug in der Weltwirtschaft zunehmend den abgeschotteten Status. Die Integration wird mit heimlicher, teils auch halbgeduldeter Immigration bezahlt (Sassen 1995, S. 274 ff.).

4. Umverteilung durch doppelte Staatsangehörigkeit

Menschen in wohlhabenden Gesellschaften tendieren dazu, ihre Staatsangehörigkeit wie ein *Eigentumsrecht* zu behandeln, das durch Einwanderung an Wert verliert. Dafür gibt es zwei ganz gute ökonomische Begründungen und mindestens einen damit verknüpften, weniger akzeptablen psychologischen Hintergrund. Erstens muß man die bereits erwähnte Wahrscheinlichkeit in Betracht ziehen, daß Immigration zwar sozialprodukterhöhend wirkt, zugleich jedoch die Verteilung zwischen Kapital und Arbeit zuungunsten des letzteren Faktors verändert. Da die Mehrzahl der Einwohner abhängig beschäftigt sind, werden bei Marktunvollkommenheiten und Staatsversagen die – wirkliche oder imaginierte – Wahrnehmung solcher Konkurrenzen um knappe Ressourcen (Arbeitsplätze, Wohnungen) schnell verbreitet, während die eventuellen ökonomischen Vorteile oft von sehr langfristiger Art und für die einzelnen wenig erfahrbar sind: Wer kann zum Beispiel in Deutschland schon auswendig sagen, wie sich seine Sozialversicherungsbeiträge entwickelt hätten ohne die Anwesenheit ausländischer Arbeitskräfte?

Zum anderen kann Einwanderung mit einigem Recht als Vermögenstransfer aufgefaßt werden. Auch wenn die – privat finanzierte – Kapitalausstattung der Arbeitsplätze ganz ausgeklammert bleibt, die öffentlichen Aufwendungen sind nicht vernachlässigbar. Zusätzliche Menschen benötigen mehr Schulen, Krankenhausbetten, Straßen, Kläranlagen etc. Dan Usher hat schon vor längerer Zeit einmal für Großbritannien geschätzt, daß der Wert dieses staatlichen Kapitals (minus der Verschuldung) knapp dreimal dem jährlichen Sozialprodukt entsprach.[26] Der Anteil der staatlichen Investitionen am Sozialprodukt beträgt aber nur wenige Prozent im Jahr. Hätten wir eine ganz stabile Bevölkerungssituation und bedürfte es der immer gleichen Aufwendungen pro Kopf, könnte ein einziges Arbeitsleben eines Immigranten, trotz ordentlicher Steuerzahlungen, nicht seinen Anteil am öffentlichen Kapital erwirtschaften.

Nun ist nicht die Wahrnehmung dieser sich sehr lang hinziehenden Zeitdimension problematisch, sondern ihre psychologische Zuordnung. Menschen scheinen generell recht asymme-

26 Usher 1977.

trisch zu empfinden: Sie unterschätzen ihr eigenes Zutun bei Mißerfolgen, überschätzen es aber bei Erfolgen, und vor allem überschätzen sie den eigenen Beitrag zu einem Kollektivprodukt.[27] Auch dem Durchschnitt der hiesig Geborenen wird es unter den genannten Bedingungen nicht gelingen, den eigenen Anteil am öffentlichen Vermögen selbst zu finanzieren. Aber dieser Charakter von *Erbschaft* wird zumeist übersehen und alle Vorteile eines reichen Gemeinwesens auf die Leistungen der jetzt lebenden Bevölkerungskohorte zurückgeführt.

Eine Akzeptanz großer Teile des staatlichen Eigentums als auch Erbe aufgrund der Anstrengungen früherer Generationen würde dagegen die Frage ermöglichen, worin denn eigentlich die sonst als legitim akzeptierte *Erbschaftssteuer* bestehen könnte. Denn selbst wenn dieser relative öffentliche Reichtum in den industrialisierten Ländern ohne frühere Ausbeutung anderer Völker zustande gekommen ist, allein sein uneingeschränktes Weiterreichen an die jeweiligen eigenen Nachkommen läßt ihn unter einem Gerechtigkeitsgesichtspunkt problematisch erscheinen.[28]

Ein internationales Miteinander-Teilen scheint andererseits aber schon rein technisch ausgeschlossen. Die Rechte am öffentlichen Eigentum sind an die Staatsbürgerschaft gebunden, und im Unterschied zu der Geldform von Privatvermögen kann man hier keine beliebige prozentuale Aufteilung vornehmen. Nationalität wird als rein binäre Angelegenheit behandelt: man ist Mitglied oder man ist es nicht. Und selbst die kleine Minderheit, die sich mehrfacher Pässe erfreut, kann immer nur in einem Staat leben, kann seine jeweiligen Vorteile stets nur sukzessiv wahrnehmen.

Aber es läßt sich eine Version internationaler Umverteilung auf den daraus abzuleitenden *Einkommensstrom* begründen. Staatsbürgerschaft in einer reichen Gesellschaft mit viel öffentlichen Investitionen bringt ein statistisch höheres Einkommen mit sich als die Staatsbürgerschaft in einem armen Land. Wenn es dabei bleibt, daß wir – die einen Teil der Differenz sonst ausgleichenden – Migrationsströme künstlich ebenso verhindern wie eine

27 Sears und Funk 1991, S. 5 f.

28 Die Einbeziehung des *privaten* Vermögens in den internationalen Umverteilungsprozeß ist dadurch gewährleistet, daß zur Finanzierung der öffentlichen Investitionen auch die Erträge der nationalen Erbschaftssteuer beitrügen.

Einführung kompensatorischer *DIF*-Zahlungen, dann sollte die historische Zufälligkeit, innerhalb der richtigen Grenzen geboren worden zu sein, eine andere Verpflichtung mit sich bringen, die an den durchschnittlichen Differenzen der privaten Einkommen ansetzt.

Um die *Kontingenz* der Geburt sinnlich erfahrbar zu machen, wäre erneut eine Lotterie nützlich. Eine zweite Nationalität, eine *Komplementär-Staatsbürgerschaft* (im folgenden: *KS*), wäre auszulosen, die zeigte, daß es auch hätte anders kommen können. Wieder sollte das Prinzip der proportionalen Wahrscheinlichkeit gelten, wobei diesmal die Bevölkerungsgrößen den Gewichtungsfaktor darstellten. Jeder fünfte Deutsche wird dadurch zugleich zu einem chinesischen, jeder achte zu einem indischen Staatsbürger.

Selbstverständlich wird davon ausgegangen, daß auf diese zweite Nationalität nicht alle vollen politischen Rechte und Pflichten entfallen. Sondern zuerst könnte es eine *materielle* Umverteilungsinstanz werden. Ein kleiner Teil des eigenen privaten Einkommens – sagen wir bis zu drei Prozent[29] – würde *getauscht* werden mit einem entsprechenden Anteil eines statistischen Durchschnittseinkommens des Zweitlandes. Wer als Deutscher Glück gehabt hat in der Lotterie und zum Beispiel Kanada gezogen hat, stellt sich nicht schlechter als vorher. Wer Pech hatte und etwa Mali zugeteilt bekam, verliert fast die ganze Differenz. Die große Idee der Gleichheit vor dem Gesetz, die sonst unserem gesamten Rechtsempfinden zugrunde liegt, wird hier für einen begrenzten Zweck und ein limitiertes Ausmaß umgekehrt: Wenn wir systematisch vergessen, daß Geburt eine Lotterie ist, müssen wir als Erwachsene künstlich eine weitere Auslosung einführen, um uns wieder daran zu erinnern und die Ergebnisse der ersten Festlegung teilweise zu revidieren.

Die einkommenden Mittel dieses Ausgleichs könnten analog

29 Es fällt schwer, hier eine *ökonomische* Begründung dieser Ziffer zu geben. Jeder Satz einer Erbschaftssteuer hat Kompromißcharakter. Ein Maximum von drei Prozent – wegen der abzuziehenden Einnahmen im statistischen Durchschnitt also eher zwei Prozent – ist ein wenig von der vorne angeführten Schätzung eines *DIF* abgeleitet, der Satz soll auch ausreichend hoch sein, um von der Bevölkerung ernst genommen zu werden, und wiederum niedrig genug, um unterhalb der Schwelle der Abgabenrevolte zu bleiben.

der im vorigen Abschnitt angedeuteten Prinzipien verteilt werden, wobei der proportionale Schlüssel diesmal Bevölkerungsgröße und Einkommen wäre und nicht die Zahl der Wanderungswilligen und Einsatzhöhe. Auch da stehen natürlich einige technische Spezifikationen an, wie vor allem die Notwendigkeit der Ermittlung dieser Größen durch unabhängige Institutionen.[30] Sinnvoll wäre die Loszuteilung immer ab der Volljährigkeit, wenn auch sonst der Kanon der Rechte und Pflichten einsetzt. Personen mit realer doppelter Staatsbürgerschaft, oder vielleicht auch nur einer langjährigen Differenz zwischen Aufenthaltsort und Nationalität, könnten vom Losverfahren, nicht aber vom Umverteilungsverfahren, ausgenommen werden: ihre Lebenslotterie hat ihnen bereits die Existenz in zwei Welten beschert.[31]

Es wäre zwar etwas mühsam, aber überhaupt nicht ausgeschlossen, auf dieser monetären Ebene Verlosung und Umverteilung auch im nationalen Alleingang durchzuführen. Ungefähre Daten liegen vor, andere falsche Anreize werden nicht dabei gesetzt, und die Zahlungen könnten zumindest anfänglich über die bekannten Institutionen der Entwicklungshilfe, vielleicht mit Zustimmung oder Konsultation der jeweiligen Komplementärbürgerschaft, in den Nettoempfängerländern eingesetzt werden. Aber richtig ausgeschöpft würden die Vorteile des Verfahren erst, wenn neben der materiellen Komponente noch weitere *Rechte* damit verknüpft wären. Bei vollständiger Mitwirkung der anderen Länder hätten wir dann weltweit ja knapp 60 Millionen erwachsener Personen, die ihrerseits eine deutsche *KS* besäßen. Warum sollten es nicht diese sein, die bei Asylverfahren Priorität besitzen? Weshalb für sie nicht kostengünstige Deutschkurse

30 Schwer zu entscheiden ist die Frage, ob eine positive Differenz beim Vergleich von zwei Einkommen individuell ausgezahlt werden soll. Auf der einen Seite entspräche es dem Betonen des Zufallsgedankens, auf der anderen wären aber die dadurch erzeugten Unterschiede in den sehr armen Ländern riesig. Man könnte sich ganz pragmatisch jedoch Obergrenzen vorstellen, wobei der verbleibende Rest an armutsbekämpfende Institutionen ausgezahlt würde.

31 Auf jeden Fall hätte man das Problem einer Einführung einer doppelten Staatsangehörigkeit in Deutschland entschärft. Wenn alle Bundesbürger zwei Verpflichtungen haben, dann dürften gesetzliche Kompromisse hier viel leichter möglich werden.

in den Goethe-Instituten anbieten, eigene Zeitschriften und Satellitenprogramme konzipieren? Warum ihnen keine Vorzugsbehandlung zugestehen, wenn es um Studienplätze für ausländische Interessierte oder um eventuelle Einwanderung und Arbeitserlaubnisse geht?

Es ist äußerst sinnvoll, der Bevölkerung in den ärmeren Ländern Angebote zu machen, sich für das Komplementärland zu interessieren und dafür eine – und sei es noch so schwache – Bindung zu entwickeln. Denn dadurch steht den hiesigen Bürgern mit ihrer *KS* eine mögliche Partnergruppe zur *Bürgerdiplomatie* gegenüber. Wer in den reichen Staaten bis zu drei Prozent seines Einkommens von der Situation eines anderen Staates abhängig sieht, bekommt sicher ein gewisses Interesse, sich um die Lebensverhältnisse in seinem Zweitland zu kümmern. Das wird in der Regel primär mit dem Ziel geschehen, ob sich da nicht etwas zum gegenseitigen Vorteil verbessern ließe, aber praktiziertes Involviertsein zeigt häufig die Prozeßeigenschaft, eine ursprünglich enge Begrenzung der Motivation zu überwinden.

Diese Einmischungsdynamik dürfte neben dem Ausgleich einer materiellen Ungleichheit und der hoffentlich toleranzstimulierenden Einsicht in die Kontingenz der eigenen nationalen Zuordnung das dritte positive Kennzeichen einer solchen Lösung sein. Wenn zum Beispiel viele hunderttausend Bundesbürger gleichzeitig Komplementärbürger von Nigeria sind, werden sie wissen wollen, warum der dortige Rohstoffreichtum nicht dazu führt, daß ihre persönliche Belastung abnimmt. Sie werden Fragen nach der unterbliebenen Demokratisierung stellen, warum das Regime nicht international isoliert wird, wer eigentlich von dieser Unterlassung profitiert etc. Wem ein Anrainerland der EU zugefallen ist, wird sich überlegen, ob er eigentlich verliert oder gewinnt, wenn Importe von dort an unserer Grenze blockiert werden. Und selbst wer eines der vielen Bürgerkriegsländer gezogen hat, dürfte sich erheblich anders dazu verhalten als der durchschnittliche Fernsehzuschauer, dem die ins Haus kommenden jeweiligen Bilder einfach nur unterschiedslos traurig erscheinen.

Von einem rein ökonomischen Standpunkt aus ist sicher die erste Lösung einer *DIF*-Kompensation vorzuziehen. Aber die Alternative einer *KS* hat dafür andere Meriten. In diesem Ansatz verbinden sich ganz verschiedene aktuelle Theorieansätze der politischen Philosophie: beteiligt wären der *Liberalismus*, der aus Gründen der *Gerechtigkeit* Umverteilung sucht und trotzdem das Eigeninteresse gewahrt sehen möchte; der *Pragmatismus*, der den Fortschritt in der globalen wie nationalen Zivilität von einer Kultivierung unserer *Gefühle*[32] abhängig macht; und dazu noch der *Kommunitarismus*, der die Welt in überschaubarere Zuordnungen aufteilen will, weil er sich davon eine Steigerung bürgerlichen *Engagements*[33] verspricht. Diese Mischung auseinanderstrebender Elemente scheint eigentlich eine kaum stabile Konstruktion. Aber schon die Geschichte von Kapitalismus und Demokratie zeigt: es sind oft die am wenigsten wahrscheinlichen Kombinationen, die historisch erfolgreich waren.

Literatur

Alesina, Albero und Dani Rodrik (1994), »Distributive Politics And Economic Growth«, in: *The Quarterly Journal of Economics*, Mai, S. 465-490.

Barry, Brian (1982), »Humanity and Justice in Global Perspective«, in: J. Roland Pennock und John W. Chapman (Hg.), *Ethics, Economics and the Law*, New York: University Press, S. 219-252.

Becker, Gary S. (1992), »Eintrittspreise für Immigranten. Plädoyer für einen modernen Liberalismus in der Einwanderungspolitik«, in: *Neue Zürcher Zeitung* vom 4. November 1992, S. 33 f.

Bhagwarti, J. N., und W. Dellafar (Hg.) (1976), *Taxing the Brain Drain. A Proposal*, Amsterdam: North Holland Company.

Bonus, Holger (1995), »Ökosteuern wecken Begehrlichkeiten. Das schlimmste wäre eine Energiesteuer. Wo alle mitmachen könnten: ein Modell international handelbarer Emissionszertifikate«, in: *Frankfurter Allgemeine Zeitung* vom 9. September 1995, S. 13.

Borjas, George J. (1990), *Friends Or Strangers. The Impact of Immigrants on the U.S. economy*, New York: Basic Books.

– (1995), »The Economic Benefits from Immigration«, in: *Journal of Economic Perspectives* 2/9 (Spring), S. 3-22.

Brown, Chris (1993), »International Affairs«, in: *A Companion to Contemporary Political Philosophy*, Oxford: Blackwell, S. 515-526.

Carens, Joseph H. (1995), »Immigration, welfare and justice«, in: Warren F. Schwartz (Hg.), *Justice in immigration*, Cambridge: Cambridge University Press, S. 1-17.

32 Rorty 1996, S. 155 ff.

33 Walzer 1992, S. 93 ff.

Clarke, George R. G. (1995), »More evidence on income distribution and growth«, in: *Journal of Development Economics* 47, S. 403-427.

Coase, R. H. (1937), »The Nature of the Firm«, in: *Economica*, November, S. 386-405.

Dewey, John (1993), *Demokratie und Erziehung. Eine Einleitung in die philosophische Pädagogik*, Weinheim und Basel: Beltz.

Freiburghaus, Dieter (1995), »Anmerkungen zum schweizerischen Föderalismus«, in: Karlheinz Bentele/Bernd Reissert/Ronald Schettkat (Hg.), *Die Reformfähigkeit von Industriegesellschaften*, Frankfurt am Main/New York: Campus, S. 165-176.

Frey, Bruno (1982), »Wohlfahrtsökonomik III: Wahlverfahren«, in: *Handwörterbuch der Wirtschaftswissenschaften*, Bd. 9, Stuttgart: Fischer und Mohr, S. 494-502.

Friedberg, Rachel M., und Jennifer Hunt (1995), »The Impact of Immigrants on Host Countries, Wages, Employment and Growth«, in: *Journal of Economic Perspectives* 2/9 (Spring), S. 23-44.

Heinz, Wolfgang S. (1994), *Positive Maßnahmen zur Förderung von Demokratie und Menschenrechten als Aufgabe der Entwicklungszusammenarbeit*, Berlin: Deutsches Institut für Entwicklungspolitik.

Kimenyi, Mwangi S., und John Mukum Mabaku (1995), »Rents, military elites, and political democracy«, in: *European Journal of Political Economy* 11, S. 699-708.

Massey, Douglas S., u. a. (1993), »Theories of International Migration: A Review and Appraisal«, in: *Population and Development Review* 19, Nr. 3, S. 431-466.

Nagel, Thomas (1991), *Equality and Partiality*, Oxford: Oxford University Press.

North, Douglass C. (1988), *Theorie des institutionellen Wandels*, Tübingen: Mohr.

Nuscheler, Franz (1995), *Internationale Migration. Flucht und Asyl*, Opladen: Westdeutscher Verlag.

Okun, Arthur M. (1975), *Equality and Efficiency. The Big Tradeoff*, Washington: The Brookings Institution.

Park, Kang H. (1996), »Income inequality and Economic Progress. An Empirical Test of the Institutionalist Approach«, in: *American Journal of Economics and Sociology* 1/55, S. 87-97.

Pies, Ingo (1993), »Zuwanderung und Asyl – Ein institutionentheoretischer Beitrag zur Klärung konzeptioneller Politikprobleme«, in: *List-Forum für Wirtschafts- und Finanzpolitik*, 3, S. 254-264.

Pogge, Thomas W. (1995), »Eine globale Rohstoffdividende«, in: *Analyse & Kritik* 2, S. 183-208.

Rorty, Richard (1996), »Menschenrechte, Rationalität und Gefühl«, in: Stephen Shute und Susan Hurley (Hg.), *Die Idee der Menschenrechte*, Frankfurt am Main: Fischer, S. 144-170.

Sassen, Saskia (1995), »Die Immigration in der Weltwirtschaft«, in: *Journal für Entwicklungspolitik* XI/3, S. 261-284.
Sears, David O., und Carolyn C. Funk (1991), »The Role Of Self-Interest In Social And Political Attitudes«, in: *Advances in Experimental Social Psychology* 24, S. 1-91.
Sinopoli, Richard C. (1992), »Liberal Justice, National Community«, in: *History of European Ideas* 4-6/15, S. 519-525.
Steiner, Hillel (1995), »Liberalism and Nationalism«, in: *Analyse & Kritik* 1, S. 12-20.
Sykes, Alan O. (1995), »The welfare economics of immigration law. A theoretical survey with an analysis of U.S. policy«, in: Warren F. Schwartz (Hg.), *Justice in immigration*, Cambridge: Cambridge University Press, S. 158-200.
Usher, Dan (1977), »Public Property and the Effects of Migration upon Other Residents of the Migrant's Countries of Origin and Destination«, in: *Journal of Political Economy* 5/85, S. 1001-1020.
Varian, Hal R. (1975), »Distributive Justice, Welfare Economics, and the Theory of Fairness«, in: *Philosophy & Public Affairs* 4, S. 223-247.
Walzer, Michael (1992), *Zivile Gesellschaft und amerikanische Demokratie*, Berlin: Rotbuch.
Zimmermann, Klaus F. (1993), »Ökonomische Konsequenzen der Migration für den heimischen Arbeitsmarkt«, in: *Schweizerische Zeitschrift für Volkswirtschaftslehre und Statistik* 3/129, S. 283-301.

Stefan Gosepath
Das Verhältnis von Demokratie und Menschenrecht

»Wir« moderne Demokraten – so nehme ich[1] hier an – akzeptieren in unseren wohlüberlegten Urteilen[2] unter anderem zwei politische Ideale gleichzeitig: zum einen die Idee der Menschenrechte als universalistische Ansprüche aller Menschen weltweit, die von allen Menschen und Staaten akzeptiert werden müssen; und zum anderen die Idee der Demokratie als beste Herrschaftsform, als die Herrschaft des Volkes für das Volk. Wir halten Demokratie und Menschenrechte in unseren politisch-moralischen Intuitionen nicht nur für erstrebenswerte Ideale einer guten politischen Ordnung, sondern für grundlegende Wertideen, für moralische Standards, an die jede annähernd gerechte Gesellschaft gebunden sein sollte.

Wie verhalten sich diese beiden Ideale genauer zueinander? Sollten sie als gleichberechtigt gelten, ergibt sich – je nachdem, wie man die beiden Ideale genauer versteht – eine gewisse Spannung zwischen beiden, die nur durch einen Vorrang einer der beiden Ideale aufzulösen ist? Es ist im folgenden zum einen zu klären, welchem der beiden ein Vorrang gebührt, und zum anderen, mit welcher Begründung dem »nachgeordneten« Ideal ein unserer Intuition entsprechend gewichtiger Platz in der politischen Theorie des »vorrangigen« Ideals zugewiesen werden kann.

Zunächst stelle ich zur Vorklärung ein bestimmtes Verständnis der beiden politisch-moralischen Ideale der Menschenrechte und

1 Ich bedanke mich für wertvolle Hinweise besonders bei Rainer Forst, Marcus Otto, Henry Richardson, Beate Rössler, Walter Pfannkuche, obwohl ich befürchte, daß keiner der Genannten mit diesem (Zwischen-)Stand meiner Überlegungen einverstanden ist.

2 Wohlüberlegte Urteile sind nach J. Rawls, *Eine Theorie der Gerechtigkeit*, Frankfurt am Main: Suhrkamp 1975, § 9, jene reflektierten basalen Intuitionen, die in das Überlegungs-Gleichgewicht eingehen, indem sie in eine kohärente systematische Übereinstimmung untereinander und mit moralischen Grundsätzen gebracht werden.

Demokratie dar, um dann auf die aufzulösende Spannung der beiden untereinander näher einzugehen (1). Die beiden prinzipiellen Lösungsstrategien, mit denen in der politischen Theorie die Spannung zum Ausgleich gebracht werden soll – entweder den Vorrang der Demokratie vor den Menschenrechten oder umgekehrt das Primat der Menschenrechte –, diskutiere ich anschließend (2). Dabei möchte ich die These vertreten, daß nur der moralisch motivierte Vorrang der Menschenrechte vor der Demokratie plausibel ist. Diese Position ist jedoch mit Problemen behaftet, nach deren Lösung zu suchen ist (3). Um den Einwand zu entkräften, diese Auffassung könne das Ideal der Demokratie nicht hinreichend erklären, präsentiere ich (4) zwei verschiedene normative Argumente für die Demokratie. Während es mittels des Arguments der Selbstgesetzgebung nicht gelingt, das Demokratie- und Mehrheitsprinzip zu begründen, kann dies mittels des Arguments der Gleichheit erreicht werden.

1. Zwei politisch-moralische Ideale

Zur Idee der Menschenrechte[3]

Rechte sind gerechtfertigte bzw. rechtfertigbare Ansprüche von Person(en) X, den Trägern des Rechts, gegenüber Person(en) Y, den Adressaten des Rechts, auf der Basis von Rechtsgründen. Rechtsgründe liefern die Begründung für den Rechtsanspruch. Moralische Rechte sind moralisch begründete Ansprüche, der Rechtsgrund ist also ausschließlich ein moralischer. Legale Rechte im Unterschied dazu sind innerhalb eines Staates verliehene, einklagbare Ansprüche, deren Verletzung mit staatlichen Zwangsmitteln sanktioniert wird. Legale Rechte verlangen die Befolgung von allen Rechtsgenossen als Mitglieder einer bestimmten Rechtsgemeinschaft, während moralische Rechte universale Gültigkeit beanspruchen, das heißt für alle Menschen verbindlich sind. Moralische Rechte sind dabei nicht einfach das

3 Dieser Abschnitt zum Begriff der Menschenrechte deckt sich mit meiner Explikation von Menschenrechten in »Zur Problematik sozialer Menschenrechte« (3. Abschnitt) in: S. Gosepath und G. Lohmann (Hg.), *Zur Philosophie der Menschenrechte*, Frankfurt am Main: Suhrkamp 1998.

korrespondierende, passive Element von moralischen Verpflichtungen und können nicht auf diese reduziert werden, auch wenn dem Recht des Trägers X notwendig eine relationale Verpflichtung von Y entspricht. Denn »ein Recht zu haben« ist eng mit Selbstachtung verbunden. Mit einem Recht hat eine Person erst eine Grundlage, um Achtung ihres eigenen Willens zu beanspruchen.[4] Rechte sind berechtigte Ansprüche von Personen gegen andere, die ihre Interessen mißachten, etwas, mit dem die Person ihre berechtigten Ansprüche durchsetzen kann, eine »Trumpfkarte« des einzelnen gegen kollektivistische Überlegungen.

Menschenrechte sind eine Untermenge moralischer Rechte. Menschenrechte sind sogenannte generelle Rechte, die Menschen aufgrund ihres Menschseins haben, das heißt, ohne notwendig schon in einer bestimmten Beziehung zu anderen Menschen stehen zu müssen, aus denen sich sogenannte spezielle Rechte ergeben.[5] Menschenrechte gelten qua Mitgliedschaft in der Menschengemeinschaft, eine Mitgliedschaft, die keinem Menschen mit guten Gründen verweigert werden kann. Insofern kann man sagen, das erste allgemeine Menschenrecht ist das Recht, als Mensch wie alle anderen gleichermaßen respektiert zu werden oder, mit anderen Worten, gleichberechtigtes autonomes Mitglied der weltweiten Menschengemeinschaft zu sein.[6] Menschen-

4 H. Bedau, »International Human Rights«, in: T. Regan und D. Van-DeVeer (Hg.), *And Justice for All*, Totowa, N.J.: Rowman & Littlefield 1982, S. 287-308, hier S. 287-289, vergleicht drei Gesellschaftsmodelle: 1. eine Gesellschaft nur mit moralischen Pflichten, 2. auch mit speziellen Rechten und 3. mit Menschenrechten, um zu verdeutlichen, was es heißt, von Menschenrechten zu sprechen.

5 Vgl. H. L. A. Hart, »Are There Any Natural Rights?«, in: J. Waldron (Hg.), *Theories of Rights*, Oxford: Oxford University Press 1984, S. 84-88, zur Unterscheidung von »special« und »general rights«.

6 Für Hannah Arendt gilt dagegen ein anderes, einziges Menschenrecht, das Recht, Rechte zu haben, die politisch garantiert sind. Vgl. H. Arendt, »Es gibt nur ein einziges Menschenrecht«, in: D. Sternberger (Hg.), *Die Wandlung*, Jg. IV, Heidelberg 1949, S. 754-770, wiederabgedruckt in O. Höffe u.a. (Hg.), *Praktische Philosophie/Ethik. Reader zum Funk-Kolleg*, Bd. 2, Frankfurt am Main: Fischer 1981, S. 152-167. Arendts Forderung ähnelt der oben genannten insofern, als sie die Mitgliedschaft in einer Rechtsgemeinschaft fordert, die ich hier weltweit verstehe. Ihrem berechtigten Anspruch auf staatlichen Schutz der Rechte ist damit allerdings noch nicht entsprochen. – Für

rechte sind moralisch gerechtfertigte Ansprüche auf etwas, was niemandem als Mensch vorenthalten werden darf.[7]

Als moralische Rechte gelten Menschenrechte auch unabhängig von ihrer faktischen Anerkennung und Befolgung. Es handelt sich um Rechte, die wir uns wechselseitig zuzugestehen moralisch verpflichtet sind. Wenn wir sie als moralische Verpflichtung anerkennen, dann gelten sie vor aller positiven Rechtssetzung.[8] Jedoch entsprechen den Menschenrechten – wie man in Anlehnung an Shue zeigen kann – drei Ebenen der Verpflichtungen[9]:

1. Die Adressaten der Menschenrechte sind zum einen wir alle, jeweils einzeln und zusammen, in der ganzen Welt, die primär aufgefordert sind, das Recht zu achten und sich entsprechend zu verhalten.

2. Zum zweiten ist mit Menschenrechten auch die Forderung an alle verbunden, das jeweilige moralische Recht als positives oder legales Recht in einem Rechtsstaat zu institutionalisieren, so daß Verletzungen dieses Menschenrechts mit staatlichen Zwangsmit-

Rainer Forst ist das basalste Recht des Menschen ein Recht auf Rechtfertigung, eine Art Vetorecht einer jeden Person gegen bestimmte Normen, Handlungen oder verantwortbare Zustände, das dafür sorgt, daß ihre moralisch forderbaren Ansprüche nicht übergangen werden. Vgl. R. Forst, *Kontexte der Gerechtigkeit*, Frankfurt am Main: Suhrkamp 1994, S. 133, und ders., »Das grundlegende Recht auf Rechtfertigung«, erscheint in: H. Brunkhorst, W. Köhler und M. Lutz-Bachmann (Hg.), *Recht auf Menschenrechte*, Frankfurt am Main: Suhrkamp (in Vorbereitung).

7 Diese Definition von Menschenrechten vermeidet anthropologische Fundierungen und nimmt dafür das Prinzip der Rechtfertigung als Ausgangspunkt ernst. Menschenrechte werden häufig statt dessen durch ihren Inhalt definiert, der einen großen moralischen Wert und deshalb ein für alle Menschen gleichermaßen sicherzustellendes Gut darstellen soll. Ein solcher Definitionsvorschlag favorisiert jedoch einen anthropologischen Ansatz.

8 Vgl. E. Tugendhat, *Vorlesungen über Ethik*, Frankfurt am Main: Suhrkamp 1993, 17. Vorlesung »Menschenrechte«, besonders S. 342-346.

9 Vgl. H. Shue, *Basic Rights. Subsistence, Affluence, and U.S. Foreign Policy*, Princeton: Princeton University Press 1980, S. 52, der die These vertritt, daß fast allen moralischen Rechten, auf jeden Fall allen basalen Rechten, drei Typen von Pflichten korrelieren: »I. Duties to avoid depriving. II. Duties to protect from deprivation. III. Duties to aid the deprived«. Vgl. auch E. Tugendhat, *Vorlesungen über Ethik*, a.a.O., S. 351, der Shue darin folgt.

teln sanktioniert werden.[10] Bei dieser zweiten Ebene der Verpflichtung kommen meines Erachtens zwei Überlegungen zusammen. (a) Menschenrechte haben es im Unterschied zur Moral nicht ausschließlich mit der moralischen Bewertung von und Anleitung zu freiwilligen individuellen Handlungen zu tun, für die sich ein(e) jede(r) gesondert zu entscheiden und zu verantworten hat. Vielmehr gehören Menschenrechte in den Kontext einer spezifisch politischen Gerechtigkeitslehre, die die Grundordnung von Gesellschaften, das heißt deren wesentliche Institutionen, vor allem deren grundrechtliche Verfassung und wichtigste wirtschaftliche und soziale Verhältnisse, thematisiert.[11] In bezug auf eine solche Grundordnung verbleiben jedem als Individuum nur noch in geringerem Umfang persönliche Steuerungsmöglichkeiten. Entsprechend gering ist die persönliche moralische Verantwortung. Dennoch haben alle zusammen eine kollektive moralische Verantwortung. Um dieser Verantwortung gerecht werden zu können, bedarf es der gerechten Einrichtung einer Grundordnung. (b) Damit hängt eine gerechtigkeitstheoretische Einführung des Rechts zusammen. Die gerecht einzurichtenden Institutionen werden in modernen ausdifferenzierten Staaten politisch durch das Medium des positiven Rechts gesteuert. Dabei muß das positive Recht moralisch legitim sein, das heißt, die berechtigten Ansprüche der Personen auf gleiche Achtung dürfen nicht verletzt werden. Jeder Rechtszwang muß daher reziprok und allgemein rechtfertigbar sein sowie aus Einsicht befolgt werden können. Jede Rechtsgemeinschaft kann moralische Rechtsprinzipien aus so geteilten Gründen jedoch einschränken, rechtlich konkretisieren und institutionalisieren.[12] Moralische Rechte sind – wie Habermas es nennt – »ungesättigt«, solange sie nicht kodifiziert und interpretiert sind.[13] Indem mo-

10 Wenn Menschenrechte statt in einem einzigen Weltstaat in verschiedenen partikularen Staaten verwirklicht werden können, entsteht das Problem internationaler Gerechtigkeit zwischen Staaten.

11 Vgl. Rawls, *Eine Theorie der Gerechtigkeit*, a.a.O.

12 Vgl. Forst, *Kontexte der Gerechtigkeit*, a.a.O., S. 79.

13 Ist es legitim, daß ein moralisches Menschenrecht in verschiedenen Staaten ohne Verletzung des Kerngehalts unterschiedlich interpretiert wird, wenn es keine normative Instanz gibt, die die unterschiedlichen Auslegungen korrigieren und angleichen kann, wie zum Beispiel ein Weltgerichtshof? Positiviertes Menschenrecht muß unge-

ralische Rechte in legale staatliche Rechte umgesetzt werden, ergibt sich begrifflich eine wichtige zusätzliche Komponente: Ein legales Recht zu haben bedeutet immer, den Anspruch auf Schutz dieses Rechts zu besitzen. Erst auf dieser staatlichen Ebene sind Menschenrechte einklagbar. Erst hier werden sie zu Grundrechten und als solche garantiert.[14] Das soll nicht bedeuten, daß sie faktisch nie verletzt werden könnten, aber es sind Mechanismen in Kraft, die in einem vernünftigen Maße effektiv dafür sorgen, daß Personen ihr Recht bekommen.[15]

3. Zum dritten ergibt sich aus ein und demselben Menschenrecht auch die Pflicht, denjenigen zu Hilfe zu kommen, bei denen es womöglich trotz des staatlichen Schutzes aufgrund einer Rechtsverletzung zu einem Übel gekommen ist.

Zur Idee der Demokratie

Demokratie ist nicht einfach ein Recht unter anderen, sondern eine grundlegende Ansicht über die Art und Weise, wie eine Gemeinschaft entscheiden soll, welche anderen Rechte zu achten sind. Sie stellt eine bestimmte Organisationsform der staatlichen Herrschaft dar, in der die Staatsgewalt als politische Entscheidungsgewalt nicht nur auf das Volk als Bezugspunkt und Legitimationsspender zurückgeführt werden kann, sondern auch ihre konkrete Ausübung von den Bürgerinnen und Bürgern konstituiert, legitimiert und kontrolliert wird und darin als Selbstbestimmung und Selbstgesetzgebung des Volkes erscheint. Das ist

fähr für alle gleich und verläßlich sein. Ich vernachlässige die Spannung zwischen dem Universalismus der Menschenrechte und dem Partikularismus der Bürgerrechte und diskutiere die Menschenrechte als Bürgerrechte.

14 Erst wenn Menschenrechte ihren konkreten Niederschlag in Verfassungs- oder Völkerrecht gefunden haben, spricht man gemeinhin von »Grundrechten«. »Bürgerrechte« sind wiederum nur Grundrechte, auf die sich lediglich Staatsangehörige, nicht aber Ausländer berufen dürfen.

15 Was dieses vernünftige Maß an Sicherung jeweils ist, ist zum größten Teil eine empirische Frage. Wenn mit der Struktur eines Rechts begrifflich Garantien verbunden sind, dann nicht Garantien gegen alle möglichen Bedrohungen, sondern nur gegen Standardbedrohungen (*standard threats*). Vgl. H. Shue, *Basic Rights*, a.a.O., S. 29-34.

mehr als Ausübung politischer Macht im Sinne des Volkes oder für das Volk. Statt dessen ist sie Herrschaft des Volkes *durch* das Volk für das Volk (Lincoln). Der intuitive Reiz der Demokratie besteht darin, daß sich das Volk seine Gesetze selbst gibt und nur durch selbstgesetzte Regelungen gebunden werden kann. Die Ausübung von Herrschaft und politischer Entscheidungsgewalt ist dabei konkret, institutionell und verfahrensmäßig abgesichert, so daß das Volk (a) durch Wahlen, in denen jeder Bürger, jede Bürgerin eine Stimme hat, und (b) durch eine bestimmte Art der Mehrheitsregel in Wahlen und Abstimmungen regiert. Diese Prozeduren verlangen in der Regel einen stabilen und eventuell konstitutionell verankerten Rechtsstaat, das heißt organisatorische und personelle Gewaltenteilung mit gegenseitiger Machtkontrolle und unabhängigen Gerichten, gesetzliche Bestimmtheit, Grundsatz der Gesetzmäßigkeit der Verwaltung und umfassender Rechtsschutz der Bürger/innen. Das Rechtsstaatsprinzip ist jedoch nicht begrifflich notwendig an Demokratie gebunden und darf nicht fälschlicherweise mit ihr begrifflich gleichgesetzt werden.[16]

Jedoch zeigt ein Vergleich mit zufälligen Verfahren der Unparteilichkeit wie Losverfahren, daß es Standards unabhängig vom bloß demokratischen Verfahren gibt, die dem Resultat eine bestimmte Legitimität geben, die ein Ergebnis eines reinen Verfahrens nicht hätte.[17] Das heißt, nicht jedes Resultat eines gleichen, fairen, unparteilichen Verfahrens kann als legitim gelten. Rein prozedurale Vorstellungen von Demokratie reichen daher nicht aus. Um ein durch demokratische Verfahren zustande gekommenes Ergebnis legitim zu machen, müssen zum einen die moralischen Rechtsprinzipien beachtet worden sein. Eine weitere Bedingung ist formaler Art: die Bürger/innen müssen die Gelegenheit gehabt haben, sich ihre Meinung im Lichte aller vorhandenen Gründe und Gegengründe in einer argumentativen Auseinandersetzung zu bilden. Die demokratischen Verfahren und

16 Vgl. dazu E. W. Böckenförde, »Ist Demokratie eine notwendige Forderung der Menschenrechte?«, Teil III, in: Gosepath und Lohmann (Hg.), *Zur Philosophie der Menschenrechte*, a.a.O.

17 Vgl. D. Estlund, »Beyond Fairness and Deliberation: The Epistemic Dimension of Democratic Authority«, in: J. F. Bohmann und W. Rehg (Hg.), *Deliberative Democracy*, Cambridge, MA: MIT Press 1997.

Ergebnisse müssen Gründen zugänglich sein. Nur in Debatten und Diskussionen können Bürger/innen Gründe wirklich berücksichtigen. Der öffentliche Austausch von Gründen gibt den Bürger/innen letztlich die Gewißheit, daß die Präferenzen und/oder Ansichten[18], die sie dann in der Abstimmung geltend machen, wirklich genuin ihre besten[19] sind. Jede substantiellere Idee der Demokratie wird dem gegenseitigen und öffentlichen Austausch von Gründen (darüber, was wir tun sollten) einen zentralen Stellenwert einräumen.[20] Diese über die reinen Verfahren der Abstimmung und des Mehrheitsprinzips hinausgehenden Anforderungen an das Demokratieideal werden heute meistens unter dem Stichwort »deliberative Demokratie« diskutiert. Welche genau die Kriterien einer deliberativen Demokratie sind, braucht hier nicht geklärt zu werden. Hier soll der Ausdruck lediglich sehr weit für die schon angesprochenen normativ geforderten, über die Mehrheitsregel hinausgehenden organisatorischen, motivationalen, diskursiven und verfassungsrechtlichen Aspekte des Demokratieideals stehen, die nach unserem Urteil das Ergebnis eines solchen qualifizierten, demokratischen, legislativen Prozesses für alle davon Betroffenen legitim machen.[21]

18 Innerhalb der Demokratietheorie ist es kontrovers, ob demokratische Abstimmungen und Wahlen letztlich eine Methode der Aggregation von individuellen Präferenzen oder eine Methode des kollektiven Urteilens über soziale Bedingungen oder über das gemeinsame Gute darstellen.

19 Ich nehme an, daß die Präferenzen nicht immer schon festliegen, sondern sich erst im Laufe der öffentlichen Debatte eigentlich entwickeln und ändern können. Sollten sie jedoch schon festliegen und durch den politischen Prozeß unveränderlich sein, so wird die öffentliche Deliberation dennoch helfen können zu entscheiden, welche der Präferenzen am besten und effektivsten verfolgt werden kann.

20 Vgl. J. Cohen, »Deliberation and Democratic Legitimacy«, in: A. Hamlin und R. Pettit (Hg.), *The Good Polity*, Oxford: Blackwell 1989, S. 17-34, und ders., »Procedure and Substance in Deliberative Democracy«, in: S. Benhabib (Hg.), *Democracy and Difference: Contesting the Boundaries of the Political*, Princeton: University Press 1996.

21 Vgl. F. Michelman, »How Can the People Ever Make the Laws? A Critique of Deliberative Democracy«, in: Bohmann und Rehg (Hg.), *Deliberative Democracy*, a.a.O.

Wie passen diese beiden spezifischeren, stärker aufgeladenen Ideale zueinander? Wären sie gleichwertig, stünden sie in einem Spannungsverhältnis zueinander. Das Spannungsverhältnis bestünde dabei darin, daß moralisch universalistisch verstandene (Menschen-)Rechte den demokratischen Volkssouverän moralisch binden, die demokratische Volkssouveränität also nicht mehr völlig frei ist, sich ihre je ganz eigenen Gesetze zu geben.[22] Menschenrechte sind moralisch vorgängig begründete Rechte. Wer sie akzeptiert, erkennt damit einen moralisch begründeten Anspruch an, den Menschen als solche gegen andere Menschen und Institutionen haben. In der oben erläuterten Weise binden sie also auch die Rechtssetzung eines jeden politischen Gemeinwesens. In der Regel geschieht das heute dadurch, daß das politische Gemeinwesen die moralisch begründeten Menschenrechte in Form juridisch einklagbarer Grund- und Bürgerrechte in einer Verfassung sichert, die alle weitere Gesetzgebung binden. Die in Grund- und Verfassungsrechte eingeflossenen moralisch substantiellen (Menschen-)Rechte schränken die Macht oder das Recht des Volkes bzw. seiner Mehrheit ein, sich selbst qua demokratischem Verfahren die Gesetze selbst zu geben. Das paßt nicht zusammen mit dem als gleichwertig oder gleichgewichtig unterstellten Ideal, daß der demokratische Souverän (bzw. dessen Mehrheit) regieren soll und daß nur demokratisch zustande gekommene Gesetze legitim sind. Statt dessen ist die demokratische Mehrheitspolitik nur in dem Rahmen der (verfassungsförmig festgelegten) Beschränkungen, wie sie die politische Gerechtigkeit der Menschenrechte fordert, frei, Gesetze nach ihrem Willen zu beschließen. Die demokratisch zustande gekommenen Gesetze müssen gerechtigkeitskonform sein. Dieses Verhältnis zwischen Konstitutionalismus und Demokratie zeigt sich in vielen Ländern deutlich daran, daß ein nationales Verfassungsgericht in nationalen Parlamenten mehrheitlich beschlossene Gesetze für ungültig erklären kann. In solchen Fällen, zum Beispiel bei der gesetzlichen Regelung der Abtreibung, bricht immer wieder das alte Problem auf: Ist die gerichtliche Überprüfung der

22 Zwei andere Arten von Spannungsverhältnissen werden kritisiert in Ph. van Parijs, »Justice and Democracy: Are They Incompatible?«, in: *Journal of Political Philosophy* 4 (1996), S. 101-117.

Verfassungsmäßigkeit von Gesetzen mit der Volkssouveränität vereinbar?[23] Wie verträgt sich die »Freiheit der Alten« mit der »Freiheit der Modernen«? Gibt es ein »übergesetzliches Recht« (zum Beispiel in Form von Menschenrechten), und wie kann es den Souverän binden?

Die Ideale der Demokratie und der Menschenrechte können scheinbar nicht auf der gleichen Ebene liegen, nicht von gleicher Wichtigkeit sein, sonst kommt es zu einem Konflikt zwischen demokratischen Werten und menschen- und verfassungsrechtlichen Einschränkungen. Zumindest ergibt sich ein Widerstreit zwischen substantiellen Rechten und prozeduraler Demokratie als potentiellen ersten Prinzipien einer gerechten politischen Ordnung. Dieses Spannungsverhältnis muß gelöst werden. Denn eine politische Theorie, die das Verhältnis ihrer Ideale nicht erklären kann, sondern diese unvermittelt und gegebenenfalls spannungsvoll nebeneinanderstehen läßt, ist philosophisch unbefriedigender als eine, die in der Lage ist, die verschiedenen von vielen intuitiv akzeptierten Ideale in ein kohärentes Verhältnis zu setzen.[24]

Zur Klärung des Verhältnisses zwischen Demokratieprinzip einerseits und den demokratischer Selbstbestimmung entzogenen Menschenrechten andererseits sind in der politischen Theorie zwei prinzipielle Lösungsstrategien entwickelt worden. »Liberale« Auffassungen vertreten den Vorrang der Menschenrechte gegenüber »demokratisch-republikanischen« Positionen, die dagegen den Vorrang der Volkssouveränität betonen. Für die »liberale« Interpretation (klassisch Locke, heute Rawls) gehen liberale Grundrechte demokratischen Partizipationsrechten voraus. Die

23 Das Spannungsverhältnis zwischen Konstitutionalismus und Demokratieprinzip ist auf recht unterschiedliche Weise formulier- und damit auch auf unterschiedliche Weise diskutierbar: Vgl. zum Beispiel dazu S. Holmes, »Verfassungsförmige Vorentscheidungen und das Paradox der Demokratie«, in: U. K. Preuß (Hg.), *Zum Begriff der Verfassung*, Frankfurt am Main: Fischer 1994, S. 133-170, und R. Dworkin, »Gleichheit, Demokratie und Verfassung: Wir, das Volk, und die Richter«, ebd., S. 171-209.

24 Vgl. Rawls' Methode des »wide reflective equilibrium«, in: *Eine Theorie der Gerechtigkeit*, a.a.O., § 9, und Dworkins Methode einer möglichst kohärenten Interpretation der Rechtsordnung als ganze, in: ders., *Law's Empire*, Cambridge, MA: Harvard University Press 1986.

Grundrechte werden moralisch legitimiert und begrenzen somit auch den Spielraum der demokratischen Selbstbestimmung. Menschenrechte sollen legitime Schranken für den souveränen Willen des Volkes bilden, um Übergriffe auf unantastbare subjektive Rechte oder Freiheitssphären zu verwehren. Die »demokratisch-republikanische« Auffassung (klassisch Rousseau, heute Habermas) behauptet den Vorrang der öffentlichen kollektiven Selbstgesetzgebung der Staatsbürger. Die (Menschen-) Rechte sollen ihre legitime Geltung dem Ergebnis der souveränen Selbstbestimmung eines politischen Gemeinwesens verdanken. Die Grundrechte stellen demnach eine Funktion bzw. einen konstitutiven Bestandteil von demokratischen Partizipations- und Kommunikationsrechten dar.

2. Vorrang der Menschenrechte vor der Demokratie

Die »liberale« und die »demokratische« Auffassung vertreten beide jeweils den Vorrang des einen oder des anderen Ideals, ohne das jeweils andere Ideal zu leugnen. Zwei Strategien der Rechtfertigung lassen sich dabei theoretisch unterscheiden. Gemäß der ersten begründet das vorrangige Prinzip das nachgeordnete Prinzip und kann so zugleich seine nachgeordnete Stellung erklären. Gemäß der zweiten Strategie begründet ein beiden Idealen gemeinsames drittes, höheres Prinzip beide und weist ihnen so in der Architektur der politischen Prinzipien für die gerechte politische Ordnung den richtigen Platz zu, der (möglichst) Konflikte zwischen beiden ausschließt.

Eine prinzipielle Überlegung spricht meines Erachtens für die zweite Strategie. Die Grundlage unserer politisch-moralischen Ideale, wie unter anderem das Regime der Menschenrechte und das Prinzip der Demokratie, muß selbst eine moralische und darf keine funktionale oder skeptische oder ähnliche sein. Die Grundlage der liberalen politischen Ideale sollte die allgemein geteilte Moral der gleichen Achtung sein. Diese Moralkonzeption enthält die Idee der Unparteilichkeit, die besagt, daß die essentiellen Interessen jeder Person gleiches Gewicht und gleiche Berücksichtigung finden müssen. Es ist also keine Diskriminierung zwischen Individuen oder Gruppen mit Bezug auf diese Interessen moralisch zulässig, da ansonsten das Selbstwertgefühl der Betroffenen verletzt würde. Nur solche Regelungen können als legitim gelten, die im essentiellen Interesse eines jeden Betroffenen liegen, das heißt denen alle Betroffenen prinzipiell frei zustimmen können. Diese Qualifikation »im Prinzip« soll deutlich machen, daß das Kriterium für moralische Richtigkeit letztlich an ein hypothetisches Einverständnis gebunden ist.[25]

Sucht man nach einer gemeinsamen moralischen Grundlage für die politischen Ideale, so läßt sich die Unterscheidung zwischen den beiden Auffassungen so reformulieren. Die »demokratisch-republikanische« Auffassung versucht, aus dem moralischen Kriterium der allgemeinen prinzipiellen Zustimmungsfähigkeit das Primat von Verfahren politischer Selbstgesetzgebung und demokratischer Legitimation von Gesetzen abzuleiten, die Gerechtigkeit verbürgen sollen. Die »liberale« Auffassung interpretiert hingegen die Moral als einen Kanon von Grundprinzipien der Gerechtigkeit und Menschenrechte, die die substantielle Basis einer jeden legitimen Gesetzgebung sein müssen. Von diesen Alternativen ist meines Erachtens nur die »liberale« Auffassung plausibel. Wenn man nach den Grundlagen sowohl von Men-

25 Die genaueren Bedingungen des Moralkriteriums der Verallgemeinerbarkeit werden bekanntlich von verschiedenen Vertretern einer deontologisch liberalen Moralkonzeption unterschiedlich charakterisiert. Für Kant zum Beispiel ist eine Regelung moralisch legitim, wenn sie dem kategorischen Imperativ entspricht; für Rawls ist sie gerecht, wenn die Parteien im Urzustand ihr zustimmen würden; für Scanlon ist eine Regelung moralisch, wenn sie von niemandem vernünftigerweise zurückgewiesen werden kann, der vernünftig nach Regelungen sucht, die andere ebenso vernünftig eingestellte Teilnehmer nicht vernünftigerweise zurückweisen können; für Habermas ist eine Regelung gerecht, wenn sie die konsensuelle Zustimmung aller potentiell von ihr Betroffenen in einem idealen Diskurs erhält.
Vgl. I. Kant, *Grundlegung zur Metaphysik der Sitten*, in: Preussische Akademie der Wissenschaft (Hg.), *Werke*, Berlin: de Gruyter 1902 ff., Bd. IV, besonders S. 421; Rawls, *Eine Theorie der Gerechtigkeit*, a.a.O., I.4; T. M. Scanlon, »Contractualism and Utilitarianism«, in: A. Sen und B. Williams (Hg.), *Utilitarianism and Beyond*, Cambridge: University Press 1982, S. 103-128; J. Habermas, »Diskursethik – Notizen zu einem Begründungsprogramm«, in: ders., *Moralbewußtsein und kommunikatives Handeln*, Frankfurt am Main: Suhrkamp 1983, S. 53-126.

schenrechten als auch von Demokratie sucht und glaubt, daß diese Grundlagen, um Menschenrechte und Demokratie wirklich begründen zu können, moralische Grundlagen sein müssen, dann kann meines Erachtens aus der Moral gleicher Achtung kein Primat der Demokratie abgeleitet werden. Die moralisch verstandenen Menschenrechte müssen Vorrang haben. Im folgenden diskutiere ich zuerst kritisch den gegenwärtigen Hauptvertreter der »demokratisch-republikanischen« Auffassung, nämlich exemplarisch Habermas' Diskurstheorie des Rechts. Dabei wird sich zeigen, daß diese Auffassung nicht umhinkommt, eine moralische Grundlage für die beiden politischen Ideale anzunehmen. Von da aus ist es dann nur noch ein kleiner Schritt zur »liberalen« Auffassung, die ich im Anschluß zu verteidigen versuche.

Der vermeintliche Vorrang der Demokratie

Nach Habermas' Rechtstheorie[26] besteht ein Wechselbezug zwischen Grundrechten und Demokratie: Der demokratische Diskurs muß die Grundrechte als Ermöglichungsbedingungen voraussetzen, vor allem um fair zu sein, und er muß die Menschenrechte als Grundrechte zugleich erst in ihrer konkreten rechtlichen und institutionellen Gestalt qua Volkssouveränität erschaffen. Die Idee der Menschenrechte (hier primär verstanden als Kants Fundamentalrecht der gleichen subjektiven Handlungsfreiheit) soll damit weder dem souveränen Gesetzgeber als äußere Schranke bloß auferlegt noch als funktionales Requisit für dessen Zwecke instrumentalisiert werden. Zugrundeliegender Ausgangspunkt ist bei Habermas die Idee der »öffentlichen Autonomie«, das heißt der Volkssouveränität. Die Ausgangsfrage soll lauten: Welche grundlegenden Rechte müssen sich freie und gleiche Bürger, wenn sie ihr Zusammenleben mit Mitteln des Rechts legitim regeln wollen, gegenseitig einräumen?

Der Status dieser Grundfrage in einer verfassunggebenden Situation schillert allerdings. Entweder es handelt sich um eine

26 Vgl. J. Habermas, *Faktizität und Geltung*, Frankfurt am Main: Suhrkamp 1992, Kap. III; ders., »Über den internen Zusammenhang von Rechtsstaat und Demokratie«, in U. K. Preuß (Hg.), *Zum Begriff der Verfassung*, Frankfurt am Main: Fischer 1994, S. 83-94.

Frage der Moral, mit der nach der moralisch legitimen Grundrechtssetzung gefragt wird, das heißt nach den Menschen- und Grundrechten, denen alle möglicherweise Betroffenen (als Teilnehmer an rationalen Diskursen) konsensuell zustimmen können. Dies ist der Sache nach plausibel. Damit liefe diese Position aber auf jene »liberale« Variante hinaus, die ich weiter unten verteidigen möchte. Denn danach werden die Grundrechte moralisch bestimmt, allerdings nicht von außen – als religiös oder metaphysisch begründetes Naturrecht etwa, wie Habermas der »liberalen« Tradition vorwirft –, sondern als von den betroffenen Bürger/innen selbst moralisch legitimierte Rechte, die sodann und deshalb von diesen als (unter Umständen abänderbare) Grundrechte positiv gesatzt werden. Oder die Grundfrage ist demokratietheoretischer Natur, nämlich als Frage eines (wie immer konstituierten) souveränen Volkes nach der Sicherung (s)einer diskursiven politischen Willensbildung zu verstehen. Dies scheint der Habermassche Sinn der Frage zu sein. Ist doch sein Hauptanliegen gerade keine (reine) moralphilosophische Herangehensweise an politische Gerechtigkeit, sondern eine Diskurstheorie des (positiven) Rechts, weil das Recht in modernen Gesellschaften allein die Funktion der sozialen Integration zu erfüllen vermag. Neben dem Aspekt der Faktizität des Rechts soll der Aspekt der Geltung, das heißt die politische Legitimität des Rechts, rechtsphilosophisch und demokratietheoretisch bestimmt werden. Versteht man die Ausgangsfrage jedoch demokratietheoretisch, so ist kritisch einzuwenden, daß dabei die basalen moralischen Prinzipien in Form der Annahme freier und gleicher Bürger bereits unterstellt werden. Damit diese Frage Sinn hat, muß die Bürgerschaft sowohl moralisch, zumindest durch wechselseitige Anerkennung als Freie und Gleiche, wie auch politisch, zum Beispiel als Staatsvolk, schon konstituiert sein. Es ist fraglich, ob diesen Voraussetzungen eine Deutung gegeben werden kann, so daß diese Auffassung nicht doch letztlich auf einer moralischen Grundlage ruht.

Habermas sucht eigentlich eine Antwort auf seine Ausgangsfrage, die an positives Recht durchaus normative Kriterien für dessen Legitimität anlegt, diese Kriterien jedoch nicht direkt aus moralischen Grundsätzen gewinnt. Diese Antwort gewinnt er mittels der vorgegebenen Kategorien des Diskursprinzips und des modernen Mediums des Rechts (der Rechtskode). Die Verbindung zwischen beiden ergibt das »Demokratieprinzip«, das sich im Unterschied zum Moralprinzip auf die Schaffung legitimen positiven Rechts bezieht. Der gesuchte interne Zusammenhang zwischen Menschenrechten und Demokratie soll nun nach Habermas darin bestehen, daß die Menschenrechte die Kommunikationsbedingungen für eine vernünftige politische Willensbildung sichern und institutionalisieren. Das System der Rechte enthalte genau die Grundrechte, die notwendig sind, um den demokratischen Diskurs, der zu legitimem Recht führen soll, zuallererst rechtlich zu installieren. Die Menschenrechte sollen also nicht die Volkssouveränität beschränken, sondern wahre Demokratie eigentlich erst ermöglichen.[27]

Konstitutionelle Beschränkungen seien also keineswegs grundsätzlich antidemokratisch, sondern demokratiesichernd. Es ist jedoch fraglich, ob sich alle Verfassungsbestimmungen, also auch die einschränkenden, als eigentlich ermöglichende (um)deuten lassen und ob bestimmte Grundrechte nicht auch einen intrinsischen Wert haben. Die meisten geschriebenen Verfassungen enthalten heute sowohl explizit ermöglichende als auch explizit einschränkende Bestimmungen.[28] Die bloß ermöglichenden Bestimmungen konstituieren und definieren Gewalt, Instrumente, Regierungsbehörden, Verfahren. Diese Bestimmungen können selbst undemokratisch sein, zum Beispiel wenn sie Leuten Stimmrechte vorenthalten oder ungerecht verteilen. Schon die explizit ermöglichenden Bedingungen müssen sich also, um wahrhaft demokratisch zu sein, an Standards, und zwar mindestens den moralischen Standards der gleichen Rücksicht und Achtung, messen lassen können. Falls solche ermöglichenden Bedingungen jedoch den Standards entsprechen, stärken sie die Demokratie. Auch für die explizit einschränkenden Verfassungsbestimmungen wird die These vertreten, daß diese, obwohl einschränkend formuliert, funktional gesehen auch ermög-

27 Diese Position vertritt im englischen Sprachraum mit Bezug auf die Verfassungsgerichtsbarkeit und Normenkontrollklage im Rahmen der aktuellen juristischen Diskussion prominent J. Hart Ely, *Democracy and Distrust: A Theory of Judicial Review*, Cambridge, MA: Harvard University Press 1980.

28 Zum Folgenden vgl. R. Dworkin, »Gleichheit, Demokratie und Verfassung: Wir, das Volk, und die Richter«, in: Preuß (Hg.), *Zum Begriff der Verfassung*, a.a.O., S. 173.

lichend sein können. Dies mag für die politischen Bürgerrechte, das heißt Kommunikations- und Teilnahmerechte, unmittelbar einleuchten. Das Recht auf freie Meinungsäußerung ist danach in funktionaler Hinsicht zugleich als ermöglichend als auch als einschränkend zu sehen. Es ist allerdings fraglich, ob das für alle explizit einschränkenden Verfassungsbestimmungen gilt. Man muß trennen zwischen solchen, die in funktionaler Hinsicht als ermöglichend betrachtet werden können, und solchen, die diese Bedingung nicht erfüllen. Zu letzter Gruppe zählen vor allem ausgerechnet jene einschränkenden Verfassungsbestimmungen, die die klassischen bürgerlichen Freiheitsrechte sichern sollen, die jede noch so minimale Konzeption von Menschen- und Grundrechten zu den wichtigsten zählt. So ist zum Beispiel das klassische Recht auf Religionsfreiheit nicht als Ermöglichungsbedingung zu verstehen.

Habermas reagiert auf dies von ihm zugestandene Problem, indem er den klassischen Freiheitsrechten durchaus einen intrinsischen Wert zugesteht. Diese einschränkenden (Freiheits-)Rechte will er daher durch ein anderes Argument »einfangen«. Die klassischen Freiheitsrechte würden, so behauptet er, schon durch die Form des modernen Rechts (den Rechtskode) gesichert, der für moderne Volkssouveränität keine bloß frei annehmbare oder ablehnbare Voraussetzung darstelle. Mit der Einrichtung des Rechtskodes werde der Status von Rechtspersonen erzeugt und den Bürgern zugesprochen, die somit als Träger subjektiver Rechte private Autonomie bekämen. Auf diese Weise sollen sich private und öffentliche Autonomie wechselseitig voraussetzen, ohne daß die Menschenrechte vor der Volkssouveränität oder diese vor jener einen Primat beanspruchen könnten. Bei dieser Argumentation hängt sehr viel an der These, daß die demokratische Idee der Selbstgesetzgebung sich im Medium des modernen Rechts, verstanden als subjektive positive Rechte im Unterschied und in Ergänzung zu moralischen Geboten, Geltung verschaffen muß. Das Medium der Selbstgesetzgebung sei nicht (mehr) frei wählbar, sondern in einer evolutionär-empirischen Weise unhintergehbar. Das ist eine starke und nicht belegte These. Es ist auch unklar, wie sie zu überprüfen wäre. Warum sollte es heutigen Bürger/innen unmöglich sein, ihre Selbstgesetzgebung im Sinne der Kantischen Morallehre vorzunehmen statt im Sinne der Kantischen Rechtslehre (auf die sich Habermas hier für den Unterschied von Recht und Moral beruft)? Faktisch möglich scheint das schon, obwohl man es vielleicht nicht gutheißen würde. Die Ablehnung der völligen Gleichsetzung von juridischem Recht (*law*) und Moral sollte sich nicht auf einen empirisch vorfindlichen Rechtsbegriff (*right*) stützen, sondern sollte Gründe für seine überragende Bedeutung vorbringen können, die ein (erneutes) Ineinssetzen von juridischem Recht und Moral in der Tat als einen, nun aber moralischen oder funktionalen Rückschritt erscheinen ließe. Solche Argumente für die Einführung bzw. Beibehaltung des positiven, gesatzten, juridischen Rechts primär zur Sicherung subjektiver Rechte ließen sich durchaus nennen.[29] Wiederum: Da es für die Benutzung des Rechtskodes, des Mediums subjektiver Freiheitsrechte, eines Argumentes bedarf und wenn dieses – wie vermutet werden darf – funktional *und moralisch* ist, dann zeigt sich daran, daß seine Auffassung in die »liberale« Variante umkippt, ja umkippen muß.

Noch eine Frage: Setzen sich »private« und »öffentliche Autonomie« (das heißt persönliche und kollektive Selbstgesetzgebung) nach dieser Argumentation wirklich wechselseitig voraus? Beginnt man mit der Frage nach den Voraussetzungen der demokratischen Selbstgesetzgebung und akzeptiert, daß als einziges Medium das Recht zur Verfügung steht, dann gelangt man zu subjektiven Rechten, die Freiheitsspielräume und private Autonomie eröffnen.[30] Von da ist es noch ein langer Weg, bis gezeigt

29 Vgl. oben im Abschnitt »Zur Idee der Menschenrechte«, wo ich von einer notwendigen gerechtigkeitstheoretischen Einführung des Rechts gesprochen habe. Im übrigen glaube ich, daß Habermas selbst durchaus moralische und funktionale Argumente für den Status einer Rechtsperson mit subjektiven Freiheitsrechten nennt. Vgl. zum Beispiel ders., »Über den internen Zusammenhang von Rechtsstaat und Demokratie«, a.a.O., S. 86 f. Neuerdings hat Habermas allerdings die These vertreten, das moderne Recht lasse sich rein funktional weltweit begründen; vgl. »Zur Legitimation durch Menschenrechte«, Vortrag auf dem Kongreß der Allgemeinen Gesellschaft für Philosophie, September 1996 in Leipzig, und »Der intellektuelle Diskurs über Menschenrechte«, in: *Frankfurter Rundschau* vom 4. 2. 1997.

30 Freiheitsspielräume und private Autonomie sind – pace Habermas – nicht das gleiche. Zu diesem Einwand gegen Habermas vgl. auch S. Gosepath, »The Place of Equality in Habermas' and Dworkin's Theories of Justice«, in: *European Journal of Philosophy* 3 (1995), S. 21-35.

ist, daß diese subjektiven Rechte den Menschenrechten entsprechen. Umgekehrt muß vom Status der Rechtsperson mit subjektiven Freiheitsrechten aus gezeigt werden, warum öffentliche Autonomie vonnöten ist. Das Argument läuft hier über den Diskurs als einziges Mittel, eine konsensfähige Regelung der privaten Autonomie der Bürger/innen zu erreichen. Private und öffentliche Autonomie setzen sich also nur unter der Voraussetzung der Medien Recht und Diskurs wechselseitig voraus. Die Medien Recht und Diskurs setzen beide die Moral voraus, das Diskursprinzip ist bereits das Moralprinzip oder enthält es[31], und für den Rechtskode bedarf es einer normativen Begründung. Letztlich nähert sich Habermas' Theorie damit dem – wie mir scheint – plausiblen Modell an, wonach Menschenrechte und Demokratie beide aus einem dritten, höheren, nämlich dem Moralprinzip abgeleitet werden. Nach diesem Modell sind Menschenrechte und Demokratie (wie Habermas behauptet) gleichursprünglich[32], allerdings in nur einer der beiden voneinander zu unterscheidenden Bedeutungen, nämlich in dem Sinne, daß beide denselben Ursprung im Moralprinzip haben. Demokratie und Menschenrecht sind jedoch nicht in dem anderen Sinn von gleichursprünglich gleichrangig, weil sie sich nicht, wie ich gezeigt zu haben hoffe, wechselseitig voraussetzen und begründen.

Vorrang der Menschenrechte

Statt Demokratie den Vorrang einzuräumen oder Menschenrechte und Demokratieprinzip als gleichrangig einzustufen, gebührt Menschenrechten, vom moralischen Standpunkt betrachtet, der Vorrang. Da die Moral den Idealen der Demokratie und der Menschenrechte vorhergehen muß, haben moralische Menschenrechte auch einen Vorrang vor der Demokratie. Denn sie sind unmittelbarer Ausfluß des Moralprinzips; sie fassen in Normen, was die prinzipielle Zustimmung aller Menschen haben kann. Das

31 Habermas behauptet in *Faktizität und Geltung*, a.a.O., S. 138, daß das Diskursprinzip zwar einen normativen Gehalt habe, weil es den Sinn der Unparteilichkeit expliziere, aber es liege auf einer Abstraktionsebene, die trotz dieses normativen Gehaltes gegenüber Moral und Recht noch neutral sei.

32 Ebd., zusammenfassend auf S. 161.

Demokratieprinzip kann und sollte eines dieser Normen sein. Demokratie als Verfahren der legitimen Gesetzgebung muß selbst moralisch gerechtfertigt sein. Gibt es eine Rechtfertigung auf einer entsprechend basalen Ebene, wird Demokratie selbst zu einem moralischen Menschenrecht (zur Begründung des Demokratieprinzips siehe unten). Wenn man zugibt, daß es Menschenrechte gibt, so gilt auch die Forderung, diese nicht zu verletzen, was die Forderung einschließt, keine in diesem Sinn unrichtigen Gesetze zu erlassen. So haben subjektive moralische Rechte Vorrang vor der demokratischen Selbstbestimmung. Im (Grund-) Rechtssetzungsverfahren sind die Menschenrechte also unbedingt zu respektieren und zu institutionalisieren. Demokratie ist damit gerechtigkeitssubsidiär.

Inwiefern wird die politische Selbstbestimmung der Bürger/innen durch die vorgängig moralisch gerechtfertigten basalen Gerechtigkeitsprinzipien und Menschenrechte, zu deren rechtlicher Institutionalisierung (zum Beispiel durch Verankerung in einer Verfassung) eine moralische Pflicht besteht, eingeschränkt? Dies wird auch als Vorwurf an die »liberale« Adresse gerichtet (so zum Beispiel von Habermas gegen Rawls).[33] Die »liberale«

33 Dies ist einer der Streitpunkte in der Debatte zwischen Habermas und Rawls. Grob gesagt vertritt und verteidigt Rawls eine »liberale« Position gegen Habermas' »demokratisch-republikanischer« Kritik an Rawls' politischem Liberalismus. Vgl. J. Rawls, *Politischer Liberalismus*, Frankfurt am Main: Suhrkamp 1998; kritisch dazu J. Habermas, »Versöhnung durch öffentlichen Vernunftgebrauch«, in: Philosophische Gesellschaft Bad Homburg und W. Hinsch (Hg.), *Zur Idee des Politischen Liberalismus. John Rawls in der Diskussion*, Frankfurt am Main: Suhrkamp 1997. Rawls' »Erwiderung auf Habermas« findet sich im selben Band. Habermas repliziert auf Rawls' Erwiderung in »›Vernünftig versus wahr‹ oder die Moral der Weltbilder«, in: ders., *Die Einbeziehung des Anderen. Studien zur politischen Theorie*, Frankfurt am Main: Suhrkamp 1996. Einen guten Überblick liefert R. Forst, »Die Rechtfertigung der Gerechtigkeit. Rawls' Politischer Liberalismus und Habermas' Diskurstheorie in der Diskussion«, erscheint in: P. Niesen und H. Brunkhorst (Hg.), *Das Recht der Republik*, Frankfurt am Main: Suhrkamp 1998.
Ein Argument von Habermas lautet, daß keine Gerechtigkeitstheorie, keine Menschenrechtserklärung und kein politischer Philosoph ohne aktualen Dialog mit den Betroffenen verläßlich die Legitimität von politischen Regelungen, Grundrechten, Gesetzen einschätzen

Position kann den hinter der Frage stehenden Einwand ein Stück weit zurückweisen. Man muß dazu drei Rollen von Personen (die moralische, politische und rechtliche) auf zwei Stufen (der moralischen und der politischen Selbstgesetzgebung oder Autonomie) unterscheiden.[34] Als moralisch sich begreifende Wesen wollen moralische Personen nur solche Handlungsnormen aufstellen (und müssen das nach ihrem Selbstverständnis auch), die allen Betroffenen gegenüber nach den strikten Kriterien der Allgemeinheit und Reziprozität *prinzipiell* gerechtfertigt werden können. Dies ist die Stufe der moralischen Autonomie. Auf der Stufe der politischen Autonomie des Staates treten sich die Personen in der Rolle von Staatsbürgern gegenüber, die kollektiv als Autoren des Rechts in Akten politischer Selbstbestimmung sich selbst Gesetze geben. Diesen demokratisch beschlossenen Gesetzen sind dieselben Personen dann in der Rolle von Rechtspersonen oder Adressaten des Rechts unterworfen. Sie müssen den selbstgegebenen Gesetzen zwar im Prinzip aus Einsicht folgen können, müssen ihnen allerdings auch bei Strafe von zwangsbewehrten Sanktionen in schwachen Momenten gehorchen, in denen ihnen unreflektiert die Einsicht oder die hinreichende Motivation fehlt. Rechte und schon gar verfassungsmäßig verankerte Grundrechte können am besten als eine Form von Selbstbindung politisch autonomer Staatsbürger/innen verstanden werden.

Da Personen in ihren verschiedenen Rollen doch identische Wesen sind, kann der Vorwurf zurückgewiesen werden, gemäß der »liberalen« Auffassung seien die moralisch vorrangig begründeten Menschenrechte von außen der politischen Selbstgesetzgebung vorgeben. Zwar sind die Grundrechte moralisch bestimmt, brauchen allerdings nicht von außen als religiös oder metaphysisch begründetes Naturrecht an die Bürger/innen herangetragen zu werden, sondern sollten und können – so ist zu-

kann, das heißt deren potentielle Zustimmung (oder Ablehnung) korrekt antizipieren kann. Selbst der beste und sich als völlig unparteiisch begreifende Interpret kann noch mit Vorurteilen behaftet sein, die nur die Betroffenen selbst artikulieren, reklamieren und korrigieren können. Deshalb könne nur ein aktualer demokratischer Prozeß den Anfang einer Präsumtion eines fairen Verfahrens rechtfertigen.

34 Vgl. Forst, *Kontexte der Gerechtigkeit*, a.a.O., V.2, wo je nach Rechtfertigungskontext zwischen ethischen, moralischen Kontexten, Rechtsperson und Staatsbürger unterschieden wird.

mindest zu hoffen – von den betroffenen Bürger/innen in ihrer Rolle als Staatsbürger/innen selbst als moralisch legitimierte Rechte anerkannt werden, die sodann und deshalb von diesen als positiv gesatzte Grundrechte zu instantiieren sind. Die Verfassung entsteht weder von selbst, noch wird sie von Philosophen als vermeintlichen Gerechtigkeitsexperten geschrieben. Vielmehr ist jeder Bürger, jede Bürgerin selbst Gerechtigkeitsexperte, weil sie zugleich moralische Personen mit einem unabhängigen moralischen Urteil sind. Indem sie sich als moralische Wesen begreifen, werden sie nicht umhin können, moralische Ansprüche an das positive Recht anzuerkennen. Bürger/innen verlangen Gründe dafür, daß sie ihre Handlungsmöglichkeiten durch bestimmte Rechte einschränken sollen. Wenn diese Gründe moralischer Natur sind, also prinzipielle reziproke und allgemeine Zustimmung erfahren, dann ist der Rechtszwang auch in besonderer Weise legitimiert; er kann nämlich aus moralischer Einsicht akzeptiert und befolgt werden. Durch die Doppelrolle der Personen müssen moralische Normen dergestalt in das positive Recht einwandern. Dies bedeutet keine Beschneidung der Selbstbestimmung der Bürger/innen von außen, wohl jedoch von innen. Ihr eigenes Selbstverständnis als moralische Personen legt ihnen Grenzen auf bzw. gibt ihnen moralische Kriterien für die Rechtssetzung vor. Erst indem sich die Bürger/innen als moralische Wesen die Gesetze ihres politischen Zusammenlebens selber geben, kommen moralische und politische Autonomie zusammen. Nur durch eine solche interne Vermittlung von Recht und Moral durch die verschiedenen Rollen der Personen können die allgemeinen Gesetze dem moralischen Gesichtspunkt der Gerechtigkeit genügen, so daß die daraus resultierenden Gesetze ihnen als legitim gelten. Jedoch steht nicht die politische Selbstbestimmung im Zentrum der Schaffung einer gerechten Grund- und Rechtsstruktur, sondern die prinzipiengeleitete Beurteilung mittels eines prinzipiellen, das heißt kontrafaktischen Moral- oder Gerechtigkeitsprinzips, die den Bürger/innen die Maßstäbe für die kritisch-reflexive Beurteilung von Gesetzesvorschlägen an die Hand gibt.

In der politischen Selbstbestimmung werden zum einen moralische Begründungen nachvollzogen und konkretisiert. Es ist Sache des demokratischen Souveräns, die moralisch begründeten und somit vorgängigen Menschenrechte für eine konkrete politisch-soziale Grundstruktur zu interpretieren, zu konkretisieren und in Form einer Verfassung oder von Grundrechten festzuschreiben. Das bedeutet jedoch nicht, daß alle Rechtsgeltung zur rein moralischen Rechtsgeltung wird. Nur für die Rechtfertigung basaler Rechtsprinzipien, das heißt für den abstrakten Kern, der rechtlich noch konkretisiert und institutionalisiert werden muß, bedarf es moralischer Argumente.[35] Diese basalen Menschenrechte gehen in modernen Verfassungen insbesondere als Grundrechte ein. Rechtsprinzipien bilden den Rahmen, der den Spielraum für legitime demokratische Entscheidungsmöglichkeiten markiert. Innerhalb dieses normativen Rahmens kann es demokratischen Prozessen obliegen, zum einen die notwendige rechtliche Interpretation[36] und Konkretisierung der Rechtsprinzipien vorzunehmen und zum anderen nach Maßgabe pragmatischer, ethischer und (über die Menschenrechte hinausgehender) moralischer Gründe eine politische Ordnung zu institutionalisieren und zu regeln. Die so als Rechtsprinzipien verstandenen Menschenrechte lassen mit Absicht eine signifikante Spannbreite bei der Wahl der Verfassung oder wirtschaftlicher oder gesellschaftlicher Regelungen. Die beiden Stufen der moralischen und politischen Rechtfertigung überlappen sich also, aber nur partiell, sie decken sich nicht vollständig.[37] Dies ist der mögliche Spielraum

35 Vgl. ebd., S. 79.

36 Ich lasse hier das Problem offen, wie die Trennlinie zwischen den Grundrechten, die moralisch festliegen und mehr oder weniger unveränderbar sind, und den Interpretationen, die wir demokratisch festlegen dürfen, zu bestimmen ist. Vgl. A. Wellmer, »Demokratie und Menschenrechte«, in: Gosepath und Lohmann (Hg.), *Zur Philosophie der Menschenrechte*, a.a.O. Dies Problem taucht vor allem (a) bei moralisch imprägnierten Regelungen wie Abtreibung etc. auf oder (b) bei Entscheidung zwischen verschiedenen Rechtsprinzipien oder -gütern, zum Beispiel bei der Entscheidung zwischen Umweltregelungen oder Verteidigungsanstrengungen bei Ressourcenknappheit.

37 Vgl. Forst, *Zur Rechtfertigung der Gerechtigkeit*, a.a.O., S. 44. Forst vertritt mit Bezug auf ein basales Recht auf Rechtfertigung eine vermittelnde Position, die Menschenrechte auch als moralisch begründet ansieht (contra Habermas). Mit Rekurs auf ein basales Recht auf Rechtfertigung als grundlegender moralischer Grundsatz, der Bürger überhaupt dazu verpflichtet, ihr gemeinsames Zusammenleben auf Normen zu gründen, die allen gegenüber begründet werden können,

der Demokratie in einem Regime moralischer Menschenrechte. Gesetze und Programme sind gerecht im Sinne der Menschenrechte, wenn sie in den zulässigen Rahmen fallen und gemäß einer gerechten Verfassung gesetzgeberisch in Kraft gesetzt worden sind.[38] Die politische Herrschaft ist somit durch die in der Verfassung verankerten Grundrechte, und diese wiederum durch die moralischen Menschenrechte normativ beschränkt.

3. Welchen Stellenwert hat die Demokratie im Regime der Menschenrechte?

Diese »liberale« Auffassung setzt sich zumindest in den Augen ihrer Opponenten dem weiteren Einwand aus, daß sie nicht klarmachen kann, ob und warum und in welchem Maße Demokratie ein Menschenrecht sein sollte. Bisher wäre ja nur zugestanden worden, daß es einen legitimen Spielraum für wie immer geartete politische Entscheidungen gebe, die politische Moral also nicht alles bis ins kleinste direkt universalistisch moralisch regele. Daraus ergebe sich jedoch noch keine Forderung nach Demokratie. Ein Regime der Menschenrechte ohne Demokratie sei damit – wie einige Vertreter der »liberalen« Auffassung ja auch offen zugeben[39] – nicht ausgeschlossen. Die liberale Auffassung könne somit für eine der beiden in Frage stehenden politisch-mora-

entwirft Forst (gegen Rawls) eine »Theorie der Gleichursprünglichkeit von Menschenrechten und Volkssouveränität, die Moral, Recht und Demokratie intern verknüpft. Das Recht auf Rechtfertigung muß in Verfahren politischer Rechtfertigung einwandern und zu legitimem positivem Recht führen ...« (S. 47); vgl. ders., »Das grundlegende Recht auf Rechtfertigung«, a.a.O.

38 Nach Rawls, *Eine Theorie der Gerechtigkeit*, a.a.O., S. 229 und 398 f., sind dies die Bedingungen fast reiner Verfahrensgerechtigkeit, bei der es zwar ein unabhängiges Kriterium für die Richtigkeit der Entscheidung gibt, dieses aber nicht eindeutig genug ist und somit dem Gesetzgebungsverfahren ausreichend Spielraum für die Auswahl einer der zulässigen Möglichkeiten bleibt. Es liegt keine reine Verfahrensgerechtigkeit vor, weil das Ergebnis nicht im wörtlichen Sinn als das richtige definiert ist.

39 Vgl. E. W. Böckenförde, »Ist Demokratie eine notwendige Forderung der Menschenrechte?«, a.a.O. Böckenförde verneint dort seine Titelfrage.

lischen Ideale nicht aufkommen. Das wäre insofern ein Problem für die liberale Auffassung, weil sie, wäre der Einwand stichhaltig, unsere überlegten Urteile und Ideale nicht in einen kohärenten Zusammenhang bringen, also keine einheitliche politische Theorie entwickeln könnte. Dieser Vorwurf scheint in der Tat insofern berechtigt, als der Begriff der Menschenrechte und die deontologisch-liberale Moralauffassung in sich, das heißt begrifflich, unmittelbar keine Verpflichtung zur demokratischen Legitimation enthalten. Die als positive Grundrechte instantiierten Menschenrechte müssen durch keinen demokratischen Prozeß legitimiert werden. Wenn man Menschenrechte moralisch begreift, dann muß man dem Begriff der Menschenrechte einen abstrakten und allgemeinen normativen Inhalt zuschreiben, der logisch unabhängig von jedem aktuellen demokratischen Verfahren der inhaltlichen Festlegung ist. Daß etwas ein Menschenrecht ist, hängt nicht von irgendeinem Verfahren oder Ergebnis einer demokratischen Prozedur ab. Die Kategorie der Menschenrechte hat aus begrifflichen Gründen einen demokratieunabhängigen Inhalt.[40] Menschenrechte müssen, um überhaupt Menschenrechte zu sein, einen a priori abstrakten, allgemeinen und moralischen Inhalt haben, der als solcher für seine Gültigkeit oder Legitimität keiner demokratischen »Rechtfertigung« bedarf. Auch die Frage, ob bestimmte Rechte oder Grundrechte eines Staates den Menschenrechten entsprechen, ist eine substantielle moralisch-philosophische Frage, die nicht qua demokratischer Verfahren korrekt entschieden werden kann. Die Standards des moralisch Richtigen sind demokratieunabhängige gute Gründe, was immer die im einzelnen und in verschiedenen Versionen dieser deontologisch-liberalen Auffassung genau sein mögen. Es ist streng zwischen Begründung moralischer Normen und demokratischer Legitimation von Rechtsnormen zu unterscheiden. Als Kriterium für das moralisch Richtige gilt die Verallgemeinerungsfähigkeit der Norm, die nun je nach Moraltheorie in foro interno oder diskursiv geprüft werden soll. Die demokratische Legitimation von Rechtsnormen kann hingegen nur mittels der auszeichnenden Struktur eines faktisch institutionalisierten demokratischen Gesetzgebungsverfahrens hergestellt werden. Menschenrechte

40 Dies betont zu Recht F. Michelman, »Do Human Rights Need Democratic Legitimation?«, Ms. 1996, dem ich hierin folge. Vgl. auch ders., »How Can The People Ever Make The Laws?«, a.a.O.

müssen allen gegenüber moralisch begründbar sein, bedürfen aber als moralische Rechte, die zu institutionalisieren wir verpflichtet sind, keiner demokratischen Legitimierung.

Die »liberale« Auffassung, die den Menschenrechten als in der Verfassung zu verankernde Grundrechte einen Vorrang und damit einschränkende Kraft vor der faktischen Selbstgesetzgebung einräumt, muß sich zu der Kritik verhalten, für das Ideal der Demokratie nicht richtig aufkommen zu können. Aus dem anfänglich explizierten politischen Ideal der Demokratie ergibt sich meines Erachtens die Vermutung eines intrinsischen Wertes der Demokratie. Wie läßt sich der intrinsische Wert der Demokratie aus der Perspektive der »liberalen« Auffassung eigentlich begründen und bestimmen?

Als Lösungsstrategie bietet sich wieder an, aus jener Quelle zu schöpfen, aus der sich Menschenrechte und Demokratie gemeinsam ableiten lassen. Die Idee der Menschenrechte und Demokratie müssen sich aus ein und demselben Prinzip der Moral der wechselseitig geschuldeten gleichen Rücksicht und Achtung ableiten lassen. Das intuitiv geteilte Ideal der Demokratie muß so als moralisch begründetes in ein Regime moralischer (Menschen-)Rechte eingebaut werden. Dadurch wird der Demokratie – je nach Art der moralischen Begründung – auch ein spezifischer Ort in der »Hierarchie« moralischer (Menschen-)Rechte zugewiesen.

Als Kriterium für die moralische Begründung von Regelungen gilt, daß nur solche Regelungen legitim sind, denen alle (potentiell) Betroffenen auch prinzipiell zustimmen können (oder denen sie nicht vernünftigerweise widersprechen können oder denen sie im Urzustand zustimmen könnten). Was aber folgt aus diesem Kriterium moralischer Legitimität für die Bedingungen politischer Legitimität? Zunächst gar nichts. Denn aus *prinzipieller* Zustimmungsfähigkeit als moralischem Rechtfertigungskriterium, wie es in den deontologisch-liberalen Moralansätzen gefordert wird, wird noch kein Argument für *aktuale* Zustimmung in Form demokratisch-prozeduraler Verfahren.[41] Das ist das Problem.

Es gibt eine konzeptuelle Lücke zwischen unserem geteilten demokratischen Ideal einer Prozedur, die allen gleiche und adäquate Partizipationsmöglichkeiten einräumt, und dem apriori-

41 Ebd.

stischen, universalen, moralischen Ideal der Menschenrechte, das aus moralischen Gründen den Gesetzgebern einen Kanon von Grundrechten vorschreibt. Gesucht wird deshalb eine moralische Begründung für die Einführung bzw. Beibehaltung eines realen demokratischen Prozesses der Rechtssetzung. Wir wollen gern wissen, ob und welche moralischen Gründe wir haben, demokratische Verfahren wie Wahlen, Mehrheitsregel, Rechtsstaatsprinzip, öffentliche Debatte etc. zu etablieren im Unterschied zu, sagen wir, Losverfahren oder einer gerechten unparteilichen Herrschaft, die ja auch eine Art von Gleichheit und Unparteilichkeit sichern. Im einzelnen bedarf mindestens zweierlei einer Begründung: (a) das Demokratieprinzip im Sinne demokratisch kollektiver Entscheidung: Warum sollen alle gleichermaßen am Zustandekommen der Entscheidung beteiligt sein? (b) die Mehrheitsregel: Warum soll die bei einer Entscheidung unterlegene Minderheit sich der Mehrheit beugen, das heißt, was sind die Gründe, die Mehrheitsregel zu akzeptieren?[42] Für die »liberale« Auffassung ist es aus den genannten Gründen wichtig, zeigen zu können, warum demokratische Verfahren die prinzipielle Zustimmung eines jeden beanspruchen können.

4. Argumente für Demokratie

Meines Erachtens spielen vor allem zwei unterschiedliche moralische Argumente für die demokratische Herrschaftsform eine Rolle. Dies ist einerseits das Argument der Selbstbestimmung und andererseits das Argument der Gleichheit. Beide untersuche ich nun der Reihe nach.[43]

42 Eventuell müßte man drittens noch klären, ob und, wenn ja, warum politische Partizipationsrechte unverletzlich sein sollen. Warum darf es keinen trade-off zwischen politischen und anderen Rechten geben, das heißt, warum darf man seine politischen Rechte, vor allem seine Stimme, nicht verkaufen?

43 Für die Exposition dieser Argumente stütze ich mich weitgehend auf Th. Christiano, *The Rule of the Many*, Boulder, CO: Westview Press 1996, Kapitel 1.

Historisch gesehen basiert das einflußreichste Argument für die Demokratie auf dem Prinzip der Selbstbestimmung oder Selbstgesetzgebung. Dieser Argumentationstyp beginnt mit der Feststellung, daß unsere Moral der gleichen Rücksicht und Achtung ja schon zwei wichtige Aspekte enthält, nämlich Autonomie und Konsens, mit deren Hilfe man ein Argument der Demokratie konstruieren kann. Gemäß unserer Moral sind praktische Normen nur moralisch gerechtfertigt, wenn sie begründet werden können mit Bezug auf die Interessen aller Betroffenen, das heißt, wenn jeder Betroffene gute Gründe hat, die Norm zu akzeptieren, und keiner gute Gründe hat, sie abzulehnen.

Ausgehend von einer so gelagerten Auffassung unserer universalistischen und egalitären Moral der gleichen Achtung und Rücksicht läßt sich Demokratie mittels der Idee der Selbstgesetzgebung wie folgt in vier Schritten begründen[44]:

1. Letztlich können nur die betroffenen Parteien ihre wahren und vernünftigen Interessen formulieren und vertreten. Der gleiche Respekt, den wir uns moralisch wechselseitig schulden, verlangt Respekt vor der autonomen Entscheidung eines jeden einzelnen Individuums, das durch niemanden vertreten werden kann.[45] Dieser prozedurale Ansatz der moralischen Legitimation betrachtet die Autonomie des einzelnen Individuums als den letzten Standard der Rechtfertigung praktischer Normen. Da wir uns wechselseitig Respekt vor der autonomen Entscheidung des anderen schulden, beinhaltet diese Moralkonzeption das subjektive Recht auf reflektierte Selbstbestimmung oder Selbstgesetzgebung eines jeden autonomen Individuums.

2. Jedes Individuum hat ein gleiches Recht auf Selbstbestimmung. Dies ist im wesentlichen der Rechtsanspruch auf gleiche Freiheit für jeden. Natürlich bedarf auch dieses Argument des

44 Ich muß dabei notwendig vereinfachen und lasse sicherlich viele verschiedene Versionen dieser Argumentation weg; ich hoffe jedoch, die Darstellung ist trotzdem nicht unfair. Als ein positives Beispiel für eine zeitgenössische Version vgl. C. Gould, *Rethinking Democracy. Freedom and Social Cooperation in Politics, Economy, and Society*, Cambridge: University Press 1988.

45 Vgl. L. Wingert, *Gemeinsinn und Moral*, Frankfurt am Main: Suhrkamp 1993, Kapiel 6a, »Zwei Formen des moralischen Respekts«.

Rückgriffs auf ein Prinzip der Gleichheit. Ohne es wäre es unvollständig und entspräche nicht unserer Moralkonzeption.

3. Das Kriterium für politische Legitimität ist der Konsens. Wenn es eine Übereinstimmung über etwas gibt, zum Beispiel über institutionelle Beschränkungen oder ein Regelwerk, dann stimmt dieser Übereinkunft jede Person für sich selbst freiwillig zu. Somit folgt sie dabei ihrem eigenen Willen als Regel. Jede Person bestimmt sich selbst und regiert sich selbst.

Daraus wird nun so etwas wie der folgende vierte Schritt geschlußfolgert:

4. Selbstgesetzgebung im politischen Bereich bedeutet die Teilnahme an demokratischen Diskussionen und Entscheidungsverfahren unter bestimmten Bedingungen. Ergebnisse sind dann demokratisch legitimiert, wenn sie das Ergebnis einer freien und vernünftigen Übereinkunft unter Gleichen sein könnten.[46] Dieses Prinzip gibt die Bedingungen an, unter denen demokratische Partizipation legitimierte Ergebnisse hervorbringt. Die Grundidee dabei ist, daß Individuen sich selbst bestimmen und regieren, wenn die Bedingungen ihres Zusammenlebens auf ihrer konsensuellen Übereinstimmung beruhen. Man mag dies die konstruktive Version des Arguments nennen, denn die Ergebnisse einer politischen Entscheidung werden dadurch legitimiert, daß sie das Resultat einer bestimmten Art von Prozedur sind, die sich aus Diskussionen miteinander, aus gemeinsamer Überlegung und Entscheidung zusammensetzt. Gemäß dieser Auffassung ist somit quasi automatisch die Bedeutung von Demokratie und öffentlicher Überlegung als notwendiger Bedingungen legitimer politischer Ordnung gesichert. Ein wirklich freier und vernünftiger Konsensus stellt nach dieser Auffassung sicher, daß jede Person die Bedingungen der Übereinkunft nur aufgrund der Übereinstimmung mit ihrem eigenen Willen akzeptiert.

Die Hauptschwierigkeit mit diesem Argumentationschema ist wohl offensichtlich. Seine wichtigste Stütze ist die übergroße Hoffnung auf einen Konsens. Es vernachlässigt das grundlegende Faktum der Nichtübereinstimmung oder des Dissenses. Das ist kein Zufall. In dieser Demokratietheorie herrscht eine große Spannung zwischen der Idee, daß ein Individuum frei sein soll, die Welt, die es mit anderen zusammen bewohnt, selbst zu regie-

46 Vgl. J. Cohen, »Deliberation and Democratic Legitimacy«, in: Hamlin und Petit (Hg.), *The Good Polity*, a.a.O., besonders S. 22.

ren, und dem Anspruch, daß alle die gleiche Freiheit, dies zu tun, haben sollen. Demokratie scheint nicht mit der Selbstgesetzgebung eines jeden zusammenzupassen. Von daher ist nicht zu sehen, wie unter Zuhilfenahme der Prinzipien der Selbstbestimmung und Autonomie ein echtes Verständnis der Grundlagen demokratischer Entscheidungsverfahren möglich werden sollte. Dieser Mangel liegt größtenteils an der unrealistischen Annahme eines friedlichen und vernünftigen Konsenses in der Gesellschaft. Das skizzierte Argument vernachlässigt das Faktum häufiger Uneinigkeit und Kontroversen und kann deshalb nicht für das wichtige demokratische Mehrheitsprinzip aufkommen, demgemäß jene Ansicht gewählt und ausgeführt werden sollte, die die Unterstützung der Mehrheit der Bürger/innen findet, wenn es nicht zu einer einhelligen Übereinkunft über die Form des Zusammenlebens kommt. Mit anderen Worten: Die Idee der Selbstgesetzgebung liefert keine Rechtfertigung für das Demokratieprinzip, wie wir es normalerweise heute verstehen: als Mehrheitsregel. Diese Regel ist in dieser Auffassung nicht nur völlig unerklärt, sondern steht auch in einer Spannung zu der Idee der Selbstgesetzgebung.

Verschiedene Rettungswege stehen offen. Einer bestünde darin, den Konsens als ein Ideal zu verstehen, als hypothetisches Ergebnis einer freien und vernünftigen Übereinkunft. Wir könnten aktuale Entscheidungen danach beurteilen, ob sie Ergebnisse hervorgebracht haben, die das Ergebnis einer solchen idealen hypothetischen Prozedur hätten sein können. Eine solche Interpretation ist offensichtlich fatal für diese Argumentationsstrategie. Wir wären nämlich sofort wieder bei dem ursprünglichen Ausgangsproblem, nämlich dem, wie man vom Kriterium moralischer Legitimität, also von der prinzipiellen Zustimmungsfähigkeit einer Regelung durch alle Betroffenen, zu einer praktikablen Konzeption politischer Legitimität gelangt, das heißt zu demokratischer Entscheidungsfindung.

Eine weitere Möglichkeit könnte sein, das Kriterium der allgemeinen Zustimmung durch jeden Betroffenen so zu verstehen, daß Abweichungen vom Einstimmigkeitsprinzip möglich sind, allerdings der Rechtfertigung bedürfen. Wenn es recht klar bestätigt ist, daß ein Konsens zu einer bestimmten Frage nicht zu erreichen ist, könnte es gerechtfertigt sein, als zweitbeste Strategie weniger als 100 Prozent Zustimmung zuzulassen. Warum sollte aber die Minderheit, die nicht zustimmt, sich verpflichtet fühlen, einer Norm zu folgen, der die Mehrheit zugestimmt hat, wie groß auch immer die Mehrheit sein mag? In diesen Fällen folgt eine Minderheit (wie klein sie auch immer sein mag) nicht ihrem eigenen Willen.

Eine sogenannte epistemische Konzeption der Demokratie behauptet, eine Begründung für das Mehrheitsprinzip zu haben. Diese Konzeption versucht die kritisierte Inkompatibilität von Demokratie als Mehrheitsprinzip und Selbstgesetzgebung zu vermeiden, indem sie den politischen Willen einer jeden Person nicht einfach nach dem Modell reflektierter Wahl versteht. Statt dessen wird unterstellt, daß der politische Wille einer rationalen Person sich grundsätzlich dem Gemeinwohl verpflichtet fühlt. Unter dieser Voraussetzung wird jeder in Ausübung seiner Selbstbestimmung unter anderem wollen, daß das Gemeinwohl aller befördert werde. Die Teilnahme eines jeden Bürgers, einer jeden Bürgerin an der demokratischen Deliberation und kollektiven Entscheidung ist essentiell für die Entdeckung und Förderung des Gemeinwohls. Die Bürger/innen nehmen idealerweise an demokratischen Prozeduren teil, indem sie konkurrierende Vorstellungen vom Gemeinwohl vertreten und gleichzeitig versuchen, eine vernünftige Übereinkunft über diese unterschiedlichen Vorstellungen herzustellen. Diskussion und Überlegung sind dann keine Akzidenzien des Verfahrens, sondern tragen wesentlich zum besseren Verständnis des Gemeinwohls für alle bei. Die Stimmabgabe der Bürger/innen nach ausführlicher Diskussion und gemeinsamer Überlegung soll als ein Urteil darüber verstanden werden, was die Bürger/innen für die richtige Konzeption des Gemeinwohls halten. Ihre Stimmen sind in demselben Sinn Urteile, wie die Stimmen einer Geschworenenjury die Beurteilung des juristischen Falls durch die Geschworenen zum Ausdruck bringt. Die Auffassung, die die Mehrheit der Stimmen auf sich vereinigen kann, gilt als die, für welche die meisten Evidenzen vorliegen, daß sie das Gemeinwohl befördern wird. Dies ist der entscheidende Punkt bei dieser Rechtfertigung des Mehrheitsprinzips. Wenn die Bürger/innen bei der Beurteilung des Gemeinwohls oder dessen, was ihm dient, ungefähr gleichermaßen kompetent sind und wenn jede(r) eine 50prozentige Wahrscheinlichkeit in jedem Einzelfall hat, mit seinem (ihrem) Urteil über das Gemeinwohl richtig zu liegen, dann wird die Regelung mit den meisten Stimmen diejenige sein, die am wahrscheinlichsten dem Gemeinwohl dient.[47] Soweit in Kürze das Argument für das Mehrheitsprinzip.

Ich konzentriere mich auf zwei Hauptschwächen des Arguments. Zum ersten hängt sehr viel davon ab, ob es möglich ist, die erste Prämisse zu untermauern, die Selbstbestimmung eines jeden verlange es, daß das Gemeinwohl *aller* gefördert werde. Man könnte in diesem Sinne zu demonstrieren versuchen, wie sehr das Selbstbewußtsein und Selbstwertgefühl eines jeden von der ganzen Gemeinschaft abhängt und nicht nur vom Freundeskreis. Auf diese Ansätze kann ich hier nicht näher eingehen, aber ich bin skeptisch, ob man wirklich zeigen kann, daß alle anderen Mitbürger/innen eingeschlossen sein müssen. Statt dessen dürfte es an dieser Stelle ausreichen, auf die andere gewichtige Schwierigkeit hinzuweisen. Die beiden entscheidenden Annahmen des Arguments sind sehr wahrscheinlich falsch. Warum sollten Individuen ungefähr die gleiche Kompetenz für jeden einzelnen Fall haben? Ist es nicht vielmehr so, daß in bestimmten Fällen einige kompetenter sind als andere und in wieder anderen Fällen womöglich eine ganz andere Gruppe von Individuen kompetenter ist usw.? Und warum sollten Individuen im Durchschnitt mit einer Wahrscheinlichkeit, die nicht schlechter ist als 50 Prozent, zu jedem beliebigen Thema recht haben, insbesondere wenn es zwischen mehr als zwei Alternativen auszuwählen gilt? Diese Fragen werfen wohl schon genug Zweifel bezüglich dieser zentralen Annahmen auf, um die Schlußfolgerung ziehen zu können, daß man wohl besser nach einer anderen Rechtfertigung für die Prinzipien der Demokratie einschließlich des Mehrheitsprinzips suchen sollte. Ich komme somit zum

Argument der gleichen Ressourcen

Egalitäre Theorien versuchen, das Prinzip und die Konzeption von Demokratie auf eine bestimmte Weise aus der Grundlage

47 Vgl. Marquis de Condorcet, *Essai sur l'application de l'analyse à la probabilité des décisions rendues à la pluralité des voix*, Paris: De l'Imprimie royale 1785. Vgl. dazu und zu Habermas' Begründung des Mehrheitsprinzips H. Richardson, *Political Will-Formation and the Search for Truth*, unveröffentlichtes Manuskript 1997.

unserer gemeinsam geteilten Moral der gleichen Achtung abzuleiten.[48] Sie erkennen dabei das Faktum des Pluralismus an, das heißt die Verschiedenartigkeit von Konzeptionen des Guten und daraus hervorgehender tiefgreifender Interessenskonflikte. Wegen dieses Mangels an Übereinstimmung und Konsens verlangen egalitäre Theorien, daß jeder Person ein gleicher Anteil an der politischen Herrschaft zusteht.

Das folgt aus der zugrundeliegenden Konzeption der Moral gleicher Achtung, die von allen Hauptströmungen der modernen westlichen politisch-moralischen Kultur als Minimalstandard akzeptiert wird. Danach ist jede Person von einem unparteilichen Standpunkt aus als eine gleiche, das heißt mit gleicher Achtung und Rücksicht, zu behandeln.[49] Behandlung aller als Gleiche bedeutet, daß Individuen sich wechselseitigen Respekt, und das heißt vor allem: vor ihren jeweiligen autonomen Entscheidungen, schulden. Dies beruht auf einer Präsumtion der gleichen Würde aller Menschen, denen damit sowohl gleiche Autonomie als auch ein gleiches basales Interesse an Selbstachtung (Selbstwertgefühl oder Selbstrespekt) unterstellt wird. Daraus ergeben sich – so möchte ich hier behaupten – zumindest zwei Kategorien von moralischen Ansprüchen prozeduraler und substantieller Gerechtigkeit gegenüber einem politisch organisierten Gemeinwesen: 1. ein Anspruch auf gleiche Anerkennung und Sicherung der individuellen Autonomie; 2. ein Anspruch auf eine bestimmte Art von Gleichbehandlung.

Die geforderte Art der Gleichbehandlung ergibt sich aus dem Anspruch auf gleiche Achtung und dem damit zusammenhängenden Prinzip der allgemeinen und reziproken Rechtfertigung: Alle Betroffenen sind ungeachtet ihrer Unterschiede gleich zu behandeln, es sei denn, bestimmte (Typen von) Unterschiede(n) sind in der anstehenden Hinsicht relevant und rechtfertigen durch allgemein annehmbare Gründe eine ungleiche Behand-

48 Zu egalitären Begründungen der Demokratie vgl. Christiano, *The Rule of the Many*, a.a.O., Kapitel 2, dem ich hier größtenteils folge; vgl. auch ders., »Freedom, Consensus, and Equality in Collective Decision Making«, in: *Ethics* 101 (1990), S. 151-181; H. Brighouse, »Egalitarism and Equal Availability of Political Influence«, in: *Journal of Political Philosophy* 4 (1996), S. 118-141.

49 Vgl. R. Dworkin, *Bürgerrechte ernstgenommen*, Frankfurt am Main: Suhrkamp 1984, S. 298 f., 388, 440 f.

lung oder ungleiche Verteilung. Bezogen auf den Bereich der politischen Gerechtigkeit, begründet sich daraus ein Prima-facie-Gleichverteilungsprinzip für alle verteilbaren Güter. Es wird kein Prinzip strikter Gleichverteilung und auch keine Gleichheit des Wohlergehens gefordert. Diese Arten der Gleichbehandlung wären nicht »absichtssensitiv« und nicht »ausstattungsinsensitiv«.[50] Der gesuchte Typus der Gleichbehandlung soll nämlich Unterschiede in den vorgegebenen Umständen der Personen, für die diese nichts können, ausgleichen, weil diese vom moralischen Standpunkt aus zufällig sind. Anderseits aber sollen die Menschen die Folgen ihrer Entscheidungen tragen (können); das gehört zu der Anerkennung ihrer Autonomie. Wenn auch keine strikte Gleichverteilung und keine Gleichheit des Wohlergehens verlangt wird, so besteht jedoch die moralische Notwendigkeit, Ungleichverteilungen unparteilich rechtfertigen zu müssen. Das onus probandi, die Begründungslast, liegt auf seiten der Ungleichverteiler.[51] Ohne das hier, wie es sicherlich erforderlich wäre, näher gegenüber konkurrierenden Ansätzen begründen zu können, halte ich eine Konzeption ähnlich der von Dworkins »Gleichheit der Ressourcen«[52] für die beste Interpretation unserer Moral der gleichen Achtung. Gemäß dieser Konzeption ist es moralisch erforderlich, daß die Bürger/innen gleiche Ressourcen erhalten, um ihre Interessen verfolgen zu können. Gleichheit der Ressourcen ist die beste Interpretation egalitärer Gerechtigkeit für die Bedingungen von grundlegender Meinungsverschiedenheit und pluralistischer Auffassungen über Wohlergehen und Konzeptionen des guten Lebens. Diese Konzeption von distributiver Gerechtigkeit und Ressourcengleichheit fungiert im folgenden Argument als Hintergrundprämisse.

Wie könnte nun im Rahmen einer solchen egalitären Theorie eine Verteidigung des Demokratieprinzips aussehen? Das egalitäre Argument läßt sich in vier Schritten entfalten.[53]

1. Die Moral der gleichen Achtung beruht auf der Präsumtion der gleichen Würde aller Menschen, denen sowohl gleiche Auto-

50 Vgl. R. Dworkin, »Equality of What? Part 1: Equality of Welfare«, in: *Philosophy and Public Affairs* 10 (1981), S. 185-246.

51 Vgl. Tugendhat, *Vorlesung über Ethik*, a.a.O., S. 374.

52 Vgl. R. Dworkin, »Equality of What? Part 2: Equality of Resources«, in: *Philosophy and Public Affairs* 10 (1981), S. 283-345.

53 Vgl. Christiano, *The Rule of the Many*, a.a.O., Kapitel 2.

nomie als auch ein gleiches basales Interesse an Selbstachtung (Selbstwertgefühl oder Selbstrespekt) unterstellt wird. Daher betont diese Moralkonzeption auch das existentielle Primat des Individuums und den übergeordneten Wert der rationalen Fähigkeit eines jeden. Objekt des gleichen wechselseitigen Respekts ist die Autonomie einer jeden einzelnen Person[54], die aufgrund ihrer Autonomie als »self-authenticating sources of valid claims«[55] verstanden werden. Das, worauf sich die gleiche Achtung und Rücksicht also beziehen muß, können deshalb nur die reflektierten Interessen eines jeden autonomen Individuums sein. Nur die Individuen selbst können und dürfen entscheiden, was in ihrem eigenen besten, aufgeklärten, »vernünftigen«, »wahren« Interesse liegt.[56]

Für eine bestimmte Kategorie von Interessen, die bei jedem Individuum in spezieller Weise auf das gemeinsame Zusammenleben der Individuen bezogen sind, gibt es einen gemeinsamen Regelungsbedarf. Diese Interessen sind insofern stark miteinander verwoben, weil das, was einen betrifft, notwendig auch alle anderen betrifft, zum Beispiel Steuersystem, Erziehungssystem, Verteidigung, Umweltschutz, Einkommensverteilung, Privateigentum, System der Rechte. Es handelt sich um Interessen an kollektiven oder sozialen Gütern der Gesellschaft, die die gemeinsame Welt, die sich die Menschen in einer Gesellschaft teilen, ausmachen.[57] Eine Eigenschaft des Lebens eines Individuums in der Gesellschaft ist dann eine kollektive Eigenschaft oder ein entsprechendes Merkmal, wenn man, um das Wohlergehen einer Person mit Bezug auf diese Eigenschaft zu verändern, das

54 Unter Autonomie verstehe ich nicht einen engeren Begriff, wie er im Anschluß an Kant immer noch (zum Beispiel von Habermas) gebraucht wird, sondern einen weiteren Begriff personaler Autonomie im Sinne einer generellen personalen Selbstbestimmung darüber, wie man selbst sein Leben leben will.

55 Rawls, *Politischer Liberalismus*, a.a.O., S. 102.

56 Vgl. zu den Begriffen, Unterschieden und sinnvollen Interpretationen von »besten«, »aufgeklärten«, »vernünftigen«, »wahren« Interessen S. Gosepath, *Aufgeklärtes Eigeninteresse*, Frankfurt am Main: Suhrkamp 1992, Kapitel VII.4 und 5.

57 Vgl. P. Koller, »Soziale Güter und Gerechtigkeit«, in: H.-J. Koch, M. Köhler und K. Seelmann (Hg.), *Theorien der Gerechtigkeit* (= *Archiv für Rechts- und Sozialphilosophie*, Beiheft 56), Stuttgart 1994.

Wohlergehen aller oder fast aller anderen Mitglieder der Gesellschaft mit Bezug auf diese Eigenschaft verändern muß.[58] Daraus ergibt sich, daß über öffentliche Güter nicht jedes Individuum für sich entscheiden kann bzw. darf. Eine Gesellschaft kommt nicht umhin, über diese sozialen Güter Entscheidungen zu fällen, bezüglich deren jeder Bürger, jede Bürgerin ein eigenes und gewichtiges Interesse hat. Ein Konsens ist jedoch, wie gesagt, nicht zu erwarten, Uneinigkeit eher unvermeidlich. Wer soll wie in dieser Situation entscheiden dürfen?

Mit diesem ersten Schritt hat das egalitäre Argument die schon genannte Herausforderung noch nicht gemeistert: Wenn die Moral nur die gleiche Achtung der Individuen und die gleiche Berücksichtigung ihrer Interessen verlangen würde, dann wäre es immer noch möglich, zum Beispiel die politische Herrschaft eines einzelnen oder mehrerer unparteilicher Richter zu rechtfertigen, die sich alle erdenkliche Mühe geben, so zu regieren, daß die Interessen aller Bürger/innen möglichst gleich berücksichtigt werden. Gleiche Rücksicht scheint bis jetzt noch mit nichtdemokratischen Entscheidungsprozeduren vereinbar. So muß also die Frage beantwortet werden: Warum folgt aus der moralisch geforderten gleichen Berücksichtigung der Interessen, die die Individuen an den sozialen Gütern der Gesellschaft haben, daß sie gleiches Stimmrecht bei kollektiven Entscheidungen über die Wahl und Verteilung sozialer Güter haben müssen?

Vielleicht können die nun folgenden Schritte des egalitären Arguments diese Herausforderung plausibel beantworten.

2. Die beste Interpretation von gleicher Achtung und Rücksicht verlangt einen gleichen Anteil an der Bestimmung des gemeinsamen Lebens. Das Problem wird so eines der gerechten Verteilung von Gütern und Lasten unter Bedingungen des Mangels. Da die Interessen der Individuen konfligieren und nicht alle befriedigt werden können, herrscht Mangel. Insofern jedes Individuum ein Interesse daran hat, über die Verteilung zu entscheiden, sollte die Konzeption der »Gleichheit der Ressourcen« auf diesen kollektiven Entscheidungsprozeß angewandt werden. (Für andere Arten von Gütern, zum Beispiel Güter, die für persönliche Projekte benötigt werden, verlangt dieselbe Gleichheitskonzeption jedoch etwas anderes, zum Beispiel eine gleiche Anfangsausstattung mit ökonomischen Ressourcen. Deshalb ist

58 Vgl. Christiano, *The Rule of the Many*, a.a.O., S. 60.

es wichtig, auf welche Güter oder Klassen von Gütern sich die Verteilung bezieht. Je nach Kategorie kann Gleichbehandlung etwas anderes bedeuten.)

Das Prima-facie-Gleichverteilungsprinzip wird so auf die Prozesse der politischen Willensbildung über öffentliche Angelegenheiten angewendet, das heißt auf Belange, die kollektiv bindende Entscheidungen erfordern und die Interessen aller Mitglieder des Gemeinwesens berühren. Andere, zum Beispiel private Belange sind hier aufgrund des Rechts auf Sicherung der Autonomie und der Garantie von Freiheitsrechten ausgeklammert bzw. nicht in dieser Weise betroffen. Das Prinzip der Prima-facie-Gleichverteilung öffentlicher Güter hat für jede Kategorie unterschiedliche Implikationen.

3. Demokratie ist das Verfahren, bei dem die Mittel, mit denen man an den Entscheidungen über soziale Güter der Gesellschaft partizipieren kann, gleich (verteilt) sind. Stimmen, öffentliche finanzielle Unterstützung des Wahlkampfes, freier Zugang zu Informationen sind wichtige Beispiele für die Ressourcen, die es im politischen Bereich gleich zu verteilen gilt. Damit ergibt sich so etwas wie ein (Prima-facie-)Recht auf »politische Gleichheit«.[59] Unter »politischer Gleichheit« soll dabei in erster Annäherung die Gleichbehandlung der Bürger/innen bei der Verteilung, Kontrolle und Ausübung politischer Macht verstanden werden. Demokratische Entscheidungsverfahren verkörpern in diesem Bereich »Gleichheit der Ressourcen«.

Ziel ist es allerdings nicht, Macht als solche gleich zu verteilen. Wir können erstens Macht nicht quantitativ messen und so deren Gleichverteilung fest- oder herstellen. Gleichheit der »politischen Macht« darf zweitens nicht als gleicher Endzustand mißverstanden werden. So ist zum Beispiel gegen die größere Macht gewählter Amtsinhaber oder des besseren Arguments nichts einzuwenden.[60] Gleiche Machtverteilung ist, wenn überhaupt, kein Ziel an sich, sondern, auf bestimmte Bereiche beschränkt, ein Mittel zum Ziel, Interessen gleich zu berücksichtigen. »Politische Gleichheit« muß deshalb als gleiche Verfügbarkeit politi-

59 Vgl. ders., »Freedom, Consensus, and Equality in Collective Decision Making«, in: *Ethics* 101 (1990), S. 151-181, besonders S. 175 ff., der eine rein egalitäre Begründung der Demokratie vertritt.

60 Vgl. kritisch zur Gleichheit der politischen Macht: Dworkin, »Gleichheit, Demokratie und Verfassung«, a.a.O., S. 182 ff.

schen Einflusses konzipiert werden.[61] Dies bedeutet eine Gleichverteilung der politischen und materialen Ressourcen, die nötig sind, um das Ergebnis des Prozesses der politischen Willensbildung in gleicher Weise mitbestimmen zu können, wenn man will.[62] Politische Einfluß- und Partizipationsmöglichkeiten

61 Vgl. H. Brighouse, »Egalitarism and Equal Availability of Political Influence«, in: *Journal of Political Philosophy* 4 (1996), S. 118-141, von dem ich das »Prinzip der gleichen Verfügbarkeit des politischen Einflusses« übernehme. Brighouse definiert das Maß des politischen Einflusses als die Wahrscheinlichkeit, die wir der Tatsache zuschreiben würden, daß eine Person ihren Willen bekommt, wenn sie und alle anderen sich politisch engagieren würden und wir nichts über die Ziele der anderen wüßten (ebd., S. 119).
Brighouse ist neben Christiano einer der wenigen, der politischer Gleichheit einen zentralen Platz und nicht nur einen instrumentellen Wert im Egalitarismus einräumt. Meines Erachtens überzieht Brighouse aber seine Argumentation, weil er dem Prinzip der gleichen Verfügbarkeit politischen Einflusses absolute Priorität vor anderen Gleichheitskonzeptionen und -prinzipien einräumt. Es soll das einzige zentrale Prinzip des Egalitarismus sein. Das scheint mir unplausibel, und seine vorgebrachten Argumente in diese Richtung können nicht überzeugen. Zum einen läuft die Argumentation damit auf den Vorrang der Demokratie vor moralischen Rechten hinaus. Das wird in seiner Rechtfertigung von Minderheitenrechten besonders deutlich. Zum anderen beziehen sich die verschiedenen Gleichheitsprinzipien auf unterschiedliche Gegenstände. Die als rivalisierende Konzeptionen angesehenen Theorien »Gleichheit der Wohlfahrt«, »Gleichheit der Ressourcen« und »Gleichheit der Chancen auf Wohlfahrt« vertreten Prinzipien der Verteilung von materiellen Gütern und Rechten. Und Brighouse wirft ihnen zu Recht vor, daß sie, wenn sie sich als vollständige Gleichheitskonzeptionen verstehen, für den Wert, den wir der Demokratie zuschreiben, nicht aufkommen können und deshalb eben nicht vollständig sind. Das Prinzip der gleichen Verfügbarkeit politischen Einflusses bezieht sich hingegen nur auf die Verteilung von Macht und Einfluß. Je nachdem, wie die Prinzipien genau verstanden werden, vor allem welche Rechte die anderen Theorien verteilen und worauf der politische Einfluß sich in seiner Theorie beziehen soll, können sie sich allerdings überlappen, aber wohl nie vollständig. Mir scheint es plausibler, daß aus der Idee der Gleichheit ein Netz von Prinzipien der Verteilung abzuleiten ist, je nachdem, was aus welchen Gründen wie verteilt werden soll.

62 Vgl. Christiano, »Freedom, Consensus, and Equality in Collective Decision Making«, a.a.O., S. 177.

sollen allen in gleicher Weise offenstehen. So kann man auch erklären, warum es so wichtig ist, daß alle Bürger/innen gleiches Stimmrecht als auch gleiche Zugangsmöglichkeiten zu Institutionen der Macht und zu Foren und Prozessen der Diskussion, öffentlicher Deliberation und Entscheidung haben. Dieses Argument begründet somit eine Version des Prinzips der Volkssouveränität. Die Implementierung von deliberativen demokratischen Prozeduren mit einem gleichen Partizipationsrecht für alle Bürger/innen ist ein unersetzliches Mittel für die Realisation der gemeinsamen Anerkennung des moralischen Status der Bürger/innen als Gleiche.

4. Innerhalb dieser egalitären Rechtfertigungsstrategie für das Demokratieprinzip kann man die Einführung des Mehrheitsprinzips aus pragmatischen Gründen mit Argumenten vertreten (während das, wie wir gesehen haben, für das Argument der Selbstgesetzgebung nicht gilt). Es scheint so, als ob jedes Organisationsprinzip der Demokratie nur pragmatisch begründet werden könnte. Zumindest ist schwer zu sehen, wie ein intrinsisches oder direkt moralisches Argument dafür aussehen könnte. Lockes Hinweis, daß es ohne Mehrheitsregel zur Paralyse käme, ist sicherlich ein zentraler Aspekt einer jeden Verteidigung des Mehrheitsprinzips. Da Konsens unwahrscheinlich ist, wäre jede demokratische Regierung ohne ein solches Durchführungsprinzip unmöglich. Um eine effektive demokratische Regierungsform zu ermöglichen, in der unser aller kollektive und individuelle Interessen so gut wie möglich berücksichtigt werden, ist es aus praktischen Gründen notwendig, eine Mehrheitsregel einzuführen. Die Einführung des Mehrheitsprinzips widerspricht nicht der Gleichheit der politischen Ressourcen, sondern ist mit ihr kompatibel, da gleiche Ressourcen nur die gleichen Mittel und Chancen garantieren sollen, nicht aber Gleichheit des Ergebnisses. Natürlich müssen dabei die individuellen Grundrechte für alle und politische Gleichheit aller garantiert sein, insbesondere für die Minderheit. Zusätzlich dazu ist es erforderlich, daß Einschränkungen gemacht werden, um zu verhindern, daß es ewige Minderheiten gibt – eine Gruppe von Menschen, die immer der Mehrheit in Abstimmungen unterliegen. Die Minderheit sollte in der Lage sein, die Mehrheitsentscheidung zu akzeptieren, insofern auch sie von der gerecht eingerichteten Grundstruktur der Gesellschaft insgesamt profitiert. Die Demokratie mit dem

Mehrheitsprinzip muß deshalb unter anderem von den Menschenrechten eingerahmt werden, die die wesentlichen Prinzipien der Gerechtigkeit formulieren. Damit alle der Idee der Demokratie zustimmen können, müssen die Menschenrechte notwendig Priorität vor der Demokratie haben.

Hier müßte nun noch eine Menge gesagt werden über die Beziehung der beiden Ideale, insbesondere wie breit oder beschränkt der Spielraum der Demokratie unter dem Regime der Menschenrechte genau ist. Wo verläuft die Grenzlinie zwischen universalen abstrakten Menschen- bzw. Grundrechten und der legitimen demokratischen Interpretation dieser Grundrechte?

Ich fasse zum Schluß kurz zusammen: Zweierlei wollte ich hier zeigen. Es galt, das Verhältnis von moralisch verstandenen Menschenrechten und Demokratie zu analysieren. Demokratie und Menschenrechte haben als gemeinsame Grundlage die Moral der gleichen Achtung. Mit Rekurs auf die Ableitungen dieser beiden Ideale aus dem Moralprinzip läßt sich deren Verhältnis untereinander näher bestimmen. Menschenrechten kommt dabei ein moralisch begründeter Vorrang vor der Demokratie zu. Die durch das Kriterium der prinzipiellen allgemeinen und reziproken Rechtfertigung bestimmbaren basalen Menschenrechte sind zunächst einmal freistehend und unabhängig von jeglichem aktualen demokratischen Prozeß. Es muß deshalb gezeigt werden können, daß die den Vorrang der Menschenrechte vertretende »liberale« Auffassung für den intuitiven Wert der Demokratie aufkommen kann. Benötigt wird eine moralische Begründung für das Demokratieprinzip, so daß ein politisches System ohne diskursiv-demokratische Prozedur aus diesem Grund schon allein keine gültigen Gesetze produzieren und deshalb kein moralisch verteidigbares System darstellt. Zwei normative Argumentationen wurden diskutiert, eine mittels des Prinzips der Selbstregierung und eine mittels des Prinzips der Gleichheit. Von den beiden skizzierten Strategien vermag nur die Rechtfertigung der Demokratie aus dem Gleichbehandlungsgrundsatz, die auf eine Mischung aus moralischen Gründen, gekoppelt mit pragmatischen Argumenten, rekurriert, das Demokratieprinzip inklusive des Mehrheitsprinzips als moralisch gefordert und gleichzeitig mit dem moralischen Rechten vereinbar zu begründen. Wegen des Vorrangs der Menschenrechte und der politischen Gerechtigkeit kommt es darauf an, nicht ein Ideal der Demokratie, das in sich sinnvoll und erstrebenswert ist, zu konstruieren und zu verteidigen, sondern eine Demokratietheorie aus der Perspektive der Gerechtigkeit auszuarbeiten, so daß die demokratischen Prozeduren und Organisationsprinzipien der Schaffung gerechterer Grundstrukturen dienen.

Thomas Kupka

Demokratie ohne Naturrecht

Eine rechtsphilosophische Entwicklungsskizze in vier Schritten und einem Ausblick[1]

Seit ihren Anfängen beschäftigt sich die abendländische Rechtsphilosophie mit der Frage nach den Grundprinzipien des richtigen sozialen Handelns, mit dem Auffinden von übergeordneten Gerechtigkeitsprinzipien, die dem positiven Gesetz zum Vorbild und Maßstab dienen können. Im Mittelpunkt dieses Bemühens steht historisch das Naturrecht. Mit der Positivierung des Rechts indessen wandert die Frage der Gerechtigkeit in den politischen Rechtserzeugungsprozeß selber ein. Gerechtigkeit wird für die Politik verfügbar, bekommt ein kontextuelles und zeitliches Moment. Allerdings ist diese Verfügbarkeit ihrerseits stets gebunden an bereits bestehendes Recht, das die Modalitäten der politischen Rechtserzeugung vorgibt. In der neueren Diskussion interessieren die komplexen Zusammenhänge einer solchen Verschränkung von Politik und Recht vor allem vor dem Hintergrund eines rechtfertigungstheoretischen Zirkels: Demokratisch erzeugtes Recht legitimiert rechtserzeugende Politik, und diese wiederum ist Legitimationsgrund des Rechts.[2]

In dieser Konstruktion ist die Problembeschreibung gleich mitgeliefert: Zehrte das Natur- oder Vernunftrecht stets von der Annahme, es gebe einen transpositiven, objektiv gültigen und allgemeinen verpflichtenden Normbereich, in dem die praktische, rechtlich-moralische Wahrheit ruht, so stehen moderne Reflexionstheorien heute vor der Schwierigkeit, auf eine Idee überpositiver Verbindlichkeit verzichten zu müssen, ohne aber damit

1 Dank an Thomas Schulze für das Training. Dank auch an Ulrich K. Preuß für stete Unterstützung sowie an Hauke Brunkhorst und Petra Velten für hilfreiche Anmerkungen zum Manuskript.

2 Siehe F. I. Michelman, »Law's Republic«, in: *Yale Law Journal* 97 (1988), S. 1493; J. Habermas, *Faktizität und Geltung*, 4. Aufl., Frankfurt am Main: Suhrkamp 1994; sowie jüngst im Anschluß an Michelman und Rawls O. Gerstenberg, *Bürgerrechte und deliberative Demokratie*, Frankfurt am Main: Suhrkamp 1997.

zugleich – wie der Rechtspositivismus – auch die Möglichkeit eines normativ gehaltvollen Begriffs der Demokratie und der Geltung des Rechts aus der Hand zu geben. Nun ist gewiß nicht schon eine jede moralische Rechtsargumentation eine naturrechtliche. Ebenso jedoch, wie unbestreitbar moralische Gehalte über die Politik ins Recht einfließen, beeinflussen auch Recht und Politik die Moral. Das aber wiederum heißt, daß letztlich nur im demokratischen Rechtserzeugungsprozeß selbst entschieden werden kann, wie und vor allem welche Moral im Recht zur Wirkung kommt. Und da eine jede politische Rechtserzeugung immer schon selbst ein rechts*anwendender* Akt ist, kann die rechtfertigungstheoretische Frage nach der Gerechtigkeit des positiven Gesetzes nur aus der *Innenperspektive* des wechselseitigen Voraussetzungs- und Begründungszusammenhangs von Demokratie und Recht beantwortet werden.

In der folgenden Skizze möchte ich dem Entwicklungsverlauf dieser Idee nachgehen und die Schwierigkeiten herausarbeiten, die sie von Anbeginn begleitet haben. Dabei gehe ich in vier Schritten vor. Beginnen möchte ich mit einem kurzen Blick auf Aristoteles. Schon bei ihm läßt sich eine gewisse Selbstbezüglichkeit der demokratischen Rechtsproduktion aufweisen, wenn sich diese auch noch an äußeren Sittlichkeitsmaßstäben orientiert (I). Die Idee von der Artifizialisierung der gesellschaftlichen Ordnung im neuzeitlichen Rechtsdenken, die mit dem zentralen Ethos der antiken Politiklehre bricht, greift aber ebenfalls auf feste Referenzpunkte zurück. Im Hobbesschen Nominalismus ist es die instrumentelle Sprachkompetenz des rational-selbstinteressierten Subjekts, die den Ausgangspunkt bildet, den verpflichtenden Charakter des positiven Gesetzes aber nicht hinreichend begründen kann. Bei Kant hingegen ist es die provisorische Geltung der intelligiblen Ordnung, die die demokratische Rechtserzeugung erst ermöglicht und zusammenhält. Die Idee der *provisorischen Rechtsgeltung* ist für die heute an Kant anschließenden Theorieangebote folgenreich, weshalb ich sie etwas ausführlicher behandeln möchte (II). Sie greift, wie ich zeigen werde, bis auf die philosophischen Konzeptionen von Jürgen Habermas und John Rawls durch: Die Strukturbedingungen des demokratischen Verfassungsstaates werden aus je *vorausliegenden* obersten Grundprinzipien abgeleitet, auf die dieser selbst dann keinen Zugriff mehr hat (III). Ob demgegenüber ein Modell *rechtsimmanenter* Hierarchisierung einen Ausweg weisen kann, das aus *demokratieinterner* Perspektive zudem auf den Abschluß in einer Grundnorm zu verzichten versucht, werde ich sodann betrachten. Entscheidend aber wird hier sein, daß gerade dieser Verzicht die Hierarchie zerbricht (IV). Vor diesem Hintergrund möchte ich abschließend in Form eines Ausblicks erörtern, daß eine *Demokratie ohne Naturrecht* eine Enthierarchisierung der Geltungsdimension voraussetzt, was am Ende bedeutet, daß sie ihre normativen Grundorientierungen nur noch experimentell erzeugen kann (V).

I. Aristoteles und die »naturangeregte« Selbstbezüglichkeit der Polis

Unbesehen des heutigen Streits zwischen Kommunitaristen und Liberalen um das Verhältnis von Gemeinschaft, Sitte und Gerechtigkeit[3] läßt sich doch freilegen, daß schon im aristotelischen Begriff der Politik die Gerechtigkeit des geschriebenen Gesetzes in den internen wechselseitigen Konstitutionszusammenhang von Demokratie und Recht hineingestellt ist. Im Zentrum steht bekanntlich die politisch handelnde Person. Diese hat – ähnlich wie John Rawls später sagen wird – ein Interesse an der möglichst größten Ausbildung und Realisierung ihrer Fähigkeiten, und zwar sowohl im Hinblick auf das individuelle Glück wie auf die Tugend des gerechten Urteilens.[4] Beide Komponenten gemeinsam erst ermöglichen das Politische. Es ist das Medium des *zweckgerichteten* gesellschaftlichen Zusammenhandelns und zugleich als selbst höchster Zweck die höchste Stufe des Guten

3 Siehe aus der deutschen Literatur nur die beiden Sammelbände von M. Brumlik und H. Brunkhorst (Hg.), *Gemeinschaft und Gerechtigkeit*, Frankfurt am Main: Fischer 1993, und G. Frankenberg (Hg.), *Auf der Suche nach der gerechten Gesellschaft*, Frankfurt am Main: Fischer 1994.

4 Rawls wird diese Idee später als »aristotelischen Grundsatz« weiterentwickeln und sie als Motivationsprinzip seinen beiden *moral powers* hinzustellen; vgl. J. Rawls, *Politischer Liberalismus*, Frankfurt am Main: Suhrkamp 1998, S. 35, 97 ff., mit Rückgriff auf *Eine Theorie der Gerechtigkeit*, Frankfurt am Main: Suhrkamp 1975, § 65. Besonders zum Gerechtigkeitssinn siehe Aristoteles, *Politik* I 1253 a 15.

und Gerechten. Nun ist natürlich bei Aristoteles der Mensch als *politisches Wesen* nur innerhalb der Polis frei und nicht etwa *vor* ihr oder gar *gegen* sie. Der Vorrang der Sittlichkeitsgemeinschaft verschlingt das Individuum, unterwirft seine Freiheit dem kollektiven Wohl. Indessen erkennt hier Aristoteles für die *liberté des anciens*[5] bereits etwas, das die spätere liberale Naturrechtslehre für die *liberté des modernes* erst mühsam entdecken mußte: Was immer der Mensch für seine Natur auch halten mag, es ist immer auch sein eigenes Produkt. Und so ist der Mensch nicht nur ein *zoon politikon*, sondern er muß seine Polisnatur selbst hervorbringen. Nur im tätigen Polisleben kann er seinen Fähigkeiten gerecht werden. Erst durch die Teilnahme am gemeinsamen politischen *Werk*, das Aristoteles wohl nicht nur zufällig als »Kunstwerk« bezeichnet, um durchaus schon seinen artifiziellen Charakter anzudeuten[6], wird er zu dem, was er von sich meint, und wird auch die soziale Ordnung erst, was sie sein soll, kann sich ihre Güte und Gerechtigkeit erst herstellen. Die Polis, so könnte man sagen, ist zwar bedingt durch eine *Naturanregung*. Sie ist aber insoweit auch selbst erschaffen, als sie die Anregung aus sich heraus verändert und damit ihrerseits produziert.[7] In dieser Dynamik ist der Mensch als politisches Wesen in seine eigene politische Praxis hineingestellt. Und auch ihre Bewegungsrichtung kann diese nur aus sich selbst bestimmen.

Entsprechend verortet Aristoteles sowohl natürliches wie geschriebenes Recht im internen Funktionszusammenhang der Polis: »Das *politische* Recht zerfällt in das natürliche und das gesetzliche (positive). Natürlich ist jenes, das überall die nämliche Geltung hat, unabhängig, ob es den Menschen gut scheint oder nicht; gesetzlich jenes, dessen Inhalt ursprünglich indifferent ist, das aber, einmal durch Gesetz festgelegt, seinen be-

5 B. Constant, »De la Liberté des Anciens comparée à celle des Modernes« (1819), in: ders., *Œuvres*, hg. und annotiert von A. Roulin, Paris: Gallimard 1957.

6 Vgl. auch die Interpretation von L. Strauss, *The City and Man*, Chicago: Rand McNally 1964, S. 28 f.

7 Eine ähnliche Idee formuliert in idealistischer Perspektive Hegel, *Vorlesungen über die Philosophie der Geschichte. Werke*, Bd. 12, Frankfurt am Main: Suhrkamp 1970, S. 293, für den *griechischen Geist* insgesamt. Siehe aber auch L. Strauss, *Naturrecht und Geschichte*, Frankfurt am Main: Suhrkamp 1977, S. 10 ff.

stimmten Inhalt hat.«[8] So eindeutig, wie diese Differenzierung scheint, ist sie indessen nicht. In der späteren thomistischen Lesart wird sie zur Grundierung eines fixierbaren Bestandes an obersten Rechtsgrundsätzen mit ontologischer Dignität. Es spricht jedoch einiges dafür, daß Aristoteles gerade in der Polisverortung dieser Differenzierung auch auf den »positiven« Gehalt der Rechtsgeltung abzielen wollte.[9] Und dies aus folgenden Gründen: Widerspricht doch die Idee eines fest situierten natürlichen Rechts seiner eigenen Idee von der historisch sich wandelnden Polis, die, obzwar »naturangeregt«, sich stets von neuem selbst erschaffen muß. Zumindest aber mag seine mit Blick auf die Sophisten gegebene Diagnose, daß auf Erden auch der Bereich des »Natürlichen« – wie überhaupt alles – dem Wandel unterliegt, ihn selbst irritiert haben. Denn dann ist es eben nicht mehr, wie er meinte, »von selbst einleuchtend [...] welches Recht in den Dingen, die auch anders sein können, natürlich ist und welches es nicht ist, sondern auf Gesetz und Übereinkunft beruht, obschon beides gleichermaßen beweglich ist«[10]. Steht nun aber das Natürliche »ganz unter dem Gesetz der Bewegung«, so vermag es kaum einen übergeordneten Maßstab des Gerechten mehr herzugeben. Vielmehr wird es im politischen Rechtserzeugungsprozeß verfügbar, dessen Generalisierungsleistungen nur noch qua Unkenntnis der Zukunft operieren können.[11] Allemal aber ist das Recht »eine menschliche Angelegenheit«.[12]

8 *Nikomachische Ethik* V 1134b 18 -23; hier nach der Übersetzung von E. Rolfes, hg. von G. Bien, Hamburg: Meiner, 4. Aufl. 1985.

9 Freilich handelt es sich hier noch nicht um positives Recht im abstrakten, modernen Sinne eines ausdifferenzierten Rechts*systems*, sondern vielmehr um eine konventionalistische Rechts*ordnung* etwa im Weberschen Sinn; vgl. M. Weber, *Wirtschaft und Gesellschaft*, Tübingen: Mohr (Siebeck) 1972, S. 187 ff. Zur Unterscheidung siehe auch H. Berman, *Recht und Revolution*, Frankfurt am Main: Suhrkamp 1991.

10 *Nikomachische Ethik* V 1134b 30 ff.

11 Vgl. auch Aristoteles, *Rhetorik* I 1354b.

12 *Nikomachische Ethik* V 1137a 31. Entsprechend sieht Aristoteles im übrigen auch die forensische Rechtsarbeit. In der *Rhetorik* gibt er advokatorische Techniken an, wie man sich einmal, nämlich wenn das geschriebene Gesetz den eigenen Interessen zuwiderläuft, auf die ungeschriebenen Regeln des Naturrechts berufen und wie man im anderen Fall, wenn das gesetzliche Recht der eigenen Sache günstig

Und so ist schließlich die gesetzesförmige Ordnungsgestaltung als solche, die Aristoteles für ein *dauerhaft Natürliches* hält, in der *Natürlichkeit* (und damit Ungewißheit) *der Bewegung*. Dies fällt mit der Polisnatur des Menschen zusammen und macht auch verständlich, weshalb das *natürliche* Recht »überall die nämliche Geltung hat«. Das natürliche Recht nämlich ist »politisches Recht«, und dieses wiederum ist die natürliche Ausdrucksform des politischen Menschen. Und da ja dessen Streben aufs Gute und Gerechte nur in *tätiger politischer Praxis* sich auszubilden und ins *Werk* zu setzen vermag, kann auch ein gutes und gerechtes gesellschaftliches Zusammenleben nur *im* Medium des politisch gesetzten Rechts gestaltet werden, das dann, obgleich »ursprünglich indifferent«, »seinen bestimmten Inhalt hat«. Die ursprüngliche inhaltliche Indifferenz des gesetzlichen Rechts wird durch das Verfahren seiner Erzeugung ausgeglichen. Und Ungewißheit kann nur durch eine politische Teilnahme bearbeitet und im Zaume gehalten werden, die das Risiko der Zukunftsunkenntnis auf möglichst viele Köpfe verteilt. Am Ende also scheint es, daß das Natürliche am Recht lediglich verlangt, den *selbstgegebenen*[13] Gesetzen zu folgen – und dies eben »unabhängig davon, ob es (dann nämlich im Sinne eines abstrakten Rechtsgehorsams überhaupt) den Menschen (in einer partikularen gesellschaftlichen Situation) gut scheint oder nicht«. Man könnte auch sagen, das demokratische Gesetz garantiert die Einheit der Polis, und zwar nicht durch seinen Inhalt allein, sondern vor allem dadurch, daß es den Polisbürgern als selbstgegebenes zuge-

ist, gegen das Naturrecht argumentieren könne (Rhetorik, 1375a 27 bis b 16). Auch hier also geht es weniger um ein unwandelbares Naturrecht, sondern vielmehr um einen Prozeß praktischer Urteilsbildung *unter* dem Gesetz. In diese Richtung wohl auch B. Yack, »Natural Right and Aristoteles' Understanding of Justice«, in: *Political Theory* 18 (1990), S. 216 ff.

13 Auch die Idee der *Selbstgesetzgebung* ist natürlich bei Aristoteles nur im politischen Zusammenhang seiner Zeit zu verstehen. In der Gestalt konventionalistischer *Selbstherrschaft* galt sie nur für die tugendhaften Polis*bürger*, zu denen bekanntlich Frauen, Sklaven und Erwerbstätige nicht gehörten; zum Ganzen vgl. auch R. Mulgan, »Aristotele and the Value of Partizipation«, in: *Political Theory* 18 (1990), S. 195, 205 ff., in Auseinandersetzung mit M. Nussbaum, *The Fragility of Goodness*, Cambridge, Mass.: Cambridge University Press 1986, S. 349 ff.

rechnet werden kann und als solches dann befolgt und angewandt wird. Und dies genau ist nach Aristoteles gleichsam die Voraussetzung für eine stete Verbesserung der Gesellschaft. Als Steuerungsmedium der Polis und als Garantie politischer Einheitsbildung bleibt die konkrete inhaltliche Ausgestaltung des gesetzlichen Rechts also durchaus für politische Gerechtigkeitsdiskurse offen[14], die allerdings ihrerseits *durchs* Recht erst gewährleistet werden und zur Wirkung kommen können.

Insoweit könnte man zusammenfassend sagen, ist Gerechtigkeit schon bei Aristoteles weniger eine *vor*politische Kategorie, sondern vielmehr als ein politisches Konstruktionsprodukt zu verstehen. Die Politik aber ist immer schon *intern* verschränkt mit dem geschriebenen Gesetz, wenngleich natürlich eine gewisse metaphysische »Naturanregung« in Richtung sittlicher Tugendgemeinschaft im Hintergrund die Fäden in der Hand behält und Recht und Ethos noch nicht geschieden sind.[15] So nah aber an die Idee demokratischer Selbstgesetzgebung kommt die Rechtsphilosophie erst wieder mit Kant heran.

II. Vernunftsubjekt und Artifizialisierung der gesellschaftlichen Ordnung: Das »Ideal des Hobbes« und Kants Konstruktion des *provisorischen* Rechts

Reichte Aristoteles' Gesichtskreis über die Sittlichkeitsgemeinschaft eines griechischen Stadtstaates nicht hinaus, so betritt durch die Berührung Griechenlands mit dem römischen Imperium die Weltvernunft die Bühne der Geschichte. Das *ius gentium* universalisiert die Gebräuche und steht als abstraktes Rechtsprinzip dem gesetzlichen Recht voran. Thomas setzt dies für die Hochscholastik fort, und ein positives Gesetz, das dem Natur-

14 Und zwar durchaus auch im Hinblick auf den Umfang der Polisbeteiligung. Siehe hierzu und zur Diskursrationalität bei Aristoteles (mit Nachweisen) T. Irwin, »The Good of Political Activity«, in: G. Patzig (Hg.), *Aristoteles' »Politik«*, Göttingen: Vandenhoeck und Ruprecht 1990, S. 73, 84 ff.

15 Vgl. dazu ausführlich H. Brunkhorst, *Demokratie und Differenz*, Frankfurt am Main: Fischer 1994, besonders S. 62 ff.

recht widerspricht, ist im eigentlichen Sinne kein Gesetz, sondern eine »Korruption« des Gesetzes (legis corruptio).[16] Erst in der Spätscholastik wird allmählich erkannt, daß auch die obersten Naturrechtssätze noch verschiedene soziale Gestaltungsformen zulassen. Der Gedanke, daß zwischen diesen im Wege positiver Gesetzgebung zu wählen ist, setzt sich jedoch erst im rationalistischen Naturrecht der Aufklärung durch.[17] Mit der nun lauter werdenden Forderung nach Positivierung entzieht sich das sakrale Naturrecht selbst den Boden. An seine Stelle tritt die Vernunftnatur des Menschen. Naturrecht wird fast übergangslos zum Vernunftrecht. An die Stelle der stoisch-christlichen Normenhierarchie tritt als Folie aller rechtlichen Reflexionen die Grundunterscheidung von Subjekt und Welt, Vernunft und Wirklichkeit, Moralität und Legalität. Spätestens seit Hobbes das empirische Moment des Rechts mit großer Eindringlichkeit herausgearbeitet und auf dessen beliebige Änderbarkeit hingewiesen hatte, mußten die Unterschiede von positivem Recht und Moral deutlich werden.

Die Frage nach dem Geltungsgrund des Rechts wird nun sozialvertraglich gewendet. Die Lehre vom *status naturalis*, gegen dessen zerstörerische Willkür die Vernunft nun antreten soll, nimmt dabei ein durchaus schon in der Antike bekanntes Motiv auf. Schon Aristoteles' *zoon politikon* war gewissermaßen der Gegenentwurf eines gesetzlosen Unruhezustands.[18] Für Hobbes indessen hatte das zentrale Ethos der antiken Politiklehre seine Überzeugungskraft längst verloren. Nicht nur galt es, die politische Einheitsbildung als menschliches Kunst-*Werk* zu begreifen, sondern auch der Mensch selbst konnte nur noch als ein artifizieller verstanden werden. An die Stelle der Natur tritt die Setzungsfunktion der Sprache, die sowohl das Subjekt wie seine Ordnung von »naturangeregten« Gebräuchen freimacht und neue Verknüpfungen erlaubt. Entsprechend ist auch bei Hobbes die Sprache nicht mehr vorrangig ein Instrument zur Abbildung der Welt, sondern bringt diese allererst hervor. Nur sie, wie Hobbes schon weiß, ist in der Lage, menschliche Wirklichkeit – und

16 Th. von Aquin, *Summa Theologica*, II 1 qu. 95,2.

17 Dies widerspricht im übrigen nicht H. Berman, *Recht und Revolution*, a.a.O., der den eigentlichen Beginn des modernen Rechtssystems bereits auf das christliche 11. Jahrhundert datiert.

18 Aristoteles, *Politik* I 1253a 5 f., 32 f.

hier insbesondere die politische – zu konstituieren. Als solche aber bleibt sie selbst künstlich. Und gerade dies ermöglicht, daß die Dinge durch *Namen* und *Benennungen* ersetzt und neu verknüpft werden können, wodurch sie gleichsam aus ihren bloß natürlichen Kausalitätsverhältnissen befreit und zu Objekten des Willens der ihrerseits künstlichen Person erhoben werden.[19]

Auf die instrumentelle Reduktion der menschlichen Sprachkompetenz, die dem Hobbesschen Nominalismus die Begründung *verpflichtender* Normen bekanntlich so schwer macht, antwortet Kant mit der »Vernunft im Experiment mit sich selbst«.[20] Das »sprachliche Wissen«, mit dem Hobbes die Trennung von Sein und Erkenntnis fürs *namengebende* Subjekt begründet, verlegt Kant in ein Selbstgesetzgebungsmodell nach *Vernunftgründen*, das weder dem Gedanken allseitiger Machbarkeit und Nützlichkeit das Wort redet noch sich von äußeren Handlungsmotiven bestimmt weiß. Vielmehr bedeutet vernünftige Selbstgesetzgebung allein, eine freie und nach Regeln geordnete *mögliche* Welt nach einem *Bilde* zu gestalten, das sich »das *Ideal* der *höchsten ontologischen Vollkommenheit* zu einem Prinzip der *systematischen Einheit* nimmt«.[21] Die »Begründung einer formalen Verfassung der Erkenntnis als solcher aus Selbstbewußtsein«[22] und die Konstitution der Vernunft als praktisches »Vermögen der Regeln«[23] verweist bei Kant auf eine ursprüngliche Einheit der Synthesis im Subjekt, die die *Erwartung* des *möglichen* künftigen Zustands stets von neuem selbst erzeugen muß.

Entsprechend diesem Vorrang der reinen praktischen Vernunft

19 Th. Hobbes, *Leviathan*, Frankfurt am Main: Suhrkamp 1984, besonders Kaponders 4 und 5. Zum ganzen vgl. auch A. Lemke, »Überlegungen zur Sprachphilosophie bei Thomas Hobbes«, in: *Zeitschrift für Politik* 43 (1996), S. 1 ff., und K.-H. Ladeur, *Postmoderne Rechtstheorie*, Berlin: Duncker & Humblot 1992, S. 23 ff.

20 C. Bickmann, »Auf dem Wege zu einer Metaphysik der Freiheit: Kants Idee der kopernikanischen Wende im Experiment der Vernunft mit sich selbst«, in: *Kant-Studien* 86 (1995), S. 321 ff.

21 I. Kant, *Kritik der reinen Vernunft. Werke*, Bd. 4, hg. von W. Weischedel, Frankfurt am Main: Suhrkamp 1968, S. 685 (A 816 B 844).

22 Vgl. D. Henrich, »Die Anfänge der Theorie des Subjekts (1789)«, in: *Zwischenbetrachtungen. Im Prozeß der Aufklärung*, Frankfurt am Main: Suhrkamp 1989, S. 105 ff.

23 M. Wetzel, »Diskurse als Wege zur Dialektik«, in: *Zeitschrift für philosophische Forschung* (1989), S. 213, 232.

sind bei Kant Naturzustandslehre und Vertrag für die Rechts- und Staatsbegründung weit weniger zentral als im »Ideal des Hobbes«, zumal dessen Programm von wechselseitigem Rechtsverzicht und vertragstheoretisch konstruierter Herrschaftsübereignung an einen Dritten eine deutliche Begründungslücke aufweist. Kant beginnt zwar ebenfalls mit dem Hobbesschen Defizitmodell des *status naturalis*; hingegen – wie im übrigen ja schon Rousseau – verfolgt er den Gedanken, daß der Mensch im Staat »seine wilde und gesetzlose Freiheit gänzlich verlassen [hat], um seine Freiheit überhaupt in einer gesetzlichen Abhängigkeit, d.i. in einem rechtlichen Zustande unvermindert wieder zu finden; weil diese Abhängigkeit aus seinem eigenen gesetzgebenden Willen entspringt«.[24] Von einem Rechtsverzicht im Hobbesschen Sinne ist Kant also ebensoweit entfernt wie von dessen Vertragsmodell. Vielmehr geht es ihm gerade um die *Begründung* der Freiheit als *Voraussetzung* für den Übergang in den Zivilzustand. Und das allein aus den Regeln der praktischen Vernunft.

Diese Begründung liefert Kant bekanntlich in seiner Lehre vom natürlichen Privatrecht (besonders §§ 1-9 *Rechtslehre*). Das Begriffspaar vom *provisorischen* und *peremtorischen* Mein und Dein ersetzt die Hobbesschen Dualismen von Tod und Leben, Krieg und Frieden und macht den Übergang zum *status civilis* fließend. Für das *äußere* Mein und Dein der privaten »Besitzerwerbung«, das Kant vom *inneren* Mein und Dein – der gleichen Freiheit überhaupt – unterscheidet[25], ist denn auch kennzeichnend, daß es bereits als *provisorisches* verpflichtend ist. Dies ergibt sich aus dem Zusammenspiel von Erlaubnisgesetz (§ 2 Rechtslehre) und Rechtsprinzip (§ C)[26]: Denn nicht nur folgt aus dem »rechtlichen Postulat der praktischen Vernunft«, daß ein *absolutes* Verbot des Eigentums »ein Widerspruch der äußeren Freiheit mit sich selbst sein würde«, sondern es knüpft entsprechend dem Rechtsprinzip schon den intelligiblen Besitz selbst an die Bedingung, daß die »Willkür, formaliter, im Gebrauch der

24 I. Kant, *Metaphysik der Sitten. Werke*, Bd. 8, hg. von W. Weischedel, Frankfurt am Main: Suhrkamp 1977, Rechtslehre § 47.

25 Ich komme auf diese Unterscheidung noch zurück.

26 Kant selbst allerdings unternimmt diese Verknüpfung nur mittelbar; für die hier vorgeschlagene Deutung vgl. aber auch P. Baumann, »Zwei Seiten der Kantschen Begründung von Eigentum und Staat«, in: *Kant-Studien* 85 (1994), S. 147 ff.

Sachen mit jedermanns äußeren Freiheit nach allgemeinen Gesetzen zusammenstimmte«. Nicht also, wie in der Kant-Literatur überwiegend angenommen, stiftet das Erlaubnisgesetz einen Duldungsmodus für unvermeidliche, schon geschehene und institutionell verfestigte Gewaltformen ursprünglicher Aneignung, die als solche eigentlich nichtig sind, aber wegen der aus Vernunftgründen geforderten *Möglichkeit* des intelligiblen Besitzes eben hingenommen werden müssen, bis ein *peremtorischer* Zustand gefunden ist.[27] Vielmehr vermittelt es den reinen Vernunftbegriff des Rechts mit der Heterogenität der gewissermaßen vorzivilen *Wirklichkeit* derart, daß es deren provisorische Duldung *unter der angegebenen Bedingung* verbindlich macht. Ebendies ist gemeint, wenn Kant davon spricht, das provisorische Mein und Dein sei nicht nur ein vernunftrechtlich *möglicher*, sondern auch ein *wirklicher*, »physischer Besitz, der die rechtliche *Präsumtion* für sich hat, ihn, durch Vereinigung mit dem Willen aller in einer öffentlichen Gesetzgebung, zu einem rechtlichen zu machen, und gilt in dieser Erwartung *komparativ* für einen rechtlichen«[28]. Damit aber ist die provisorische Geltung des natürlichen Privatrechts gleichsam die Basis für die künftig peremtorische in der Form des »öffentlichen Rechts«. Dessen formale Publizitätsbedingung[29] schließt an die provisorische Geltung an und importiert von dort auch deren Substanz: Die *Wirklichkeit* des provisorischen äußeren Mein und Dein ist dieselbe wie die des peremtorischen – mit dem Unterschied allerdings, daß der provi-

27 So zum Beispiel R. Brandt, »Das Erlaubnisgesetz, oder: Vernunft und Geschichte in Kants Rechtslehre«, in: ders. (Hg.), *Rechtsphilosophie der Aufklärung*, Berlin: de Gruyter 1982, S. 233, 246, 269; sowie hier im Anschluß an Brandt auch I. Maus, *Zur Aufklärung der Demokratietheorie*, Frankfurt am Main: Suhrkamp 1992, S. 22, 166 f. Zugegebenermaßen leistet aber Kant selbst solchen Interpretationen Vorschub, wenn etwa in § 44 Rechtslehre von der »Rechtlosigkeit« des natürlichen Privatrechts die Rede ist, in dem jeder »auf seinem eigenen Recht« besteht und rücksichtslos nur »seinem eigenen Kopfe folgt«.

28 Rechtslehre, § 9; zum Korrespondenzverhältnis von *intelligiblem* und *phänomenalem* Besitz sowie zu dessen »Verrechtlichung« zum *peremtorischen* vgl. auch § 15.

29 Vgl. besonders I. Kant, *Zum ewigen Frieden*. *Werke*, Bd. 11, hg. von W. Weischedel, Frankfurt am Main: Suhrkamp 1977, Anhang II, S. 244 ff.

sorische Zustand noch kein sicherer ist, woraus die Notwendigkeit resultiert, ihn in einen peremtorischen zu überführen. Und so heißt es im Anschluß ans Erlaubnisgesetz am Ende von § 8: Wenn es nach der reinen praktischen Vernunft »rechtlich möglich sein muß, einen äußeren Gegenstand als das Seine zu haben: so muß es auch dem Subjekt *erlaubt* sein, jeden anderen, mit dem es zum Streit des Mein und Dein über ein solches Objekt kommt, zu nötigen, mit ihm zusammen in eine bürgerliche Verfassung zu treten«. Bis hierhin erfolgt die Begründung also noch weitgehend ohne naturzustands- und vertragstheoretische Überlegungen.

Erst bei der Behandlung des Staatsrechts nimmt Kant dann genaueren Bezug auf Naturzustand und Vertrag.[30] Allerdings wiederholt er hier im wesentlichen nur seine im Privatrecht gegebene Begründung.[31] Ohne den im Privatrecht bereiteten Boden lassen sich nämlich weder das *Exeundum*-Postulat noch der Vertrag abschließend begründen. Beide hängen vielmehr argumentativ in der Luft, solange sie – wie bei Hobbes – ausschließlich aus der Entgegensetzung zum Naturzustand hergeleitet werden. Es ist daher zutreffend darauf hingewiesen worden, daß der Staat bei Kant sich nicht nur im *Bruch* mit der natürlichen Ordnung konstituiert, sondern gerade auch – und gleich ursprünglich – in Kontinuität mit ihr. Erst im argumentativen Zusammenspiel mit dem Kantischen Kontinuitätsmodell kann das Hobbessche Defizitmodell das Begründungsprogramm einlösen.[32] Erst durch die Begründung einer gewissen Beständigkeit der Freiheit wird

30 Daß Kant schon in §§ 9 und 15 Rechtslehre vom Naturzustand spricht, hat demgegenüber nur eine vorgreifende Funktion, um die Unterscheidung von provisorischem und peremtorischem Mein und Dein zu erläutern. Die Definition des Naturzustands in §§ 41, 42 gehört zwar ebenfalls noch zum Privatrecht, leitet aber zum Staatsrecht über.

31 Vgl. etwa die Formulierung in § 44 Rechtslehre: »Wollte man vor Eintretung in den bürgerlichen Zustand gar keine Erwerbung, auch nicht einmal provisorisch, für rechtlich erkennen, so würde jener selbst unmöglich sein [...]. Es würde also, wenn es im Naturzustande auch nicht provisorisch ein äußeres Mein und Dein gäbe, auch keine Rechtspflichten in Ansehung desselben, mithin auch kein Gebot geben, aus jenem Zustande herauszugehen.«

32 K. Herb und B. Ludwig, »Naturzustand, Eigentum und Staat. Immanuel Kants Relativierung des ›Ideal des Hobbes‹«, in: *Kant-Studien* 84 (1993), S. 283, 306.

der Übergang zur artifiziellen Autonomie möglich, welcher dann alle hinsichtlich des äußeren Gebrauchs ihrer Freiheit verbindet, sie nur in Übereinstimmung mit einer möglichen allgemeinen Gesetzgebung auszuüben, und in dem jeder gegen jeden das Recht hat, die Herbeiführung eines rechtlichen Zustandes zu erzwingen.

»Naturrecht« aber bleibt die artifizielle Autonomie nicht nur, weil Kant sie selber so nennt. Als Apriori der Rechtsidee bildet sie den Oberbegriff auch für die öffentliche Autonomie, die er, ebenso wie ja die private, für den Erzeugungsvorgang des »rechtlichen Zustandes« voraussetzen muß.[33] Beide bleiben daher stets rückgebunden an das »jedermann von Natur« aus zukommende und »angeborene« Recht der gleichen subjektiven Handlungsfreiheit überhaupt, das Kant dem *inneren* Mein und Dein zuschlägt. In ihm finden denn auch die durch »rechtlichen Akt« *erworbenen* Rechte ihre Grundlage.[34] Da sich aber sowohl inneres wie äußeres Mein und Dein gleichermaßen auf Regelungen der *äußeren* Freiheit beziehen, ist das Privatrecht der systematisch einzig mögliche Ort, an dem Kant nur seine Freiheitslehre entwickeln kann.

Wie aber läßt sich vor diesem Hintergrund dann das Verhältnis von privater und öffentlicher Autonomie bei Kant verstehen? Genau an dieser Frage nun beginnt der Streit. Während man als bisher herrschende Lehre wohl bezeichnen kann, daß Kant den letztlichen Urgrund der Autonomie ins natürliche Privatrecht

33 Daß in diesem Zusammenhang auch das *öffentliche Recht* bei Kant keineswegs nur sich auf das *positiv gesetzte*, staatliche Recht bezieht, sondern auch einen inhärent naturrechtlichen Gehalt hat, weist überzeugend K. Kühl, »Naturrecht und positives Recht in Kants Rechtsphilosophie«, in: *Archiv für Rechts- und Sozialphilosophie*, Beiheft 37, Stuttgart 1990, S. 75, 80, 86, nach.

34 In der »allgemeinen Einteilung der Rechte« formuliert Kant diesen Zusammenhang so: »Die Absicht, weswegen man eine solche Einteilung in das Naturrecht (sofern es das angeborene angeht) eingeführt hat, geht darauf hinaus, damit, wenn über ein erworbenes Recht ein Streit entsteht und die Frage eintritt, wem die Beweisführung [für dieses Recht – Th. K.] obliege [...] derjenige, welcher diese Verbindlichkeit von sich ablehnt, sich auf sein angeborenes Recht der Freiheit (*welches nun nach seinen verschiedenen Verhältnissen spezifiziert wird*) methodisch und gleich als nach verschiedenen Rechtstiteln berufen könne«; *Rechtslehre*, S. 346 (Hervorhebung Th. K.).

verlegt, welches alle Gesetzgebung zu leiten habe, betonen andere mehr den demokratietheoretischen Aspekt, mit Vorrang der öffentlichen Autonomie und des positiven Gesetzes.[35] Und schließlich meint Wolfgang Kersting, Kant habe einen »mittleren Kurs« zwischen Naturrecht und rechtlicher Positivität zu halten versucht.[36] Alle Seiten haben überzeugende Argumente für ihre Auffassungen beigebracht, und womöglich bleibt Kants Position hier entsprechend offen. Indessen sagt er an einer zentralen Stelle zum Verhältnis von Privatrecht und öffentlichem Recht: »Dieses enthält nicht mehr, oder andere Pflichten der Menschen unter sich, als in jenem gedacht werden können; die Materie des Privatrechts ist eben dieselbe in beiden. Die Gesetze des letzteren betreffen also nur die rechtliche Form ihres Beisammensein (Verfassung), in Ansehung deren die Gesetze notwendig als öffentlich gedacht werden müssen.«[37] Mit Ingeborg Maus kann man daraus folgern, Kant begründe auch hier nicht die staatliche Gesetzgebung aus dem natürlichen Privatrecht, sondern geradezu umgekehrt aus dessen Imperfektheit angesichts des Fehlens bindender verfassungsrechtlicher Regelungen.[38] Allerdings ist, wie Kant sagt, die »bürgerliche Verfassung [...] allein der rechtliche Zustand, durch welchen jedem das Seine nur gesichert, eigentlich aber nicht ausgemacht und bestimmt wird. – Alle Garantie setzt also das Seine von jemandem (dem es gesichert wird) schon voraus.«[39] Wie aber funktioniert das?

Hier kann man natürlich leicht wieder an den Vertrag denken, der die Brücke schlagen soll. Dieser aber hat ein ähnliches Problem. Als Konstitutionsmodell beruht auch er auf Voraussetzungen, die er selbst nicht garantieren kann. Aber auch die Konstruktion des *provisorischen* Mein und Dein reicht nun nicht mehr aus. Erlaubnisgesetz und Rechtsprinzip kleiden zwar die dort vorfindlichen Positionen mit quasi-rechtlicher Geltung aus und begründen so die Verpflichtung, in jenen Zustand des öffentlichen Rechts zu treten, der von der Vernunftidee des Rechts

35 So Maus, *Zur Aufklärung der Demokratietheorie*, a.a.O. (Anm. 27), S. 148 ff.

36 W. Kersting, *Wohlgeordnete Freiheit*, Berlin: de Gruyter 1984, S. 351.

37 Kant, *Rechtslehre*, § 41, S. 424; vgl. auch § 44, S. 431.

38 Maus, *Zur Aufklärung der Demokratietheorie*, a.a.O. (Anm. 27), S. 153 f., 165 ff., 169.

39 *Rechtslehre*, § 9.

gefordert wird. Allerdings geben sie nur vermittelt Anhaltspunkte fürs praktische Urteil und sind damit ihrerseits – so Kants Lösung – auf ein genuin moralisches Vermögen des Subjekts angewiesen, welches das Urteil orientiert. Erst mit dem Begriff der »moralischen Persönlichkeit« kann Kant eine Instanz konstruieren, die seine Idee von der provisorischen Rechtsgeltung immer schon voraussetzen mußte: eben den kategorischen Imperativ. Mit ihm erst wird das, was durchs positive Recht gesichert werden soll, konkretisierbar. Erst nach seinem Bedingungssatz wird es möglich, daß »jedem das Seine [...] ausgemacht und bestimmt« werden kann. Der moralische Imperativ informiert das Rechtsprinzip[40], und insoweit dieses sich mit dem Erlaubnisgesetz verschränkt, ist er zugleich dem *provisorischen* Recht eingeschrieben und gelangt von dort, eben als Verpflichtung, das moralische Kompatibilisierungsgebot meiner Freiheit mit der Freiheit eines jeden zu verrechtlichen, in den *peremtorischen* Zustand des positiven Rechts. Diese Ableitungssequenz faßt Kant in einem Satz zusammen: »Wir erkennen unsere eigene Freiheit [...] nur durch den moralischen Imperativ, welcher ein pflichtgebietender Satz ist, aus welchem nachher das Vermögen, andere zu verpflichten, d.i. der Begriff des Rechts, entwickelt werden kann.«[41]

Damit allerdings ist die Vernunftidee des Rechts selbst eine genuin moralische Idee. Und diese – wie wir oben gesehen haben – geht darauf hinaus, die Welt nach einem *Bilde* zu gestalten. In die Vernunft als praktisches »Vermögen der Regeln«, die in der Einheit der Synthesis im Subjekt ihren Ausgang nimmt, ist aber die stete *Vorläufigkeit* des Urteils schon eingebaut. Das eben ist der Gehalt der »mit sich selbst experimentierenden Vernunft«. Ihr genau entspricht die Idee der Geltung des provisorischen Rechts in Erwartung eines peremtorischen Zustands. Wie Reinhard Brandt überzeugend dargelegt hat, ist daher die *Zeit* konstitutiv für die Kantische Rechtslehre.[42] Nur vor ihrem Hintergrund lassen sich die Kategorien schematisieren, werden die natürlichen Privatrechte fixierbar. Das Recht als solches weist sich durch die Möglichkeit seiner Änderung aus. Seine Publizi-

40 Dies ist im übrigen in der Kant-Literatur weitgehend unstreitig. Streitig ist lediglich, wie stark und mit welchen inhaltlichen Konsequenzen.

41 *Metaphysik der Sitten*, S. 347.

42 Brandt, »Das Erlaubnisgesetz«, a.a.O. (Anm. 27), S. 247 f., 268 ff.

tätsbedingung erfordert stete demokratische Erneuerung. Diese aber – und das ist der zentrale Punkt – ist in ihrer Zeitstruktur teleologisch: der Anfang ist im Ende begründet. Und Anfang wie Ende der Bewegung schließlich ist das »jedermann von Natur« aus zukommende Freiheitsrecht der intelligiblen Ordnung, welches im historischen Zeitlauf nur »nach seinen verschiedenen Verhältnissen spezifiziert wird«[43] und in dem also auch alle durch »rechtlichen Akt« *erworbenen* Rechte ihren festen Halt finden. Es ist gewissermaßen der geltungstheoretische Grundbestand, hinter den auch die demokratische Rechtserzeugung nicht zurückkann. Über die moralisch begründeten Rechte können auch »alle über alle nicht beschließen«.[44] Kant wendet sich zwar ausdrücklich dagegen, ja warnt sogar davor, daß die politische Gesetzgebung allein moralischen Gehalten zu folgen habe[45], und unterscheidet damit deutlich Legalität und Moralität als zwei verschiedene Bereiche der gesellschaftlichen Normenbildung. Der Moral als *innerer* Verpflichtung muß das Demokratieprinzip hinzugestellt werden, damit das Recht als positives Geltung beanspruchen kann. Insoweit also kommt es durchaus zu einer *prozeduralen Transformation des Naturrechts.*[46] Doch selbst wenn Kant zuweilen (und das bestimmt nicht oft!) sagt, daß sich im zur Selbstgesetzgebung »vereinigte[n] Volk« die »ursprünglich oberste Gewalt« befindet, »von der alle Rechte der einzelnen [...] *abgeleitet* werden müssen«[47], so beruhen ihm die Rechte als oberstem methodischem Ausgangspunkt »auf lauter Prinzipien a priori«[48], auf die jeder positive Rechtszustand sich gründen soll. Bis zu einer in den demokratischen Gesetzgebungsprozeß selbst hineinverlagerten Legitimität des positiven Rechts ist es noch ein langer Weg.

43 Siehe Anm. 34 für das ganze Zitat.

44 Hier in Anlehnung an die berühmte Passage in § 46 Rechtslehre: »Also kann nur der übereinstimmende und vereinigte Wille aller, so fern ein jeder über alle und alle über einen jeden ebendasselbe beschließen, mithin nur der allgemein vereinigte Volkswille gesetzgebend sein.«

45 Nachweis bei Maus, *Zur Aufklärung der Demokratietheorie*, a.a.O. (Anm. 27), S. 328 f.

46 So Brunkhorst, *Demokratie und Differenz*, a.a.O. (Anm. 15), S. 178, im Anschluß an I. Maus.

47 *Rechtslehre*, § 52, S. 464 (Hervorhebung Th. K.).

48 *Rechtslehre*, S. 345.

III. Die normative Kraft des Provisorischen bei Habermas und Rawls

Trotz des apriorischen Gehalts der Konstruktion wird bei Kant bereits deutlich, daß die Ausdifferenzierung eines besonderen Systems rechtlich geschützter Erwartungen aus dem Gesamtfeld gesellschaftlicher Normenbildung nur durch Positivierung, das heißt nur durch rekursive Schließung des demokratischen Rechtserzeugungsprozesses, erreicht werden kann. Dies nun ist Ausgangspunkt der heute auf Kant zurückgehenden Diskussion. Sie knüpft an die im rationalistischen Naturrecht vorbereitete Leitunterscheidung von Sein und Geltung oder, modern gesprochen, von Faktizität und Geltung an, und für die Ermittlung des Geltenden werden nicht mehr inhaltliche, sondern nur noch prozedurale Vorgaben akzeptiert. Nach dem Verlust von traditional einheitsstiftenden Weltbildgehalten und übergeordneten Wertorientierungen kann die Legitimation des Rechts nur noch im politischen Rechtsetzungsprozeß selbst erzeugt werden. Damit aber müssen sich Menschenrechte und Volkssouveränität, Demokratie und Recht wechselseitig einholen, ohne daß es ihnen gegenüber ein »Äußeres« gibt.

Jürgen Habermas hat dies mit der Idee der *Gleichursprünglichkeit* von privater und öffentlicher Autonomie zu fassen versucht. Er möchte dieses Verhältnis diskurstheoretisch als einen komplexen Doppelstatus rechtlicher Strukturen dechiffrieren, in dem legitimes Recht einerseits aus Prozessen demokratischer Deliberation hervorgeht, in denen sich die Bürger wechselseitig rechtliche Autonomiesphären zuerkennen, und andererseits zugleich die kommunikativen Bedingungen eines deliberativen Rechtserzeugungsprozesses gesellschaftlich institutionalisiert. Dabei verschränken sich Diskursprinzip und Rechtsform zum Demokratieprinzip, welches dann seinerseits mit der Rechtsform einen »Kreisprozeß« bildet. In diesem Zusammenhang spricht Habermas von »eine(r) *logische(n) Genese von Rechten*, die sich schrittweise rekonstruieren läßt. Sie beginnt mit der Anwendung des Diskursprinzips auf das – für die Rechtsform als solche konstitutive – Recht auf subjektive Handlungsfreiheiten überhaupt und endet mit der rechtlichen Institutionalisierung von Bedingungen für eine diskursive Ausübung der politischen Autonomie, mit der rückwirkend die zunächst abstrakt gesetzte private Autonomie rechtlich ausgestaltet werden kann.«[49] An anderer Stelle habe ich bereits auf den meines Erachtens vernunftrechtlichen Untergrund dieser Konstruktion hingewiesen.[50] In vorliegendem Zusammenhang aber wird darüber hinaus noch eine weitere Parallele zu Kant erkennbar: Als abstrakt gesetztes Prinzip ist die private Autonomie *provisorisch* und muß erst noch in einen – in Kants Terminologie – »peremtorischen«, also öffentlich-rechtlichen Zustand überführt werden. Wie bei Kant ist sie gleichsam die Bedingung der öffentlichen Autonomie. Hatte Kant nun ihre gewissermaßen vorrechtliche Geltung an die *Erwartung* geknüpft, daß der »vereinigte Wille« aller Betroffenen unter Rechtsgesetzen sie späterhin legalisieren würde und dafür den dem Rechtsprinzip eingeschriebenen moralischen Imperativ als Garant konstruiert, so soll Habermas' *System der Rechte* »genau die Grundrechte enthalten, die sich die Bürger gegenseitig einräumen *müssen*, wenn sie ihr Zusammenleben mit Mitteln des positiven Rechts legitim regeln *wollen*«.[51] Im Unterschied zu Kant also *müssen* die Bürger nur, wenn sie *wollen*. Aber was macht sie wollend, so daß sie müssen?[52]

Es ist nun wiederholt auf die Kontingenz dieses »Entschlusses« hingewiesen worden, um die Distanz zum Vernunftrecht zu unterstreichen.[53] Indessen ist auch bei Habermas das *Moralprinzip*

49 J. Habermas, *Faktizität und Geltung*, a.a.O. (Anm. 2), S. 154 f.

50 Th. Kupka, »Jürgen Habermas' diskurstheoretische Reformulierung des klassischen Vernunftrechts«, in: *Kritische Justiz* 27 (1994), S. 461 ff. Siehe aber auch die Kritik von I. Maus, »Freiheitsrechte und Volkssouveränität«, in: *Rechtstheorie* 26 (1995), S. 507 ff., die wohl ebenfalls bemängelt, daß Habermas einseitig über die Rechte in den »Zirkel« einsteigt.

51 Habermas, *Faktizität und Geltung*, a.a.O. (Anm. 2), S. 151, 155, vgl. auch S. 163.

52 Diese Frage ist im übrigen nicht nur ein rhetorischer Trick; vgl. zum Motivationsproblem besonders aus moraltheoretischer Sicht E. Tugendhat, *Vorlesungen über Ethik*, Frankfurt am Main: Suhrkamp 1993, S. 85, 88 ff.

53 So im Anschluß an Habermas etwa von K. Günther, »Diskurstheorie des Rechts oder liberales Naturrecht in diskurstheoretischem Gewande«, in: *Kritische Justiz* 27 (1994), S. 470, 478. Entscheidend soll hier sein, daß die Rechtsform selbst nicht normativ begründet, sondern lediglich als Ergebnis der sozialen Evolution »historisch aufgelesen« werde (ebd. S. 473; Habermas, *Faktizität und Geltung*, a.a.O.

die Richtschnur. Die Diskurstheorie des Rechts schließt an die Diskurs*ethik* an[54], nach der die »kommunikative Rationalität« der *Lebenswelt* die Menschen mit »unproblematischen, gemeinsam als garantiert unterstellten *Hintergrundüberzeugungen*«[55] versorgt und damit ein »Äquivalent [bildet] für das, was die Subjektphilosophie als Leistungen der Synthesis dem Bewußtsein überhaupt zugeschrieben hatte«.[56] Das Recht aber wäre dann nicht nur »erwartungsstabilisierende Ergänzung zur Moral«[57], sondern allererst selbst durch diese informiert. Zugespitzt könnte man sagen, das Moralprinzip werde so gewissermaßen zur *motivationalen Ressource* für den Eintritt in den »Rechtszustand«. An die Stelle des Kantischen Imperativs tritt jedoch nun das aus dem moralischen Modell einer *idealen Kommunikationsgemeinschaft* begründete *Diskursprinzip*, das die Kontingenz des ursprünglichen Entschlusses abfedern soll.[58] Es wird, wie Habermas sagt, zur Genese der Rechte »gleichsam von außen« vom Theoretiker an die Rechtsform herangetragen.[59] Erst danach sind die Bürger aufgerufen, ihre jeweiligen Einzelrechte zu konkretisieren und im Wege diskursiver Rechtserzeugung zu *verteilen*: Für Habermas sind die theoretisch konstruierten Grundrechte »ungesättigte Rechte« und müssen »von einem politischen Gesetzgeber je nach Umständen *interpretiert* und *ausgestaltet* werden«.[60] Dies aber entspricht in der Formulierung fast wörtlich

[Anm. 2], S. 142 f.). Die »logische Genese der Rechte« hingegen – wie ich sofort zeigen werde – entspricht dieser Ausgangslage nicht.

54 J. Habermas, *Erläuterungen zur Diskursethik*, Frankfurt am Main: Suhrkamp 1991, S. 200 f.; im Vorwort weist Habermas darauf hin, daß vor dem Hintergrund der Unterscheidung von *moralischen* und *ethischen* Diskursen eigentlich eher von einer »Diskurstheorie der Moral« gesprochen werden müßte.

55 Ders., *Theorie des kommunikativen Handelns*, Bd. 2: *Zur Kritik der funktionalistischen Vernunft*, Frankfurt am Main: Suhrkamp 1981, S. 191.

56 Ders., *Der philosophische Diskurs der Moderne*, Frankfurt am Main: Suhrkamp 1985, S. 379.

57 Ders., *Faktizität und Geltung*, a.a.O. (Anm. 2), S. 151.

58 Zu den damit verbundenen Problemen siehe jetzt auch D. Dyzenhaus, »The Legitimacy of Legality«, in: *Archiv für Rechts- und Sozialphilosophie* 82 (1996), S. 324, 349 ff.

59 Habermas, *Faktizität und Geltung*, a.a.O. (Anm. 2), S. 160.

60 Ebd., S. 159 (Hervorhebung im Original).

der Kantischen Unterscheidung vom provisorischen und peremtorischen Recht.

Auf diesem Weg schreitet auch Rawls fort.[61] Im Unterschied zu Habermas jedoch[62] möchte er mit einer von allen »comprehensive doctrines« unabhängigen *politischen* Begründung des modernen Rechts die Bedingungen kenntlich machen, unter denen sich eine unbegrenzte Pluralität von Bürgern, die jeweils miteinander inkompatible umfassende Weltdeutungen und Konzeptionen des Guten vertreten, über ein Schema gleicher Rechte und Freiheiten verständigen kann. Den Kern der Idee bildet eine *politische Konzeption der Person*, die zwei moralische Grundvermögen besitzt: Der Gerechtigkeitssinn – als das eine – und die Fähigkeit zu einer Konzeption des Guten – als das andere – sowie ein *höherstufiges* Interesse der Personen an der größtmöglichen Ausbildung und Realisierung ihrer beiden Vermögen, entsprechend dem oben bereits erwähnten »aristotelischen Prinzip«[63], führen in einem mehrstufigen *Konstruktionsverfahren* zu den beiden bekannten Gerechtigkeitsgrundsätzen, von denen Rawls hofft, daß sie in einer modernen liberalen Gesellschaft allgemeine Anerkennung finden könnten. Um dies aufzuweisen, unternimmt er zwei Schritte, die jedoch, wie sich sogleich zeigen wird, ebenso wie bei Habermas, die Kantische Idee der *provisorischen* Rechtsgeltung aufnehmen und der bürgerschaftlichen Verfassungspraxis voranstellen. Für den ersten Schritt, die »original position«, die die *politische Gerechtigkeitskonzeption* modellieren soll, kann ich mich auf den ja insgesamt für die Vertragstheorie geltenden Einwand beschränken, daß der Zugang zur fiktiven Ursprungssituation immer schon jene Positionen intuitiv voraussetzt, die eigentlich in ihr erst noch begründet werden sollen.

61 Rawls, *Politischer Liberalismus*, a.a.O. (Anm. 4).

62 Vgl. J. Rawls, »Reply to Habermas«, in: *The Journal of Philosophy* 92 (1995), S. 132, 135 ff.; deutsch: »Erwiderung auf Habermas«, in: Philosophische Gesellschaft Bad Homburg und Wilfried Hinsch (Hg.), *Zur Idee des politischen Liberalismus*, Frankfurt am Main: Suhrkamp 1997, S. 196-262.

63 Siehe oben Anm. 4 und dazugehöriger Text. Dabei ist wichtig, zu sehen, daß nur die Teleologie der Motivation Aristoteles entlehnt ist, nicht hingegen die spezifische Zuordnung der beiden *moral powers* zu den Begriffen »reasonable« und »rational«, die natürlich kantisch ist.

Der Urzustand ist denn auch so konzipiert, daß die mit den beiden moralischen Vermögen ausgestatteten Parteien im Wege rationaler Wahl[64] zu den genannten Gerechtigkeitsprinzipien gelangen können. Als »device of representation« für die *Rationalitätskriterien* der praktischen Urteilsbildung soll er aber sowohl Kants moralischen Imperativ wie auch dessen Autonomiekonzept »detranszendentalisieren«. Mit der Idee des Schleiers der Unwissenheit indessen, unter dem die Parteien operieren, reformuliert Rawls Kants Gedanken eines noumenalen Subjekts.[65] In der echten Welt braucht es daher einen zweiten Begründungsschritt. Die Idee des *overlapping consensus*, die ähnlich prominent zu werden verspricht wie der *veil of ignorance*, ist gewissermaßen Anwendungsfeld und Stabilitätsgewähr für die im ersten Schritt entwickelten Prinzipien. Sie soll zeigen, daß diese in der politischen Hintergrundkultur moderner liberaler Gesellschaften als Kern bereits vorhanden sind und wie sie von den Bürgern im öffentlichen Vernunftgebrauch stets von neuem affirmiert werden können. Die Sorge um politische Stabilität verdrängt hier jedoch ein durchaus mögliches Deliberationsmodell.[66] Freie und gleiche moralische Personen, und das ist die mißliche Erblast aus der Ursprungssituation, scheinen immer schon zu wissen, worin der Konsens besteht, was als ein relevanter Grund in der politischen Debatte gelten kann und welche Argumente vom Diskurs ausgeschlossen sind. Das »reflective equilibrium«, welches schließlich die Prozeduralisierung der Maßstäbe in zirkelhafter Verschränkung von allgemeinen Prinzipien und »wohldurchdachten Urteilen« (*considered judgements*) ermöglichen soll,

64 Daß dabei vor allem das zweite moralische Vermögen – die Fähigkeit zu einer Konzeption des Guten – in den Vordergrund des Entscheidungsverfahrens rückt, ist vielfach kritisiert worden, jedoch für den vorliegenden Zusammenhang nicht weiter von Belang.

65 So auch die Interpretation von O. Höffe, *Kategorische Rechtsprinzipien*, Frankfurt am Main: Suhrkamp 1990, S. 320.

66 Siehe nur J. Habermas, »Reconciliation through the Public Use of Reason«, in: *The Journal of Philosophy* 92 (1995), S. 109, 119 ff. Daß der *Politische Liberalismus* mit dem Modell *deliberativer Demokratie* durchaus konvergieren kann, erläutert Rawls allerdings in: »Reply to Habermas«, a.a.O. (Anm. 62), S. 177 f. Vgl. außerdem J. Cohen, »A More Democratic Liberalism«, in: *Michigan Law Review* 92 (1994), S. 1503 ff.

wird also selbst nur vor dem Hintergrund eines gewissermaßen überpositiv *gedachten* Verfassungsgebers möglich, der die in den Gerechtigkeitsprinzipien formulierten Rechtspositionen *provisorisch* zur Verfügung stellt. Die bürgerschaftliche Verfassungspraxis kann diese Prinzipien nur diskursiv *validieren*, nicht aber generieren. Wie bei Kant und Habermas legt eine theoretisch fundierte ideale Anfangssituation die Bedingungen fest, unter denen die Bürger den realen Rechtserzeugungsprozeß im Wege demokratischer Selbstgesetzgebung organisieren sollen.[67] Die *provisorische* Verbindlichkeit[68] bringt also auch hier das Verhältnis von Demokratie und Recht in eine asymmetrische Form.

IV. Rechtsimmanente Hierarchisierung als Ausweg?

Nach meinem Dafürhalten wird die Idee der rekursiven Geschlossenheit des demokratischen Rechtserzeugungsprozesses, der die Geltung des Rechts aus sich selbst hervorbringt, also sowohl von Rawls wie von Habermas durch das Vorauslegen äußerer normativer Maßstäbe durchbrochen. Andere Theorieangebote finden sich bekanntlich in der positivistischen Rechtslehre. Kelsens »Grundnorm«[69] ist ein solches, H. L. A. Harts »rule of recognition«[70] ist ein weiteres. Beide operieren mit einem Modell *rechtsimmanenter* Hierarchisierung und nehmen eine Metaebene in Anspruch, nach der Regeln die Geltung von Regeln regulieren. Die Unzulänglichkeit solcher *Stufentheorien*, gerade was ihre Abschlußfähigkeit anbelangt, ist ebensooft her-

67 Mit seiner *method of avoidance*, die die Sicherung der »basic rights and liberties« gewährleisten soll, geht Rawls allerdings weit über Habermas hinaus. Die Probleme, die eine solche Konzeption aufwirft, sind vielfach diskutiert worden und können hier nicht weiter behandelt werden.

68 So Rawls selbst (Anm. 4), S. 89 ff.

69 H. Kelsen, *Reine Rechtslehre*, 2. Auflage, Wien: Deuticke 1960, S. 204, 219.

70 H. L. A. Hart, *Der Begriff des Rechts*, Frankfurt am Main: Suhrkamp 1973, S. 205 ff. Freilich handelt es sich bei Hart und Kelsen nicht um die *Legitimation*, sondern lediglich um die *Identifikation* von Recht, und dies besonders im Gegensatz zur Gewalt.

vorgehoben worden wie ihre normativen Defizite im Hinblick auf das Gebot, einer selbst nicht auf Geltungsgründen beruhenden Grundnorm zu folgen. Tatsächlich würde sich jede Begründung von Geltung über eine jeweils »höhere« Norm in einem infiniten Regreß verlaufen. Dies nun hat sich jüngst Oliver Gerstenberg im Anschluß an Frank Michelman für eine *demokratieinterne* Begründung des Rechts zunutze gemacht.[71] Er baut die Idee der wechselseitigen Verschränkung von Recht und Demokratie in ein Modell rechtsimmanenter Hierarchisierung ein, das weder in einer vorausgesetzten Grundnorm noch in naturrechtlichen Voraussetzungen zum Abschluß kommen soll. Im Vergleich zu den traditionellen Stufentheorien liegt das Besondere dieser Konstruktion darin, daß nicht nur alle rechtserzeugenden Akte durch stets vorausliegendes höherrangiges Recht immer schon rechtlich verfaßt sind, sondern daß umgekehrt auch jedes Recht, und damit auch das höherrangige Recht, das den Rechtserzeugungsprozeß auf der jeweils operativen Bezugsebene normiert, seinerseits Resultat demokratischer Politik ist. Damit wird – im Gegensatz zu Hart und Kelsen – die Demokratie zum *normativen* Bezugspunkt der Rechtsgenese. Dieser freilich ruht – ähnlich wie bei Habermas und Rawls – auch bei Gerstenberg auf einer strengen Intuition auf: Die »Idee der wechselseitigen Anerkennung der Bürger als Freie und Gleiche« ist der Verschränkung von Demokratie und Recht gleichsam strukturbildend zugrunde gelegt.[72] Als »regulatives Ideal« soll sie in einem theoretischen Programm *deliberativer Demokratie* argumentationsintern die Funktion eines konversationalen Filters einnehmen und über die Gründe entscheiden, die innerhalb rechtserzeugender politischer Diskurse verwendet werden dürfen, Gründe also, die mit ihrer eigenen Voraussetzung, eben der wechselseitigen Anerkennung der Bürger als frei und gleich, konsistent sind.[73]

Interessant ist nun die Idee, daß sich der anvisierte Zirkel von Recht und Demokratie eigendynamisch in immer größere Abstraktionshöhen treiben soll. Das so entstehende potentiell unendliche Kontinuum von Diskursebenen sei die Bedingung

71 O. Gerstenberg, *Bürgerrechte und deliberative Demokratie*, Frankfurt am Main: Suhrkamp 1997.

72 Ebd., S. 34 ff. et passim.

73 Vgl. in verschiedenen Anwendungsvariationen ebd., S. 36, 44, 57, 63 und 66.

der Möglichkeit für die *demokratische Transgressivität* des modernen Rechts. Wie dies nun aber genau funktionieren soll, wird am Ende nicht ganz klar. Neben der Schwierigkeit, für diese Bewegung eine institutionelle Form zu finden[74], bleibt auch ihr *Telos* undeutlich. Auf einen »mit der Kraft der Idealisierung ausgestatteten normativen Grenzwert« strebt sie zu, der in Gestalt der Idee wechselseitiger Anerkennung dann in umgekehrtem Lauf »über die mannigfaltigen Vermittlungsstufen hinweg auf alle operativen Ebenen niederer Ordnung ausstrahlt«.[75] In der ersten Richtung, so könnte man vermuten, ist dieser Wert gewissermaßen eine eigenproduzierte *Näherungsgröße*, die sich aus den Operationen demokratischer Rechtserzeugung selbst herausschält. In der zweiten Richtung hingegen wäre er schließlich doch eine *moralische Grundnorm*, die dem politischen Rechtserzeugungsprozeß voransteht. Nun kann man gewiß auch diese beiden Richtungen noch zirkulär verschleifen. Indessen – und darauf kommt es mir hier an – zerbricht dann die Hierarchie. Dann stünde nämlich die Grundnorm (der »Grenzwert«) auf einer jeden (»niederen«) Operationsebene des Rechts immer wieder neu zur Disposition, müßte sich jedenfalls stets von neuem bewähren, und wäre eben *keine* Grundnorm mehr. Daß dies nicht gemeint ist, macht Gerstenberg bei seiner Behandlung der Rechte deutlich. Übersetzt in ein egalitäres *System der Rechte* verleiht die Idee der wechselseitigen Anerkennung diesem (also dem ganzen System!) einen »intrinsischen« Wert[76], der unverfügbar bleibt. Im Gegensatz zu Gerstenbergs Beweisziel, das System der Rechte auch als *Ergebnis* eines vom »politischen Standpunkt« aus geführten Rechtserzeugungsverfahrens rekonstruieren zu können, geht es im eigentlichen Sinne um den Nachweis, daß eben genau dieses System als *»notwendiges* Resultat« des demokratischen Prozesses herauskommen *muß*, da es zugleich dessen Institutionalisierungsbedingung ist. Das soll hier natürlich nicht bestritten werden. Allerdings ist damit auch bei Gerstenberg die Rechtsgeltung in eine asymmetrische Form ge-

74 Darauf weist Michelman selber hin; vgl. seine Besprechung von J. Habermas, »Between Facts and Norms«, Cambridge, Mass.: MIT Press 1996, in: *The Journal of Philosophy* 93 (1996), S. 307, 308.

75 Gerstenberg, *Bürgerrechte und deliberative Demokratie*, a.a.O. (Anm. 71), S. 63.

76 Ebd., S. 71.

bracht. Die normative Intuition der gleichen Freiheit und mit ihr ein komplettes System subjektiver Rechte wirkt von oben nach unten auf alle Stufen der rechtserzeugenden Politik durch.

v. Möglichkeiten der Enthierarchisierung: Ein Ausblick

Ich möchte hier nun einige Änderungen vorschlagen, die das Programm symmetrieren könnten. Dies allerdings setzt eine Enthierarchisierung der Geltungsdimension voraus, bei der sich die die Rechtserzeugung steuernden Normen (inklusive subjektiver Rechte) und der politische Rechtserzeugungsprozeß derart miteinander verschleifen, daß keine feste Vorrangrelation von Recht und Politik entsteht. Verfassungstheoretisch gesprochen geht es damit um eine Nivellierung des Verhältnisses von Konstitutionalismus und Demokratie, um die interne Verschränkung von *pouvoir constituant* und *pouvoirs constitués* oder, um es mit Jacques Derrida zu pointieren: um die *Dekonstruktion* der Gründung selbst. Ich möchte daher mit einer kurzen verfassungstheoretischen Skizze der Enthierarchisierung von Geltung beginnen (a) und diese dann auf ihre strukturellen Verwirklichungsbedingungen befragen. Dabei werde ich von einem konflikttheoretischen Bezugsrahmen ausgehen und ausblickhaft entwickeln, daß sich das Recht nur vor dem Hintergrund gesellschaftlicher Konfrontationsverläufe angemessen beschreiben läßt, aus denen es sowohl hervorgeht wie es diese reguliert. Daß hierbei auch moralische Wertkonflikte eine Rolle spielen, werde ich berücksichtigen (b).

(a) Verfassungstheoretisch betrachtet sind Fragen nach der normativen Grundorientierung einer Gesellschaft Gründungsfragen. Fragen der Gründung aber können weder auf einen exklusiven Zeitbezug (Gründung als einmaliger historischer *Akt*) reduziert noch auf einen exklusiven normativen Gehalt (Gründung als höchste Sollensgarantie) festgezogen werden. Denn ebenso, wie jedes praktische, entscheidungsorientierte Handeln sich zwangsläufig auf eine Kette von Vor-Entscheidungen stützt und damit gewisse Vorstrukturierungen in bezug auf die Konstruktion der zu bewältigenden Konflikte und Probleme voraussetzt, muß auch eine Verfassungsordnung immer schon eine gewisse Vor-Verfaßtheit der Gesellschaft unterstellen, die die Vorstellung eines gemeinsamen Hintergrundverständnisses abstützt und dadurch erst eine Erwartungsbildung ermöglicht, die die Grundlage aller normativen Entscheidungen über Regeln und deren Anwendungsmodalitäten schafft. Damit aber ist auch eine Gründung im eigentlichen Sinne schon eine »Wiederholung«. Etwas Ähnliches hatte ja Kant bereits herausgearbeitet, wenngleich mit Durchgriff einer intelligiblen Ordnung. Fehlt aber diese, verliert auch die Gründung ihren festen Halt. Weder gibt es dann eine rein (be)gründende noch eine rein erhaltende Gewalt. Die Gründung ist bereits Iteration und zugleich Forderung nach eigener Erhaltung, und die Erhaltung verhält sich ihrerseits wiederbegründend, weil sie nur so *in der Zeit* erhalten kann, was zu (be)gründen beansprucht wird.[77] Daraus ergibt sich, daß die sachliche und zeitliche Trennung von Begründung und Anwendung, wie sie im traditionellen Rechtsdenken vorausgesetzt wird, kaum mehr durchgehalten werden kann. In normativer Hinsicht folgt, daß nicht mehr, wie in den hierarchischen Geltungstheorien, eine oberste Grundnorm angenommen werden kann, die zeitbeständig ist und von der herab Gründe für Geltung zu suchen und festzustellen sind. Vielmehr zwingt der Zeitlauf je zu neuen Selektionsleistungen, in denen über die Wiederverwendung von Geltungssymbolen unter veränderten Umständen zu entscheiden ist.

Die einzig unabdingbare Geltungsvoraussetzung liegt deshalb in der *Zeit*, genauer: in den wechselvollen Anpassungsverläufen von Wiederholung und Varietät oder konkret in der unter sich wandelnden gesellschaftlichen Lebensbedingungen operierenden bürgerschaftlichen Verfassungspraxis und somit im Verfahren der demokratischen Rechtserzeugung selbst. Im »Dauerrechtsverhältnis«[78] der Verfassung wird das Gesetz zum Angel-

77 Vgl. auch J. Derrida, *Gesetzeskraft. Der »mystische Grund der Autorität«*, Frankfurt am Main: Suhrkamp 1991, S. 83, 87, 110, sowie zur Kritik von Gründungsmythen allgemein die entsprechenden Beiträge in: A. Adam und M. Stingelin (Hg.), *Übertragung und Gesetz. Gründungsmythen, Kriegstheater und Unterwerfungstechniken von Institutionen*, Berlin: Akademie-Verlag 1995.

78 H.-P. Schneider, »Die verfassunggebende Gewalt«, in: J. Isensee und P. Kirchhof, *Handbuch des Staatsrechts der Bundesrepublik Deutschland*, Bd. VII, Heidelberg: Müller 1992, § 158, Rz. 31.

punkt des gesamten Systems.[79] Auch Geltung ist dann ein von Moment zu Moment neu zu erarbeitendes Produkt rechtserzeugender Politik. Daß es dabei nicht vollkommen beliebig zugeht, gewährleistet das Recht schon selbst, indem es sich in den Anpassungsverläufen von Wiederholung und Varietät, von Stabilität und Wandel stets aufs neue selbst(be)gründend erhält. Dies erst ermöglicht, daß sich in der Vergangenheit gemachte Erfahrungen, Errungenschaften und Fortschritte sedimentieren können. Doch sind diese Errungenschaften und Fortschritte ihrerseits nur Fixpunkte in jener Bewegung, die *Michelman* »contested recollection«[80] nennt. Die Bürger verfügen damit in jeder historischen Situation über die je zuvor erarbeiteten Hintergrundüberzeugungen und Geltungsgründe von neuem, und das auch und gerade im Hinblick auf ihre *verfaßte* Freiheit, die sie im rekursiven Zusammenhang von Demokratie und Recht nicht nur stets wiederholen[81], sondern immer auch auf künftige Anschlußmöglichkeiten an die Politik beziehen und demzufolge in der Zeit veränderbar halten müssen. Das demokratische Gesetz aber ist vor diesem Hintergrund dann nicht mehr nur *Produkt* ihrer Freiheit, sondern gehört vor allem zur *Bedingung* ihrer Autonomie. Denn auch wenn »das Gesetz das Geschöpf der freien Bürgerschaft« ist, ist es »ebenfalls das Gesetz, welches den ›öffentlichen Bereich‹ [und damit den *politischen Raum der Freiheit*, Th. K.] konstituiert und seinen Charakter festlegt«.[82]

Es ist die Betonung dieser zweiten Hinsicht einer demokratischen Verfassung, auf die es mir hier ankommt. Auf das demokratische Gesetz bleiben individuelle Autonomieansprüche allemal angewiesen. In einem enthierarchisierten Geltungsmodell aber kann die erste Hinsicht der Verfassung – also die Dimension *verfaßter* Freiheit – nun nicht mehr von einer obersten Stelle her in Anschlag gebracht werden. Und auch die Frage nach dem (gewissermaßen noch voranstehenden) »Entschluß« der Bürger,

79 D. Grimm, »Die Zukunft der Verfassung«, in: ders., *Die Zukunft der Verfassung*, Frankfurt am Main: Suhrkamp 1991, S. 407.

80 F. Michelman, »Law's Republic«, in: *Yale Law Journal* 97 (1988), S. 1493, 1513.

81 Und auch dies wäre ja eine je neue Verfügung.

82 F. Michelman, »Kollektiv, Gemeinschaft und das liberale Denken in Verfassungen«, in: G. Frankenberg (Hg.), *Auf der Suche nach der gerechten Gesellschaft*, Frankfurt am Main: Fischer 1994, S. 55, 63.

ihr Zusammenleben durch Recht *legitim* – und in einem weiteren Sinne: gerecht – regeln zu wollen, hilft hier nicht weiter. Denn ebenso wie ein solcher Entschluß historisch kontingent und dessen Bestandskraft von einer Vielzahl von Folgeentscheidungen abhängig ist, sind auch Gerechtigkeitsvorstellungen in der Zeit variabel. Ihrer Konstitution nach sind sie unselbständig. Sie können gewissermaßen selbst nur als *epistemologisch gerechtfertigte Erwartungen* zu verstehen sein, die induktiv aus Erfahrungen über das Handeln in vergleichbaren Situationen gewonnen werden, womit sie letztlich auf Ausprobieren angewiesen sind. Und das gilt auch noch, wenn sie bereits in einer Verfassung positiviert sind. All dies läßt erkennen, daß und warum eine jede Verfassung auf Voraussetzungen basiert, die sie selbst nicht (oder nur wenig) gewährleisten kann.[83] Doch gehört ebenso umgekehrt auch der Grund des Rechts zum Recht.[84] Verfassungen können daher nur als *rechtlich duplizierte Muster politischer Erfahrungen* angemessen beschrieben werden. Als »Ordnung des Politischen«[85] steht eine Verfassung immer schon im Raum des Politischen selbst.[86]

Zusammengefaßt also markiert eine Verfassung weniger »einen Anfang in der Zeit«, deren normativer Charakter – wie Habermas meint – dann lediglich besagt, »daß sich die Aufgabe der *Interpretation* und *Ausgestaltung* des Systems der Rechte für jede Generation von neuem stellt«, sondern es geht vielmehr – wie Habermas ja ebenfalls bemerkt – um einen »auf Dauer gestellten Prozeß *fortgesetzter* Verfassunggebung« unterm demokratischen Gesetz.[87] Ein in das Medium demokratischer Rechtserzeugung verlagerter Prozeß fortgesetzter Verfassunggebung kann sich aber gerade nicht damit begnügen, daß ein einmal spezifiziertes *System der Rechte* nur noch zu *interpretieren* oder *auszugestal-*

83 So auch schon eine vielzitierte Bemerkung von E.-W. Böckenförde, *Der Staat als sittlicher Staat*, Berlin: Duncker & Humblot 1978, S. 37.

84 Vgl. bereits W. Henke, »Staatsrecht, Politik und verfassunggebende Gewalt«, in: *Der Staat* 19 (1980), S. 181, 194 ff.

85 U. K. Preuß, »Der Begriff der Verfassung und ihre Beziehung zur Politik«, in: ders. (Hg.), *Zum Begriff der Verfassung*, Frankfurt am Main: Fischer 1994, S. 7, 9 et passim.

86 Insoweit kann man also durchaus davon sprechen, daß der *pouvoir constituant* »in Permanenz« vorhanden ist, ohne damit gleich jenem Dezisionismus das Wort zu reden, den Carl Schmitt dieser Wendung unterlegt hat.

87 Habermas (Anm. 2), S. 464 f.

ten sei; vielmehr muß rechtserzeugende Politik selbst diese Rechte stets von neuem *be*-gründend hervorbringen und in der Zeit erhalten.

(b) Läßt sich also der Blick auf die Verfassung nicht mehr auf einen zeitstabilen Ordnungssinn reduzieren, der sie politisch unverfügbar macht, und steht überdies in einem enthierarchisierten Geltungsmodell eine höchste Grundnorm nicht zur Verfügung, so kann die demokratische Rechtsordnung ihre Stabilität und Legitimität nur noch aus den Interaktionsnetzwerken der sie konstituierenden Subjekte hervorbringen. Schon aber das Subjekt ist bekanntlich nicht aus einem Guß.[88] Die »schlichte einfache Projektion der großen souveränen Macht auf die Individuen«[89] verbietet sich heute ebenso wie die Vorstellung vom »souveränen Subjekt der theoretischen und praktischen Vernunft«[90], als das es noch bei Kant gegolten hat. Vielmehr läßt sich annehmen, daß auch das Subjekt einem Rahmen von gesellschaftlichen Vor-Entscheidungen seine Identität und konkrete Weltsicht verdankt. Erst durch Vergesellschaftung individuiert[91], ist der einzelne in einer sozial fragmentierten, pluralistischen Gesellschaft selbst Resultat eines »Differenzierungsgeschehens«, welches seinerseits nur aus *intersubjektiven* Verständigungsprozessen sich entwickeln kann. Auch George Herbert Mead, auf den die heutige Lehre von der Intersubjektivität wesentlich zurückgeht, spricht bereits von einem »multiple self«[92], von einer »funktional differenzierten Persönlichkeit« als gleichsam *Produkt* und *Bedingung* »einer fortdauernden Umgestaltung und Wiedererschaffung der Welt«.[93]

88 Zur Kritik am »zentrierten Subjekt« vgl. auch G. Frug, »Decentering Decentralization«, in: *University of Chicago Law Review* 60 (1993), S. 253, 258 ff.

89 M. Foucault, *Dispositive der Macht*, Berlin: Merve 1978, S. 71.

90 Vgl. S. Benhabib, *Situating the Self: Gender, Community, and Postmodernism in Contemporary Ethics*, Cambridge, Mass.: Polity Press 1992, besonders Kapitel II.

91 J. Habermas, »Individuierung durch Vergesellschaftung. Zu G. H. Meads Theorie der Subjektivität«, in: ders., *Nachmetaphysisches Denken*, Frankfurt am Main: Suhrkamp 1988, S. 187 ff.

92 G. H. Mead, *Geist, Identität und Gesellschaft*, Frankfurt am Main: Suhrkamp 1968, S. 197, vgl. aber auch S. 367, 374 f.

93 G. H. Mead, »Die philosophische Grundlage der Ethik«, in: ders.,

Daß eine solche Praxis »mikrokonstitutioneller«[94] gesellschaftlicher Selbstorganisation nicht ohne Konflikte vor sich geht, wird angesichts Meads theoretischer Konstruktion eines aus »idealer Rollenübernahme« gefolgerten »generalisierten Anderen« leicht übersehen. Mead indes war sich schon lange vor der heute modernen konflikttheoretischen Diskussion bewußt, daß in einem weiten, »nicht-ethischen« Sinn auch jene Verhaltensorientierungen, »die zum gesellschaftlichen Antagonismus zwischen den einzelnen Menschen führen, [...] ganz offenkundig nicht weniger gesellschaftlich [sind], als die Impulse und Verhaltenstendenzen«, die gesellschaftliche Kooperation ermöglichen.[95] Auch allein selbstbezogene Motive haben für die Entwicklung der Gesellschaft einen nicht unbedeutenden Effekt. Gehören sie doch zu jenen Ausdrucksformen der Person, mittels deren diese auf die organisierten Haltungen der Gemeinschaft reagiert und im steten Vorgriff auf eine erweiterte Anerkennung ihrer Ansprüche die gesellschaftliche Entwicklung insgesamt erst in Bewegung hält.[96] Heute ist man bisweilen in der Analyse radikaler. Im Anschluß an M. Gauchet und C. Lefort diagnostiziert etwa Helmut Dubiel, daß eine in ihren Legitimationsgrundlagen umfassend säkularisierte Gesellschaft sich zu sich selbst *einzig* in der Form von Konflikten in Beziehung setzen kann.[97] Nach dieser Idee, die Abstand nimmt von Habermas' Furcht vor dem »Dissensrisiko«, welches das kommunikative Handeln als ständige Irritation bedroht, wird der Dissens zum Normalfall der Kommunikation, womit die demokratische Gesellschaft ihr »integrierendes Kapital« nur noch im Prozeß des Durchstehens solcher Konfrontationen auszubilden vermag.[98] Die Kette der so

Gesammelte Aufsätze, hg. von H. Joas, Bd. 1, Frankfurt am Main: Suhrkamp 1980, S. 357, 366.

94 Zum Begriff vgl. R. Schmalz-Bruns, *Reflexive Demokratie*, Baden-Baden: Nomos 1995.

95 Mead, *Geist, Identität und Gesellschaft*, a.a.O. (Anm. 92), S. 351 ff.

96 Vgl. auch A. Honneth, *Kampf um Anerkennung*, Frankfurt am Main: Suhrkamp 1992, S. 134 f.

97 H. Dubiel, »Metamorphosen der Zivilgesellschaft II«, in: ders., *Ungewißheit und Politik*, Frankfurt am Main: Suhrkamp 1994, S. 106, 114 ff.

98 Vgl. auch die Formulierung von C. S. Sunstein, *The Partial Constitution*, Cambridge, Mass.: Harvard University Press 1993, S. 135: »dis-

prozessierten Konflikte – so hofft Dubiel – bilde ein schwaches normatives Band gesellschaftlichen Gemeinsinns. Denn in dem Maße, wie die sozialen Akteure um ihre je partikularen Belange streiten, streiten sie immer auch darum, wie ihre Gesellschaft zu ordnen sei, und erkennen sich dadurch zugleich als Angehörige dieser Gesellschaft an.

Man mag nun auch gegenüber dieser Möglichkeit noch skeptisch bleiben.[99] Jedenfalls scheinen hier moralische Konzeptionen ein wenig zu hoch angesetzt, die vor dem Hintergrund des Spannungsverhältnisses von Individuum und Gemeinschaft zwei miteinander verschränkte Grundformen des Respekts vorschlagen, die als »Hinsichten auf Dimensionen moralischer Verletzungen den Standpunkt der Moral ausmachen« sollen. Gewiß ist es – normativ betrachtet – notwendig, daß in der einen Hinsicht das moralisch verletzbare Individuum als einzelnes respektiert wird, das unvertretbar sein Leben zu leben hat, und in der anderen Hinsicht als ein gleichberechtigtes Mitglied einer Gemeinschaft, an deren Gestaltung es zugleich teilhat.[100] Doch ist auch eine solche Moral des »zweifachen Respekts« vom empirischen Konfliktgeschehen in der Gesellschaft nicht ablösbar. Weist doch schon die moralische *Verletzbarkeit* des einzelnen darauf hin, daß es um die Achtung individueller Unvertretbarkeit und Zugehörigkeit immer auch zu kämpfen gilt. Aus einem solchen »Kampf um Anerkennung«[101] aber kann der einzelne auch in moralischer Hinsicht nur als »multiple self« oder eben: als »relationale Persönlichkeit«[102] hervorgehen, die dann allerdings kein

agreement and heterogenity are creative forces, indispensable to a well-functioning republic«.

99 Vgl. etwa A. Hirschman, »Wieviel Gemeinsinn braucht die liberale Gesellschaft?«, in: *Leviathan* 22 (1994), S. 293 ff., der mit seiner Unterscheidung von »teilbaren« und »unteilbaren« Konflikten darauf hinweist, daß auch mit fundamentalistischen Orientierungen zu rechnen ist, die einer normativ integrierenden Bearbeitung erst dann zugänglich werden, wenn in ihnen Spielräume der Varianz vorhanden sind.

100 L. Wingert, *Gemeinsinn und Moral*, Frankfurt am Main: Suhrkamp 1993, S. 179 ff., 190 ff.

101 Honneth, *Kampf um Anerkennung*, a.a.O. (Anm. 96).

102 Vgl. auch K.-H. Ladeur, »Auflösung des Subjekts in der differentiellen Bewegung der Funktionssysteme?«, in: *Archiv für Rechts-*

»wahres« Wesen mehr hat. Und das gleiche gilt dann ebenso für die gesellschaftliche Moral, deren Respekt sie wünscht. Zwar verdankt sich die Vorstellung vom nicht-austauschbaren Subjekt der Artifizialisierung der gesellschaftlichen Ordnung, die nach dem Zerfall von substantiellen metaphysischen Weltbildgehalten nur noch durch handelnde Personen erschaffen und reproduziert werden kann, doch bleibt die Vorstellung der Person als nicht-austauschbarer Wert insofern ein metaphysisches Relikt, als sie das Subjekt (in Kantischer Tradition) als festen und dauerhaften Bezugspunkt einer höhergelegten, an die Form der abstrakten Regel gebundenen allgemeinen Vernunft verschreibt. Demgegenüber verstünde eine konflikttheoretisch konstruierte Konzeption der »relationalen Person« das Subjekt als eine an *intersubjektiv* generierten Regeln orientierte differentielle und dispositionell offene Zurechnungseinheit, deren Urteils- und Entscheidungsbildung ihrerseits nur noch mit den »contested truths«[103] einer Vielzahl von Subjekten operieren kann. Normative Ansprüche werden dann nicht lediglich *aufgefunden* und aus einer vorausliegenden Vernunftausstattung *hierarchisch* begründet, sondern vielmehr durch Netzwerke kommunikativer Interaktionen »horizontal« erzeugt. Damit geht es vor allem um die Suche nach einer stets im Streit bleibenden Angemessenheit, die weder schon in der Spezifizierung einer allgemeinen Regel selber liegt noch sich auf die Regelanwendung reduzieren läßt, sondern sich nur über die Verschleifung beider Ebenen in kontinuierlichen normativen Veränderungsprozessen – und das heißt: durch die Produktion von stets Neuem[104] unter Ungewißheitsbedingungen – abbilden kann.[105] Denn wenn einmal die substantielle Ordnung zerfallen ist, so könnte man pointieren, ist der Wahrheitsanspruch einer jeden Ordnung bloßer Schein.[106] Zumindest aber

und Sozialphilosophie 80 (1994) S. 407 ff., dessen systemtheoretische Perspektive allerdings den kognitiven Aspekt in den Vordergrund stellt und den moralischen verdrängt.

103 D. Rodgers, *Contested Truths*, New York: Basic Books 1987.

104 Vgl. auch B. Groys, *Über das Neue*, München/Wien: Hanser 1992.

105 K.-H. Ladeur, »Auflösung des Subjekts«, a.a.O. (Anm. 102), S. 422, der hier an Derrida anknüpft. In diesem Sinne auch Chr. Menke, »Für eine Politik der Dekonstruktion«, in: *Merkur* 1993, S. 65 ff.

106 N. Bolz, *Eine kurze Geschichte des Scheins*, München: Fink 1991, S. 37 f.

muß er sich stets von neuem in der gesellschaftlichen Konfliktpraxis bewähren.[107]

Dies gilt schließlich auch für die Rechtsordnung. Daß die Bearbeitung sozialer Konflikte sich in modernen Gesellschaften vor allem über das Recht vollzieht, gibt denn auch der emphatischen Formulierung vom »Kampf ums Recht«[108] eine spezifische Bedeutung. Denn nicht nur ist das Recht das Medium, in dem diese Auseinandersetzungen stattfinden und verbindlich entschieden werden, sondern es geht zugleich aus der Konfliktbearbeitung hervor. Dies hat für die Rechts- und Verfassungstheorie folgenreiche Konsequenzen: Sie muß *zum einen* berücksichtigen, daß in modernen hochkomplexen Gesellschaften auch die rechtlich institutionalisierte Konfliktbearbeitung nicht vor der Infragestellung ihrer Grundlagen dauerhaft immunisiert werden kann. Denn rechtliche Institutionalisierungen – und dies besonders vor dem Hintergrund ihrer nicht-prognostizierbaren *Nebenfolgen* – setzen stets neue Konfliktpotentiale und Bearbeitungsbedarfe frei, wodurch auch das Recht in das Operieren mit Ungewißheit hineingezogen wird und sich nur in Prozessen bürgerschaftlicher Dauerreflexion erhalten kann, die die demokratische Rechtsproduktion (im günstigen Fall) zu einem niemals abgeschlossenen Projekt gesellschaftlicher Selbstaufklärung werden lassen. Geht nun das Recht aus solchen konflikthaften Prozessen bürgerschaftlicher Dauerreflexion hervor, so ist es *zum anderen* seine Aufgabe, diese zu ermöglichen und zu schützen. Durch die Übersetzung eines Konfliktgegenstands in die Rechtssprache werden die Parteien an einen gemeinsamen Verständigungshorizont gebunden. Die Übersetzung wird hier zu einer ersten Reflexionsstufe. Sie faßt die Partikularität eines je aktuellen Konflikts in eine allgemeine Ausdrucksform und ermöglicht so das Herausarbeiten von Varianzspielräumen, welche die konfligierenden Positionen einer Annäherung erst zugänglich machen.[109] In die-

107 Um möglichen Mißverständnissen vorzubeugen, möchte ich hier hervorheben, daß die Suche nach Bearbeitungsmöglichkeiten von Ungewißheit eben gerade nicht mit einem, wie man heute gerne sagt: »postmodernen« Plädoyer für »Unentscheidbarkeit« zu verwechseln ist.

108 R. v. Ihering, *Der Kampf ums Recht*, Wien: Manz 1872.

109 Vgl. auch die Formulierung von M. Minow, »Interpreting Rights«, in: *Yale Law Journal* 96 (1987), S. 1860, 1905: »the translation can

ser doppelten Konstellation können wir Recht sowohl als *Vorbedingung* wie *Produkt* gesellschaftlicher Konfliktbearbeitung verstehen.

Und auch das hat eine folgenreiche Konsequenz. Konkret bedeutet es nämlich, daß die für die Teilnahme an der gesellschaftlichen Konfliktbearbeitung erforderlichen *subjektiven Freiheitsrechte* stets ihrerseits nur in den Konfliktverläufen einer demokratischen Rechtserzeugung generiert und erhalten werden können. Auch das abstrakte, nicht-austauschbare Rechtssubjekt ist ein Produkt des Rechts.[110] Als Zurechnungseinheit von normativen Erwartungen und unvertretbaren Entscheidungen ist es nach dem Niedergang seiner vernunftrechtlichen Voraussetzungen nicht mehr stabiler Grund, sondern selbst der Änderbarkeit des Rechts unterworfen. Auch seine *rechtliche* Unvertretbarkeit wird damit zu einer dispositionell offenen Kategorie, die dann gerade nicht im Sinne des traditionellen Eingriffs- und Schrankendenkens[111] gegen den Staat oder nach dessen diskurstheoretischer »Ausstiegs«-Variante gar darüber hinaus noch vor einer jeden Art von kommunikativer Auseinandersetzung in der Gesellschaft *dauerhaft* immunisiert.[112] Zwar wird man gewiß in Staatsrichtung darauf insistieren müssen, daß etwa im Bereich der individuellen Kommunikationsfreiheit keine inhaltlichen Richtigkeitsansprüche durchgesetzt werden dürfen, weil

add to, substract from, and even transform the meaning arising from conflict«.

110 Das ist im übrigen von Habermas nicht so verschieden, denn auch Rechtspersonen werden ja nur durch (dann allerdings rechtsförmige) Vergesellschaftung individuiert; vgl. J. Habermas, »Kampf um Anerkennung im demokratischen Rechtsstaat«, in: ders., *Die Einbeziehung des Anderen*, Frankfurt am Main: Suhrkamp 1996, S. 237, 242 f. Im folgenden ziehe ich daraus für die Begründung der Rechte aber andere Konsequenzen.

111 Vgl. statt vieler nur B. Schlink, »Freiheit durch Eingriffsabwehr – Rekonstruktion der klassischen Grundrechtsfunktion«, in: *Europäische Grundrechtezeitschrift* 1984, S. 457 ff.

112 Nach Habermas' Version »[berechtigen] subjektive Handlungsfreiheiten [...] zum *Ausstieg* aus dem kommunikativen Handeln und zur Verweigerung illokutionärer Verpflichtungen; sie begründen eine Privatheit, die von der Bürde der gegenseitig zugestandenen und zugemuteten kommunikativen Freiheit befreit«; Habermas, *Faktizität und Geltung*, a.a.O. (Anm. 2), S. 153.

die Prüfung und Bewertung von Meinungen in einer Demokratie schon begrifflich nicht staatlicher Beurteilung unterliegen kann.[113] Und auch muß es aus demselben Grund in der Gesellschaft Freiräume geben, die dem einzelnen die Unabhängigkeit etwa der politischen Stellungnahme sichern.[114] Doch sind dies Beispiele, die spezifische funktionelle Ausgangslagen subjektiver Handlungsfreiheit betreffen, die ihrerseits erst in der Rechtsordnung zu bestimmen sind. Dabei handelt es sich aber nicht lediglich um *Interpretationen* oder um die *Anwendung* eines abstrakten Rechts auf subjektive Freiheit, sondern um ein genuines Verfahren politischer Rechtserzeugung, das ebensowenig, wie ihm ein »wahres Wesen« des Vernunftsubjekts zur Verfügung steht, sich auf ein »wahres Wesen« des Politischen zurückziehen kann. Vielmehr wird es sich auf die *Schwankungen* und *Fluktuationen* von gesellschaftlicher Kommunikation einstellen müssen; und dies mit ungewissem Ausgang, wodurch nicht mehr eindeutig festgelegt werden kann, was nun »Ausstieg« oder »Einstieg« ist. Dasselbe gilt im übrigen auch für jene Positionen, die traditionell der subjektiven Privatheit zugeschlagen werden. Denn auch hier ist zu berücksichtigen, daß angesichts der sich beständig verändernden normativen Erwartungslagen in einer sich in konflikthaften Reproduktionsverläufen befindenden Gesellschaft, wohl kaum mehr von einem festen Geltungssinn subjektiver Rechte ausgegangen werden kann, der gegen den öffentlichen Bereich (als ebenso festen) in Anschlag gebracht werden könnte. Vielmehr verschiebt sich das Verhältnis von privatem Raum und öffentlicher Ordnung kontinuierlich – und dies immer schon *im* Recht. Insgesamt also ist das Rechtssubjekt an ein komplexes Gefüge von Zurechnungsnetzen in der objektiven Rechtsordnung verwiesen, bekommt erst durch sie einen spezifischen Gehalt, kann nur vor dem Recht seine Ansprüche erheben.

Daß dies gewiß nun umgekehrt eine entgegenkommende politi-

113 Insoweit läßt sich also durchaus im klassischen Sinne auch von subjektiv-öffentlichen Partizipationsrechten als »Ausgrenzungen« reden; vgl. dazu nochmals Schlink, »Freiheit durch Eingriffsabwehr«, a.a.O. (Anm. 111).

114 K. Günther, »Die Freiheit der Stellungnahme als politisches Grundrecht«, in: P. Koller u.a. (Hg.), *Theoretische Grundlagen der Rechtspolitik. Archiv für Rechts- und Sozialphilosophie*, Beiheft 51 (1991), S. 58 ff.

sche Hintergrundkultur voraussetzt, in der die Bürger sich als gleichberechtigte Teilnehmer einer intersubjektiv geteilten Praxis verstehen können, ist dabei unbestritten. Sie ist gerade die Bedingung dafür, daß sich in der Bearbeitung gesellschaftlicher Konflikte eine Rechtsordnung stabilisieren kann, die ihrerseits dann in Form von subjektiven Rechten die Bedingungen für die gesellschaftliche Konfliktbearbeitung zur Verfügung stellt. Und hier findet denn auch die Moral durchaus ihren Platz. Denn ebenfalls unbestreitbar gehen moralische Argumentationen in politische Diskurse ein und beeinflussen von dort aus das Recht. Andersherum aber wirkt auch das Recht über die Regeln der Politik auf die Moral. Allerdings ist dann die Moral keine feste Größe mehr. Allemal ist sie ebenso wie Politik und Recht immer schon in den Verlauf gesellschaftlicher Konflikte hineingestellt. Und das wiederum bedeutet, das auch über eine moralische Rückbindung des Rechts und der Rechte nur *innerhalb* des Rechts bzw. im politischen Rechtserzeugungsverfahren selbst entschieden werden kann.[115] Ist aber die Moral in Politik und Recht variabel, dann kann es gerade nicht – um ein prominentes Beispiel aus der deutschen Verfassungsrechtslehre aufzugreifen – um das Festziehen einer stabilen grundrechtlichen »Wertordnung« gehen. Vielmehr ist in rechtstheoretischer Hinsicht eine enthierarchisierte Modellbildung unter Ungewißheitsbedingungen erfordert[116], die offen ist für die Kreativität der Zeit und diese in einem steten Wechselspiel von demokratischem Gesetz und grundrechtlicher Autonomie produktiv zu nutzen sucht. Dabei geht es jedoch nicht mehr vorrangig um die Erhaltung von Einheit, Identität und Konsens, sondern eher genau umgekehrt darum, Widersprüche, Konflikte und Interessenkollisionen zu bearbeiten, heterogene Organisationsstrukturen aufeinander abzustimmen, Alternativen zu berücksichtigen und Irreversibilitäten zu umgehen. In einer solchen Ordnung, die keine festen Aggregatzustände mehr kennt, müssen Demokratie und Recht insgesamt ohne feststе-

115 Vgl. auch D. Dyzenhaus, »The Legitimacy of Legality«, a.a.O. (Anm. 58); dieser im Anschluß an Lon Fuller, *The Morality of Law*, New Haven: Yale University Press 1969.

116 Vgl. auch K.-H. Ladeur, »Subjektive Rechte und Theorie der Prozeduralisierung: Vom Universalismus des Rechts zur rechtlichen Modellbildung unter Ungewißheitsbedingungen«, in: *Kritische Justiz* 27 (1994), S. 42 ff.

hende Zukunft auskommen. Denn weder über feste überhistorische Ziele und moralische Fluchtpunkte noch über genaue Vorstellungen zur Erreichung derselben verfügt eine Gesellschaft noch, die sich in den Strudel des Zeitlichen gerissen sieht und nur noch mit Wahrscheinlichkeiten operieren kann, was bedeutet, daß Zukunftseinschätzungen divergieren.

Dies aber, um es nochmals hervorzuheben, liefert die politische Rechtserzeugung nicht schon ohne weiteres willkürlichen oder beliebigen Setzungen aus. Kann sich doch das Recht – wie eingangs gesehen – nur im Zusammenspiel von Wiederholung und Varietät entfalten, in dem ein immer schon bestehendes Recht als Vor-Entschiedenes die Urteilsbildung orientiert. So fungiert das je zuvor erzeugte Recht gewissermaßen als ein Bündel von Stopp-Regeln, das den Gebrauch von Argumenten beschränkt, Relevanzkriterien für Gründe festlegt und so im Sinne eines »demokratischen Autopaternalismus« gewährleistet, daß nicht *alles* zu *jeder Zeit* zur Disposition steht. Umgekehrt aber sind auch so generierte »conversational restraints«[117] und »gag-rules«[118] nicht in der Zeit stabil, sondern müssen in der demokratischen Rechtserzeugungspraxis stets von neuem (be)gründend erhalten werden. Damit sind die politischen Akteure auf die stete Wiederbegründung ihrer Stopp-Regeln als *selbstgegeben* angewiesen. Der wechselseitige Verweisungszusammenhang von Demokratie und Recht erweist sich dabei schließlich als besonders anschlußfähig an den Verlauf der Zeit: Das Recht (und mit ihm die Grundrechte) setzt sich selbst durch Bereitstellung von Möglichkeiten der Gesetzgebung den sich wandelnden politischen Einflüssen aus, ebenso wie umgekehrt die Politik sich durch Demokratisierung den gesellschaftlichen Fortentwicklungsanreizen aussetzt, Initiativen zur Änderung des Rechts zur Entscheidung zu bringen.[119]

Das innovative Moment, das diesem Zusammenhang innewohnt, hat der amerikanische Pragmatist John Dewey, bekanntlich der Erfinder des »Learning by doing« in der politischen Phi-

117 B. Ackerman, »Why Dialogue?«, in: *The Journal of Philosophy* 86 (1989), S. 5 ff.

118 St. Holmes, »Gag Rules or the Politics of Omission«, in: J. Elster und R. Slagstad (Hg.), *Constitutionalism and Democracy*, Cambridge: Cambridge University Press 1988, S. 19 ff.

119 Vgl. auch N. Luhmann, *Das Recht der Gesellschaft*, Frankfurt am Main: Suhrkamp 1993, S. 480.

losophie, unter den Begriff des »demokratischen Experimentalismus« gefaßt.[120] Eine solche »democracy-as-process« erfordert eine beständig fortschreitende Inklusion von gesellschaftlichen Lebensbezügen und Akteuren, die sich schon daraus ergibt, daß mit einer jeden Inklusion immer auch exkludierte Bereiche und Akteure sichtbar werden, die stets nach Inklusion verlangen. Solche Inklusion aber kann sich nur über einen äußerst feingliedrig verzweigten Prozeß der wechselseitigen Verschränkung von Demokratie und Recht vollziehen, in dem es keinen Anfang und kein Ende gibt, keine einmalige »Gründung« und keine reine »Erhaltung«, und in dem schließlich *pouvoir constituant* und *pouvoirs constitués* derart ineinandergreifen, daß sie sich immer wieder gegenseitig auf ihre Geltungsgründe befragen können. Erst wenn eine solche Durchlässigkeit von Demokratie und Recht gewährleistet ist, ließe sich mit Laurence Tribe davon sprechen, »[that we are all constantly engaged in] constitutional choices«.[121]

120 Vgl. etwa J. Dewey, *Freedom and Culture*, New York: Putnam 1939, Kapitel 7; sowie ders., *Die Erneuerung der Philosophie*, Hamburg: Junius 1989, S. 236 f., 251 ff.

121 L. Tribe, *Constitutional Choices*, Cambridge, Mass.: Harvard University Press 1985, S. vii f.

Cornelia Vismann

Menschenrechte: Instanz des Sprechens – Instrument der Politik[1]

Amnesty International gibt seit einigen Jahren Preisfragen zu den Menschenrechten im 20. Jahrhundert aus.[2] Vornehmlich Philosophen sind es, die klären sollen, was vor zweihundert Jahren ebenfalls mit einer Preisfrage begann: Wer ist der aufgeklärte Mensch der Menschenrechte? Was für eine Politik wird in seinem Namen betrieben? Und wie müssen Menschenrechte gegenwärtig interpretiert werden, damit sie als gerecht gelten können? – Irgend etwas an der Praxis der Menschenrechte scheint nicht mehr wie gewohnt zu funktionieren. Dafür jedenfalls ist die verstärkte theoretische Auseinandersetzung ebenso ein Indiz wie die auffallend häufigere Berufung auf sie innerhalb der internationalen Politik.

Bis 1989 haben die Menschenrechte mehr oder minder unbeachtet ihre klassische Rolle gespielt. Sie haben denjenigen eine Stimme verliehen, die das Unrecht anklagen, das in ihren Staaten geschieht. Und sie wurden als Grund für das angesehen, was die Jahreszahl 1989 inzwischen symbolisiert: die Beendigung von Staaten, die – in der Sprache der Menschenrechte formuliert – Menschen unterdrückt haben. Seitdem gibt es zwar immer noch Menschenrechtsverletzungen, sie werden sogar in weitaus größerem Umfang bekannt als je zuvor, und doch hat sich etwas an der Funktion der Menschenrechte im weltpolitischen Gefüge entscheidend geändert. Die gegenwärtigen Debatten um die Verfehlungen und Möglichkeiten einer Menschenrechtspolitik, die Reflexion auf ihre historisch-politische Bedingtheit belegen es. Das

1 Der Text ist die erweiterte Fassung eines Beitrags für die *Kritische Justiz*, 29. Jg. (1996), S. 360-374.

2 Amnesty International (Hg.), *Librement dit. Écrits sur les droits de l'homme*, Paris: Cherche Midi 1991; Barbara Johnson (Hg.), *Freiheit und Interpretation. Amnesty-International Vorlesungen 1992*, Frankfurt am Main: Fischer 1994; Stephen Shute und Susan Hurley (Hg.), *Menschenrechte. Besichtigung einer unvollendeten Idee*, übersetzt von Michael Bischoff, Frankfurt am Main: Fischer 1995.

einseitige Fundament der Menschenrechte, wenn nicht gar ihr Fundamentalismus, wird skandalisiert; neue, erweiterte Interpretationen, die kulturellen Eigenheiten Rechnung tragen, werden gefordert.

Das Jahr 1989 steht auch für das Auftauen der Machtblöcke[3] oder, um es mit der üblich gewordenen Journalistenvokabel zu sagen, für das Ende des militärischen Systems im »kalten Krieg«. In den sich neu formierenden Sicherheitssystemen haben die Menschenrechte – einst Bürge für Humanität – die Rolle einer ideologischen Sicherheitsgarantie übernommen. Sie sind damit an die funktionale Stelle einer Rhetorik der Abschreckung getreten. Mit dem historischen Potential, das sich in ihrem Namen versammelt – Menschen, die gegen Unrechtsregierungen aufbegehrt haben –, steht ihre Einhaltung nunmehr für Demokratie und Rechtsstaat westlicher, das heißt vor allem marktwirtschaftlicher Prägung. Auf dieses Modell des Staates verpflichten die Menschenrechte, sobald ihre Beachtung zur Eintrittsbedingung in einen der supra- oder internationalen Zusammenschlüsse wird, sei es IWF oder Europäische Union. Ihre Einhaltung ist dann vor allem eines: eine Bürgschaft der einzelnen Länder gegenüber der »internationalen Gemeinschaft«. Darunter verblaßt die Funktion, die ihnen ursprünglich gegeben wurde: Gerechtigkeit des einzelnen gegenüber dem jeweiligen Staat zu garantieren.

Dramatik, so scheint es, ist in die Menschenrechte gekommen, als plötzlich alle begannen, sich darauf zu berufen, die NGOs und die Nato gleichermaßen.[4] In der aktuellen Debatte werden

3 Jean Baudrillard, von dem diese Metaphorik stammt, bezieht das Auftauen der bis dahin eingefrorenen Menschenrechte in den Prozeß des Ineinanderschiebens zweier geschichtlicher Bewegungen – Eiseskälte im Osten und Verflüssigung im Westen – ein. Vgl. Jean Baudrillard, »Tauwetter im Osten und Ende der Geschichte«, in: ders., *Das Jahr 2000 findet nicht statt*, übersetzt von Peter Geble, Berlin: Merve 1990, S. 29-37, besonders S. 30 f.

4 Allgemein zu den Non-Governmental Organisations (NGO), die nicht anders als durch die Verneinung von »Regierung« definiert sind und die, als Erben aller Menschenrechtsbewegungen, bereits auf der ersten UN-Konferenz in San Francisco 1945 vertreten waren und seitdem mit finanzieller Unterstützung von staatlicher Seite durchaus staatliche Untätigkeit kompensieren, wie beispielsweise im Bereich Ausländer- und Asylberatung, vgl. auch Andrea Gruber, »Menschenrechtspolitik nichtstaatlicher Organisationen«, in: H. Bielefeld (Hg.),

die Menschenrechte gegen solche politischen Profanisierungen und widerrechtlichen – wider menschenrechtlichen – Aneignungen durch den Staat verteidigt. Auch *Amnesty International* beginnt die eigene jahrzehntelange Praxis genau in dem Augenblick zu reflektieren, in dem das Monopol der nichtstaatlichen Organisationen auf eine Politik der Menschenrechte mit der Gegenseite, den Regierungen, geteilt werden soll. Sie, die professionellen »Menschenrechtsverteidiger«, die nun ihrerseits in ihren Handlungsmöglichkeiten durch ein Gesetz geschützt werden sollen[5], nehmen damit die Menschenrechte gegen die Menschenrechte in Schutz, den Menschen gegenüber dem Recht, das Prinzip gegenüber seiner Positivierung, das Ideal gegenüber tagespolitischer Ausnutzung von staatlicher Seite. Damit schließlich vollziehen sie noch einmal das Programm der Menschenrechte, das genau darin besteht, solche Verteidigungsreden im Namen der Menschenrechte zu aktivieren.

1. Zur doppelten Anlage der Menschenrechte

Eine doppelte Anlage kennzeichnet die Deklaration der Menschenrechte[6], zumindest die *Déclaration des droits de l'homme et du citoyen* von 1789, die als eines der Gründungsdokumente der Menschenrechte angesehen wird. Sie stiftet eine nicht zu lösende Verwirrung, welche die Auseinandersetzung damit und den Diskurs darüber aufrechterhält. Die Menschenrechte sind als Rechte deklariert worden und sind doch keine. Gemessen an dem, was Rechte sind, ist ihre Formulierung paradox und in Widersprüche verwickelt. Sie gelten als ungerecht, weil es keine Instanz gibt, die

Menschenrechte vor der Jahrtausendwende, Frankfurt am Main: Fischer 1993, S. 62-74.

5 Vgl. *Frankfurter Allgemeine Zeitung* Nr. 65 vom 16. März 1996, S. 2, zum UN-Bericht über Rassismus.

6 Vgl. Jürgen Habermas, »Kants Idee des Ewigen Friedens – aus dem historischen Abstand von 200 Jahren«, in: *Kritische Justiz* 28 (1995), S. 293-319, S. 310. Albrecht Wellmer macht die doppelte Anlage zum Ausgangspunkt einer demokratischen Fassung der Menschenrechte, »Menschenrechte und Demokratie«, demnächst in: G. Lohmann und St. Gosepath (Hg.), *Philosophie der Menschenrechte*, Frankfurt am Main: Suhrkamp.

sie legitimieren oder durchsetzen könnte. Ebenso fehlt ein Gesetzgeber, ein bestimmbares Rechtsgut und ein Normadressat. Für all das ließe sich höchstens »der Mensch« einsetzen[7], und dann wäre die Erklärung der Menschenrechte vollkommen tautologisch. Die Menschenrechte sind kein Gesetz. Es heißt nicht: Gesetz zum Schutz des Menschen. Sie sind auch kein »Grundgesetz«, obwohl sie wie ein solches verfaßt sind und obwohl sie nachträglich in das Grundgesetz der Bundesrepublik aufgenommen wurden. Dort bezeichnen sie den erweiterten Geltungsbereich für alle Menschen, ohne damit das Ausgangsparadox der Menschenrechtserklärungen, um das es hier gehen soll, zu klären.

In der Deklaration der Rechte des Menschen *und* des Bürgers wird die Ambivalenz im Status der Menschenrechte deutlich. Als Gesetz, als Grundgesetz gelesen, hat die französische Nationalversammlung am 26. August 1789 den französischen Bürgern in schriftlicher, nach Artikeln gegliederter Form Rechte zuerkannt, die zwei Jahre später in die französische Verfassung transformiert wurden. Man erwartet also Staatsbürgerrechte, doch sind es zugleich solche, die allen Menschen immer schon zugestanden haben. Aufgeschrieben werden sie gegen »das Vergessen«, wie es in der Präambel heißt. Dieser vorgeblich vergessene Text, der zum Zweck der Erinnerung in der Präambel angekündigt wird, ist nachfolgend in der Deklaration lesbar. Als über- oder vorgesetzlicher Text ist er in dem ersten, dem Gesetzestext der Bürgerrechte, auf eigentümliche Weise mitenthalten. Als Text – und nicht als Referenz auf irgendeine naturrechtliche Vorstellung – ist die Erklärung der Menschenrechte in den Verfassungstext versenkt. Sie ist eingeschrieben in den rechtlichen Rahmen einer Konstitution.

Diese Konstitution trägt den Titel *déclaration*. Im französischen Staatsrecht des 18. Jahrhunderts bezeichnet dieser Terminus die rechtswirksame Interpretation eines bestehenden Rechts durch förmlichen Akt des Justizministers.[8] Eine Deklaration ist

7 Die Menschenrechte »sind *absolute* Rechte, weil ihre Existenz von keinem anderen Tatbestandsmerkmal abhängt als von der Existenz eines Menschen«; Erhard Denninger, *Menschenrechte und Grundgesetz*, Weinheim: Beltz-Athenäum 1994, S. 80.

8 Vgl. Sigmar-Jürgen Samwer, *Die französische Erklärung der Menschen- und Bürgerrechte von 1789/91* (Veröffentlichungen des Instituts für Internationales Recht an der Universität Kiel, 63), Hamburg: Hanseatischer Gilden-Verlag 1970, S. 379.

demnach ein sich selbst überschreibender und überschreitender Text, ein Auslegungsakt, der neues Recht setzt und damit ausdrücklich das tut, was implizit permanent geschieht: die Transformation des bestehenden Rechts durch die jeweilige richterliche Interpretationspraxis. Auf die Menschenrechte übertragen hieße das: Im Akt des Auslegens eines Rechts wird dieses erstmals gesetzt. Denn damit ein Recht im Sinne des Rechtsterminus »deklariert« werden kann, muß es bereits bestehen. Damit entwirft die französische Deklaration der Menschenrechte rückwirkend einen vorgesetzlichen Zustand derselben und für die Zukunft ihre Positivierung. Die Deklaration wäre mithin der genealogische Intertext der Menschenrechte, von dem eine vernunftrechtliche und zugleich eine kodifizierte Fassung sich ableitet.

Mit der – unter den Abgeordneten damals umstrittenen – Entscheidung der Nationalversammlung, die Erklärung der Rechte von der Verfassung redaktionell zu trennen, wird das Projekt deutlich, jeder Rechtssetzung eine solche *déclaration* voranzustellen und den Menschen damit gewissermaßen in die Funktion eines obersten Justizministers einzusetzen – der Mensch, der erklärt, was Recht ist. Daraus läßt sich bereits eine erste Bestimmung der Menschenrechte gewinnen: Sie geben ein Recht zur permanenten Erklärung. Der eigentümliche Chiasmus, der dabei deutlich wird – die Erklärung der Menschenrechte besteht in einem Recht auf Erklärung –, macht ihre doppelte Anlage aus. Auslegung und Rechtssetzung fallen in einem deklaratorischen Akt zusammen. Beide Akte sind schließlich als Widerspruch zwischen einer interpretatorischen und einer konstativen Erklärung in der französischen Deklaration enthalten. Anders ausgedrückt, sie besteht aus zwei ineinander verwobenen Texten: einer französischen Verfassung der Bürgerrechte und einer allgemeinen Erklärung der Menschenrechte.

Die Duplizierung eines und innerhalb eines Textes gelingt durch einen linguistischen Trick. Alle legislatorischen Posten sind doppelt besetzt. Zwei Gesetzgeber sind genannt: *Assemblée Nationale* und Mensch. Zwei Arten von Rechten werden gegeben: die der französischen Bürger und die aller Menschen. Zwei Geltungsbereiche sind maßgeblich: Republik und Menschheit. Zeitlich gilt die Erklärung sowohl seit sie verabschiedet worden ist als auch seit Menschengedenken. Mit der linguistischen Operation einer Verdoppelung aller gesetzgebenden Daten markiert die Deklaration die Differenz zwischen Bürger und Mensch, zwischen partikularer und universeller Fassung, zwischen historischer und ewiger Geltung und eröffnet damit den Raum, in dem die menschheitliche Erklärung der Menschenrechte sich parallel zur französischen entfaltet und gewissermaßen selbst schreibt. Sie ist damit wörtlich Selbstgesetzgebung.

Eine universelle Fassung der Menschenrechte hebt sich durch diese duplizierenden Bewegungen aus dem partikularen, in Tagespolitik und Revolution befangenen Text heraus, so daß man sagen könnte, die französische Erklärung vollziehe eine linguistische Transformation des Naturrechts, indem sie vorgibt, dieses als Text lesbar zu machen. Das Textdoppel, das sie dabei hervorbringt, ist zwar an die gesetzesförmige Oberfläche gebunden. Es treibt jedoch darüber hinaus, indem es alle definiten und definierbaren legislatorischen Daten *durchstreicht*. Das Gesetzesförmige daran wird getilgt, die Menschenrechte werden der Sphäre der Gesetze entwunden. Ergebnis ist ein anonymisierter Metatext, ein Nicht-Gesetzestext, der an die Gesetzesfassung der Bürgerrechte gebunden ist und diese zugleich transzendiert, indem statt Gesetzgeber, Geltungsbereich und Rechtsträger auf allen Seiten dieselbe fiktive Größe eingesetzt wird: der Mensch. Der Mensch der Menschenrechte – nun keine Tautologie, sondern wirksamer Operator – bezeichnet die Lücke im Gesetz. Er kann von dem nationalstaatlich gebundenen Recht nicht oder nur insoweit definiert werden, als er außerhalb davon steht, als er mehr ist, größer als alle Gesetze.

Die französische Nationalversammlung deklariert also weit mehr, als sie in der konkreten Lage als nationaler Gesetzgeber eigentlich kann. Das unterscheidet ihre Deklaration von anderen Gründungsdokumenten der Menschenrechte. Diese kaschieren eher die Anmaßung, die in einer Legislation von etwas, das größer ist als der Gesetzgeber selbst, zwangsläufig liegt – wie etwa das problematische, vereinnahmende Sprechen im Namen von oder als »We the people«.[9] Mit der französischen Fassung aber

9 Zur mangelnden Legitimation des stellvertretenden Sprechens auf der *Philadelphia Convention* und den nachträglichen Rationalisierungsversuchen innerhalb der US-amerikanischen Verfassungswissenschaft vgl. die Untersuchung der verschiedenen »Erzählungen« (*narratives*) der Verfassungsrechtler dazu von Bruce Ackerman, *We the people*,

wird deutlich: Die Erklärung der Menschenrechte ist die erklärte Überschreitung nationaler Gesetzgebung. Damit steht das in geographischer, politischer, zeitlicher und hermeneutischer Hinsicht begrenzte Gesetzgebungsprojekt zur Disposition. Es wird – wie auch immer symbolisch – in einen Zustand vor dem gesetzten Recht entlassen, das heißt die Sphäre der Erklärung und des freien Sprechens. So simuliert die Deklaration immer wieder von neuem den Anfang der bürgerlichen Gesellschaft im Reden, den Zustand ohne Gesetze, die Gründungsszene der Menschenrechte. Sie fixiert die kurze Phase, eher eine juristische Sekunde, im Übergang von Monarchie zur Republik, und friert einen Zustand ein, der von keinem Gesetz garantiert werden kann.

Es scheint also, als mißtraute man bereits im August 1789 der Gesellschaft, die sich gerade anschickte, Souverän zu werden, als ahnte man schon die neuen Ungerechtigkeiten, die geschehen würden, sobald Gesetze errichtet sind. Das Mißtrauen war jedoch nicht konkret gegen das kommende Regime gerichtet. Es war von grundsätzlicher Art, denn es gibt kein Gesetz, das seine eigene Abschaffung gesetzlich verankern könnte. Sonst wäre es kein Gesetz. So muß also eine Instanz geschaffen werden, deren Handeln ohne und notfalls gegen die Gesetze legitimiert ist. Diese Kompetenz des Souveräns, der sowohl unter als auch über den Gesetzen steht[10], geht mit der Aufklärung bekanntlich vom Monarchen auf die Menschen über, virtuell auf jeden einzelnen. Er ist der Maßstab über den Gesetzen. In den Menschenrechten symbolisiert sich daher ein partieller Ad-hoc-Souveränitätsverzicht des Staates zugunsten des Menschen. Er soll sprechen,

Foundations, Cambridge, MA: Harvard University Press 1991, besonders S. 40-57 und S. 179-186; zur Performanz des Sprechaktes jenes »We the people« vgl. Jacques Derrida, »Nietzsches Otobiographie oder Politik des Eigennamens«, übersetzt von Friedrich Kittler, in: *Fugen. Deutsch-Französisches Jahrbuch für Text-Analytik 1980*, hg. von M. Frank, F. Kittler und S. Weber, Olten: Walter 1980, S. 64 bis 98; vgl. auch Seyla Benhabibs Auseinandersetzung damit: »Demokratie und Differenz. Betrachtungen über Rationalität, Demokratie und Postmoderne«, in: M. Brumlik und H. Brunkhorst (Hg.), *Gemeinschaft und Gerechtigkeit*, Frankfurt am Main: Fischer 1993, S. 97-116, hier S. 101-110.

10 Dazu Ernst H. Kantorowicz, *Die zwei Körper des Königs. Eine Studie zur politischen Theologie des Mittelalters*, übersetzt von Walter Theimer und Brigitte Hellmann, München: dtv 1990, S. 159-178.

wenn ihm eine Ungerechtigkeit durch den Staat widerfährt. Die Menschenrechte geben daher ein Rederecht da, wo die Gesetze versagen.

2. Die Menschenrechte als Redeform

Die Menschenrechte als Rederecht zu bestimmen ist jedoch noch zu ungenau. Sie sind nicht einmal annähernd gesetzesähnlich oder rechtsförmig. Sie sind überhaupt keine Rechte. Sie sind der durchgestrichene Text oder die andere Seite des Rechts. Als solche verbürgen sie eine Praxis des Redens jenseits des Rechts. Vielleicht kann man sie deswegen als »rhetorischen Vorbehalt« des Rechts bezeichnen, wie Jürgen Habermas es, wenngleich unter anderen Prämissen, formuliert hat.[11] Jede Rechtsgeltung steht unter dem Vorbehalt, daß niemand widerspricht. Schweigen gilt dann als Zustimmung. Der Widerspruch betrifft den Staat, seinen Umgang mit den Gesetzen, die unterlassene, unrichtige oder unmenschliche Anwendung des Rechts. Den Rahmen des Widersprechens aber stellen die Menschenrechte.

Unter dem ungeschriebenen Titel »Erfahrung einer Verletzung« evozieren die Menschenrechte das Aussprechen des Erlittenen. Sie bringen »den Menschen« zum Sprechen, zum Aussprechen einer bestimmten Erfahrung. Es ist eine Erfahrung mit dem Recht, das keines ist. Die Deklaration wäre mithin eine Diskursform für Unrechtserfahrungen. Das Muster dafür ist in der französischen Erklärung hinterlegt. Sie selbst ist schließlich das Sediment einer Unterdrückungserfahrung, das Ergebnis einer streng dichotomisierten Selbstbeschreibung der Gesellschaft, wie Michel Foucault sie analysiert hat. Ein Riß geht demnach durch die heterogene Formation »Gesellschaft«. Sie ordnet sich, indem sie sich in zwei Hälften, in zwei einander gegenüberstehende Kräfte geteilt wahrnimmt, um von dort die Asymmetrien, die Ungerechtigkeiten dieser Spaltung zu ermessen: König und Untertanen, Herren und Knechte, oben und unten, reich und arm, »sie« und »wir«.[12] Auf der Grundlage dieses antagonistischen

11 Jürgen Habermas, »Kants Idee des Ewigen Friedens«, a.a.O., S. 310.
12 Vgl. Michel Foucault, *Vom Licht des Krieges zur Geburt der Geschichte*, hg. und übersetzt von Walter Seitter, Berlin: Merve 1986, besonders S. 12 und S. 47.

Modells sind die Menschenrechte formuliert. Ihre Sprache ist die der Unterdrückten. Zugleich stellen sie eine Sprache zur Erklärung künftiger Unterdrückungserfahrungen bereit. Die Menschenrechte enthalten also eine Art fortgesetzten Imperativ zur Selbstbeschreibung. Ihr Maßstab liegt in der Entfernung vom Ideal einer Symmetrie der gesellschaftlichen Kräfte. Ihre Beurteilung der eigenen Situation erfolgt daher anhand der im 19. Jahrhundert kategorial gewordenen Kriterien von Repression und Emanzipation.

Mit der Erklärung von 1789 wird dieses Programm zur Artikulation von erfahrenen Unterdrückungen installiert. Eine erlittene Verletzung erhält im Rahmen und im Namen der Menschenrechte einen diskursivierbaren Erfahrungsgehalt. Die Beschreibung einer Wirklichkeit, einer vom Recht anerkannten Wirklichkeit, wird möglich. So verwandelt sich im Diskursmodell der Deklaration Erleiden in eine Erklärung, eine erlebte Unterdrückung in eine rechts- und damit wahrheitsfähige Erfahrung. Sie ist gewissermaßen durch den vorgängigen Akt der Deklaration unstreitig auf Dauer gestellt. Denn wer sollte eine als Menschenrechtsverletzung deklarierte Erfahrung noch anzweifeln können? – Daß sie als erlittene Erfahrung, in ihrem Schmerz also, nicht bestreitbar ist, macht schließlich die Unhintergehbarkeit der Menschenrechte aus. Die Sprechweise der Deklaration kann nicht anders als wahr sein. Jemand, der gefoltert wurde, beruft sich daher auf kein Recht, er beschreibt, was ihm angetan wurde – in allen Details. Er zeigt die Spuren seiner Verletzungen, aber er urteilt nicht.

Der Moment des Aussprechens ist der Moment der Deklaration. Ein weiterer Gesetzestext, unter den die Erfahrung subsumierbar wäre, existiert nicht. Die Beurteilung als Unrecht fällt mit der empirischen Beschreibung der Unrechtshandlung zusammen. Die Legitimität dieser Form des Urteilens wird nicht zuletzt in der amerikanischen Unabhängigkeitserklärung mit der schlichten Aussage zur Gleichheit aller Menschen und ihren unveräußerlichen Rechten agnostiziert: »We hold these truths to be self-evident«. Das Sichtbare entbindet von jeder weiteren Begründung. Hinter den Rechten, die mit ihrem Aussprechen oder auch nur dem Zeigen zusammenfallen, steht eine Erfahrung, die für sich und damit wahr spricht. Im Fall der Menschenrechte definiert das Aussprechen einer Erfahrung unmittelbar Recht und Unrecht. Es vermittelt nicht etwa einen Anspruch und auch kein Klagerecht, es zieht kein Urteil nach sich und keine Vollstreckung. All das ist im Akt des Sprechens enthalten.

Für diese perlokutionären Effekte eines Zur-Sprache-Bringens von angetanen Verletzungen wäre die Wahrheitskommission in Südafrika einer der jüngsten Belege. Ihr Ziel besteht darin, Repressionen im Sinne der Menschenrechte durch das Apartheidregime öffentlich darzulegen. Die Herkunft der Menschenrechte als Diskurs von Verletzungen wird hier, unter der Regie des Rechts, explizit zum Einsatz gemacht – gewissermaßen als *talking cure* des Rechts. Als Motiv zur Errichtung der *truth commission* wird immer wieder hervorgehoben, daß es nicht um Verurteilung der Täter, nicht um Rache, sondern darum gehe, daß die Wahrheit über vergangenes Unrecht einmal in der Öffentlichkeit zur Sprache komme.[13] Wie kaum je zuvor in der Geschichte der juristischen Wahrheitsformen scheint die öffentlich tagende Kommission die Opfer (meistens sind es Frauen, Witwen von Apartheidsgegnern) ins Rampenlicht zu rücken – offenbar mit viel Sinn für die Theatralisierung von Leiden.[14] Eine bemerkenswerte Verkehrung zwischen Täter und Opfer, zwischen der Inszenierung von Bestrafung und der des Wahrheit-Sagens findet dabei statt. Die Wahrheit ist in den Anhörungen vollständig auf seiten der Opfer. Ihnen soll Gerechtigkeit widerfahren, indem sie ihre Wahrheit für alle hörbar sagen – und das ist etwas anderes als ein Gerichtsverfahren, in dem sie als Zeugen auftreten, um die Wahrheit aus einer objektivierten Täterperspektive herausfinden zu helfen. In einem solchen Verfahren ist Wahrheit das Produkt richterlicher Entscheidungen über die Glaubhaftigkeit des Gesagten. Und in dem Maße, in dem diese vom Gericht bezweifelt wird, wächst der Strafanspruch des Opfers. Wo hingegen sein Sprechen Bedingung von Wahrheit ist und einzige Beurteilungsgrundlage, wird die Macht des Wortes, seines Wortes, selbst zur

13 Vgl. Kendall Thomas, »Die Verfassung der Amnestie: Der Fall Südafrika«, demnächst in: Gary Smith und Avishai Margalit (Hg.), *Amnestie oder die Politik der Erinnerung in der Demokratie*, Frankfurt am Main: Suhrkamp 1998, S. 179-191.

14 So erhielten die weiblichen Kommissionsmitglieder zu Beginn der ersten Sitzung Papiertaschentücher; der Vorsitzende der Kommission, Desmond Tutu, ließ in der City Hall einen »Raum zum Weinen« einrichten; vgl. Bericht in *die tageszeitung*, 16. April 1996, S. 8.

Instanz des Strafens. Ein weiterer Strafanspruch, über das Aussprechen hinaus, entfällt. Tatsächlich kommt es in vielen Fällen nach einer Aussage vor der Wahrheitskommission nicht mehr zur Anklageerhebung. Das Recht, so könnte man es funktionalistisch ausdrücken, erschöpft sich in der therapeutischen Maßnahme, einen Rahmen für das Aussprechen von Wahrheit bereitzustellen, der Amnestie der Täter akzeptabel macht.

In dieser Hinsicht wäre die südafrikanische Wahrheitskommission eine konsequente Weiterentwicklung der Menschenrechte, bei denen an die Stelle eines Rechtsanspruchs das Aussprechen einer Unterdrückungserfahrung tritt. In der französischen Deklaration (bis auf Art. 7 und 13) sind sie daher auch nicht wie ein Recht im Imperativ formuliert. Denn allein dem »Du sollst« korrespondiert ein Anspruch und ein Urteil. Der Duktus der Menschenrechte ist statt dessen konstatierend. Auf eine Feststellung folgt eine weitere. Auf die Deklaration der Menschenrechte folgen unendlich viele Deklarationen ihrer Verletzung. Innerhalb des formalisierten Rahmens der Menschenrechte wird deklariert, worin die Verletzung besteht. Was aber mit den Sätzen geschieht, die im Namen der Menschenrechte geäußert werden, ist nicht festgelegt. Das begründet auch ihre eigentümliche Ineffektivität. Sie erledigen sich im Aussprechen, sie setzen vollständig auf die Macht des Sprechens. Eine Verurteilung, ein Gesetz gegen das vorgetragene Unrecht, ein Zusammenschluß aller Benachteiligten, aber auch eine Revolte wären als Reaktion denkbar. Als Regel des Sprechens überlassen die Menschenrechte die weiteren Akte dem Sprechen selbst. Und sie belassen es dabei. Die Deklaration der Menschenrechte ist niemals abgeschlossen, sie ruft weitere Deklarationen, fortgesetzte Reden im Namen der Menschenrechte hervor. Und der ewige Friede ist vielleicht nichts anderes als ein andauerndes Sprechen.

So wie die Menschenrechte keine Rechte sind, sondern eine rhetorische Praxis in Gang setzen, ist auch der Mensch kein Rechtssubjekt. Der Mensch, die Lücke im Gesetz, erklärt sich, indem er spricht. Die Erklärung des Begriffs »Mensch« – wohlweislich kein, nicht einmal ein unbestimmter Rechtsbegriff – ist darum Teil des diskursgenerierenden Projekts der Menschenrechte. Er hat eine geradezu mathematische Funktion, indem er alle Namen annimmt, die man ihm gibt.[15] Wie durch einen dis-

15 Vgl. Renata Salecl, die das Funktionieren dieser Universalitätslogik

kursiven Filter gehen die verschiedenen Vorstellungen, Versionen und Bilder des Menschen durch die Menschenrechte hindurch. Er kann all das sein, was und als wer er spricht: als Individuum oder Kollektiv, biologisch definiertes Gattungswesen oder in seiner Eigenschaft, ein Volk zu bilden ... Rechtsphilosophische Unternehmungen, die Menschenrechte aus den Fängen des cartesianischen Cogito zu befreien suchen, sind darum von der Anlage der Menschenrechte aus betrachtet gar nicht notwendig.[16] Sie betreffen jeweils eine partikulare, meist bereits verrechtlichte Fassung des Menschen. Sie dringen genau auf die Entsubjektivierung und Formalisierung des Menschen(rechts)begriffs, die doch der Ausgangspunkt der Menschenrechtsdeklaration selbst ist. Der Mensch der Menschenrechte ist als Platzhalter innerhalb eines durchgestrichenen Textes bereits hoch formalisiert. Von den singulären, historisch gebundenen, gesetzlich festgelegten Daten bleibt mit der Tilgung des primären Gesetzestextes ein leerer Platz, der allein durch den Namen »Mensch« gekennzeichnet ist. Das ist der durchgestrichene *citoyen*, das Nicht-Rechtssubjekt.

In dieser Verweigerung einer positiven Bestimmung liegt ein erster, den Menschenrechtsdiskurs evozierender Anlaß für Verletzungen. Die grundsätzliche Verletzung besteht darin, daß der konkrete Mensch, der doch gemeint sein soll, in dem deklarierten Recht nicht enthalten ist. Dadurch wird er veranlaßt, »ich, der Mensch« zu sagen, wenn er die Ignoranz der Menschenrechte beheben will. Anders ausgedrückt: Indem eine rivalisierende Fassung in den durchgestrichenen Text der Deklaration eingefügt ist, ruft diese den Widerspruch hervor. Der solchermaßen Aufgerufene, der dann spricht, trägt all das nach, was die Deklaration nicht enthält. Aus dem Menschen der Menschenrechte wird so

als Matheme im Lacanschen Sinn nicht nur konstatiert, sondern auch als Möglichkeit (und eben nicht als Sprechzwang) ansieht, um jeder partikularen Festlegung »des Menschen« zu entkommen; »Die Frau als Symptom der Rechte«, in: dies., *Politik des Phantasmas*, übersetzt von Karl Bruckschwaiger, Wien: Turia + Kant 1994, S. 87-91, hier S. 83.

16 Vgl. Alain Renaut und Lukas Sosoe, *Philosophie du droit*, Paris: PUF 1992, Kapitel III: eine mit großem argumentativem Aufwand betriebene Verteidigung des Prinzips der Selbstbestimmung des Menschen, wie es in der Deklaration von 1798 verankert sei (dazu dort besonders S. 67 f.), gegen die Gleichsetzung von Mensch mit Subjekt.

der Mensch der Humanwissenschaften, der lebendige Mensch, das sprechende Subjekt, der *homo oeconomicus*, der Liebende, der Arbeitende, der Kranke, aber auch das Rechtssubjekt, insofern substantielle Menschenfassungen, wie die genannten, Gegenstand von Gesetzen werden.[17]

Auf diese Diskursivierungen des Menschen scheint sich die gegenwärtige Debatte zu beziehen, wenn sie die subjektive und partikulare Fassung der Menschenrechte kritisiert. Damit bleibt die Kritik durchaus im Programm der Erklärung der Menschenrechte, das die positiven Beschreibungen des Menschen immer wieder ausstreicht, das sie unter dem Paradigma der universellen Geltung immer wieder zurückweist in die Schranken des Besonderen. Die in den Text der Deklaration versenkte Differenz zwischen einer allgemeinen und einer besonderen Fassung scheint schließlich so wirkmächtig, daß jedes Sprechen über die Menschenrechte seit zweihundert Jahren danach gegliedert ist. Der partikulare Text wird mit dem universellen konfrontiert. Umgekehrt wird gegen eine Essentialisierung der Menschenrechte an ihre formale Fassung erinnert. Gegen Versuche der Universalisierung wird wiederum die Nicht-Verallgemeinerbarkeit des besonderen Menschen betont.

Es ist also die gezielte Plazierung dieses (Selbst-)Widerspruchs innerhalb der Menschenrechte, die das Sprechen in ihrem Namen freisetzt und aufrechterhält. So funktionierte es bereits in der konstituierenden Sitzung der Nationalversammlung, in die Könige aus den Kolonien Frankreichs gestürmt sein sollen, um daran zu erinnern, daß auch sie Menschen seien. Ein ungeheurer Akt, wenn man bedenkt, daß sie sich damit – ganz im Sinne der gerade anstehenden Menschenrechtserklärung – selbst erstmals als Menschen definieren.[18] Ein Akt, der von einer Integrations-

17 Wenn Lutz Wingert in seinem Beitrag in diesem Band (S. 33-43) Menschenrechte als »Detektoren« beschreibt, welche die jeweiligen exklusiven und folglich exkludierenden Zugehörigkeiten, die darin vorausgesetzt sind, »aufspüren«, so bestätigt sich darin der beschriebene Sog zur Substantiierung der Menschenrechte, der auf ihrer allgemeinen Fassung beruht.

18 Sie wurden dennoch per Dekret vom 24. September 1791 vom Geltungsbereich der Menschenrechte ausdrücklich ausgenommen; vgl. Samwer, *Die französische Erklärung der Menschen- und Bürgerrechte*, a.a.O., S. 218.

kraft zeugt, die einzig vielleicht noch vergleichbar ist mit der Regelung des römischen Bürgerrechts. Durch die *constitutio antoniniana* wurde im Jahre 212 n. Chr. der Geltungsbereich des Bürgerrechts von der Stadt Rom auf das gesamte Reich ausgedehnt und evozierte so erst den Anspruch aller Nicht-Römer auf Einbürgerung.[19] Ein imperiales Projekt besteht vielleicht genau in der Setzung einer Differenz: römisches Recht für Nicht-Römer, menschliches Recht für Nicht-Menschen, wie zum Beispiel Könige aus Übersee. Es bindet die Verneinten wirksam ein, die nicht anders können, als dazuzugehören, wollen sie nicht ausgeschlossen bleiben.

Nach den Kolonisierten meldeten sich im historischen Verlauf nach der französischen Deklaration die Frauen zu Wort. Zwei Jahre nach der allgemeinen Deklaration verfaßte Olympe de Gouges bekanntlich ihre »Erklärung der Rechte der Frau und Bürgerin« vom 7. September 1791, die sich, wie schon aus dem Titel erkennbar, mimetisch an die Vorlage hält. Mit ihrem ersetzenden Vorgehen bestätigt sie die Annahme von einem durchgestrichenen Text, an dessen Stelle nun die Deklaration der Frauen rückt. So bietet sich anschließend eine Synopse beider Fassungen an, die dann auch entsprechend publiziert werden.[20] Kaum plastischer als in dieser Gegenüberstellung beider Texte könnte das diskursive Schema von Gleichheit und Differenz ausfallen, das die Menschenrechte strukturiert. Ließen sich also nicht auch noch die gegenwärtigen Diskurse über Gleichheit und Differenz der Geschlechter, der Ethnien und der Religionen als Vollzug des Programms der Menschenrechte lesen? Ist nicht mit der menschenrechtlichen Konstatierung der Gleichheit von Geschlecht, Rasse und Religion schon die divergente Fassung programmiert, die nachfolgend explizit gemacht wird? Die allgemeine Erklärung der Menschenrechte besetzt demnach die funktionale Stelle eines Imperativs zum Aussprechen – dem Aussprechen einer jeweils besonderen Erklärung der Menschenrechte, die in

19 Vgl. dazu auch Jean-François Lyotard, *Der Widerstreit*, übersetzt von Joseph Vogl, München: Fink, 2. Auflage 1989, S. 241.

20 Vgl. Ute Gerhard, *Gleichheit ohne Angleichung. Frauen im Recht*, München: Beck 1990, S. 263-269; dazu auch Olympe de Gouges, *Denkschrift der Madame de Valmont*, französisch-deutsche Ausgabe, hg. und übersetzt von Gisela Thiele-Knobloch, Frankfurt am Main: Helmer 1993.

der allgemeinen Fassung ungenannt geblieben ist. Sie wird nachgetragen, vielleicht so lange, bis alle besonderen Erklärungen der Menschenrechte unter dem Dach der allgemeinen Platz gefunden haben.

Auch die Kritik an den Menschenrechten folgt noch dem Spannungsverhältnis, in dem sie angelegt sind: die Idee wird gegen die historische Ausdifferenzierung, gegen einseitige, etwa eurozentristische Interpretationen und gegen eine an partikularen Interessen ausgerichtete politische Praxis verteidigt. Immer also wird die Kritik an den Menschenrechten als Verteidigungsrede des Ideals ausfallen. Denn welches andere Kriterium zur Beurteilung der Legitimität der Menschenrechte würde hier zur Verfügung stehen als diese selbst? Gerechtigkeit wäre nur ein Synonym. Der durchgestrichene Text der Deklaration ist der einzige Referent dieser Kritik. Kein bestimmter Artikel aus einer bestimmten Menschenrechtserklärung wird zitiert, wenn von »den Menschenrechten« die Rede ist. Sie werden nicht als nachlesbarer Text adressiert, sondern als von allen geteiltes, elementares Wissen darum. Der aus der doppelten Fassung der Menschenrechte hervorgegangene, durchgestrichene und damit abwesend gemachte Text bietet für diese gleichsam mythische Adressierung die Gewähr. Er hält die Menschenrechte gegen all ihre Manifestationen für die Projektion der Wunschbilder vom Menschen frei und sorgt so für ihre permanente Renovation – im Namen der Menschenrechte. Die Lücke, die der durchgestrichene Text hinterläßt, wird zum Ideal über die Gesetze hinaus. Was sich jeder Kodifikation verweigert, soll gerade deshalb als »Überschuß« die Funktion einer »moralischen Direktive« für die partikulare Gesetzgebung und Gesetzesinterpretation übernehmen können.[21]

Jean-François Lyotards linguistische Analyse der Menschen-

21 Albrecht Wellmer, »Menschenrechte und Demokratie«, a.a.O., leitet die Rolle als moralische Direktive aus seiner Analyse des Spannungsverhältnisses zwischen Menschen- und Grundrechten ab; Welsch nimmt diese »Doppelstruktur« zum Anlaß, um die Idee der universalen Menschenrechte ungeachtet ihrer Konkretionen und Einseitigkeiten für eine »*Praxis* der Menschenrechte«, und das heißt als Orientierung »für das Zusammenleben der Menschen«, zu reservieren; Wolfgang Welsch, »Eurozentrismus oder Universalität? Über die Menschenrechte und die Gefahr einer rechtshistorischen Kolonisierung«, in: *Frankfurter Rundschau*, 3. September 1994, S. 10.

rechte soll hier kurz erwähnt werden, weil sie von allen Entwürfen, die für die Menschenrechte eine übergesetzliche und damit oftmals synonym eine originär moralische Funktion reservieren, am engsten an der dargelegten doppelten *Text*fassung der Menschenrechte orientiert ist.[22] Die Verdoppelung innerhalb des Textes der Deklaration enthält nach Lyotard eine diskursive Ressource, die dem Rechtsstreit mit seinen festgelegten Diskursregeln entwunden und dem Widerstreit übergeben wird. Dort, in der Domäne des Ethischen, soll sich immer wieder von neuem entscheiden, in welcher Diskursart die Menschenrechte ausgesprochen, erklärt und verhandelt werden. Sie sind in eine Unbestimmtheit gestellt, die Lyotard mit den Worten beschreibt: »Es geschieht ein Satz. Wie wird sein Schicksal sein, welchem Zweck wird er untergeordnet, in welcher Diskursart wird er Platz finden?«[23]

3. Die Kodifikation von Menschenrechten auf internationaler Ebene

Lyotards Formulierung bestätigt die Bestimmung der Menschenrechte als offene Form der Kommunikation. Und man ahnt, was für diejenigen auf dem Spiel steht, die darin das Potential einer Gerechtigkeit gegenüber dem gesetzten Recht sehen. Unter diesem Aspekt kommt die Überführung der Menschenrechte in eine kodifizierte Form einer Vereinnahmung des diskursiven Potentials gleich, einer Aneignung der Menschenrechte durch das Gesetz. Wenn der mühsame Weg des Sprechens abgekürzt wird, wenn er rationalisiert wird durch Vorschriften zum Sprechen, wenn Menschenrechte in eine Gesetzesmaschine aus Polizei und Gericht eingebunden werden, schwindet, noch einmal mit Lyotard formuliert, die Möglichkeit nicht vorherbestimmter Sätze. Dann hat der antizipatorische Zug des Rechts die Oberhand gewonnen, und das Verhältnis von Gesetz und Erfahrung kehrt sich um. Nicht eine spezifische Unrechtserfahrung, die auf ein Gesetz drängt, steht am Anfang, sondern das Gesetz selbst. Unter einem bereits formulierten Gesetz aber wird Erfahrung zum Sachverhalt, subsumierbar unter bestimmte Tatbestandsmerkma-

22 Vgl. Jean François Lyotard, *Der Widerstreit*, a.a.O., S. 215-250.
23 Ebd., S. 227, Nr. 184.

le. Von da an ist das Ideal einer Gesetzgebung, das in der Erfahrung seinen Anfang nimmt, zumindest angegriffen. Auf dem Spiel steht – mit der Verrechtlichung der Menschenrechte – die Idee der Selbstgesetzgebung. Verankert ist sie in den Menschenrechten, die für das Prinzip des autonomen Sprechens, für die Souveränität des Menschen noch vor jeder Staats- oder Staatsbürgersouveränität stehen.

Die Kodifikation der allgemeinen, durchgestrichenen Fassung der Menschenrechte kehrt in der Tat das komplementäre Verhältnis von Menschenrechten und Gesetzen um. Erfahrung statt Gesetz, Reden statt Recht – so könnte man die Inversion durch die Positivierung der Menschenrechte kurz beschreiben. Sie sind so angelegt, daß in ihrer Dimension zur Sprache kommen soll, was die Starrheit des gesetzten Rechts nicht zuläßt – der Unmut über die Gesetze, ihre Abstraktheit, ihre Verkennungen und ihre Gnadenlosigkeit. Dieses Ideal der Menschenrechte wirkt sich legitimierend auf die bestehenden Gesetze aus, insofern von der Abwesenheit ausdrücklich genannter Menschenrechtsverletzungen auf die Einhaltung der Menschenrechte geschlossen werden kann.

Bis nach dem zweiten Weltkrieg hat die doppelte Fassung der Menschenrechte und demzufolge ihre legitimatorische Kraft unangefochten bestanden. Als mit der UN-Charta von 1945 »der Mensch« erstmals unmittelbar Objekt und Subjekt des Völkerrechts zugleich wird, ist damit die Möglichkeit zur weiteren Kodifikation der Menschenrechte gegeben. Die Diktion der Menschenrechtskommission der Vereinten Nationen bleibt allerdings noch lange Zeit betont unjuristisch. Damit wird nicht nur die Anerkennung nationalstaatlicher Souveränität markiert, es zeigt auch, daß die Vereinten Nationen sich als die andere Seite des Rechts instituiert haben. Nicht als Staat im Weltformat, sondern als Forum des Sprechens. Auf dem ersten Treffen der *General Assembly* wird jede gesetzesförmige, nach Nationalstaaten modellierte Institution als Nachfolgerin des Völkerbundes abgelehnt. Statt dessen wird an die »imagination on developing new types of institutions for international cooperation«[24] appelliert.

Doch ist der Zug zur gesetzesförmigen Ausgestaltung der Men-

24 Walter H. C. Laves; Francis O. Wilcox, »The first meeting of the General Assembly of the United Nations«, in: *The American Journal of International Law* 40 (1946), S. 346-353, hier S. 359.

schenrechte absehbar, er ist ihnen in gewisser Weise sogar inhärent.[25] Die Ineffektivität der Menschenrechte drängt geradezu darauf, für Instanzen und Institutionen der Durchsetzung zu sorgen. Sie verlangt zunächst die Vorwegnahme konkreten Unrechts in einer abstrakten Norm. Und so ist es zu einer Verrechtlichung der Menschenrechte gekommen, die von der doppelten Anlage der Menschenrechte nicht viel übrigläßt. Die Positivierung der Menschenrechte auf internationaler Ebene transformiert sie zu Bürger-, der Idee nach Weltbürgerrechten.[26] Die diskursive Einheit »Welt-Bürger« tritt dann an die Stelle des Menschen, der zugleich weniger imaginär, weniger offen ist, weil er lediglich die internationalisierte Version des vergleichsweise determinierten Staatsbürgers ist.

Diese Entwicklung, die gerade erst beginnt, vollzieht nach, was auf nationaler Ebene mit der unmittelbaren Aufnahme der Menschenrechte in das positive Recht bereits geschehen ist, um dort Rechtsverletzungen von Nicht-Bürgern geltend machen zu können.[27] Damit verschwindet die gleichermaßen diskurs- wie gesetzesgenerierende Unterscheidung von Menschen- und Bürgerrechten. Die Differenz wird nicht einfach nur in ihrer Dimension – weltweit statt nationenintern – verlagert, sie wird eingeebnet. Denn die Beziehung Bürger–Staat läßt sich nicht ohne weiteres in einem internationalen Rahmen analogisieren. In gewisser Weise ist sie einzig vielleicht dem Verhältnis des Selbstbestimmungsrechts der Völker gegenüber der internationalen Völkergemeinschaft vergleichbar, insofern dies von einigen Völkerrechtlern ebenfalls als Diskursform, als »particular logical and rhetorical practice«[28], angesehen wird. »Volk« ist ein ebenso unbestimmter,

25 Vgl. Eibe Riedel, »Menschenrechte in der dritten Dimension«, in: *Europäische Grundrechte Zeitschrift* 10 (1989), S. 9-21, vgl. auch S. 13 zu der explizit normativ-rechtlichen Ausgestaltung der Menschenrechte nach dem Konzept der Drittdimensionsrechte ab 1969.

26 Vgl. Jürgen Habermas, »Kants Idee des Ewigen Friedens«, a.a.O., vor allem S. 300 zu dieser Kaskade von Menschen- zu Weltbürgerrechten, verstanden als ihre Realisierung.

27 Vgl. Albrecht Wellmer, »Menschenrechte und Demokratie«, a.a.O.

28 Nathaniel Berman, »Sovereignty in Abeyance: Self-Determination and International Law«, in: *Wisconsin International Law Journal* 7 (1988), S. 51-105, hier S. 105. Berman bezieht die rhetorische Praxis auf das Selbstbestimmungsrecht der Völker, das als Folge oder Vor-

unrechtlicher Begriff wie »Mensch«. Beide dulden keine Legaldefinition; die Bestimmung des Begriffs fällt vielmehr mit der Inanspruchnahme des Rechts zur Selbstbestimmung zusammen. Eine Erzählung oder Fiktion, der Entwurf eines Volkes wird zur Grundlage der Anerkennung durch die internationale Staatengemeinschaft.

Dieses Programm eines Selbstbestimmungsrechts der Völker entspricht dem Mechanismus der Menschenrechte, insofern auch der Sprechende ein Bild von seinem Menschsein entwerfen muß, um seine Rechte geltend zu machen. Ein Mensch, dem diese – verletzten – Rechte zustehen, muß sich darstellen. Doch übernimmt die internationale Gemeinschaft nicht, auch nicht (manche würden sagen: noch nicht) in Form der Vereinten Nationen, die Rolle eines Staates. Hier also spätestens läßt sich das Verhältnis Bürger–Staat nicht mehr auf eine supranationale Ebene transponieren. Oder könnten die Vereinten Nationen etwa einer Menschenrechtsverletzung bezichtigt werden, so wie einzelne Staaten? – Ein internationaler Gerichtshof für Menschenrechte müßte jedenfalls die Kompetenz dazu haben. Für die Vision eines Weltbürgerstaates wird daher die Übernahme all jener Institutionen gefordert, die Rechtsstaatlichkeit garantieren.[29] Einmal abgesehen von der Frage der Wünschbarkeit und Durchsetzbarkeit dieser Forderung und auch von ihrer in pragmatischer Hinsicht wohl nicht zu bestreitenden Dringlichkeit angesichts einer weitestgehend ohne rechtsstaatliche Kontrolle sich vollziehenden Globalisierung juridischer Formen (vgl. die Etablierung des UN-Kriegsverbrechertribunals in Den Haag) liegt genau dar-

aussetzung der Menschenrechte angesehen wird; zum Verhältnis von Menschenrechten und dem Recht auf Selbstbestimmung der Völker: Christoph Gusy, »Selbstbestimmungsrecht im Wandel. Von der Selbstbestimmung durch den Staat zur Selbstbestimmung im Staat«, in: *Archiv des Völkerrechts* 30 (1992), S. 385-410, hier S. 388; zur Tendenz einer einmischenden Menschenrechtspolitik und damit gegen eine Analogisierung von Person und Staat: Hauke Brunkhorst, »Paradigmenwechsel im Völkerrecht? Lehren aus Bosnien«, in: Matthias Lutz-Bachmann und John Boman (Hg.), *Frieden durch Recht*, Frankfurt am Main: Suhrkamp 1996; vgl. auch den Beitrag von Stefan Oeter in diesem Band (S. 329-360).

29 Vgl. Jürgen Habermas, »Kants Idee des Ewigen Friedens«, a.a.O., S. 312 f.

in, so meine These, der Vollzug und damit die Vollendung des Programms der Menschenrechte.

Die Menschenrechte sind dadurch gekennzeichnet, daß keine Instanz über dem einzelnen Menschen steht. Dies setzt eine Unterscheidung von Bürger und Mensch voraus, die mit zunehmender Kodifikation aufgehoben wird. Wo noch ließe sie sich verorten, wenn Mensch und Bürger in einem Rechtsbegriff konvergieren? Die Unterscheidung war angewiesen auf die Transgression des nationalen Staates. Mit der Möglichkeit einer Individualbeschwerde beispielsweise, wonach seit 1983 ein einzelner eine Menschenrechtsverletzung vor dem Europäischen Gerichtshof für Menschenrechte geltend machen kann, wird jedoch deutlich, daß die Konstitutionsbedingungen der Menschenrechte, ihre Trennung von nationalen Bürger- und transnationalen Menschenrechten, europaweit bereits entfällt. Man könnte sagen: die Angleichung oder Synonymisierung von Bürger und Mensch schließt die Lücke zur Artikulation des Menschen jenseits seiner gesetzmäßigen Bestimmung. Daran, und nicht an einem angeblich irgendwo propagierten »Ende des Menschen«, läßt sich übrigens die historische Bedingtheit des Projekts der Menschenrechte ermessen. Dies besagt allerdings noch nichts über die Qualität dieser Entwicklung, sondern nur so viel, daß die klassische doppelte Anlage der Menschenrechte und die kompensatorischen Aufgaben, die ihnen zugemutet werden, entfallen.

Wo der Staat als Durchsetzungsinstanz von Menschenrechten auftritt, soll – als Ausdruck ihrer zweistufigen Strukturiertheit – eine Verletzung außerhalb der territorialen ebenso wie der rechtlichen Grenzen eines Staates angegriffen werden können. Je gravierender die Verstöße, desto notwendiger ist dieser Ausweg aus der Zirkularität der Menschenrechte, die darin besteht, daß ein Staat immer Garant und Verletzer der Menschenrechte zugleich sein kann.[30] Aus diesem Grund hat die internationale Gemeinschaft, institutionalisiert in Form der UNO, sich im Zusammenhang mit Menschenrechtsfragen die Aufgabe einer Vermittlungsinstanz zwischen Staat und Staatsbürgern gegeben. Sie wacht über die Menschenrechtspraxis der Staaten und macht Verletzungen öffentlich, ohne dabei die Kompetenz zur Setzung und

30 Vgl. zur Rolle des Staates als »Gegner« und zugleich als »Beschützer« der Menschenrechte Erhard Denninger, *Menschenrechte und Grundgesetz*, a.a.O., S. 99.

Durchsetzung von Recht zu besitzen. – Eine Folge davon ist, daß sie auch nicht wie Staaten Menschenrechte verletzen kann.

Solange die UNO als medialer Verstärker der Instanz der Menschenrechte auftritt, unterbricht sie wirksam die latente Totalität der Menschenrechte, die Hannah Arendt bereits nach dem zweiten Weltkrieg aufgrund der weltweiten Geltung befürchtete: der globalen Verrechtlichung korrespondiere die Möglichkeit ebenso umfassender Rechtlosigkeit. Wer in einem Staat kein Recht hat, hat es nirgends.[31] Diese von Hannah Arendt bloßgestellte Konsequenz ubiquitärer Rechtsgeltung als Rechtsversagung – ohne Instanz, an die man sich deswegen noch wenden könnte – bestimmt in der Tat die Flüchtlingsschicksale im 20. Jahrhundert. Vor allem diejenigen bekommen die Gnadenlosigkeit grenzenloser Rechtsgeltung zu spüren, die ohne rechtliche Befugnis dazu fliehen, also Staatsgrenzen überwinden müssen. – So wie diejenigen, die nach Verschärfung der deutschen Asylgesetzgebung den Grenzfluß zwischen Deutschland und Polen überquerten, dabei ertranken und oft wochenlang in der Oder trieben oder dorthin zurückgestoßen wurden, weil die zuständigen Gemeinden auf deutscher Seite die damit verbundenen Kosten der Bestattung und eventuellen Rückführung nicht übernehmen wollten: mit aller Klarheit legte die Bundesregierung dazu in Beantwortung einer parlamentarischen Anfrage die Logik umfassender Rechtsgeltung offen – eine Rechts-Logik, der gegenüber humane Erwägungen, wie sie im Rahmen der Menschenrechte angestellt werden würden, subsidiär scheinen. »Die Flüchtlingseigenschaft in rechtlichem Sinne liegt nur bei Personen vor, die die Voraussetzungen der Genfer Flüchtlingskonvention erfüllen, was in der Regel erst im Prüfungsverfahren – in der BRD durch das Bundesamt für die Anerkennung ausländischer Flüchtlinge – festzustellen ist.«[32] Die Zuständigkeit der Bundesrepublik beginnt demnach erst, wenn der rechtliche Status der Flüchtenden ermittelt ist. Was aber ist ein Flüchtender, bevor oder ohne daß er dieses

31 Hannah Arendt, »Es gibt nur ein einziges Menschenrecht«, in: *Die Wandlung* 4 (1949), S. 754-770, hier vor allem S. 753-757 (später aufgenommen in *Elemente und Ursprünge totaler Herrschaft*, München: Piper 1986, S. 452 ff.).

32 BT-Drucks. 13/4431 vom 23. 4. 1996, S. 2 (siehe auch BT-Drucks. 13/4722 vom 23. 5. 1996) und Bericht von Martin Rapp, »Oder und Neiße – die Flüsse des Todes«, in: *die tageszeitung*, 30. April 1996.

Verfahren hat über sich ergehen lassen? – Offenbar nicht einmal Mensch der Menschenrechte. »Bei grenzüberschreitenden Sachverhalten«, das bestätigt sich darin, »wird der menschenrechtliche Universalismus rigoros zurückgewiesen und provoziert.«[33] Die universalistische Konzeption kommt an ihr eigenes Paradox nicht bloß aufgrund eines überkommenen Souveränitätsvorbehaltes, sprich: nationaler Eigeninteressen, sondern auch wegen der Definitionsmacht des Rechts selbst. Schließlich besteht die Operationsbasis des Rechts westlicher, abendländischer Prägung in nichts anderem als dem Ziehen von Grenzen.

Menschenrechte sind gegen diese Gewalt des Definierens angelegt; sie werden eingesetzt, um das strenge Recht zu überschreiten. Mit ihrer eigenen Verrechtlichung geht also die Souveränitätsfunktion verloren, die sie als Instanz über allen Gesetzen innehaben. Alle Handlungsmöglichkeiten, auf dem Boden des Rechts (nicht der Moral) gegen das Recht zu argumentieren, fallen in die wirkmächtige Differenz von Gesetzen und Menschenrechten. Schwindet sie, erhalten die Menschenrechte eine andere Funktion. Sie verbürgen dann nicht mehr die Potentiale einer rhetorischen Praxis jenseits der Gesetze, die sie aus der – wie auch immer symbolischen – Transgression nationalstaatlicher Grenzen bezog. Was schließlich würde überschritten, welcher Text würde durchgestrichen, wenn die Menschenrechte bereits ein weltweit geltender Rechtstext sind? Es scheint vielmehr, als stoße das Projekt der Menschenrechte mit dieser verrechtlichenden Globalisierung an seine eigenen Grenzen. Die partikulare Fassung kommt mit der allgemeinen zur Deckung. Ein Sprechen im Namen der Menschenrechte ist dann ein Sprechen im Namen des Rechts. Das Recht spricht selbst, statt sprechen zu machen. Das könnte – jedenfalls zu einem gewissen Anteil – erklären, warum nicht mehr nur »Menschen«, sondern auch Staaten sich auf die Menschenrechte beziehen. Sie haben sich in ihrer Funktion als Gesetzgeber die Menschenrechte als Kodifikationsmaterie angeeignet. Unterstützt wird die Vertauschung von Recht-Sprechen und Recht-Erklären noch durch die synonyme Adressie-

33 Günter Frankenberg, »Menschenrechte im Nationalstaat – Schutz vor politischer Verfolgung«, in: U. Klug und M. Kriele (Hg.), *Menschen- und Bürgerrechte. Archiv für Rechts- und Sozialphilosophie*, Beiheft 33, Stuttgart: Steiner 1988, S. 81-96, hier S. 95 (vgl. auch zuvor zur Auseinandersetzung mit Hannah Arendt).

rung von Staaten und einzelnen Staatsbürgern im internationalen Recht: Beide sind gleichermaßen Rechtssubjekte. In der Folge ist die zivil- und strafrechtliche Verantwortlichkeit von Staaten der individuellen nachgebildet.[34] Ein politischer Umgang zwischen Staaten kleidet sich in individualrechtliche Formen – mit allen Folgen des Kollabierens konstitutiver Unterscheidungen zwischen Staat, Staatsbürger und Mensch.

In der unmittelbar rechtlichen Verfügungsgewalt sowohl von einzelnen Staaten als auch der internationalen Staatengemeinschaft wird aus den Menschenrechten als Instanz des individuellen Sprechens ein Instrument zur Steuerung der Politik, einer Politik vornehmlich im Interesse der westlichen Länder. Eine selektive Menschenrechtspolitik ist demnach nicht irgendeine Gefahr, die paradoxerweise genau mit den rechtlichen Mitteln gering gehalten werden soll, die sie heraufbeschworen hat; sie ist die absehbare Folge einer umfassenden Positivierung der Menschenrechte. Sicher sind diese keine Substanz, die mit solchen Transformationen aufgebraucht wäre. Sie mögen ein, mit Habermas gesprochen, »ungesättigtes« Sprechpotential enthalten, dessen Sättigungsgrad allerdings mit einer bestimmten Masse an Menschenrechtskodifikationen erreicht ist. Das imposante Projekt der Menschenrechte, das darin besteht, den Menschen zum Sprechen zu veranlassen, das schier unersättliche Interesse des Rechts an seiner Selbst-Aussage schließlich ist erschöpft, wenn diese vollständig kodifiziert vorliegt.

34 Allerdings mit Differenzierungen bezüglich der internationalen Verantwortlichkeit von Staaten, die seit dem Ersten Weltkrieg von der *International Law Commission* vorgenommen werden; dazu Manfred Mohr, »The ILC's Distinction between ›International Crimes‹ and ›International Delicts‹ and its Implications«, in: M. Spinedi und B. Simma (Hg.), *United Nations Codification of State Responsibility*, New York: Oceana Publications 1987, S. 115-141; dazu auch Riedel, »Menschenrechte der dritten Dimension«, a.a.O., S. 13; vor Kriminalisierungstendenzen im Völkerrecht als Folge einer unmittelbaren Anwendung moralisch begründeter, individuell-strafrechtlicher Zurechnungskriterien und -techniken auf Menschenrechtsverletzungen warnend: Klaus Günther, »Kampf gegen das Böse? Wider die ethische Aufrüstung der Kriminalpolitik«, in: *Kritische Justiz* 27 (1994), S. 135-157, hier S. 141 f.

4. Die historisch begrenzte Reichweite der Menschenrechte

Will man nun ungeachtet dieser zweihundert Jahre wirksamen Verzahnung von Mensch und Gesetz, von Reden und Recht am Projekt der Menschenrechte festhalten – und sei es auch nur, weil die Gewalt des Rechts anders nicht sichtbar gemacht werden kann –, so zeigt sich dennoch die Begrenztheit dieses Versuchs. Die Menschenrechte sind allein für diejenigen erhältlich, deren erlittene Verletzungen sich als Erfahrung in das dichotome Diskursschema fügen lassen. Nur innerhalb des klassischen Unterdrückungsverhältnisses, nur im Diskurs der Opfer können Menschenrechtsverletzungen deklariert werden. Wo aber kein Macht-Block für Repressionen verantwortlich gemacht werden kann, versagt die diskursive Rahmung durch die Menschenrechte. Sie setzt eine Diktatur, ein Regime, das foltert oder individuelle Freiheiten beschneidet, zumindest aber den Staat als Akteur von Unterdrückungen voraus. Diffuse, parastaatliche Mächte, entpersonalisierte Unterdrückungshandlungen, die Mafia schließlich werden davon nicht erfaßt. Wo also die binäre Konfiguration der Kräfteverhältnisse in einer Gesellschaft entfällt, verlieren die Menschenrechte ihre Funktion, die Artikulation von Verletzungen zu ermöglichen. Sie sind auf einer spezifischen Erfahrung aufgebaut. Greift das binäre Aussageschema nicht, weil Wahrnehmung und Beschreibung von Repressionen komplexer und zugleich ambivalenter sind, als die Menschenrechte es hergeben, muß die Erfahrung entweder darauf reduziert werden oder aber sich andere Ausdrucksformen suchen.

So wie die Analyse der Verrechtlichung der Menschenrechte belegt also auch ihre Bindung an einen bestimmten Erfahrungsgehalt die historisch begrenzte Reichweite des Konzepts der Menschenrechte. Mit neuen, anders diskursivierten Erfahrungsgehalten werden die Menschenrechte nicht fertig. Auch durch die Betonung der Formalität der Menschenrechte wird die historische Bedingtheit ihrer Konzeption nicht vollkommen entzeitlicht. Ein Sprechen im Namen der Menschenrechte wird zwangsläufig von der Dichotomie durchzogen sein, aus der es hervorgegangen ist. Es gibt immer zwei Menschheiten, wie Etienne Balibar schreibt.[35] Sein Vorschlag, die Symmetrie im Diskurs der

35 Vgl. Etienne Balibar und Immanuel Wallerstein, *Rasse Klasse Nation.*

Differenzen zu sprengen, zu vervielfältigen und zu diversifizieren, könnte in diesem Zusammenhang als Versuch gelesen werden, den Menschenrechten gleichwohl eine angemessene Erfahrungsfigur aus dem zwanzigsten Jahrhundert zu unterlegen.[36] Dies bezeugt nebenbei und unwillentlich noch einmal die intrinsische Verbindung von Kommunikation und Menschenrechten. Es verweist schließlich auf das Begehren, vor dem Gesetz zu reden, statt die Bedingungen zu analysieren, unter denen ein solches ausnutzbares Begehren erzeugt wird. Und außerdem: Paßt der Begriff »Menschenrechtsverletzung« überhaupt noch, wenn der Mensch, die Verletzung und der Verletzer ihre Eindeutigkeit verloren haben?

Wenn komplexe Beziehungen mit wechselnden Machtverhältnissen sich in der binären Strukturierung des Erfahrungsgehaltes der Menschenrechte nicht mehr erfassen lassen, tritt eine paradoxe Situation ein. Man kann dann – vor allem in westlichen Ländern – durchaus von der Einhaltung der Menschenrechte sprechen, und zwar selbst dort, wo Unrecht geschieht. Anders ausgedrückt: die Beachtung der Menschenrechte ist keine Garantie dafür, daß keine Gewalt im Recht stattfindet. Andere Formen der Gewaltausübung unterlaufen den Maßstab der Menschenrechte einfach. Wenn aber die Einhaltung der Menschenrechte zum Kriterium für die Zulassung in internationalen Zusammenschlüssen, letztlich zum Garanten für einen bestimmten wirtschaftlichen Standard der Länder wird, sind sie eine unmittelbar politische Angelegenheit von Staaten. Ihre Anerkennung verbürgt dann

Ambivalente Identitäten, übersetzt von Michael Haupt und Ilse Utz, Hamburg, Berlin: Argument 1990, besonders Kapitel 3 und dort besonders S. 57.

36 Nach Balibars Lektüre der Menschenrechtsdeklaration sind Mensch und Bürger allerdings identisch, erst in einer »postmodernen Epoche« gehe es darum, Menschenrechte über die Bürgerrechte hinaus, bis an die »Grenzen der Demokratie«, zu artikulieren. Von dort aus werde eine Politik der Menschenrechte formuliert, die eine vollkommene Singularisierung, eine Sprengung jedes allgemeinen Gesetzes vorsehe und damit – ganz im Sinn der hier vorgenommenen Bestimmung der Menschenrechte – Kommunikation über das Recht an die Stelle von Recht-Sprechen setze; vgl. Etienne Balibar, *Die Grenzen der Demokratie*, Hamburg: Argument 1993, Kapitel »Menschenrechte und Bürgerrechte«, besonders S. 119, 122 f. und Kapitel »Was ist eine Politik der Menschenrechte?«, S. 218-220.

keine rhetorische Praxis. Sie sind ein wirtschaftlicher Faktor im Kalkül staatlicher Außenpolitik und auch eine bequeme Legitimationsfigur für internationales Handeln. Darin deutet sich die Transformation der Menschenrechte an: Aus der Berufung auf Humanität ist ein Dispositiv geworden, um weltpolitische Vorgänge in Form von rechtlichen Akten zu fassen. In rechtlichen, menschenrechtlichen Begriffen zumal wird eine Interessenpolitik westlicher Länder schließlich konsensfähig.

Mit einer Reformulierung der Menschenrechte gemäß ihrer Idee läßt diese Entwicklung sich nicht zurückdrängen. Das Sprechen im Namen der Menschenrechte ist unwiderruflich ein rechtliches des Staates geworden; der Diskurs der Menschenrechte ist kodifiziert und als solcher Gegenstand von Analyse und Kommentar wie andere Gesetzeswerke auch.

Felmon John Davis
Rassendiskurs, Gerechtigkeit und Demokratie in den USA

Eine Fallstudie

Einleitung

Eine kürzlich angenommene Resolution des Verwaltungsrats der Universität von Kalifornien[1] ergibt eine tiefenscharfe Momentaufnahme der gegenwärtigen amerikanischen Diskurslage über den Zusammenhang von Rassen- und Gerechtigkeitsfragen. Eine zentrale Frage ist, ob die Verwendung rassischer (oder überhaupt gruppenbezogener) Klassifikationsbegriffe in Vorzugsregelungen für die Zulassung zum Studium ungerecht (und verfassungswidrig) ist. Unter dem Eindruck der kürzlich per Referendum angenommenen *California Civil Rights Initiative* und angesichts einer Ausführungsanordnung[2] des Gouverneurs von Kalifornien, Pete Wilson, hat der Verwaltungsrat, scheinbar mit aller Entschiedenheit, angeordnet, daß »Rasse, Religion, Geschlecht, Hautfarbe, ethnische Zugehörigkeit oder Herkunftsnationalität als Kriterien für die ›ausnahmebedingte Zulassung‹ in Abweichung von den Voraussetzungen der Studienzugangsberechtigung zur Universität von Kalifornien nicht anzuwenden sind«. Dennoch weist die Resolution bei näherem Hinsehen einige Merkwürdigkeiten auf, die eine gewisse Unentschiedenheit über das Prinzip, daß Chancengleichheit allein über *Leistung* und niemals über *Rasse* herzustellen sei, verraten.

Im philosophischen und im rechtlichen Kontext der Kontroverse über Rassenzugehörigkeit sind Klassifikationsfragen von größter Bedeutung. Die philosophische Kontroverse, die ich in diesem Beitrag analysieren will, konzentriert sich auf Argu-

1 Dokument SP-1 vom 20. Juli 1995, wieder abgedruckt in: Robert Post und Michael Rogin (Hg.), *Representations.* Special Issue 55 (Sommer 1996).

2 Executive Order W-124-95, »End Preferential Treatment and to Promote Individual Opportunity Based on Merit«.

mente pro Leistungskriterien und kontra Rassenzugehörigkeit. Hier liegt auch der Kern der *moralischen* Kontroverse, die jedoch ohne einen Blick auf den rechtlichen Kontext, besonders den *Civil Rights Act* von 1964, nicht richtig verstanden werden kann.[3] Ich gehe gleichwohl nur kursorisch auf diese wichtige Verbindung ein, denn die Frage, die ich eigentlich verfolgen will, ist die Frage nach dem Zusammenhang der Moralkontroverse mit der Deutung gewisser Begriffe jenes Gesetzestextes.

Schließlich möchte ich auch noch zwei Besonderheiten der diskursiven Strategien von Inklusion und Exklusion diskutieren, die sich in der Resolution des Verwaltungsrats finden: (1) Obwohl die Resolution das Ziel bekräftigt, »in der Gesamtmenge der Studiumsbewerber die Quote der Zugangsberechtigten aus ›unterrepräsentierten‹ Gruppen zu erhöhen«, signalisieren die Anführungszeichen um das Wort ›unterrepräsentiert‹ eine gewisse Ambivalenz. (2) Die Resolution scheut sich keineswegs, gewisse *nicht-akademische* Qualitäten, die mit akademischen Leistungsnachweisen nichts zu tun haben, als zulassungsrelevant zu betrachten: Als verdienstvoll gelten »moralische« Qualitäten wie Standhaftigkeit trotz »dysfunktionaler« Familien oder »ungesunder« Nachbarschaften. Solche Konzessionen an die »Moral« laufen eigentlich dem Prinzip, daß Rassenzugehörigkeit kriteriell bedeutungslos sein soll, zuwider.

Ich finde es beunruhigend, wie man geradezu allergisch versucht, rassische Sprache nicht in Betracht zu ziehen. Gewiß, das Unbehagen an jeder Art von rassensensitiven politischen Programmen kann auch gewichtige prinzipielle Gründe haben, denn solche Programme scheinen mit meritokratischen Gerechtigkeitsprinzipien zu kollidieren. Der Verwaltungsratsbeschluß agiert dieses Unbehagen jedoch auf verblüffende Weise aus. Durch die Wendung zum »farbenblinden« Moralismus wird etwas sehr Wichtiges ausgeblendet, nämlich die *sozialpolitischen Grundlagen* der *Diskriminierung*. Der Exorzismus, der an der Sprache verübt wird, läßt die Realität, wie sie ist, und macht einmal mehr eine überdauernde Dimension der schwarzamerikanischen Erfahrung unsichtbar.

3 Der Gesetzestext kann via *http://humanitas.ucsb.edu/projects/aa/docs/CCRI.html* eingesehen werden.

Die Grundantinomie der *affirmative action*

Als *affirmative action* bezeichnet man die *bevorzugte* Zulassung oder Anstellung, in einem starken oder einem schwachen Sinne. In der starken Bedeutung des Wortes erlaubt *affirmative action*, daß einer Person, obwohl sie weniger Qualifikationen aufweisen kann als eine andere (wobei wir Rassen- oder Geschlechtszugehörigkeit hier nicht als Qualifikationen zählen wollen), der Vorzug gegeben wird. *Affirmative action* in schwachem Sinne hingegen gibt lediglich den Ausschlag zwischen Kandidaten, die gleich qualifiziert sind. Die starke Version bedarf stärkerer Rechtfertigungsgründe als die schwache, und am unproblematischsten sind sogenannte *Outreach*-Programme, da hierbei die Bewertungsgrundlage im Zulassungsprozeß letztlich für alle Kandidaten dieselbe ist, wenn auch eine Untermenge der Kandidaten zuvor energischer rekrutiert worden ist als die andere.[4] Jede Form von *affirmative action* muß gegen den meritokratischen Einwand, dem zufolge Rassen- und andere Gruppenzugehörigkeiten vollkommen irrelevant sein sollen, verteidigt werden.

Mit *affirmative action* entsteht die Antinomie einer Diskriminierung (gegen weiße Bewerber) durch Bekämpfung von Diskriminierung (gegen schwarze Bewerber). In dieser Pointierung melden sich zwei wichtige Einwände zu Wort. (1) Indem einer weniger qualifizierten Person der Vorzug gegeben wird, verletzt *affirmative action* das Prinzip der Chancengleichheit, wonach gewisse Stellen oder Plätze nur an diejenigen gehen sollten, denen sie zustehen, weil sie dafür qualifiziert sind. (2) Sie verletzt das moralische und verfassungsmäßige *Nichtdiskriminierungsgebot,* das rassische Auswahlkategorien verbietet. (3) Noch andere Einwände werden gemacht (zum Beispiel daß *affirmative action* das akademische Prestige der Bevorzugten beeinträchtige), die ich hier aber übergehe.[5]

Die *meritokratische* Position enthält eine positive und eine ne-

4 Übrigens spricht sich die Resolution indirekt für die letztere Art von Programmen aus, denn sie stellt für dieselben mehr Mittel zu Verfügung.

5 Zur Diskussion einer Reihe solcher Einwände siehe Steele 1990. – Meine Diskussion beschränkt sich auf Schwarzamerikaner, ohne eigens auf Ähnlichkeiten und Unterschiede zur Situation von Amerikanern anderer ethnischer Herkunft einzugehen.

gative Behauptung. Die positive Behauptung ist, daß nur Individuen, die bestimmten Standards genügen (»die nötigen Qualifikationen haben«, »es verdient haben«), Zugang zu bestimmten knappen Ausbildungsressourcen erhalten sollen. Die negative Behauptung ist, daß die Einbeziehung von Attributen wie die der Rassenzugehörigkeit einer Person in jene Standards immer einen Fall von Diskriminierung darstellt. Die negative Behauptung ist klarerweise eine *Gerechtigkeits*behauptung: Vertreter dieser Position halten es für ungerecht, wenn Rassenzugehörigkeit zählt – »Diskriminierung« zuungunsten von Weißen, zugunsten von Schwarzen. Die Grundlage, auf der die positive Behauptung fußt, ist weniger klar: Könnte man nicht mit guten Gründen vertreten, daß Rassenzugehörigkeit unter Umständen eine Qualifikation ist?[6] Doch selbst *wenn* dem so wäre – stimmt aber die negative Behauptung, dann müßte eine selektive Bevorzugung immer noch sehr gut begründet werden. Wenden wir uns den Gründen zu.

In der gegenwärtigen Debatte über *affirmative action* wird eine ganze Reihe von Gründen genannt, aus denen der Rassenzugehörigkeit Gewicht beigemessen werden sollte. Wie nicht anders zu erwarten, ist es geradezu ein florierendes Geschäft, einschlägige Begründungen zu produzieren. Von den verfügbaren Gründen werden nicht alle allen kompetenten Befürwortern gleichermaßen einleuchten. Generell gehen die Begründungen meines Erachtens in Richtung auf institutionelle oder soziale Zielsetzungen, die entweder konstruktiv oder reparativ sind, das heißt mit Wiedergutmachung zu tun haben.

So wird zum Beispiel gesagt, *affirmative action* trage zur Erfüllung der positiven *institutionellen* Zielsetzungen der Universität bei: (1) Dem universitären Bildungsauftrag diene sie durch Förderung eines multikulturellen, für eine kosmopolitische Bildung der Studenten wesentlichen Ambientes und (2) dem universitären Forschungsauftrag durch Einführung neuartiger und be-

6 Eine Frau zu sein ist unbestreitbar eine Qualifikation zum Beispiel für die Eignung als Therapeutin von Vergewaltigungsopfern. Ein Schwarzer zu sein ist unbestreitbar ein Qualifikationsmerkmal von Sozialarbeitern in gewissen Stadtvierteln. Nicht daß weiße Männer dort keine gute Arbeit leisten könnten oder nicht berücksichtigt werden sollten. Die rassische Qualifikation ist vielleicht nicht wesentlich, aber sie ist auch nicht nichts.

deutsamer Disziplinen, Methoden und Inhalte (wie *Critical Race Theory*, *Ethnic Studies* und diverse andere neue Formen der Geschichtsschreibung).[7]

Mit Blick auf *konstruktive soziale* Zielsetzungen wird *affirmative action* vor allem damit begründet, daß sie (3) jene kosmopolitisch offene Gesinnung interkulturellen Respekts fördere, die in unseren multinationalen ökonomischen und kulturellen Kontexten wichtig ist; daß sie (4) den Studenten helfe, zu Bürgern mit Sinn für die egalitäre politische Kultur der Demokratie zu werden; daß sie (5) zu den Verwirklichungvoraussetzungen sozialer Gerechtigkeit beitrage.

Wichtige Ziele, die mit *Wiedergutmachung* zu tun haben, sind: (6) Mitglieder von Gruppen, die in der Vergangenheit Unrecht erlitten haben, zu entschädigen; (7) im Ausgleich für vergangene oder gegenwärtige diskriminierungsbedingte Benachteiligungen Chancengleichheit im akademischen Bereich zu schaffen; (8) die Zahl Schwarzer in professionellen Berufen zu erhöhen, um die Auswirkungen inegalitärer sozialpolitischer Progamme auszugleichen.

Die angeführten Argumente aus positiven institutionellen und sozialen Zielen mögen ehrenwert sein, verfallen aber der Kritik, wenn der Ungerechtigkeitseinwand sticht, denn dann hätten wir einen Fall, wo unrechte Mittel für gute Zwecke eingesetzt würden.[8] Wenn *affirmative action* auf schädliche Weise mit Diskriminierung einhergeht und Rechte (oder sonstige gewichtige Prinzipien) verletzt, kann man sie kaum noch enthusiastisch als Mittel zu Zwecken einsetzen, die sich auch mit anderen Mitteln erreichen ließen. Als Mittel aufgefaßt, hat sie sogar zwei Rück-

7 Interessanterweise geraten viele dieser curricularen Neuerungen selber unter Beschuß seitens der Gegner von *affirmative action*. Diese sehen darin nämlich eine Verwässerung von Maßstäben.

8 Auch aus dem umgekehrten Blickpunkt verfallen sie der Kritik: Ist Wiedergutmachung von Diskriminierungsfolgen die Hauptpointe von *affirmative action*, dann kann man von diesen nicht einfach weg- und auf irgendwelche positive Folgen hinblicken: »While I admit that this approach is an eminently agreeable one, I must add that it is especially so to the unscathed«, schreibt Boxill (1984, S. 5). Diskriminierungsopfer wollen wenigstens, daß das ihnen angetane Unrecht als ein solches anerkannt wird. Hill (1992, S. 198) äußert sich ähnlich über die falsche Botschaft, die eine auf positive Ziele gemünzte Politik aussenden kann.

schlagsrisiken. Wie kann man hoffen, daß ausgerechnet Diskriminierung ein Klima wechselseitigen Respekts schafft? Und (im Fall von Vorzugsregelungen bei der Zulassung) warum sollte die Begünstigung von weniger qualifizierten Fachleuten den universitären Bildungs- und Forschungsauftrag eher voranbringen als beeinträchtigen, ganz zu schweigen vom Schaden für den fachlichen Ruf dieser Fachleute?

Ich werde das Problem der Gerechtigkeit von rassischen Einordnungskategorien im nächsten Abschnitt weiterführen. Zunächst untersuche ich aber das positive meritokratische Argument, allein *Leistung* und niemals Rassenzugehörigkeit sei die richtige Grundlage für die Verteilung von Bildungschancen. Die Zulassungsverfahren amerikanischer Universitäten berücksichtigen neben den durchschnittlichen studienfachrelevanten Schulnoten, den Ergebnissen in Universitätseingangsprüfungen und den Empfehlungsbriefen der Bewerber normalerweise auch ein breites Spektrum von Diversitätsgesichtspunkten (*diversity considerations*). Relevant ist zum Beispiel, ob es sich bei Bewerbern um Kinder ehemaliger Studenten handelt, ob um Veteranen, ob sie spezielle Talente haben (dazu zählen auch besondere sportliche Fähigkeiten!) oder ob sie aus an der betreffenden Universität unterrepräsentierten Staaten und Gebieten kommen. Womöglich will zum Beispiel eine Ostküstenuniversität den Anteil von Studierenden aus dem mittleren Westen oder von ausländischen Studierenden steigern. Angesehene Universitäten richten sich vor allem nach dem erwartbaren Studienerfolg von Bewerbern, der mit standardisierten Eingangsprüfungen gemessen wird, die als – freilich nur schwache – Indikatoren gelten.[9] Man gibt auch Studenten mit schlechteren Schulzeugnissen eine Chance, wenn sie andere interessante Talente und Eigenschaften haben und berechtigtes Zutrauen in ihre Studierfähigkeit besteht.

Die Gesichtspunkte, die normalerweise bei Zulassungen eine Rolle spielen, bilden also ein Potpourri von Eigenschaften, Interessen, Standards und persönlichen »connections«, so daß man sich fragen muß, warum die Rassenzugehörigkeit einer Person nicht *auch* in Betracht gezogen werden sollte. Daß Rassenzugehörigkeit nicht unter die Diversitätsgesichtspunkte eingereiht

9 Auf der Basis der üblichen standardisierten Universitätseingangstests läßt sich nur der Studienerfolg im ersten Jahr einigermaßen vorhersagen.

werden soll, wird nirgends deutlicher als in dem kürzlich ergangenen Gerichtsurteil im Fall Hopwood[10], in dessen Begründung die Richter schreiben, daß »Unterschiedlichkeit der *Gesichter* [sic!] keine echte Diversität ist«.[11] Unter »echter Diversität« verstehen sie solche Eigenschaften wie die, Kind von Ehemaligen zu sein, oder den Besitz von »Fähigkeiten, Cello zu spielen, ein guter Tormann zu sein oder etwas von Chaos-Theorie zu verstehen«. Demzufolge wäre es wichtiger, Cellospieler voranzubringen als Schwarze![12] Um so unverständlicher wird diese Priorisierung angesichts der impliziten Verleugnung der sehr speziellen und problematischen Rolle, die die Kategorie der Rassenzugehörigkeit im amerikanischen Leben spielt. Im Schnitt war der Hausstand einer weißen Familie 1991 mit 43 279 Dollar zehnmal soviel wert wie der einer schwarzen Familie. Dieses Mißverhältnis ist wohlfahrtsstaatlichen Maßnahmen des New Deal geschuldet, die Schwarze weder in den Genuß des *Social Security Act* (1935) noch des *Wagner Act* (1935) kommen ließen, ihnen weder bei der gewerkschaftlichen Organisation halfen noch ihnen Kredite zum

10 Nach Ablehnung ihrer Bewerbung verklagten Cheryl Hopwood und drei andere weiße Bewerber 1992 die Universität von Texas, weil sie sich als Opfer verfassungswidriger rassischer Diskriminierung von seiten der juristischen Fakultät betrachteten, gemäß deren »diversity admissions standard« einige schwarze und lateinamerikanische Bewerber mit schlechteren Zeugnissen aufgenommen worden waren. *Hopwood vs. Texas*, Texas, 78 F.3d 932 (5th Circuit) 1996. – Zusammenfassungen vieler Gerichtsurteile über Diskriminierungsklagen können im Internet unter der Adresse *http://www.acusd.edu/ethics/race.html* eingesehen werden.

11 Hervorhebung von mir, F. D. – Meine Zitate stammen aus dem Dokument 1996 WL 120235 (5th Circuit) Texas.

12 Richter Blackmun hatte in einem Minderheitenvotum zum Urteil im Fall *Bakke* schon die Ironie vermerkt, die darin liegt, daß es zulässig sein soll, wenn Universitäten Athleten, Kindern Ehemaliger und »diejenigen, die gute Beziehungen zu berühmten, bekannten und mächtigen Leuten haben«, bevorzugt behandeln, aber unzulässig, Schwarze bevorzugt zu behandeln. Dieses Verfassungsgerichtsurteil erging 1977 im Rechtsstreit *The Regents of the University of California vs. Allan Bakke* 438 U.S. 265 (1978). Bakke hatte die medizinische Fakultät der Universität von Kalifornien wegen Diskriminierung verklagt, weil deren Zulassungsbestimmungen vorsahen, daß 16 Studienplätze für »bildungsmäßig und ökonomisch benachteiligte Minderheiten« freizuhalten waren.

Bau oder Kauf von Häusern und Wohnungen gemäß dem *National Housing Act* (1934) bewilligten.[13] Die gegenwärtige Generation Weißer zum Beispiel erbt Häuser, die eine Politik der Diskriminierung den Schwarzen verweigert hat. Und die Folgen von rezessionsbedingtem Abbau von Arbeitsplätzen schlagen härter auf die Schwarzen durch, weil sie weniger finanziellen Rückhalt haben, gleichsam immer nur zwei Lohntüten von der Armut entfernt sind.[14] Neuere empirische Untersuchungen zeigen, daß Einstellungspraktiken, die Schwarze diskriminieren, weit verbreitet sind.[15] Weil sie zu den Dingen gehört, die die amerikanische Politik geradezu definieren, meint Brimelow: »Rassenzugehörigkeit ist in der amerikanischen Politik Schicksal.«[16] Man sollte denken, daß es dementsprechend viel wichtiger wäre, Dozenten und Studenten, die aus dieser und über diese Geschichte und Politik der Diskriminierung sprechen können, zu haben als solche, die Cello spielen können! (Natürlich soll das nicht heißen, daß Cellospielen etwas Überflüssiges ist.) Wenn es statthaft ist, daß Universitäten Studenten aus unterrepräsentierten Landesteilen *deswegen* eine relevante (obzwar nicht hinreichende) Qualifikation zum Studium zuschreiben können, dann können sie entsprechend auch Studenten aus unterrepräsentierten rassischen Bevölkerungsteilen eine relevante (obzwar nicht hinreichende) Qualifikation zuschreiben.

Im Bakke-Urteil, einer verfassungsgerichtlichen Grundlage für *affirmative action*, argumentierte Richter Powell damit, daß Universitäten ein Recht haben, im Licht des Ideals eines »kräftigen Meinungsaustauschs« auch Rassenzugehörigkeit als Diversitätsgesichtspunkt zu berücksichtigen. Ähnlich argumentieren Christian und Moran, daß *affirmative action* den universitären Forschungsauftrag durch die Einführung neuer Fragen, Methodologien und Wissenschaftler erweitert. So meint Christian, daß »farbige Studenten und Wissenschaftler eine ganze Reihe neuar-

13 Diese wohlfahrtsstaatlichen Maßnahmen benachteiligten besonders diejenigen, die als Hausangestellte oder Saisonarbeiter ihr Geld verdienten, und das waren hauptsächlich Schwarze, vgl. Hollinger (1996, S. 45 ff.) in dem interessanten Themenheft von *Representations*, das eine Bestandsaufnahme der kalifornischen Situation gibt.

14 Hierzu siehe besonders Ezorsky 1991, S. 74 f.

15 Siehe die ebd. zitierten Arbeiten.

16 Brimelow 1995, S. 37, vgl. auch Moran 1996, S. 148 f.

tiger Forschungsfelder ins Leben gerufen haben, etwa über bestimmte Aspekte der Diaspora, der Sexualität, der Grenzen und der Sprachen«[17], und Moran zeigt, daß lateinamerikanische Studien unser Verständnis der Schwarzweiß-Unterscheidung im US-amerikanischen binären System der Rassenzugehörigkeit umkrempeln werden.[18] Wieder andere haben Powells Argument um den Gesichtspunkt erweitert, daß *affirmative action* einen wünschenswerten »Demokratisierungseffekt« habe. So meint Robert Post, *affirmative action* gehöre zum öffentlichen politischen Bildungsauftrag, Staatsbürger zur Beteiligung an einer »demokratischen öffentlichen Kultur« zu befähigen, was »die Fähigkeit zur Dezentrierung von lokalen eigenen Gewißheiten erfordert, um die Abgrenzungen zwischen sozial disparaten Gruppen zu transzendieren«.[19] Amy Gutmann behauptet, daß Bildungseinrichtungen zur Erfüllung ihres öffentlichen Auftrags nicht nur *Toleranz* (»leben und leben lassen«) lehren müssen, sondern auch *wechselseitigen Respekt*, was ausgedehnte Kontakte zum Erfahrungsaustausch zwischen Schwarzen und Weißen (und anderen) erfordert.[20] Wenn diese Argumente triftig sind, dann kann man *trotz* der Richtermeinung im Fall Hopwood sagen, daß auch eine »Unterschiedlichkeit der Gesichter« in der Tat echte Diversität darstellt.

Freilich dürfen wir die Gegenargumente, die es ja auch gibt, nicht übersehen. Falls schwarze Studenten es nur zu geringeren Studienerfolgen bringen und falls die Berufsqualifikationen schwarzer Wissenschaftler als suspekt gelten, bleibt von den Träumen von wechselseitigem Respekt und robustem Meinungsaustausch wenig übrig. Wenn die wissenschaftlichen Leistungen von Schwarzen zweitklassig ausfallen, nicht veröffentlicht oder nicht ernsthaft rezipiert werden, werden die neuartigen akademischen Disziplinen nicht halten, was sie versprechen. Dann würden weißes Ressentiment und defensiver schwarzer Separatismus eher Kasten als Diskurse im öffentlichen und universitären Bereich schaffen. Zwar wäre die Implementierung von *affirmative action* bei Aussicht solcher Resultate *praktisch* bzw. *politisch* un-

17 Christian 1996, S. 125.
18 Moran 1996, S. 151
19 Post 1996, S. 8.
20 Gutmann 1996, S. 127.

klug[21]; am *Prinzip*, daß im Kontext der amerikanischen Kultur der Gegenwart die Rassenzugehörigkeit als eine Art von Qualifikation zählen kann, würde das aber nichts ändern.[22] Man könnte sich nach einer Abschätzung der Risiken und Erfolgsaussichten dennoch für die Fortsetzung von *affirmative action* entscheiden.

Möglich aber auch, daß man so zu der Einsicht geführt wird, daß ein Festhalten an *affirmative action* wegen des zu großen politischen Widerstands, den sie hervorruft, tatsächlich kontraproduktiv und selbstzerstörerisch wäre. Es wäre aber schade, wenn ein aussichtsreiches Programm deshalb aufgegeben werden müßte, weil die öffentliche Meinung *falschen* Annahmen über Rassenzugehörigkeit als Qualifikationsfaktor aufsitzt. Unglücklicherweise wird die Diskussion dieses Punktes erschwert, solange das moralische Meritokratie-Argument *jede* Berücksichtigung von Rassenzugehörigkeit brandmarkt, egal was sie zu Bildung, Forschung oder sozialer Gerechtigkeit beitragen mag.

Rassenzugehörigkeit und diskursive Tabus

Das Tabu, im Rahmen öffentlicher Politikprogramme Rassenzugehörigkeit explizit einzubeziehen, ist das Ergebnis eines komplexen Zusammenspiels von moralischen Gründen und rechtlichen Interpretationen, die darauf hinauslaufen, daß die Gerechtigkeit *farbenblind* sein müsse: die Rassenzugehörigkeit einer Person darf weder *für* noch *gegen* dieselbe sprechen. Zu den einschlägigen Rechtsprinzipien gehören Auslegungen des Verfassungsprinzips des *gleichen Schutzes* (14. Amendment,

21 Praktisch unklug im Sinne von unzweckmäßig. Unzweckmäßig kann *affirmative action* als ein Mittel zum Beispiel dann sein, wenn sie von falschen Annahmen über kollektive Lernprozesse ausgeht, politisch unklug, wenn sich der Widerstand der – schwarzen *und* weißen – öffentlichen Meinung als unauflöslich herausstellt. – Vielleicht ist gerade das letzte Bedenken gut begründet. Auch noch weitere prinzipielle Einwände sind denkbar, die ich aber nicht ausführe, da es mir in erster Linie darum geht, das meritokratische Argument auszuhebeln.

22 Ich glaube nicht, daß es sich um ein zeitloses Prinzip handelt. Wäre Rassenzugehörigkeit nicht die besondere und problematische Kategorie, die sie ist, dann wäre es sinnlos, in ihr zugleich eine Qualifikation sehen zu wollen. *Affirmative action* zielt letztlich auf ihre eigene Erübrigung ab.

»equal protection«) und des *Civil Rights Act* aus dem Jahr 1964. Das meritokratische Moralprinzip liest aus diesen Elementen der Rechtsordnung die einfache Konzeption einer unparteilichen, »farbenblinden« Gerechtigkeit heraus – eine Forderung, die sich auch im Verwaltungsratsbeschluß findet, dessen Abschnitt 2 die Formulierung enthält, daß »mit Wirkung vom 1. 1. 1997 an der Universität von Kalifornien unter den Zulassungskriterien zu ihren Studienangeboten Rassenzugehörigkeit, Konfession, Geschlecht, Hautfarbe, Ethnizität oder nationale Herkunft nicht in Anschlag kommen«. Wenn sich sowohl die Verfassung wie die Moral im Grundsatz einig sind gegen *affirmative action*, dann müßte man schon sehr gute politische Gründe haben, um sie dennoch für zulässig zu halten!

Nun sind die Fragen der richtigen Verfassungsinterpretation gewiß sehr komplex und zudem Gegenstand anhaltenden Prinzipienstreits. Mit aller Bescheidenheit (angesichts meiner rechtswissenschaftlichen Kompetenz und angesichts des Rahmens, der meinen Ausführungen gesteckt ist) möchte ich doch feststellen, daß man mit guten Gründen glauben darf, daß trotz des Wortlauts des *Civil Rights Act* von der Verfassung Rassenzugehörigkeit als Vorzugsgrund *nicht* verboten wird. Im folgenden exponiere ich in aller Kürze Ronald Dworkins Argument zugunsten dieser Auffassung – ein Argument, das zugegebenermaßen an delikate Dinge rührt, setzt es doch voraus, daß Verfassungsinterpretation unweigerlich ein *politischer* Akt ist. Demzufolge hat man um so mehr Grund, die Resolution des Verwaltungsrats als politisch-programmatischen Ausdruck statt als bloß technische Anwendung juristischer Prinzipien zu sehen. Verblüffend an dem Beschluß erscheint mir die Bereitwilligkeit des Verwaltungsrats, den Buchstaben der Verfassung, wie sie sie *selber* auffassen, zu *kompromittieren*, was meines Erachtens zeigt, daß sie weniger im Prinzip gegen *affirmative action* sind als dagegen, wer herkömmlicherweise deren Begünstigte sind.

Der *Civil Rights Act* (1964) scheint eine klare Sprache zu sprechen. Dieses Gesetz erklärt[23], daß »in den Vereinigten Staaten keine Person aufgrund ihrer Rasse, Hautfarbe oder nationaler Herkunft von der Teilnahme an Programmen und Aktivitäten, die aus Bundesmitteln mitfinanziert werden, abgehalten, von deren Genuß ausgeschlossen oder sonstwie diskriminiert werden

23 Title VI, Section 601.

darf«. Jedes Förderprogramm, das eine bestimmte rassische Gruppe begünstigt, enthält diesen Vorteil anderen Gruppen vor und scheint darum verurteilt werden zu müssen. Hierauf stützt sich ja die oft gehörte Behauptung, *affirmative action* sei »umgedrehte Diskriminierung«. Der Gesetzestext sagt auch[24]: »Als gesetzeswidrige Einstellungspraxis eines Arbeitgebers [...] gilt die Veröffentlichung von Angeboten und Ausschreibungen, [...] die Hinweise auf eine Bevorzugung, Beschränkung, Spezifizierung oder Diskriminierung aus Gründen der Rassenzugehörigkeit, Hautfarbe, Religion, des Geschlechts und der nationalen Herkunft enthalten, außer wo die angeführten Charakteristika *bona fide* berufliche Qualifikationen für die angebotene Tätigkeit sind.«

Lassen wir die etwas unklare Ausnahmeklausel einmal außer Betracht, so schließt die Gesetzesformulierung (nun auf Zulassungsregeln statt auf Einstellungsregeln angewandt) anscheinend jede Verlautbarung einer Bevorzugungspolitik aus, also auch jede Zulassungspolitik mit einer *Affirmative-action*-Komponente.

Diese Lesart des Gesetzes gerät allerdings in die begriffliche Schwierigkeit, ob Diskriminierung *zugunsten* von Person A gleichbedeutend mit Diskriminierung *gegen* Person B ist, und in die hermeneutische Schwierigkeit, ob der Gesetzgeber diese Aspekte unterschieden oder gleichgesetzt hat. Im letzteren Fall müßte es die Meinung des Gesetzgebers gewesen sein, daß jede diskriminierende Handlung (sogar eine, die in wohltätiger Absicht erfolgt) moralisch und rechtlich jeder anderen diskriminierenden Handlung gleichgestellt ist (auch einer, die mit Schädigungsabsicht erfolgt) und verboten werden muß.

Zunächst zur begrifflichen Schwierigkeit. Schulen und Universitäten diskriminieren tendenziell zugunsten intelligenter Personen[25], weil die Bedürfnisse der Gesellschaft besser erfüllt werden, wenn intelligente Personen Ärzte, Anwälte, Ingenieure etc. werden. Natürlich verringert dies die Chancen von weniger intelligenten Leuten, und diese fühlen sich vielleicht gekränkt. Doch hat diese Politik ihrer objektiven Bedeutung nach nichts zu tun mit einer geringeren Wertschätzung von ihnen qua Personen – keine Kränkung ist beabsichtigt –, obzwar Urteile über die diffe-

24 Title VII, Section 704 (b).

25 Hier folge ich Dworkins (1984, S. 364-389) hilfreicher Diskussion des Begriffs ›umgekehrte Diskriminierung‹.

rentielle Berufseignung dieser Personen im Spiel sind. Kränkungen sind hier eine unerwünschte Nebenwirkung einer an sich gerechtfertigten Politik. Anders wäre es, wenn die Politik darauf abzwecken würde, weniger intelligenten Leuten deutlich zu machen, daß sie weniger wert sind. Damit wäre eine von diesen Personen durch nichts verdiente Schädigung verbunden, die auch nicht durch Bezug auf akzeptierte soziale Zielsetzungen gerechtfertigt werden könnte. So wäre beispielsweise ein Gesetz beleidigend, das den Erwerb von Grundstücken vom Nachweis eines bestimmten Intelligenzgrades der Käufer abhängig machte. Und im amerikanischen Kontext müssen Beleidigungen, die auf eine rassische Minderwertigkeit abzielen, als besonders gravierend gelten. Während die Botschaft von *affirmative action* nichts dergleichen enthält, war genau das der Kern aller Diskriminierung gegen Schwarze.[26]

Wir können also begrifflich unterscheiden zwischen einer Diskriminierung, die einem wohltätigen Zweck dienen soll, aber gewisse verletzende oder »anstößige« Nebenwirkungen hat, und einer Diskriminierung, die gehässig und schädigend ist. (Daß eine Politik einem wohltätigen Zweck dient, rechtfertigt sie natürlich nicht, wenn sie zugleich kontraproduktiv, kostspielig, illegal oder ungerecht ist.) Wird dieser Unterschied im *Civil Rights Act* anerkannt? Wenn ja, dann ist nicht jede, sondern nur gehässige Diskriminierung illegal und verfassungswidrig. Läßt sich diese Lesart mit guten Gründen stützen?

Mit Ronald Dworkin sollten wir als erstes festhalten, daß jener Gesetzestext sehr ambivalent ist.[27] Dworkin argumentiert ungefähr folgendermaßen: Was ein bestimmtes Gesetz bedeutet, hängt in der amerikanischen Rechtsprechung zunächst von der wörtlichen Formulierung des Gesetzestextes ab, aber wo der Text Unklarheiten aufweist, von einer Interpretation des Willens des Gesetzgebers (hier: der einhundert Senatoren, die 1964 für es

26 Thomas Hill pointiert diesen Unterschied gut, wo er sagt, daß »das Hauptproblem nicht war, daß Frauen und Schwarze *irgendwie* anders behandelt wurden, sondern daß sie behandelt wurden, *wie kein Mensch behandelt werden sollte*« (1992, S. 195), während »Opfer von Rassendiskriminierung von etwas Wertvollem auf der Basis der Überzeugung ausgeschlossen werden, daß ihre Interessen *ipso facto* weniger wichtig sind als die Interessen Weißer« (Boxill 1984, S. 17).

27 Dworkin 1985, S. 316-335.

gestimmt haben). In einem anderen Urteil[28] mußte das Verfassungsgericht entscheiden, ob die Formel »diskriminierend [...] aufgrund von Rasse« in *neutralem*, *jede* rassische Einordnung ausschließendem Sinne verwendet wird oder in einem *wertenden* Sinne, wonach nur die *abschätzigen* Klassifikationen gemeint wären. Der Rechtsstreit kreiste um die Frage, ob es der *Privat*industrie erlaubt sein sollte, von sich aus *Affirmative-action*-Strategien im Sinne von Vorzugsregeln bei der Einstellung einzuführen. Das Gericht bejahte dies gegen heftigen Dissens von Rehnquist, der gegen die Entscheidung protestierte, weil sie in den *Civil Rights Act* »Toleranz für genau das Übel, das mit diesem Gesetz ausgerottet werden sollte«, einschreibe. Rehnquist zufolge war es die Absicht des Gesetzes, präferentielle Einstellungsstrategien zu beseitigen, egal ob private und freiwillige oder öffentliche und angeordnete. Als Beleg für diese Lesart führte er unter anderem öffentliche Äußerungen bekannter Senatoren (zum Beispiel von Hubert Humphrey) an, es heiße an einschlägiger Stelle im Gesetz, daß »Rassen, Religion und nationale Herkunft als Gründe für Einstellungen und Entlassungen nicht verwendet werden dürfen. Unterstützt werden soll die Einstellung auf der Grundlage von Fähigkeiten und Qualifikationen, nicht auf der von Rasse oder Religion«.[29]

Im Abschnitt 703 (j), einem Zusatz zu dem Gesetz, wird aber explizit gesagt, daß nichts in dem Gesetz »so verstanden werden soll, daß ein Arbeitgeber [...] zur Bevorzugung bestimmter einzelner oder Gruppen verpflichtet sei«, was die Lesart zumindest zuläßt, daß private *affirmative action* nicht *verboten*, sondern nur eben nicht *gefordert* sei. Außerdem (so Dworkin) gibt es keine Regel, der zufolge Äußerungen selbst von wichtigen Parlamentariern die bindende kanonische Interpretation eines Gesetzes darstellen. Was Humphrey verstand und sagte, muß sich nicht damit decken, wie ein anderer, unbedeutenderer Senator das Gesetz für *sich* interpretiert. Kurzum, auch der Absichts-Test klärt nicht die entscheidende kontroverse Frage, ob

28 *Steelworkers vs. Weber*, 443 U.S. 193 (1979). Weber, ein weißer Stahlarbeiter, verklagte das Unternehmen Kaiser Aluminium wegen Diskriminierung, weil es Firmenpolitik war, einen gewissen Prozentsatz von Schwarzen vor Weißen, auch wenn diese der Firma schon länger angehört hatten, zu befördern.

29 Zitiert nach Dworkin 1985, S. 324.

der *Civil Rights Act* jedwede Form von Diskriminierung verbietet.

Man darf wohl annehmen, daß die Absicht, die sich mit diesem Gesetz verband, die war, wirtschaftliche Nachteile von Schwarzen und anderen Diskriminierungsopfern abzumildern, und daß das Gesetz firmeninterne Strategien, die unbestreitbar diesem Zweck dienen (wie die der Firma Kaiser), erlauben müßte, auch wenn es solche Strategien nicht anordnen kann, aus Furcht vor unzulässigen staatlichen Eingriffen in privatwirtschaftliche Management-Entscheidungen. Dworkin nennt diese Sichtweise, die er dem Richter Brennan zuschreibt, eine »Kohärenztheorie«, die von der Annahme ausgeht, »daß ein Statut so ausgelegt werden sollte, daß es diejenigen Prinzipien und politischen Programme voranbringt, die die beste politische Begründung des betreffenden Statuts ergeben«.[30] Aber Dworkins Endergebnis ist so umsichtig wie überraschend: Eine rein technische, rigorose Ableitung aus Prinzip und Buchstaben des Gesetzes ist den Verfassungsrichtern in diesem Fall verwehrt, denn selbst der strikteste Standard einer farbenblinden Fairneß ist *auch* vereinbar mit dem »Kohärenztest«; also müssen die Richter ein *politisches Urteil* fällen, ein Urteil über Mittel und Zwecke guter öffentlicher Politik: »Eine vorgeschlagene Begründung ist nur dann akzeptabel, wenn sie nicht in Widerspruch steht zu dem, was das Statut vorsieht, und beträchtliche Resonanz im politischen Klima der Zeit findet«.[31] Die politische Frage – ob die öffentliche Politik Rassenzugehörigkeit sachgemäß berücksichtigen soll – kann nicht einfach mit Hinweis auf zuvor schon gesetztes öffentliches Recht beantwortet werden, insbesondere nicht mit Hinweis auf den *Civil Rights Act* des Jahres 1964.

Kommen wir auf den Verwaltungsratsbeschluß zurück. Welches politische Urteil, was für eine politische Sensibilität kommt darin zum Ausdruck? Inspiriert ist der Beschluß von der *California Civil Rights Initiative* (CCRI), deren erster Satz lautet: »Der Staat darf einzelne oder Gruppen aufgrund von Rasse, Hautfarbe, Volkszugehörigkeit und Herkunftsnationalität weder diskriminieren noch bevorzugt behandeln in den Bereichen der Einstellung in den öffentlichen Dienst, der öffentlichen Bildung und der öffentlichen Ausschreibungen von Aufträ-

30 Ebd., S. 327.
31 Ebd., S. 328.

gen.«[32] Mit der Gleichsetzung von Diskriminierung und Präferierung[33] enthält die CCRI eine ganz bestimmte Lesart des *Civil Rights Act*, die auch Gouverneur Pete Wilsons (eines Befürworters der CCRI) Ausführungsanordnung vom 1. 6. 1995 zugrunde lag.

Interessant, aber auch verwirrend ist, daß der Beschluß sich für *Outreach*-Programme ausspricht, »so daß in der Gesamtmenge der in Frage kommenden Studienbewerber der Anteil aus ›unterrepräsentierten‹ Gruppen ansteigt«. *Outreach* ist eines, die *Zulassung* etwas anderes.[34] Mit *outreach* wird eine besondere Untermenge von Bewerbern gefördert, von denen einige dann vielleicht wirklich zugelassen werden. Als würde er seiner eigenen Formulierung mißtrauen (oder aus Mangel einer besseren Formulierung), setzt der Verwaltungsrat das Wort ›unterrepräsentiert‹ in Anführungszeichen, wo von der Steigerung der Diversität in der Menge der Studienbewerber die Rede ist. Dahinter steht wohl eine gewisse Scheu, so verstanden zu werden, als gebe man zu, daß der im Vergleich zu Weißen geringere Anteil schwarzer Bewerber ein Symptom der Auswirkungen von Diskriminie-

32 Der Gesetzestext kann via *http://humanitas.ucsb.edu/projects/aa/docs/CCRI.html* eingesehen werden.

33 Mit wünschenswerter Deutlichkeit kann man diese Interpretationslogik an einer Internet-Botschaft von Befürwortern der CCRI ablesen: »Die Rechtsprechung hat dem *Civil Rights Act* die Ergänzung beigefügt, daß eine Vorzugsbehandlung gewisser Gruppen aus rassischen, geschlechtlichen und ethnischen Gründen zulässig sei. Es muß aber jedem logisch denkenden Menschen klar sein, daß die Bevorzugung der einen auf dieser Grundlage die Benachteiligung von anderen bedeutet. Solche Vorzugsregeln verletzen daher die ursprüngliche Auffassung, die unsere Nation und der Kongreß von bürgerlichen Rechten haben.« Vgl. die »California Civil Rights Initiative – A Project of Californians Against Discrimination and Preferences«, *http://www.publicaffairsweb.com.*

34 Das ist einem Rechtsberater der Universität, James E. Holst, nicht entgangen, der in einem klärenden Memorandum feststellt, daß besondere Anstrengungen, um Gruppen mit »extrem niedrigen Anteilen möglicher Studienbewerber« (wie Afroamerikaner, Latinoamerikaner und die Mitglieder amerikanischer Indianerstämme) zu erreichen, nicht verboten sind, »vorausgesetzt, daß solche Anstrengungen nicht andere benachteiligte, aber nicht angepeilte Studienkandidaten ausschließen«. (Vgl. *http://humanitas. ucsb.edu/cgi-bin/mfs/11/docs/aa.outreach.1.96.html?25#mfs.*).

rung ist. (Daß sie unterrepräsentiert sind, *muß* nicht hierauf zurückgehen, sondern könnte auch andere Ursachen haben.) *Outreach* ist bezüglich dieser Lesart gewissermaßen unschuldig und schlägt in die Kerbe des meritokratischen Prinzips, insofern letztlich nur die »farblosen« Qualifikationen der Bewerbermenge in Betracht gezogen werden, egal wie diese zustande kam.

Aber warum überhaupt Bewerber aus ›unterrepräsentierten‹ Gruppen suchen? Warten nicht schon genug qualifizierte Bewerber auf ihre Zulassung? Der Verwaltungsrat jedenfalls ist sogar bereit, über *outreach* hinauszugehen und im Zulassungsprozeß selber denjenigen Kandidaten besondere Berücksichtigung zukommen zu lassen, die »trotz erlittener Benachteiligung ökonomischer oder sozialer Art (wie zum Beispiel familiäre Mißstände, dysfunktionale Elternhäuser, ungesunde und asoziale Nachbarschaftsmilieus) dennoch genug Charakter und Unbeirrbarkeit im Überwinden von Hindernissen gezeigt haben, daß der Kandidat einen erfolgreichen Studienabschluß erhoffen läßt«.

Der Verwaltungsrat erklärt hier bestimmte *moralische Tugenden* zu zulassungsrelevanten Gründen (Festigkeit angesichts »dysfunktionaler Elternhäuser«, »ungesunder Milieus« etc.), Tugenden, die man wohl am besten bei solchen Gruppen sucht, die erfahrungsgemäß oft unter solchen Bedingungen leiden. Warum sollte es überhaupt ein Zulassungsgrund sein, daß man »es verdient hätte«? Gewiß, der Verwaltungsrat charakterisiert die, die es »verdient hätten«, als Personen, deren Charakter- und Motivlage sich mit einer gewissen Sicherheit in Studienerfolg ausmünzen würde. Aber natürlich haben auch viele andere Studenten, die *nicht* aus »dysfunktionalen« Familien etc. kommen, eine ähnlich vielversprechende Charakter- und Motivlage. Anscheinend geht es nicht einfach nur um die Charaktertugend als solche, sondern um ihre Formationsbedingungen: die »es verdient hätten«, sind diejenigen, die erfolgsmotiviert sind *trotz* oder *gerade wegen* ihrer dysfunktionalen Familien und ungesunden Nachbarschaftsmilieus. Warum aber bringt eine Universität der so entstandenen Tugend besondere Aufmerksamkeit entgegen?

Der Rat scheint sich auf die Seite der Befürworter von *affirmative action* (im »schwachen« Sinne, bei dem Äquivalenz der rein akademischen Qualifikationen von Bewerbern vorausgesetzt wird) zu stellen, ohne zu wagen, die Sache beim Namen zu nennen! Sie berufen sich vielmehr auf die »Armen, die es verdient hätten«. Über Kriterien akademischen Verdienstes im engsten Sinne geht der Rat ein Stück weit hinaus, und er nimmt offenbar an, daß es zum gesellschaftlichen Auftrag der Universität gehört, auf Bedürfnisse der »Armen, die es verdient hätten«, einzugehen. Das Verdienstvolle jener Armen, die es verdient hätten, zu berücksichtigen stellt einen Kompromiß (oder eine Erweiterung) des eng gefaßten meritokratischen Prinzips dar. Unterschiede zwischen der *affirmative action*, wie sie der Rat praktiziert, und anderen Formen hängen mit der Unterschiedlichkeit der anvisierten Gruppe der Begünstigten zusammen: Früher visierten wir Schwarze (und andere »geschützte« Gruppen, zum Beispiel auch die Frauen) an, jetzt aber wollen wir die »verdienstvollen Armen« anvisieren. Hier vollzieht sich eine bedeutsame Veränderung im zulässigen politischen Diskurs: Man beachte (1) die Umstellung relevanter Gründe von *Diskriminierung* auf *Benachteiligung*, (2) die *Moralisierung* der *affirmative action* und (3) die *Personalisierung* des Verfahrens.

(1) Benachteiligung ist nicht dasselbe wie Diskriminierung. Faire und unfaire Mittel können in Benachteiligungen resultieren. *Affirmative action* war immer als Antwort auf eine Geschichte realer Diskriminierung gemeint gewesen.[35] Aber die *affirmative action* des Verwaltungsrats handelt überhaupt nicht von dieser Geschichte. Von der Diskriminierung absehen heißt aber den besonderen Status der schwarzen Amerikaner ignorieren. Diese werden gleichsam unsichtbar oder nur verzerrt erfaßt, nämlich unter der Rubrik »verdienstvolle Arme«.

(2) Das Verfahren ist moralistisch im Sinne der Tugendethik. Bewerber müssen bestimmte Fertigkeiten und Dispositionen nachweisen, die, obschon studienrelevant, offenbar viel zu tun haben mit sentimentalen und hochgeschätzten Clichévorstellungen über »anständige arme Leute«, deren ehrliche Plackerei am Ende von Erfolg gekrönt sein soll. Vielleicht ist das der Urmy-

35 So ist auch zu verstehen, daß die Begünstigung sogar von, relativ gesehen, *bessergestellten* Schwarzen richtig ist. Freilich hat dies den Einwand auf den Plan gerufen, *affirmative action* helfe denen nicht, die es am nötigsten hätten. Doch gerät hierbei leicht aus dem Blick (so Rosen 1995, zitiert bei Gutmann 1996, S. 141), daß *affirmative action*, wenn sie auf der Basis von Schicht oder Einkommen statt Rasse »ehrlich durchgeführt würde, schwarze Studenten aus der Mittelklasse durch weiße Unterschicht-Studenten ersetzen müßte«.

thos des amerikanischen Traums, und der Verwaltungsrat übersetzt die zugehörigen Tugenden in Zulassungsregeln. Im Unterschied hierzu geht es bei der üblichen Form von *affirmative action* weniger um die (farblose) *Seele* des Bewerbers.

(3) Bewerber, die sich als benachteiligte Diskriminierungsopfer darzustellen wissen, mögen ein offenes Ohr bei der zuständigen Universitätsstelle finden, aber das wichtigste ist, daß die Bewerber die erlittenen Härten und ihre Charaktertugend *persönlich unter Beweis stellen*. Das Verfahren ist ein *Geständnisritual*: »Nicht nur bestimmt der Rat, welche Narrative in den Bewerbungsbriefen gut ankommen werden, er verfügt auch, daß gewisse Autobiographien so hergestellt werden müssen, daß jedes erlittene Unrecht lokalisiert und jede Lösung individualisiert wird.«[36] Im Unterschied hierzu geht es bei der Standardform von *affirmative action* mehr um die Umstände, mit denen sich die Bewerber qua Schwarze konfrontiert sehen, als um die *persönliche Zeugenschaft*.

Der angezeigte Verständniswandel verweist meines Erachtens auf die gegenwärtige Umorientierung im amerikanischen politischen Denken hin zu einer individualistischen Ideologie moralischer »Werte«. Man kann gewiß nichts gegen den – in der Tat sogar unausweichlichen – Versuch haben, in die Regeln der Zulassung zum Studium auch soziale Werte einzubauen. Das Zulassungsverfahren gewinnt dadurch eine *politische* Seite – oder *sollte* sie dadurch gewinnen: es handelt sich eben nicht um ein wertneutrales technisches Abwiegen rein akademischer Zugangskriterien. Der Verwaltungsratsbeschluß entwirft eine bestimmte Konfiguration des Zulässigen im öffentlichen Diskurs, in dem das Problem der Rassendiskriminierung nicht mehr auf der Tagesordnung steht. Diese Ausklammerung fügt sich in einen Trend im heutigen amerikanischen demokratischen Diskurs zu einem nach innen gewandten Moralisieren. In den Vordergrund tritt (wie Butler treffend sagt) das Individuelle an der Rolle des Unrechtsopfers und das Individuelle an möglichen Antworten, in den Hintergrund treten die besonderen historischen und gegenwärtigen materiellen Umstände der öffentlichen Kultur.

36 Butler (1996, S. 82), der ich in vielen Punkten zustimme. Sie fährt fort: »Treten solche Narrative an die Stelle des Diskurses über Diskriminierung, oder zeigen sie das Altern des Antidiskriminierungsdiskurses an?« Ich glaube letzteres.

Im Beschluß des Universitätsverwaltungsrats wird, wie in einigen Formen von *affirmative action*, anerkannt, daß im Zulassungsverfahren mehr als nur die in striktem Sinne akademischen Qualifikationen Berücksichtigung finden dürfen. Die Universität darf in Erwägung ziehen, ob Bewerber unter (von ihnen selbst attestierten) Benachteiligungen zu leiden hatten, aber sie darf nicht in Erwägung ziehen, ob es sich dabei um die Auswirkungen diskriminierender politischer Programme handelt. Die Resolution bündelt eine gesellschaftliche Vision, die gegenwärtig in der Populärkultur Amerikas wachsenden Anklang findet. Politisch gesprochen, kennt diese Vision keine *schwarzen Mitbürger* mehr, sondern es gibt »tugendhafte« und »tugendlose Personen«. Benachteiligung (»familiäre Mißstände, dysfunktionale Elternhäuser, ungesunde und asoziale Nachbarschaftsmilieus«) wird moralistisch verstanden, nämlich als moralisches Scheitern; das heißt, es ist jemandem nicht gelungen, aus Mißständen doch noch etwas Positives zu machen bzw. primitiven verlockenden Gratifikationen zu widerstehen. Als angemessene praktische Reaktion gilt die Wendung nach innen, vor allem eine Ethik und Praxis der Kultivierung des Selbst, das heißt Selbstdisziplin, Selbstverbesserung durch Lernen, soziale Aufsteigermentalität.

Keine florierende demokratische Gesellschaft kann ohne Bürger mit einem ordentlichen Maß guter Charaktereigenschaften wie Selbstdisziplin, Selbständigkeit, moralisches Urteilsvermögen usw. Bestand haben. »Persönliches Verantwortungsgefühl, individuelle Initiative, dies sind die Stichworte für Demokratie«, schrieb John Dewey.[37] Gewiß, man kann einiges Unbehagen über den Tugendkatalog empfinden, der dem Rat vorzuschweben scheint. Man mag die Prämierung einer sozialen Aufsteigermentalität aus benachteiligten Schichten abschreckend finden, insofern dies wahrscheinlich armen Weißen eher zugute kommt als Schwarzen, egal ob arm oder reich.[38] Und auf diesen Punkt kommt es an. Die Tatsache, daß schwarze Mitbürger Schwarze

37 Dewey 1988, S. 61.

38 Für dieses Argument danke ich Naomi Zack. Sie gibt auch zu bedenken, daß die Politik des Verwaltungsrats vielleicht armen im Unterschied zu gutgestellten Schwarzen mehr hilft, als *affirmative action* auf der Grundlage von Rassenzugehörigkeit.

sind, wird unsichtbar gemacht. »Rassenzugehörigkeit ist in diesem Land eine eigenständige Ursache von Ungerechtigkeit«[39], sagt Gutmann, was auch bedeutet, daß es eine *politische* Kategorie ist, ein Schwarzer zu sein, und zwar infolge einer Sozialpolitik, die böswillig, fehlgeleitet oder beides war und ist.[40] Wer unsere öffentliche Kultur *allein* von moralisch bemühten oder scheiternden Seelen bevölkert sieht und nicht von *schwarzen und weißen (usw.) Bürgern*, macht sich blind und löscht die besondere politische Geschichte und Bürde schwarzer Bürger einfach aus.

Allerdings ist auch die Sorge begründet, daß eine rassisch ausgerichtete *Affirmative-action*-Politik dazu beitragen könnte, daß aus Rassen dauerhaft Kasten werden, indem die einzelnen nach Rassenzugehörigkeit, Volkszugehörigkeit oder nationaler Herkunft abgestempelt werden.[41] Das wäre eine politische Weichenstellung von größter Tragweite, eine Wahl der grundsätzlichen politischen Zusammensetzung der Gesellschaft, die die USA in eine »korporatistische« Richtung drängen könnte, »wo ethnische Gruppen sich nicht länger wie andere freiwillige Assoziationen selbst organisieren, sondern vielmehr einen politischen Gruppenstatus und einige Gruppenrechte hätten«.[42] Aber dieser Trend steht quer zum tiefen Individualismus der demokratischen Kultur Amerikas. Dewey zufolge ist Demokratie ein ethisches Ideal personalistischer Selbstverwirklichung, ein Ideal, das das Individuum zu einem unvergleichlichen Wert erhebt: Demokratie ist »das Mittel für die Herstellung von Assoziationen gleichberechtigter freier Menschen«.[43] Andernorts sagt er, daß eine demokratische Gesellschaft »diejenige Form von Gesellschaft ist, in der jedermann eine Chance hat und dies auch weiß«.[44] Ameri-

39 Gutmann 1996, S. 140.

40 Das klingt vielleicht überspitzt. Ich meine nicht, daß Schwarze nicht auch ihre besondere Identität *affirmativ* besetzen könnten, aus Stolz und Tradition. Auch das Brandmal der Diskriminierung kann in diesen Stolz eingehen.

41 Vgl. Butler (1996, S. 74 f.) und Christian (1996, S. 125 f.) sowie Glazer (1995, besonders S. 128 f.) zur Entstehung von »geschützten Klassen« durch staatsbürokratisch applizierte *affirmative action*.

42 Walzer 1995, S. 148 f.

43 Dewey 1939, S. 170.

44 Dewey 1988, S. 63. Dewey dachte keineswegs, daß die Ideale des

kaner verstehen individuelle Rechte grundsätzlich als »das Recht, als die individuelle Person, die man ist, betrachtet zu werden, *unabhängig* von Rassenzugehörigkeit, Hautfarbe und anderen kollektiven Zugehörigkeiten«.[45] Rassensensitive politische Programme brechen mit dem Ideal eines von Rassen- und anderen kollektiven Zugehörigkeiten *unabhängigen* Individuums. (Dieses Ideal steht auch bei dem Verwaltungsratsbeschluß im Hintergrund: Es geht um *individuelle* Errungenschaften akademischer und moralischer Art.)

Die Intuitionen, daß der Gesichtspunkt der Rassenzugehörigkeit überwunden werden muß, daß Gruppenpräferenzen fragwürdig sind und daß rassisch orientierte *affirmative action* (sofern sie je wirklich gerechtfertigt war) eines Tages zu einem Ende kommen sollte, halte ich für richtig. Nicht richtig ist hingegen die Idee, Rassenzugehörigkeit könne *prinzipiell* nicht zu den Qualifikationen einer Person zählen, denn was als eine solche zählt, hängt stets wenigstens teilweise ab von den bestimmten sozialen Zielen von Institutionen. Mit der Zurückweisung des meritokratischen Einwands ist rassisch orientierte *affirmative action* aber noch nicht hinreichend gerechtfertigt. *Affirmative action* kann zu ineffektiv, kontraproduktiv und kostspielig für die Gesellschaft und für die einzelnen sein. Sie kann zu einer übermächtigen Bürokratie führen. Sie kann mit tiefsitzenden sozialen Idea-

Individualismus den gezielten Einsatz kollektiven sozialen Handelns verböten: »Was den Schwung des Liberalismus heute dämpft oder sogar lähmt«, schreibt Dewey in seiner Kritik an einem kruden Laisser-faire-Wirtschaftsliberalismus, »ist die Vorstellung, daß Freiheit und die Entwicklung von Individualität als Endzwecke den Einsatz organisierter sozialer Bestrebungen als Mittel ausschlössen« (1935, S. 151). Differentielle Bevorzugung von Gruppen wird als ein Mittel eingesetzt, um mehr individuelle Selbstverwirklichung möglich zu machen.

45 Glazer 1995, S. 132. Glazer unterstreicht den Punkt, daß eine in Begriffen von Gruppenpräferenzen formulierte Sozialpolitik keineswegs *prinzipiell* unvereinbar mit Demokratie ist. In Demokratien wie Belgien, Indien, Malaysia finden Quotierungsregelungen für den Zugang zu Berufs- und Ausbildungspositionen Verwendung. Sie kann aber (so Glazer) sehr wohl mit *spezifischen* demokratischen Kulturen (wie der der USA) unvereinbar sein. Zur Frage der Rechte von Minderheitenkulturen siehe McCarthy (1996), Kymlicka (1995), Taylor (1993), Habermas (1993).

len in Konflikt geraten, zum Beispiel mit unseren Idealen von Individualität. Wenn heute auf der Tagesordnung die Priorität des von Rasse etc. *unabhängigen* Individuums erscheint, müssen wir nach dem Sinn und den Konsequenzen entsprechender Sozialpolitik fragen, und zwar nicht abstrakt, sondern im Kontext der wirklich existierenden politischen Gesellschaft Amerikas. Was mir an dem Trend zur Tabuisierung von Rassenzugehörigkeit angst macht, ist nicht die Aussicht auf den Verlust der *Kategorie* des Schwarzseins, sondern die Blindheit angesichts der destruktiven sozialpolitischen Programme, die ihre *Wirklichkeit* ausmachen.

Übersetzt von Iris Junker

Literatur

Brimelow, Peter (1995), *Alien Nation: Common Sense About America's Immigration Disaster*, New York: Random House.

Boxill, Bernard (1984), *Blacks and Social Justice*, Totowa, N.J.: Rowman and Allanheld.

Butler, Judith (1996), »An Affirmative action View«, in: Robert Post und Michael Rogin (Hg.), *Representations.* Sonderheft 55 (Sommer), S. 74-83.

Christian, Barbara (1996), »Camouflaging Race and Gender«, in: Robert Post und Michael Rogin (Hg.), *Representations.* Sonderheft 55 (Sommer), S. 120-129.

Dewey, John (1935), »Nascent Liberalism«, in: ders., *Political Writings*, hg. von Debra Morris und Ian Shapiro, Indianapolis: Hackett, S. 142 bis 153.

– (1939), »The Economic Basis of the New Society«, in: ders., *Political Writings*, hg. von Debra Morris und Ian Shapiro, Indianapolis: Hackett, S. 169-173.

– (1988), »The Ethics of Democracy«, in: ders., *Political Writings*, hg. von Debra Morris/ und Ian Shapiro, Indianapolis: Hackett, S. 59-66.

Dworkin, Ronald (1984), »Umgekehrte Diskriminierung«, in: *Bürgerrechte ernstgenommen*, Frankfurt am Main: Suhrkamp, S. 364-389.

– (1985), »How to Read the Civil Rights Act«, in: ders., *A Matter of Principle*, Cambridge: Harvard University Press, S. 316-335.

Ezorsky, Gertrude (1991), *Racism and Justice: the Case for Affirmative action*, Ithaca: Cornell University Press.

Glazer, Nathan (1995), »Individual Rights Against Group Rights«, in: Will Kymlicka (Hg.), *The Rights of Minority Cultures*, N.Y.: Oxford University Press, S. 123-138.

Gutmann, Amy (1996), »Responding to Racial Injustice«, in: Anthony Appiah und Amy Gutmann (Hg.), *Color Conscious*, Princeton: University Press, S. 106-179.

Habermas, Jürgen (1993), »Anerkennungskämpfe im demokratischen Rechtsstaat«, in: Charles Taylor, *Multikulturalismus und die Politik der Anerkennung*, Frankfurt am Main: Fischer, S. 147-196.

Hill, Thomas (1992), »The Message of *Affirmative action*«, in: ders., *Autonomy and Self-Respect.*, N. Y.: Cambridge University Press, S. 189-212.

Hollinger, David (1996), »Group Preferences, Cultural Diversity and Social Democracy: Notes Toward a Theory of *Affirmative action*«, in: Robert Post und Michael Rogin, *Representations.* Special Issue 55 (Sommer), S. 31-40.

Kymlicka, Will (1995), *Multicultural Citizenship*, N.Y.: Oxford University Press.

McCarthy, Thomas (1996), »Legitimacy and Diversity: Dialectical Reflections on Analytical Distinctions«, in: *Cardozo Law Review* 17, 4, S. 1083-1127.

Moran, Rachel F. (1996), »Unrepresented«, in: Robert Post und Michael Rogin (Hg.), *Representations.* Sonderheft 55 (Sommer), S. 139-154.

Post, Robert (1996), »Introduction: After *Bakke*«, in: Robert Post und Michael Rogin (Hg.), *Representations.* Sonderheft 55 (Sommer), S. 1 bis 13.

Steele, Shelby (1990), *The Content of Our Character*, New York: St. Martins Press.

Taylor, Charles (1993), *Multikulturalismus und die Politik der Anerkennung*, Frankfurt am Main: Fischer, S. 13-78.

Walzer, Michael (1995), »Pluralism: A Political Perspective«, in: Will Kymlicka (Hg.), *The Rights of Minority Cultures*, New York: Oxford University Press, S. 139-155.

Stefan Oeter

Demokratieprinzip und Selbstbestimmungsrecht der Völker

Zwei Seiten einer Medaille?

1. Einleitung

Die als Titel dem Beitrag vorangestellte Frage, ob Demokratieprinzip und Selbstbestimmungsrecht der Völker wirklich – wie so oft behauptet – zwei Seiten einer Medaille seien, klingt bei erster Lektüre nach einer rein rhetorischen Frage. Bis zu einem gewissen Grad stimmt dieser Eindruck auch, handelt es sich dabei tatsächlich um eine Frage, deren Antwort sich von selbst versteht. Demokratieprinzip und Selbstbestimmungsrecht, das sind schließlich Sprößlinge einer einzigen, mit der Aufklärung wirkungsmächtig gewordenen geistesgeschichtlichen Bewegung, die Herrschaft nur aus der Zustimmung der Beherrschten, aus dem »Herrschaftsvertrag«, für legitimierbar hält. Beide Prinzipien sind historisch Produkte der Aufklärung, stellen Folgerungen des Prinzips der Volkssouveränität dar und sind genetisch damit letztlich Früchte des Kampfes gegen Gottesgnadentum und monarchische Souveränität.[1]

In den Volkserhebungen des frühen 19. Jahrhunderts schien das Verhältnis von Demokratie und Selbstbestimmung zunächst noch durchaus unproblematisch.[2] Die Forderungen nach De-

1 Vgl. D. Thürer, »Das Selbstbestimmungsrecht der Völker«, in: *Archiv des Völkerrechts* 22 (1984), S. 113, 115, und U. Scheuner, »Nationalstaatsprinzip und Staatenordnung seit dem Beginn des 19. Jahrhunderts«, in: T. Schieder (Hg.), *Staatsgründungen und Nationalitätsprinzip*, München/Wien: Oldenbourg 1974, S. 9, 19.

2 Siehe nur T. Schieder, »Nationalstaat und Nationalitätenproblem«, in: ders., *Nationalismus und Nationalstaat. Studien zum nationalen Problem im modernen Europa*, hg. von O. Dann und H.-U. Wehler, Göttingen: Vandenhoeck und Ruprecht, 2. Aufl. 1992, S. 17, 20 ff., insbesondere S. 23 f.; zum deutschen Fall siehe auch T. Nipperdey, *Deutsche Geschichte 1800-1866*, München: Beck 1983, S. 307 ff., 387 f., sowie E.-W. Böckenförde, »Die Einheit von nationaler und konstitutionel-

mokratie und Selbstbestimmung waren praktisch identisch und wurden von den Anhängern der ›Reaktion‹ auch als gleichgerichtet verfolgt. Die scheinbare Identität beider Forderungen geriet jedoch bald ins Bröckeln. Das Epitheton ›national‹ reicherte mehr und mehr das Selbstbestimmungsprinzip mit einem neuen Gehalt an. War in der Amerikanischen Revolution die Forderung nach ›Selbstbestimmung des Volkes‹ noch nichts anderes als die Forderung nach Selbstregierung des in einem Gemeinwesen verfaßten ›Volkes‹ als des Verbandes seiner Bürger gewesen, so nahm die Forderung mit dem Siegeszug der Nationalstaatsidee eine ganz andere Form an.[3] Schon in der Französischen Revolution und deren Folgekriegen ist der nach ›völkischen‹ Kategorien entzweiende, ethnisch-kulturell polarisierende Zug des Kampfes um ›nationale Selbstbestimmung‹ im Keim angelegt – man denke an den Charakter der spanischen wie deutschen ›Befreiungskriege‹ als einer ›nationalen Erhebung‹. In der 1848er Revolution wurde die teilweise Gegensätzlichkeit von Demokratie und Nationalstaatsprinzip dann ganz offensichtlich. Die Paulskirchenversammlung rang qualvoll mit den Widersprüchen in Gestalt der Kämpfe um kleindeutsche oder großdeutsche Lösung der Frage nach der Selbstbestimmung des deutschen Volkes – mit dem Problem, daß die ›großdeutsche‹ Lösung keinen »echten« Nationalstaat ergeben konnte, die ›kleindeutsche‹ Lösung dagegen nicht die Selbstbestimmung *des* (gesamten) deutschen Volkes bewirken konnte.[4] Hätte die ›großdeutsche‹ Lösung – selbst bei strikter Beschränkung auf die cisleithanische Reichshälfte der Donau-

ler politischer Bewegung im deutschen Frühliberalismus«, in: E.-W. Böckenförde (Hg.), *Moderne deutsche Verfassungsgeschichte (1815–1918)*, Königstein: Athenäum 1972, S. 27 ff., insbesondere S. 31 ff.

3 Vgl. T. Schieder, »Typologie und Erscheinungsformen des Nationalstaats in Europa«, in: ders., *Nationalismus und Nationalstaat*, 2. Auflage, Göttingen: Vandenhoeck und Ruprecht 1992, S. 65, 67 ff.

4 Das tragische Dilemma der Beratungen um eine Bundesverfassung schildert eindringlich T. Nipperdey, »Der Föderalismus in der deutschen Geschichte«, in: T. Nipperdey, *Nachdenken über die deutsche Geschichte*, München: Beck 1986, S. 60, 75 ff.; siehe außerdem K. Griewank, »Ursachen und Folgen des Scheiterns der deutschen Revolution von 1848«, in: E.-W. Böckenförde (Hg.), *Moderne deutsche Verfassungsgeschichte*, Königstein: Athenäum 1972, S. 40 ff., sowie T. Schieder, »Typologie und Erscheinungsformen des Nationalstaats in Europa«, a.a.O. (Anm. 3), S. 67 ff.

monarchie – die Schaffung eines ›multinationalen‹ Staatswesens der Deutschen, Tschechen und Polen bedeutet, so mußte die ›kleindeutsche‹ Lösung zwangsläufig den Ausschluß der Deutschösterreicher und Deutschböhmen aus der deutschen ›Staatsnation‹ bedeuten.

Die konzeptionellen und praktischen Probleme, die die Hinzufügung des Adjektivs ›national‹ im Kontext des Verlangens nach politischer Selbstbestimmung heraufbeschwor, sind vielfach erörtert worden.[5] Den daraus erwachsenden Problemstellungen sei daher in der Folge aus etwas anderer Perspektive – und auch mit deutlich anderer Akzentsetzung – nachgegangen, unter Rückgriff auf die völkerrechtsdogmatischen Debatten um Entwicklung und Gestalt des »Selbstbestimmungsrechts der Völker«. Die Überlegungen sind dabei nicht die einer strikt völkerrechtsdogmatischen Untersuchung, wenn auch der Ausgangspunkt des Beitrages die fachjuristische Debatte ist. Die Berührungspunkte zur politischen Philosophie sind natürlich vielfältig. Gleichwohl kann der Beitrag nicht beanspruchen, ein genuin philosophischer Essay zu sein; seine Perspektive bleibt geprägt von juristischer Fragestellung und entsprechendem Erkenntnisinteresse des Autors.

2. Praxis und Dogmatik des Selbstbestimmungsrechts

Völkergewohnheitsrecht ist im Kern geronnene Geschichte. Insofern läßt sich ein völkerrechtliches Institut wie das Selbstbestimmungsrecht ohne Blick auf die Geschichte seiner Entstehung

5 Vgl. zum Beispiel J. Habermas, »Inklusion versus Unabhängigkeit. Zum Verhältnis von Nation, Rechtsstaat und Demokratie«, in: M. Hettling und P. Nolte (Hg.), *Nation und Gesellschaft in Deutschland*, München: Beck 1996, S. 115-127. Der Begriff der ›Nation‹ wird hier verstanden als der einer »imagined community« im Sinne der Arbeiten von Benedict Anderson – siehe ders., *Imagined Communities. Reflections on the Origin and Spread of Nationalism*, London: Verso 1983; siehe außerdem das nicht weniger einflußreiche Buch von E. Gellner, *Nations and Nationalism*, Oxford: Basil Blackwell 1983, sowie als aktuellen Forschungsüberblick D. Langewiesche, »Nation, Nationalismus, Nationalstaat: Forschungsstand und Forschungsperspektiven«, in: *Neue Politische Literatur* 40 (1995), S. 190 ff.

kaum begreifen. Begonnen sei hier deshalb mit einigen Überlegungen zur Historie des Selbstbestimmungsrechts – Überlegungen, die zentral zum Verständnis der Fragestellung sind.

Die ›unschuldige‹ Phase der Gleichgerichtetheit von Forderungen nach Demokratie und Selbstbestimmung war – wie schon in der Einleitung angeklungen ist – nur kurz.[6] Die Forderung nach der ›Selbstbestimmung‹ eines Volkes wurde im Verlaufe des 19. Jahrhunderts sehr bald praktisch ununterscheidbar von der Forderung nach dem eigenen ›Nationalstaat‹ und damit zur Forderung nach der staatlichen Abgrenzung von anderen Nationen.[7] Der universalistisch gedachte revolutionäre Nationalismus Mazzinischer Prägung wich schnell dem ›bajonettfunkelnden‹, imperialen Nationalismus der Treitschkeschen Machart.[8]

Nun kann die Forderung nach dem ›eigenen‹ Nationalstaat zugegebenermaßen sehr Unterschiedliches bedeuten, je nachdem, was unter ›Nation‹ verstanden wird. Es stellt sich die Frage nach dem Nationenbegriff. Landläufig werden hier bekanntlich zwei idealtypisch verstandene Gegensatzbegriffe angeführt, der französisch geprägte, rationalistische Begriff der ›Staatsnation‹ und der deutsch geprägte, der Romantik entsprungene Begriff der ›Volksnation‹.[9] Zu den Tücken dieser idealtypischen Unterschei-

6 Vgl. insoweit auch E. Schulin, »Weltbürgertum und deutscher Volksgeist. Die romantische Nationalisierung im frühen neunzehnten Jahrhundert«, in: B. Martin (Hg.), *Deutschland in Europa*, München: dtv 1992, S. 105 ff.

7 Vgl. vor allem E. J. Hobsbawm, *Nationen und Nationalismus*, Frankfurt am Main/New York: Campus 1991, S. 97 ff.

8 Die – leicht ironisierende – Unterscheidung in einen ›Mazzini-Typ‹ und einen ›Treitschke-Typ‹ des Nationalismus stammt von S. Avineri, »Comments on Nationalism and Democracy«, in: L. Diamond und M. E. Plattner (Hg.), *Nationalism, Ethnic Conflict and Democracy*, Baltimore: The Johns Hopkins University Press 1994, S. 28, 31.

9 Siehe zu dieser Unterscheidung nur beispielhaft Schieder, »Typologie und Erscheinungsformen des Nationalstaats in Europa«, a.a.O. (Anm. 3), S. 69 f., aber auch Hobsbawm, *Nationen und Nationalismus*, a.a.O. (Anm. 7), S. 25 ff.; als Überblick zur älteren Debatte um diese auf F. Meinecke zurückgehende, ursprünglich idealtypisch gemeinte Differenzierung (mit Nachweisen der wichtigen einschlägigen Literatur) vgl. auch jüngst B. Estel, »Grundaspekte der Nation«, in: B. Estel und T. Mayer (Hg.), *Das Prinzip Nation in modernen Gesellschaften*, Opladen: Westdeutscher Verlag 1994, S. 13, 20 ff.

dung und zu den immanenten Problemen beider Nationsbegriffe sei in diesem Beitrag etwas später noch einiges gesagt. Hier genüge dem Leser zunächst der Hinweis auf die geistige Dominanz des romantischen ›Volks‹begriffs im 19. Jahrhundert. Den revolutionären Kämpfern für Selbstbestimmung stand immer ein ›naturalistischer‹, als evident verstandener Volksbegriff zur Seite – die Sprach- und Kulturnation als die Verkörperung des zu erlösenden Volkes. Die vorhandenen Staaten, gegen die sich dieser Anspruch richtete, in der Regel dynastische Staatsgebilde der frühen Neuzeit, waren den Nationalisten entweder zu klein – der Kampf des deutschen und italienischen Nationalismus gegen die ›widernatürlichen‹ Partikularstaaten – oder zu groß – der Kampf der erwachenden Nationen Ost- und Südosteuropas gegen die multinationalen Reichsgebilde des Ancien régime, gegen das Imperium des russischen Zaren, die Habsburgermonarchie, das Osmanische Reich.

Im Ersten Weltkrieg setzten beide Seiten die ›romantischen‹ Nationalismen als Mittel ihres Kampfes um die Vorherrschaft ein: die Mittelmächte gegen Rußland, die Alliierten gegen Österreich-Ungarn und die Türkei. Beide Seiten manipulierten den Nationalismus dabei natürlich im Sinne ihrer taktischen und strategischen Interessen.[10] Und keine der beiden Seiten war wirklich gewillt, im Falle des Sieges das Prinzip der nationalen Selbstbestimmung zur bestimmenden Grundlage einer staatlichen Neuordnung Europas zu erheben. Die Pariser Vorortverträge konnten insofern wohl notwendig nur in einem Verrat an den Wilsonschen Vierzehn Prinzipien enden.[11]

10 Zum instrumentellen Einsatz des Selbstbestimmungsrechts im Ersten Weltkrieg vgl. detailliert K. Rabl, *Das Selbstbestimmungsrecht der Völker*, München: Korn 1963, S. 55 ff., sowie U. O. Umozurike, *Self-Determination in International Law*, Hamdon, Conn.: Shoe String Press 1972, S. 11 ff.

11 Zu Wilsons Vierzehn Punkten vgl. Rabl, *Das Selbstbestimmungsrecht der Völker*, a.a.O. (Anm. 10), S. 76 ff., ferner W. Heidelmeyer, *Das Selbstbestimmungsrecht der Völker*, Paderborn: Schöningh 1973, S. 19 ff., und M. Pomerance, »The United States and Self-Determination: Perspectives on the Wilsonian Conception«, in: *American Journal of International Law* 70 (1976), S. 1, insbesondere S. 16 ff. Zu den Widersprüchlichkeiten der von den Pariser Vorortverträgen errichteten Friedensordnung vgl. nur Rabl, *Das Selbstbestimmungsrecht der Völker*, a.a.O. (Anm. 10), S. 96 ff.; H. Hannum, *Autonomy, Sover-*

Gleichwohl war die Neuordnung überaus folgenreich. Die uralten multinationalen Reichsgebilde, die bislang Zentral-, Ost- und Südosteuropa bestimmt hatten, waren zerfallen. Auf dem Boden dieser jahrhundertealten multinationalen Reichsgebilde, mit jahrhundertelanger Binnenkolonisierung und dementsprechender Mischsiedlung[12], wurden – den selektiven Zusagen im Sinne der Gewährung nationaler Selbstbestimmung entsprechend – neue Nationalstaaten geschaffen, die angesichts ihrer ideologischen Grundprägung wie angesichts ihrer machtpolitisch fragilen Stellung bestimmt waren von der Obsession, die ihnen zugefallenen Bevölkerungen zu einer homogenen ›Nation‹ zu verschmelzen.[13] Des einen Selbstbestimmung war damit faktisch des anderen brutale Unterdrückung. Das als kompensatorisch gedachte Minderheitenschutzsystem des Völkerbundes funktionierte nicht, konnte nicht funktionieren, weil die dominanten Mächte kein Interesse daran hatten, ihre neugeschaffenen Verbündeten zu stören, indem sie auf Einhaltung der Minderheitenschutzregelungen drangen.[14]

eignty and Self-Determination, Philadelphia: University of Pennsylvania Press 1990, S. 28 ff.; P. Allot, »Self-Determination – Absolute Right or Social Poetry?«, in: C. Tomuschat (Hg.), *Modern Law of Self-Determination*, Dordrecht: Nijhoff 1993, S. 177, 202 ff.; A. Whelan, »Wilsonian Self-Determination and the Versailles Settlement«, in: *International and Comparative Law Quarterly* 43 (1994), S. 99 ff.; vgl. außerdem als zeitgenössische Kritik P. M. Brown, »Self-determination in Central Europe«, in: *American Journal of International Law* 14 (1920), S. 237.

12 Vgl. zu Landesausbau und Mischsiedlung in Mittel- und Osteuropa W. Conze, *Ostmitteleuropa*, München: Beck, 2. Auflage, 1993, S. 62 ff., 92 ff.

13 Vgl. zu dieser Problematik der Staatenordnung nach 1918 vor allem Hobsbawm, *Nationen und Nationalismus*, a.a.O. (Anm. 7), S. 157 ff.

14 Vgl. T. Veiter, »Die Entwicklung des Selbstbestimmungsrechts«, in: D. Blumenwitz und B. Meissner (Hg.), *Das Selbstbestimmungsrecht der Völker und die deutsche Frage*, Köln: Verlag Wissenschaft und Politik 1984, S. 19 ff., sowie P. Thornberry, *International Law and the Rights of Minorities*, Oxford: Clarendon 1991, S. 46 ff., ferner P. B. Finney, »›An Evil for All Concerned‹: Great Britain and Minority Protection after 1919«, in: *Journal of Contemporary History* 30 (1995), S. 533 ff., und C. Weisbrod, »Minorities and Diversities: The ›Remarkable Experiment‹ of the League of Nations«, in: *Connecticut Journal of International Law* 8 (1993), S. 359 ff.

Das alte, revolutionäre Konzept der ›Volksnation‹ wurde auf einmal zum Störfaktor, zum Stachel im Fleische der mehr oder weniger willkürlich geschnittenen Neustaaten. Binnen kurzer Zeit wurden all die Neustaaten deshalb nach außen zu Anhängern des Konzeptes der ›Staatsnation‹. Die Selbstbestimmung sei mit Errichtung der ›eigenen‹ Staaten verwirklicht, alle Bürger seien darin gleichberechtigt, für Ansprüche auf Selbstbestimmung gegen diese ja gerade den Sieg des Selbstbestimmungsprinzips verkörpernden Neustaaten sei kein Raum.

Ähnliches wiederholte sich dann einige Jahrzehnte später im Verlauf der Dekolonisierung[15], nur daß hier die um Emanzipation kämpfenden einheimischen Eliten von vornherein Anhänger der Konzepte der ›Staatsnation‹ waren, basierten die zu dekolonisierenden Gebilde doch generell auf kolonialen Einheiten, bei deren Abgrenzung Stammes- und Volkstumsgrenzen willkürlich zerschnitten, zahlreiche Stämme und Völker zu neuen Einheiten mit wild zusammengewürfelter Bevölkerung zusammengefaßt worden waren. Bekanntermaßen gibt es praktisch kaum einen Staat der dritten Welt, der nicht eine Vielzahl von Ethnien in seinen Grenzen vereinigen würde.[16]

Das moderne Völkerrecht spiegelte die damit geschaffene Interessenlage der überwiegenden Mehrzahl der Staaten dieser Welt, wenn es bis vor wenigen Jahren die Frage der Selbstbestimmung für weitgehend erledigt hielt.[17] Selbstbestimmung sei ein einma-

15 Vgl. dazu M. Shaw, *Title to Territory in Africa*, Oxford: Clarendon 1986, S. 182 ff.; H. Hannum, *Autonomy, Sovereignty and Self-Determination*, a.a.O. (Anm. 11), S. 46 ff.; H. Rumpf, »Das Subjekt des Selbstbestimmungsrechts«, in: D. Blumenwitz und B. Meissner (Hg.), *Das Selbstbestimmungsrecht der Völker und die deutsche Frage*, Köln: Verlag Wissenschaft und Politik 1984, S. 47 ff., 57; vgl. außerdem A. Heraclides, *The Self-Determination of Minorities in International Politics*, London: Cass 1990, S. 22 f.

16 Siehe zu den Problemen, zu denen das ›Überstülpen‹ des europäischen Nationalstaatskonzepts in Afrika geführt hat, grundlegend B. Davidson, *The Black Man's Burden. Africa and the Curse of the Nation-State*, London: James Currey 1992; vgl. ferner M. N. Katz, in: *Africa's Dilemma: European Borders, Contested Rule, Current History* 1995, S. 182 ff., sowie C. Lentz, »›Tribalismus‹ und Ethnizität in Afrika – ein Forschungsüberblick«, in: *Leviathan* 23 (1995), S. 115 ff.

17 Vgl. als grundlegende neuere Darstellungen zur Frage des Selbstbe-

liger Akt, der mit Erreichung der staatlichen Unabhängigkeit eines bestimmten Gebietes vollendet sei. Man sprach insoweit in der Völkerrechtslehre von der ›Konsumtion‹ des Selbstbestimmungsrechts.[18] Nur einige kleine Restprobleme der Dekoloni-

stimmungsrechts Umozurike, *Self-Determination in International Law*, a.a.O. (Anm. 10), S. 44 ff., 177 ff.; Rabl, *Das Selbstbestimmungsrecht der Völker*, a.a.O. (Anm. 11), S. 487 ff.; A. Rigo Sureda, *The Evolution of the Right of Self-Determination*, Leiden: Sijthoff 1973, S. 28 ff., 97 ff., 228 ff.; Heidelmeyer, *Das Selbstbestimmungsrecht der Völker* (Anm. 11), S. 171 ff., 195 ff.; F. Ermacora, *Die Selbstbestimmungsidee. Ihre Entwicklung von 1918-1974*, Wien: Österreichische Landsmannschaft 1974, S. 11 ff.; D. Thürer, *Das Selbstbestimmungsrecht der Völker, mit einem Exkurs zur Jurafrage*, Bern: Stämpfli 1976, S. 106 ff.; L. C. Buchheit, *Secession. The Legitimacy of Self-Determination*, New Haven: Yale University Press 1978, S. 8 ff.; J. Crawford, *The Creation of States in International Law*, Oxford: Clarendon 1979, S. 85 ff.; M. Pomerance, *Self-Determination in Law and Practice*, Den Haag u.a.: Nijhoff 1982, S. 9 ff.; E. Klein, »Vereinte Nationen und Selbstbestimmungsrecht«, in: Blumenwitz und Meissner (Hg.), *Das Selbstbestimmungsrecht der Völker und die deutsche Frage* (Anm. 14), S. 107 ff.; O. Kimminich, *Rechtsprobleme der polyethnischen Staatsorganisation*, Mainz: Grünewald 1985, S. 120 ff.; R. Krys, »The Right of Peoples to Self-Determination«, in: *Revue de droit international* 63 (1985), S. 291 ff.; Hannum, *Autonomy, Sovereignty and Self-Determination*, a.a.O. (Anm. 11), S. 27 ff.; C. Tomuschat, »Self-Determination in a Post-Colonial World«, in: ders. (Hg.), *Modern Law of Self-Determination*, Dordrecht: Nijhoff 1993, S. 1 ff.; G. Binder, »The Case for Self-Determination«, in: *Stanford Journal of International Law* 29 (1993), S. 223 ff.; H. Hannum, »Rethinking Self-Determination«, in: *Virginia Journal of International Law* 34 (1993), S. 1 ff.; M. Koskenniemi, »National Self-Determination Today: Problems of Legal Theory and Practice«, in: *International and Comparative Law Quarterly* 43 (1994), S. 243 ff.; A. Cassese, *Self-Determination of Peoples: A Legal Reappraisal*, Cambridge: Cambridge University Press 1995, S. 37 ff., 67 ff., 101 ff.

18 Als Kritik an diesem Gedanken eines ›Verbrauches‹ des Selbstbestimmungsrechts siehe insbesondere Pomerance, *Self-Determination in Law and Practice*, a.a.O. (Anm. 17), S. 74; Thürer, »Das Selbstbestimmungsrecht der Völker«, a.a.O. (Anm. 1), S. 136; Krys, »The Right of Peoples to Self-Determination«, a.a.O. (Anm. 17), S. 303; O. Kimminich, »A ›Federal‹ Right of Self-Determination?«, in: C. Tomuschat (Hg.), *Modern Law of Self-Determination*, Dordrecht: Nijhoff 1993, S. 83, 90 f.

sierung waren in dieser Perspektive noch offen, unvollständige, vorzeitig abgebrochene Akte der Selbstbestimmung – meist Fälle, in denen Nachbarstaaten gewaltsam interveniert und so den eigentlichen Akt der Selbstbestimmung verhindert hatten.[19] Paradigmatisch ist insofern der Fall der ehemals spanischen Kolonie der Westsahara, hat doch hier der Internationale Gerichtshof ausdrücklich entschieden, daß die Annexion dieses Gebietes durch Marokko unter Berufung auf sogenannte ›historische Titel‹ an der noch ausstehenden Selbstbestimmung des betroffenen Volkes nichts zu ändern vermag.[20] Einige andere Fälle wären in diesem Kontext noch zu nennen – das von Indonesien besetzte Ost-Timor[21], das durch eine grob manipulierte Volksabstimmung an Indonesien gefallene West-Irian, wohl auch der Fall Kaschmir, in dem Indien sich unter Berufung auf eine Bitte des damals noch vorhandenen (hinduistischen) Herrschers über den Willen der mehrheitlich muslimischen Bevölkerung des Staates Kaschmir hinwegsetzte.[22]

Einige weitere Zweifelsfälle gaben der Völkerrechtsdoktrin in den letzten Jahrzehnten Stoff zum Nachdenken über die eigentlichen Fragen der Dekolonisierung hinaus. Zum einen der Fall Eritrea: eine eigenständige koloniale Einheit, die nach gängiger Praxis als eigener Staat hätte dekolonisiert werden müssen.[23]

19 Vgl. dazu im Detail S. Oeter »Selbstbestimmungsrecht im Wandel. Überlegungen zur Debatte um Selbstbestimmung, Sezessionsrecht und ›vorzeitige‹ Anerkennung«, in: *Zeitschrift für ausländisches öffentliches Recht und Völkerrecht* 52 (1992), S. 741, 748 ff.

20 Vgl. Shaw, *Title to Territory in Africa*, a.a.O. (Anm. 15), S. 93 ff., 187 ff.; J. Fisch, *Die europäische Expansion und das Völkerrecht*, Stuttgart: Steiner 1984, S. 466 ff.

21 Vgl. zum Fall Ost-Timor T. M. Franck und P. Hoffman, »The Right of Self-Determination in Very Small Places«, in: *New York University Journal of International Law and Politics* 8 (1975/76), S. 331, 342 ff., sowie K. Rabl, »Das Selbstbestimmungsrecht der Völker in neuester Praxis«, in: D. Blumenwitz und B. Meissner (Hg.), *Das Selbstbestimmungsrecht der Völker und die deutsche Frage*, a.a.O. (Anm. 14), S. 123, 132 ff.

22 Zur Konstellation siehe Umozurike, *Self-Determination in International Law*, a.a.O. (Anm. 10), S. 236 ff.

23 Vgl. dazu Shaw, *Title to Territory in Africa*, a.a.O. (Anm. 15), S. 117 ff.; A. Fenet, »Erythrée: le droit pour une indépendance«, in: A. Fenet, Cao-Huy-Thuan und Tran-Van-Minh, *La question de*

Strategische Interessen ließen die damals noch in den Vereinten Nationen dominanten Westmächte aber den Anschluß der Kolonie an Äthiopien bevorzugen, wenn auch in Form einer Föderation mit garantierter Selbstregierung Eritreas als eigener Einheit. Als der äthiopische Herrscher, einer der letzten Vertreter der aussterbenden Gattung des absoluten Monarchen, Eritrea nicht einmal zehn Jahre nach Schaffung der Föderation gleichschaltete und seinem Reich unbeschränkter Willkür einverleibte, wurde dies von der Staatengemeinschaft ohne große Proteste hingenommen.[24] Das sei eine innere Angelegenheit Äthiopiens, hieß es; mit Fragen der Selbstbestimmung habe all dies nichts (oder jedenfalls nichts mehr) zu tun. Konstruktionen der ›inneren Selbstbestimmung‹, Föderationslösungen wie in Eritrea (oder auch in Burma, wo sich ähnliche Probleme stellten[25]), waren damit als Scheinlösungen desavouiert, gab man die betreffenden Völker doch mit der Schaffung der Föderation der Willkür der jeweils Herrschenden preis. Mit der Eingliederung in einen größeren Staat, und sei es unter dem Versprechen fast vollständiger Selbstregierung oder weitgehender Autonomie, wurden die betreffenden Völker bzw. Gemeinwesen völkerrechtlich mediatisiert; ihr Schicksal war von da an nur noch Gegenstand der ›territorialen Souveränität‹, nach außen abgesichert durch den Schutzwall der ›domaine réservé‹ der Staaten.[26]

l'Erythrée, Paris: Presses Universitaires de France 1979, S. 11 ff.; R. Pateman, *Eritrea: Even the Stones Are Burning*, Trenton, N.J.: Red Sea Press 1990, S. 3 ff.; vgl. ferner jüngst E. Gayim, *The Eritrean Question: The Conflict between the Right of Self-Determination and the Interests of States*, Uppsala: Förlag 1993, sowie M. Haile, »Legality of Secessions: The Case of Eritrea«, in: *Emory International Law Review* 8 (1994), S. 479 ff.

24 Vgl. dazu Shaw, *Title to Territory in Africa*, a.a.O. (Anm. 15), S. 212, sowie Pateman, *Eritrea: Even the Stones Are Burning*, a.a.O. (Anm. 23), S. 72 f.

25 Siehe dazu Buchheit, *Secession. The Legitimacy of Self-Determination*, a.a.O. (Anm. 17), S. 99 f.; vgl. auch die Länderstudien von J. Silverstein, *Burma: Military Rule and the Politics of Stagnation*, Ithaca: Cornell University Press 1977, S. 57 ff.; ders., *Burmese Politics: The Dilemma of National Unity*, New Brunswick, N.J.: Rutgers University Press 1980, S. 200 f.

26 Vgl. zu den daraus resultierenden Problemen im einzelnen Oeter, »Selbstbestimmungsrecht im Wandel«, a.a.O. (Anm. 19), S. 754 ff.

Daß diese Konstruktion rechtstheoretisch problematisch war, sah jeder, der genau hinsah; die Völkerrechtsdoktrin aber zog es mehrheitlich vor, die Augen zu verschließen, besser: nicht allzu genau hinzusehen. Ähnliches gilt für einen anderen Diskussionsstrang, der mit dem umstrittenen ›Recht auf Sezession‹ verknüpft ist.[27] Die Völkerrechtslehre ist, das muß gleich eingangs gesagt werden, selbst in ihren radikalen Minderheitsströmungen weit davon entfernt, ein generelles Sezessionsrecht zu proklamieren. Eine seit der Zwischenkriegszeit zu findende starke Strömung im Völkerrecht behauptet aber doch, zumindest als Notrecht in Extremsituationen müsse es so etwas wie ein Sezessionsrecht geben, das aus dem Selbstbestimmungsrecht folge. Wenn auch der Schutz der ›territorialen Integrität‹ der Staaten, hinter dem die Friedensfunktion des Völkerrechts steht, im Prinzip Vorrang vor Ideen nationaler Selbstbestimmung zu beanspruchen habe, so könne dies doch nicht ausnahmslos gelten. Es gebe Situationen, in denen das Herrschaftsgefüge so evident gegen einzelne Bevölkerungsgruppen gerichtet werde, daß die staatliche Herrschaft für diese zu einer echten Fremdherrschaft werde.

Die rechtsdogmatische Anknüpfung an einzelne Passagen der ›Friendly Relations-Deklaration‹ der VN[28], die diesen Gedanken in ein rechtstechnisches Argument umsetzt, sei dem Leser hier erspart.[29] Wichtig ist wiederum nur der Hinweis auf die Verbun-

27 Vgl. als zusammenfassende Darstellung der einschlägigen Debatte D. Murswieck, »The Issue of a Right of Secession – Reconsidered«, in: C. Tomuschat (Hg.), *Modern Law of Self-Determination*, Dordrecht: Nijhoff 1993, S. 21 ff.

28 Declaration on Principles of International Law Concerning Friendly Relations and Co-Operation Among States in Accordance with the Charter of the United Nations, UN-General Assemby Resolution 2625 (XXV) vom 24. 10. 1970. Der entscheidende Passus der Deklaration lautet: »Nothing in the foregoing paragraphs shall be construed as authorizing or encouraging any action which would dismember or impair, totally or in part, the territorial integrity or political unity of sovereign and independent States conducting themselves in compliance with the principle of equal rights and self-determination of peoples as described above and thus possessed of a government representing the whole people belonging to the territory without distinction as to race, creed or colour.«

29 Zur ›Friendly-Relations-Declaration‹ von 1970 und deren Bedeutung für das Selbstbestimmungsrecht vgl. Thürer, »Das Selbstbestim-

denheit von Selbstregierung und Selbstbestimmung, die in diesem Diskussionsstrang thematisiert wird.[30] Selbst in der reduziertesten Version beinhaltet das Recht auf Selbstbestimmung immer noch im Kern ein Recht auf Selbstregierung des Volkes, verstanden im Sinne des angelsächsischen ›self-government‹. Wo eine einzelne Gruppe den Staat okkupiert und den Rest des Volkes, unterschieden nach äußerlichen, sprachlich-ethnisch-kulturellen Merkmalen, von der politischen Mitwirkung und Teilhabe an den Segnungen des Staates ausschließt, mutiert formelle ›Eigenstaatlichkeit‹ zu Fremdherrschaft. Diese Fremdherrschaft steht nun typischerweise unter dem Zwang, ihre Herrschaft mit immer brutaleren Methoden der Gewalt und des Terrors abzusichern und durchzusetzen, tendiert dazu, widerstrebende Volksgruppen in toto zum ›Feind des Staates‹ zu erklären, unter Verletzung aller Menschenrechte zu verfolgen, zu massakrieren, zu vertreiben, bis hin zu Akten des Völkermordes. Man denke an die Situation der Kurden im Irak[31] oder an den Südsudan. Kann in derartigen Extremsituationen – gestützt auf die Fiktion der ›Selbstregierung‹ im eigenen Staat – immer noch die grenzenlose Unterworfenheit unter die Gewalt der Zentralregierung aufrechterhalten werden, unter Ausschluß jeder Berufung auf das Konzept der Selbstbestimmung? Ich meine: nein – und mit

mungsrecht der Völker«, a.a.O. (Anm. 1), S. 123 ff., sowie speziell F. Ermacora, »Die Selbstbestimmung im Lichte der UN-Deklaration betreffend die völkerrechtlichen Grundsätze über die freundschaftlichen Beziehungen und die Zusammenarbeit zwischen den Staaten entsprechend der Charta«, in: *Internationales Recht und Diplomatie* 1972, S. 55 ff.; vgl. ferner Hannum, *Autonomy, Sovereignty and Self-Determination*, a.a.O. (Anm. 11), S. 472 f., ders., »Rethinking Self-Determination«, a.a.O. (Anm. 17), S. 14 ff., sowie Cassese, *Self-Determination of Peoples*, a.a.O. (Anm. 17), S. 109 ff.

30 Siehe nur R. Rosenstock, »The Declaration of Principles of International Law Concerning Friendly Relations: A Survey«, in: *American Journal of International Law* 65 (1971), S. 732; ferner Hannum, *Autonomy, Sovereignty and Self-Determination*, a.a.O. (Anm. 11), S. 473.

31 Vgl. zu den Exzessen des Baath-Regimes in Irak die Studie von Samir al-Khalil, *Republic of Fear*, Berkeley, Cal.: University of California Press 1989, sowie der einschlägige Bericht des ›Special Rapporteur‹ Max van der Stoel an die UN-Human Rights Commission, UN-Doc. E/CN.4/1992/31 vom 18. 2. 1992.

mir eine ganze Reihe von Stimmen in der Völkerrechtswissenschaft.[32]

Versucht man dieses eher intuitive ›Nein‹ zu den Ergebnissen der gängigen Konstruktion theoretisch zu fundieren, so gerät man unwillkürlich in den Sog der aktuellen Debatte um ›innere Selbstbestimmung‹.[33] Nationale Selbstbestimmung sei letztlich –

32 Siehe K. Doehring, »Das Selbstbestimmungsrecht der Völker als Grundsatz des Völkerrechts«, in: *Berichte der Deutschen Gesellschaft für Völkerrecht*, Heft 14 (1974), S. 30 ff.; Umozurike, *Self-Determination in International Law*, a.a.O. (Anm. 10), S. 196 ff.; Lung-Chu Chen, »Self-Determination as a Human Right«, in: W. M. Reisman/ B. H. Weston (Hg.), *Toward World Order and Human Dignity. Essays in Honor of Myres S. McDougal*, New York: The Free Press 1976, S. 198, 243; L. Condorelli, »Droit des minorités et garantie des droits des peuples: les risques de la déclaration«, in: A. Cassese und E. Jouve (Hg.), *Pour un droit des peuples*, Paris: Berger-Levrault 1978, S. 129 (131); Buchheit, *Secession. The Legitimacy of Self-Determination*, a.a.O. (Anm. 17), S. 220 ff.; Thürer, »Das Selbstbestimmungsrecht der Völker«, a.a.O. (Anm. 1), S. 127 f.; R. C. A. White, »Self-Determination: Time for a Re-Assessment?«, in: *Netherlands International Law Review* 28 (1981), S. 147, 168; D. Turp, »Le droit de sécession en droit international public«, in: *Canadian Yearbook of International Law* 20 (1982), S. 24 (76 f.); C. Tomuschat, »Protection of Minorities under Article 27 of the International Covenant on Civil and Political Rights«, in: *Völkerrecht als Rechtsordnung, Festschrift für H. Mosler*, Berlin/Heidelberg/New York: Springer 1983, S. 949, 975; ders., »Self-Determination in a Post-Colonial World«, a.a.O. (Anm. 17), S. 9 f.; Hannum, *Autonomy, Sovereignty and Self-Determination*, a.a.O. (Anm. 11), S. 471 ff.; M. Eisner, »A Procedural Model for the Resolution of Secessionist Disputes«, in: *Harvard International Law Journal* 33 (1992), S. 407 ff.; Oeter, »Selbstbestimmungsrecht im Wandel«, a.a.O. (Anm. 19), S. 759 ff.; Murswieck, »The Issue of a Right of Secession«, a.a.O. (Anm. 27), S. 25 ff.; Hannum, »Rethinking Self-Determination«, a.a.O. (Anm. 17), S. 41 ff.; Cassese, *Self-Determination of Peoples*, a.a.O. (Anm. 17), S. 359 ff.

33 Zu Begriff und Konzept der ›inneren Selbstbestimmung‹ vgl. Thürer, *Das Selbstbestimmungsrecht der Völker*, a.a.O. (Anm. 17), S. 47 f., 204 f.; A. V. Lombardi, *Bürgerkrieg und Völkerrecht*, Berlin: Duncker & Humblot 1976, S. 181, 187 ff.; A. Verdross und B. Simma, *Universelles Völkerrecht*, Berlin: Duncker & Humblot, 3. Aufl. 1984, S. 519 f. (§ 513); D. Thürer, »Self-Determination«, in: *Encyclopedia of Public International Law*, hg. von R. Bernhardt, Inst. 8, Amster-

so ließe sich der Kerngedanke dieser Denkrichtung knapp zusammenfassen – nichts anderes als eine Facette des aus dem Prinzip der Volkssouveränität resultierenden Verlangens nach Selbstregierung.[34] Selbstbestimmung im Sinne der ›Selbstregierung‹ eines Volkes sei aber nicht nur von außen, durch externe Fremdherrschaft im Gefolge militärischer Eroberung und Besetzung bedroht, sondern sei auch ein Problem der inneren Staatsstruktur. Auch in einem Staat verewigte Herrschaft der einen Volksgruppe über die anderen ›mitwohnenden Nationalitäten‹ schlage leicht um in Fremdherrschaft, widerspreche dem Prinzip der Selbstregierung »aus dem Volk, durch das Volk und für das Volk« (um eine berühmte Formel Abraham Lincolns aufzugreifen).

Selbstbestimmung in diesem zunächst anationalen Sinne verlange nach institutionellen Vorkehrungen, um die politische Teilhabe aller Gruppen des Volkes sicherzustellen, in einem Gemeinwesen mit ethnisch-kulturell zerklüfteter Bevölkerung dann eben auch die Teilhabe aller ethnischen Gruppen. Gerade eine im Ansatz anational verstandene Selbstbestimmung erfordere insoweit den Einbezug des ethisch-nationalen Aspektes in die institutionell-organisatorische Konstruktion des Staates, erfor-

dam: North Holland 1985, S. 470, 475; F. Ermacora, »Über die Anwendung der Modelle der Selbstbestimmung«, in: *Fédéralisme, régionalisme et droit des groupes éthniques en Europe. Hommage á Guy Héraud*, Wien: Braumüller 1989, S. 116, 117; K. Doehring, *Allgemeine Staatslehre*, Heidelberg: Müller 1991, S. 126 f. (Rdnr. 296); Hannum, *Autonomy, Sovereignty and Self-Determination*, a.a.O. (Anm. 11), S. 453 ff.; Oeter, »Selbstbestimmungsrecht im Wandel«, a.a.O. (Anm. 19), S. 755 ff.; P. Thornberry, »The Democratic or Internal Aspect of Self-Determination with some Remarks on Federalism«, in: C. Tomuschat (Hg.), *Modern Law of Self-Determination*, Dordrecht: Nijhoff 1993, S. 101 ff.; A. Rosas, *Internal Self-Determination*, ebd., S. 225 ff.; Cassese, *Self-Determination of Peoples*, a.a.O. (Anm. 17), S. 101 ff., 346 ff.

34 Siehe dazu zum Beispiel P. Thornberry, »The Democratic or Internal Aspect of Self-Determination with some Remarks on Federalism«, in: C. Tomuschat (Hg.), *Modern Law of Self-Determination*, Dordrecht: Nijhoff 1993, S. 101, 133 ff.; vgl. ferner Y. Dinstein, »The Degree of Self-Rule of Minorities in Unitarian and Federal States«, in: C. Brölmann/R. Lefeber/M. Zieck (Hg.), *Peoples and Minorities in International Law*, Dordrecht: Nijhoff 1993, S. 221 ff.

dere Vorkehrungen wie Gefüge der Autonomie und des institutionalisierten Minderheitenschutzes.[35]

Das in jüngerer Zeit erst aufgekommene Konzept der ›inneren Selbstbestimmung‹ verfolgt dabei eine deutlich rechtspolitische Zielsetzung.[36] Man möchte die fatale Verkoppelung von Selbstbestimmung mit der Forderung nach Eigenstaatlichkeit auflösen, die im traditionellen Völkerrecht das Selbstbestimmungsrecht zum gefährlichen Sprengsatz für die Staatenordnung stempelte, der mit ausgefeilten Sicherungsmaßnahmen einzudämmen war. Die Gleichsetzung von Selbstbestimmung mit der Forderung nach Gründung eines eigenen Staates für jedes ›Volk‹, das das Selbstbestimmungsrecht in Anspruch nimmt, hat im Interesse der Befriedungsfunktion des Völkerrechts insoweit eine extrem restriktive Eingrenzung des Kreises der Träger des Selbstbestimmungsrechts nach sich gezogen, nach sich ziehen müssen. Selbstbestimmung konnte in der Folge nur noch den politischen Einheiten zukommen, denen man im Ergebnis auch tatsächlich das Recht auf Eigenstaatlichkeit zugestehen wollte.[37]

Verbreitert und ›verwässert‹ man aber die Palette der Gestaltungsformen, in denen Selbstbestimmung ihren Ausdruck finden kann, bis hin zu reiner Kulturautonomie und Formen des traditionellen Schutzes sprachlicher Minderheiten, dann kann man umgekehrt auch all die Gruppen unter das Selbstbestimmungsrecht bringen, die politisch dieses Recht für sich reklamieren, ohne damit gleich die Ordnung der Staatengemeinschaft zu bedrohen.[38] Das Selbstbestimmungsrecht verändert damit zwar seinen Charakter, wird vom eindeutig definierten ›Recht‹ zum in

35 Siehe nur Kimminich, »A ›Federal‹ Right of Self-Determination?«, a.a.O. (Anm. 18), S. 92 f.

36 Vgl. insofern besonders deutlich A. Eide, »In Search of Constructive Alternatives to Secession«, in: C. Tomuschat (Hg.), *Modern Law of Self-Determination*, Dordrecht: Nijhoff 1993, S. 139 ff., ferner Cassese, *Self-Determination of Peoples*, a.a.O. (Anm. 17), S. 344 ff., und Tomuschat, »Self-Determination in a Post-Colonial World«, a.a.O. (Anm. 17), S. 11 ff.

37 Siehe als Kritik daran Binder, »The Case for Self-Determination«, a.a.O. (Anm. 17), S. 236 ff., sowie Hannum, »Rethinking Self-Determination«, a.a.O. (Anm. 17), S. 32 ff., und Tomuschat, »Self-Determination in a Post-Colonial World«, a.a.O. (Anm. 17), S. 11 f.

38 Als eindringliches Plädoyer in dieser Richtung siehe ebd.,13 ff., und Cassese, *Self-Determination of Peoples*, a.a.O. (Anm. 17), S. 352 ff.

den Rechtsfolgen recht unbestimmten Programmsatz. Die damit gewonnene Flexibilität gestattet es aber zugleich, die politischen Forderungen nach Selbstbestimmung wieder rechtlich zu kanalisieren und in für die internationale Ordnung verträgliche Bahnen zu lenken.[39]

3. Das ›Selbstbestimmungsrecht‹ und die unterschiedlichen Nationenbegriffe

Das Konzept klingt plausibel, stößt aber in der Staatenpraxis auf große Widerstände. Vor allem für die Staaten, die sich auf den Gedanken der Staatsnation berufen, ist der Gedanke der ›inneren Selbstbestimmung‹ geradezu ein Anathema. Die Gleichheit der Bürger in der ›Staatsnation‹ verbiete jede ethnische oder nationale Differenzierung, so lautet der gängige Einwand. Wer ethnisch-kulturelle Binnendifferenzierungen zur Grundlage staatsorganisatorischer Forderungen erhebe, unterminiere die ›Einheit der Nation‹, betreibe letztlich die Auflösung des auf der Einheit der ›Staatsnation‹ beruhenden Staatswesens. Der Ruf nach ›innerer Selbstbestimmung‹ führe in die ›Ethnisierung der Gesellschaft‹, zerstöre die Neutralität des Staates im Kampf der gesellschaftlichen Gruppen um Identität und kulturelle Vorherrschaft.

Ganz abwegig ist diese Befürchtung nicht, aber die so gern proklamierte Neutralität des Staates im Ringen um die ethnisch-kulturelle Identität ist im Kern doch mehr ein Konstrukt ohne wirkliche Grundlage in der politischen Realität als ein politisch wirklich ernstzunehmendes Argument. Die ›Staatsnation‹ sei in der Realität letztlich meist nichts als ein Taschenspielertrick, lautet der beliebte Vorwurf der ›Volksnationalisten‹ gegen die Verfechter der ›Staatsnation‹.[40] Eine bestimmte herrschende Elite,

39 Siehe dazu auch den von A. Eide als Special Rapporteur der ›Sub-Commission on Prevention of Discrimination and Protection of Minorities‹ der UN-Menschenrechtskommission erstatteten Bericht, »Possible ways and means of facilitating the peaceful and constructive solution of problems involving minorities«, in: *Third Progress Report, UN-Doc. E/CN.*, 4/sub.2/1993/34 vom 10. 8. 1993.

40 Daß dieser Vorwurf leider nicht ganz aus der Luft gegriffen ist, belegt eindringlich Hobsbawm, *Nationen und Nationalismus*, a.a.O. (Anm. 7), S. 104 ff.

eine dominante Volksgruppe, deren Kultur die Identität des Staates präge, verstecke sich mit diesem Trick hinter der vorgeblichen Gleichheit der Staatsbürger. Wenn man genau hinsehe, seien die Staatsbürger aber nicht wirklich gleich. Die Vertreter der ›Staatskultur‹ seien eben in der Realität doch gleicher als die anderen Bürger. Die Gleichheit der Bürger sei im Kern nichts anderes als die gleiche Berechtigung (und Verpflichtung), sich der herrschenden Kultur anzupassen, deren Werte, Symbole und Sprache zu übernehmen. Gleichheit sei insofern synonym mit dem Zwang zur Assimilation, wolle man diese Gleichheit auch real leben.[41]

Nun unterschlägt diese nicht gerade ausgewogene Sichtweise die großen Integrationsleistungen von Staaten, die auf dem Konzept der ›Staatsnation‹ aufbauen. Frankreich war ja – wie die Historiker nicht müde werden zu betonen – zur Zeit der Französischen Revolution alles andere als eine homogene Nation. Nur gut 10 Prozent der ›Franzosen‹ sprachen Französisch im heutigen Sinne, der Rest dagegen regionales Pâtois oder eine der knapp ein Dutzend Regionalsprachen, die ganz anderen Sprach- und Kulturgruppen zugehören als das Französische.[42] Frankreich war insoweit ein für die frühe Neuzeit typisches dynastisch zusammengefügtes Sammelsurium von Sprach- und Kulturgemeinschaften, der Prototyp eines ›polyethnischen Staates‹. Die ›Einheit der Nation‹ war insofern zunächst nur eine Vision, Programm einer bürgerlichen Elite, die sich eine ›Nation‹ nach ihrem Bilde formte. Daß das Projekt im Ergebnis weitgehend erfolgreich war, ist sicherlich nicht nur dem – auch vorhandenen – Zwang seitens des Staates, sondern auch dem integrativen Charakter dieses Projektes zuzuschreiben.[43] Ein Beispiel: Das el-

41 Vgl. auch ebd., S. 111 ff.

42 Vgl. nur G. Ziebura, »Nationalstaat, Nationalismus, supranationale Integration. Der Fall Frankreich«, in: H. A. Winkler und H. Kaelble (Hg.), *Nationalismus-Nationalitäten-Supranationalität*, Stuttgart: Klett-Cotta 1993, S. 34, 42 ff. (m.w.N. der einschlägigen französischen Literatur).

43 Zur Genese der französischen Nation siehe die grundlegende Studie von E. Weber, *Peasants into Frenchmen. The Modernization of Rural France 1870-1914*, Stanford: California University Press, 2. Auflage 1979; vgl. ferner P. Martel, »Regionale Identität und nationale Kultur in Frankreich im 19. und 20. Jahrhundert«, in: G. Lottes (Hg.), *Region, Nation, Europa. Historische Determinanten der Neugliederung*

sässische Bürgertum mag aus der Perspektive der Volkskundler unbestreitbar ein Teil des deutschen Volkes gewesen sein; vom Deutschen Reich aber wurde es als ein Volk von Besiegten behandelt. Fühlte man sich im Deutschen Reich wie ein marginalisiertes Kolonialvolk, so bot Frankreich dem elsässischen Bürgertum die gleichberechtigte Teilhabe an der politischen Macht, nur geknüpft an das Bekenntnis zur französischen Kultur. Das politische Bekenntnis der elsässischen ›Bourgeosie‹ zur französischen Nation, mehr als deutlich schon im 19. Jahrhundert, sollte insofern im Ergebnis niemanden verwundern. Wenn es überhaupt jemals eine ›elsässische Frage‹ gab, so hat sie das Deutsche Reich in diesem Sinne gründlich gelöst – ganz gegen sein eigentliches Interesse.

Das Beispiel verweist auf die – vermeintlich objektive Sprach- und Kulturgrenzen übersteigende – Integrationskraft des Projektes der ›Staatsnation‹. Nun hat die politische Praxis allerdings leider nie wirklich konsequent Ernst gemacht mit dem theoretischen Programm der Staatsnation, selbst in Frankreich nicht. Elsässern gegenüber war das Postulat der staatsbürgerlichen Gleichheit sicherlich ernst gemeint; anderen gegenüber dagegen weniger. Allen Postulaten der ›unteilbaren‹ Zugehörigkeit der algerischen Departements zum französischen Mutterland zum Trotz hat die französische Verwaltung (und Gesetzgebung) nie wirklich an ihr eigenes Programm geglaubt; die eingeborenen Algerier waren eben doch keine wirklichen Franzosen, wie sich an ihrem minderen Rechtsstatus ablesen ließ – und von Ernest Renans »plébiscite de tous les jours«[44] sollten wir einmal ganz schweigen, war das für die offizielle französische Staatsdoktrin doch immer ein häretischer Gedanke, den man, so gut es ging, zu verdrängen suchte.[45] Man kann dies als die typische Diskrepanz

eines Kontinents, Heidelberg: Physica 1992, S. 95 ff., sowie H. Le Bras und E. Todd, *L'invention de la France*, Paris: Librairie Générale Française 1982.

44 Siehe E. Renan, *Qu'est-ce qu'une nation?*, Paris 1934, S. 83 ff.; nunmehr auch in deutscher Übersetzung als E. Renan, *Was ist eine Nation? und andere politische Schriften*, Wien/Bozen: Folio 1995, S. 41 ff., dort insbesondere S. 57.

45 Obwohl – wie Hobsbawm, *Nationen und Nationalismus*, a.a.O. (Anm. 7), S. 105 f. belegt – dieser Gedanke der ›freiwilligen politischen Willensgemeinschaft‹ noch zur Zeit der Französischen Revolution in Frankreich durchaus herrschend war.

zwischen ›Realtyp‹ und ›Idealtyp‹ beschönigen, als die Neigung der politischen Praxis, alle normativen Vorgaben zu pervertieren und in ihr Gegenteil zu verkehren. Doch griffe dieser Erklärungsansatz wohl zu kurz. Pervertieren läßt sich nur das Ideal, das bestimmte Probleme ausblendet. Mit anderen Worten: Das im Ansatz bewußt politisch-integrative Modell der ›Staatsnation‹ läßt sich nur dann subjektiv guten Gewissens in das Gegenteil umdeuten, in einen Minderheiten unterdrückenden ›Staatsnationalismus‹, wenn es die kulturelle Grundtönung jeder Staatlichkeit aus dem Blick verliert. Erst dieses Phänomen der gedanklichen Ausblendung aller Formen kulturell-nationaler Symbolik, die jeder Organisation von Staatlichkeit unweigerlich innewohnt, ermöglicht es in der Folge, die beinahe unvermeidliche ›Aufladung‹ des Nationenbegriffes mit kulturellen Normen und Symbolen für selbstverständlich (und analytisch irrelevant) zu erklären.[46]

Folge davon ist: Den ›real existierenden‹ Erscheinungsformen der Staatsnation, den ›Realtypen‹, wohnt phänomenologisch leider eine erhebliche Neigung zu Inkonsequenz und Selbstbetrug inne, zum Selbstbetrug, der mit den Machtmitteln des Staates seine Widersprüche zur Realität brachial zu kaschieren sucht.[47] Die ›real existierenden‹ Staatsnationen erweisen sich im Ergebnis regelmäßig als extrem intolerant gegenüber allen Äußerungen von Andersartigkeit in ethnisch-sprachlich-kultureller Hinsicht. Die Gewährung politischer Autonomie als Selbstbestimmung des »korsischen Volkes« ist eben – wie der französische Conseil Constitutionnel konsequent entschied – ein Sakrileg gegen den Gedanken der »république une et indivisible«, und mußte deshalb für verfassungswidrig erklärt werden.[48] Eine ›Staats-

46 Als Kritik an dieser Ausblendung der ›ethnonationalistischen‹ Überformung der Staatsnation vgl. W. Connor, *Ethnonationalism. The Quest for Understanding*, Princeton: Princeton University Press 1994, S. 28 ff., 77 ff., 111 ff.

47 W. Connor schreibt von einem »ethnonational virus«, der es ›Pseudonationen‹ gestatte, die reale Heterogenität in den faktisch üblichen multinationalen Staatswesen zu verdrängen und die Fiktion einer einheitlichen Staatsnation in einem vermeintlich homogenen Nationalstaat politisch zu erzwingen – siehe Connor, *Ethnonationalism*, a.a.O. (Anm. 46), S. 173.

48 Urteil des Conseil Constitutionnel vom 9. 5. 1991, Décision 91-290

nation‹, die die ›Einheit und Unteilbarkeit‹ der Nation zur Staatsideologie erhebt, kann Andersartiges einfach nicht mehr dulden, steht damit jedoch logischerweise in der Versuchung, die Homogenität der Nation mit Gewalt zu erzwingen. Die Gefahren dieses Modells finden in der Wirklichkeit erschreckende Illustration: In der extremen Übersteigerung der Staatsnation ist dann schon die reine Äußerung, der öffentliche Hinweis darauf, daß es doch aller Ideologie zum Trotz andersartige Sprache und Kultur in den Grenzen des Staates gebe, eine Straftat der ›separatistischen Propaganda‹, wenn nicht gar ›Hochverrat‹, ist der Hinweis, daß – um auf ein reales Beispiel zu verweisen – die ›Bergtürken‹ ja eigentlich keine Türken im ethnischen Sinne seien, sondern Angehörige des kurdischen Volkes mit eigener Sprache und Kultur, eine strafwürdige Tat der ›separatistischen Betätigung‹, ja gar der ›Aufhetzung zum Rassenhaß‹.[49]

Die ›real existierenden‹ Erscheinungen der ›Staatsnation‹ sind in der Regel leider üblicherweise durchtränkt vom Dominanzstreben einer herrschenden Kultur, die mit den gängigen Konzepten von ›Nation‹ und Staat unauflöslich verschmolzen ist, und neigen daher zu Intoleranz und gewaltsamer Unterdrückung gegenüber allen Erscheinungen kultureller Heterogenität.

Ist damit also doch das traditionelle deutsche Konzept der ›Volksnation‹ die Lösung? Zumindest mit der Anerkennung und Akzeptanz fremder ›Volkskultur‹ tun sich die Anhänger der ›Volksnation‹ weniger schwer. Der deutsche Staat hat keine Schwierigkeiten damit, die Tatsache anzuerkennen, daß auf seinem Boden ›nationale Minderheiten‹ leben, Angehörige anderer Sprach- und Kulturkreise, die in ihrer andersartigen kulturellen

DC, veröffentlicht im *Journal Officiel* vom 14. 5. 1991, S. 6350 ff.; vgl. dazu auch F. Luchaire, »Le statut de la collectivité territoriale de Corse«, in: *Revue du droit public et de la science politique* 1991, S. 943 ff., sowie C. Grewe, »Le nouveau statut de la Corse devant le Conseil constitutionnel«, in: *Revue Universelle des Droits de l'Homme* 3 (1991), S. 381 ff.

49 Vgl. zum ›Staatsnationalismus‹ der kemalistischen Staatsideologie der Türkei und zu dessen (strafrechtlichen) Folgewirkungen C. Rumpf, »Die rechtliche Stellung der Minderheiten in der Türkei«, in: J. A. Frowein, R. Hofmann und S. Oeter (Hg.), *Das Minderheitenrecht europäischer Staaten*, Teil 1, Berlin/Heidelberg/New York: Springer 1993, S. 448, 454 ff., 469 ff., 489 ff.

Identität zu schützen sind. Nun sind die deutschen Minderheiten – Dänen, Sorben, Friesen – allerdings ein eher folkloristisches Phänomen, kein gravierendes politisches Problem.[50] Die ›Innenverschiebung‹ der deutschen Grenzen im Verlaufe dieses Jahrhunderts hat – eher ungewollt – Deutschland de facto zu einem weitgehend homogenen Nationalstaat gemacht; lebten wir noch in den Grenzen von 1914, so wäre unser Umgang mit den Minderheitenfragen wahrscheinlich nicht so unverkrampft wie heute, wären wir wahrscheinlich im Osten immer noch in den preußischen Volkstumskampf mit dem polnischen Nationalismus verbissen.

Die Anhänger der ›Volksnation‹ haben ersichtlich keine Schwierigkeiten, die andere Sprache und Kultur in ihrem Eigenwert anzuerkennen; Schwierigkeiten aber haben sie, diese Andersartigkeit vernünftig in ihre Konzeption von Staatlichkeit einzubauen. Die unglückselige Verschmelzung von ›Volksnation‹ und Nationalstaatskonzept macht sich hier bemerkbar. Der Staat als politische Verkörperung der in Volkstumsbegriffen gedachten Nation – das schließt die Teilhabe anderer Volksgruppen an der politischen Macht eigentlich per definitionem aus. Der ›völkisch‹ konzipierte Nationalstaat leidet insofern erst recht unter der Obsession einer anzustrebenden Einheit von ›Volk‹ und Staat, mit fatalen Konsequenzen für die Angehörigen anderer Volksgruppen.[51] Angehörige des eigenen Volkes außerhalb der Grenzen des Nationalstaates sind in dieser Perspektive ›unerlöst‹, Angehörige ›fremder‹ Völker innerhalb der eigenen Staatsgrenzen sind Störfaktoren, die nach Möglichkeit zu eliminieren sind. In letzter Konsequenz endet dieses identitäre Nationalstaatskonzept leider allzuleicht in Vertreibung und Völkermord, gestützt auf rassistische ›Blut und Boden‹-Ideologien wie den Programmsatz: »Wo serbische Tote bestattet sind, ist serbisches Land«.[52]

50 Vgl. dazu M. J. Hahn, »Die rechtliche Stellung der Minderheiten in Deutschland«, in: ebd., S. 62 ff.

51 Zu dieser fatalen Folge aller traditionellen Nationalismen vgl. Eide, »In Search of Constructive Alternatives to Secession«, a.a.O. (Anm. 36), S. 144 ff.

52 Zur rassistischen Mythologie des jüngsten serbischen Nationalismus vgl. den beeindruckenden Beitrag des serbischen Dissidenten (und Volkskundlers) I. Colovic, »Die Erneuerung des Vergangenen. Zeit und Raum in der zeitgenössischen politischen Mythologie«, in:

Aufgrund dieses Hanges zu extremer Übersteigerung, die zugegeben als ideologische Konsequenz im Konzept angelegt ist, wird der Begriff der ›Volksnation‹ gern mit dem Verdacht des Rassismus belegt. Es sollte aber doch zu denken geben, daß im Ergebnis beide Nationenkonzepte in ihren tatsächlich anzutreffenden Verfallsformen zu Intoleranz, gewaltsamer Unterdrükkung und in letzter Konsequenz zu Völkermord neigen. Die Frage, die man sich damit eigentlich stellen müßte, verläuft nun offensichtlich quer zu den gängigen Argumentationsmustern des Gegensatzes von ›Volksnation‹ und ›Staatsnation‹. Liegt es vielleicht im Kern gar nicht an den theoretischen Nationenbegriffen, an ›Staatsnation‹ oder ›Volksnation‹, wenn ein Gemeinwesen Amok läuft und Heterogenität gewalthaft ausmerzt, sondern an anderen Prämissen, Grundentscheidungen der Konstruktion von Staatlichkeit?

Man wird dies wohl bejahen müssen, wenn der Versuch einer begründeten Antwort hier auch nur in äußerst provisorischer Form gegeben werden kann. Anknüpfungspunkt sei dabei der alte Streit um die Traditionslinien des Demokratiebegriffes. Teile der politischen Theorie unterscheiden traditionell zwischen einem unitären, rousseauistischen Modell der Demokratie und dem traditionalistischen, vorgeformte Gliederungen der Gesellschaft respektierenden Demokratiemodell in der geistigen Nachfolge von Montesquieu.[53] Die meisten modernen Nationalstaaten sind nun deutlich Anhänger des unitären Modells der Demokratie.[54] Schon die Französische Revolution war insoweit

N. Stefanov und M. Werz (Hg.), *Bosnien und Europa. Die Ethnisierung der Gesellschaft*, Frankfurt am Main: Fischer 1994, S. 90 ff.

53 Vgl. nur als prototypisch C. J. Friedrich, *Der Verfassungsstaat der Neuzeit*, Berlin u.a.: Springer 1953, S. 276 f., 300 f.

54 Das Modell als ›rousseauistisch‹ zu bezeichnen, wie dies vielfach geschieht, wäre wohl doch Rousseau gegenüber ungerecht. J.-J. Rousseau hat ja in seinen Schriften zum korsischen und polnischen Verfassungsproblem, die aus seinen Sympathien für die Freiheitskämpfe dieser unterdrückten Völker resultierten, ganz dezidiert für freiheitswahrende Formen föderaler Verfassungsgestaltung plädiert, für »Einheit in der Vielfalt« in Gefügen äußerster Dezentralisierung. Siehe nur seinen Briefwechsel mit Matteo Buttafoco 1764/65 und das in diesem Zusammenhang entstandene »Projet de Constitution pour

von einer großen Obsession gekennzeichnet: der Zerschlagung der ›pouvoirs intermédiaires‹. Die deutschen Republikaner standen historisch immer unter dem Banne der französischen Republik als dem großen Vorbild, kämpften gegen ständische Gliederung und Partikularismus.[55] Das später so mißbrauchte Wort von der ›Volksgemeinschaft‹ war auch für sie ein großes Ideal. Mehr noch, die Vorstellung der nicht nur formellen, sondern materialen Gleichheit der Staatsbürger, die »Einheitlichkeit der Lebensbedingungen«, gehört zu den fixen Ideen der deutschen Verfassungsstaatlichkeit bis heute. Die Vorstellung der gleichen Sprache, Kultur und Lebensbedingungen als Voraussetzung funktionierender Demokratie prägt bis heute wichtige Teile der deutschen Staatsrechtslehre, wie nicht zuletzt die Maastricht-Debatte und die dazu ergangene Entscheidung des Bundesverfassungsgerichts mit aller Deutlichkeit vorgeführt haben.[56]

Nun ist es sicherlich richtig, daß das Funktionieren eines demokratischen Systems einen bestimmten Grundbestand an sozialer Homogenität voraussetzt. Hermann Heller hat diese Grundeinsicht in bis heute unübertroffener Prägnanz herausgearbeitet, allerdings primär im Blick auf das für eine Demokratie noch ver-

la Corse« sowie seine »Considérations sur le Gouvernement de Pologne« (Nachdruck Ajaccio: La Marge 1980).

55 Siehe E. R. Huber, *Deutsche Verfassungsgeschichte seit 1789*. Bd. II: *Der Kampf um Einheit und Freiheit 1830-1850*, Stuttgart: Kohlhammer 1960, S. 381 f., 792; T. Nipperdey, »Der Föderalismus in der deutschen Geschichte«, in: ders., *Nachdenken über die deutsche Geschichte*, München: Beck 1986, S. 60, 73 ff.

56 Siehe dazu das Urteil des Bundesverfassungsgerichts vom 12. 10. 1993 – 2 BvR 2134, 2159/92, BVerfGE 89, 155; vgl. ferner die kritischen Anmerkungen zum Urteil von J. Schwarze, »Europapolitik unter deutschem Verfassungsrichtervorbehalt«, in: *Neue Justiz* 1994, S. 1 ff.; U. Everling, »Das Maastricht-Urteil des Bundesverfassungsgerichts und seine Bedeutung für die Entwicklung der Europäischen Union«, in: *Integration* 17 (1994), S. 165 ff.; J. A. Frowein, »Das Maastricht-Urteil und die Grenzen der Verfassungsgerichtsbarkeit«, in: *Zeitschrift für ausländisches öffentliches Recht und Völkerrecht* 54 (1994), S. 1 ff.; B.-O. Bryde, »Die bundesrepublikanische Volksdemokratie als Irrweg der Demokratietheorie«, in: *Staatswissenschaften und Staatspraxis* 5 (1994), S. 305 ff.; C. Tomuschat, »Die Europäische Union unter der Aufsicht des Bundesverfassungsgerichts«, in: *Europäische Grundrechte-Zeitschrift* 1993, S. 489 ff.

kraftbare Maß an Differenz in sozioökonomischer Hinsicht.[57] Ob es richtig ist, Heller auch als Beleg für die Voraussetzung eines Minimums an sprachlich-kultureller Homogenität in Anspruch zu nehmen, wie dies unser Verfassungsgericht getan hat, kann man bezweifeln; die kritischen Stimmen in der Literatur haben zu Recht herausgearbeitet, daß das wohl doch eher Gedankengut von Carl Schmitt ist.[58]

Wichtig daran ist: Unitäres Demokratiekonzept und Vorstellungen der Einheit der Nation als einer homogenen Gemeinschaft gleichartiger Staatsbürger sind in der nationalistischen Bewegung des 19. Jahrhunderts zu einem unauflöslichen Amalgam verschmolzen worden.[59] Die ›Nation‹ wurde im Gefolge dieser Paradigmabildung immer als Gemeinschaft durch Sprache und Kultur geeinter Menschen begriffen, deren Gefühl der Zusammengehörigkeit gerade aus dieser Gemeinsamkeit von Sprache und Kultur resultiert – ganz unabhängig davon, ob die Nation als ›Staatsnation‹ oder als ›Volksnation‹ begriffen wurde. In der ›Staatsnation‹ lag der Schwerpunkt der Integration auf dem Staat, der durch seine Politik der Homogenisierung erst seine Bürger zur Nation zusammenschmolz; in der ›Volksnation‹ war es die dem Staat vorausgehende völkische Gemeinschaft, das durch gemeinsame Sprache und Kultur konstituierte Volk, das mit seiner vorgefundenen ›Einheit‹ die Basis für die ›Einheit der Nation‹ abgab. Beiden gemeinsam aber war die Vorstellung, daß die Nation auf Dauer eine sprachlich-kulturelle Einheit bilden müsse, soll sie überlebensfähig sein.[60]

57 Siehe insbesondere H. Heller, »Politische Demokratie und soziale Homogenität«, in: ders., *Gesammelte Schriften*, Bd. II, Leiden: Sijthoff 1971, S. 421, 427 ff.

58 Siehe in diesem Sinne insbesondere I. Pernice, »Carl Schmitt, Rudolf Smend und die europäische Integration«, in: *Archiv des öffentlichen Rechts* 120 (1995), S. 100 ff.

59 Sehr deutlich ist dies zum Beispiel schon bei John Stuart Mill, der schrieb: »[...] it is in general a necessary condition of free institutions that the boundaries of governments should coincide [...] with those of nationalities« – J. S. Mill, *Considerations on Representative Government*, zitiert nach Thornberry, »The Democratic or Internal Aspect of Self-Determination«, a.a.O. (Anm. 34), S. 106. Vgl. insoweit auch besonders eindringlich Hobsbawm, *Nationen und Nationalismus*, a.a.O. (Anm. 7), S. 120 ff.

60 Vgl. zum Drang der Nationalismen nach ›objektiven‹ Merkmalen der

Genau in dieser Vorstellung der Einheit aber liegt meines Erachtens der Geburtsfehler der modernen Nationalstaatsidee. Das ist zugegeben nicht gerade ein neuer oder gar origineller, sondern eher ein alter, seit hundertundfünfzig Jahren als reaktionär denunzierter Gedanke. Das vormoderne, aristokratische Alteuropa hatte noch ein sehr ausgeprägtes Sensorium für die Gefahren der Nationalstaatsidee. Zur Illustration sei hier ein Zitat des liberalen britischen Historikers Lord Acton genommen, eines der großen ›Unzeitgemäßen‹ der Epoche des Nationalismus. John Emerich Edward Dalberg-Acton, wie er mit vollem Namen hieß, als Person ein typischer Vertreter der alteuropäischen Aristokratie, national entwurzelt, trotz britischem Adelstitel vorwiegend italienisch-deutscher Abkunft, zudem Katholik und damit in England Angehöriger einer diskriminierten Minderheit, schrieb 1862 in einem Essay mit dem Titel »Nationality«[61]:

»The greatest adversary of the rights of nationality is the modern theory of nationality. By making the State and the nation commensurate with each other in theory, it reduces practically to a subject condition all other nationalities that may be within the boundary. It cannot admit them to an equality with the ruling nation which constitutes the State, because the State would then cease to be national, which would be a contradiction of the principles of its existence. According, therefore, to the degree of humanity and civilisation in that dominant body which claims all the rights of the community, the inferior races are exterminated, or reduced to servitude, or outlawed, or put in a condition of dependence.
If we take the establishment of liberty for the realisation of moral duties to be the end of civil society, we must conclude that those states are substantially the most perfect which [...] include various distinct nationalities without oppressing them. Those in which no mixture of races has occurred are imperfect; and those in which its effects have disappeared are decrepit. A State which is incompetent to satisfy different races condemns itself; a State which labours to neutralise, to absorb, or to expel them, destroys its own vitality; a State which does not include them is destitute of the chief basis of self-government.«[62]

Abgrenzung und zur Dialektik von Inklusion und Exklusion als Mechanismus der Sicherung von Gruppenkohäsion auch S. N. Eisenstadt und B. Giesen, »The Construction of Collective Identity«, in: *Archives européennes de sociologie* 36 (1995), S. 72 ff., sowie H. Esser, »Ethnische Differenzierung und moderne Gesellschaft«, in: *Zeitschrift für Soziologie* 17 (1988), S. 235 ff.

61 *The Home and Foreign Review* 1862, S. 146 ff.

62 Hier zitiert nach: J. E. E. Dalberg-Acton, *Essays on Freedom and*

Leider waren diese 1862 geschriebenen Sätze prophetisch – sowohl was das Programm wie was die Gefahren der Nationalstaatsidee betrifft. Nach mehr als hundertunddreißig Jahren voll von Unterdrückung, Vertreibung und Massenmord im Namen der Konzepte von Nation und Nationalstaat sollten einem diese Sätze zu denken geben. Der Nationalstaat mag ein großartiges Projekt der Modernisierung und Homogenisierung von Gesellschaften gewesen sein, ja der Integration kulturell, wirtschaftlich und sozial zutiefst zerklüfteter Gemeinwesen. Ein Projekt der Annäherung an Gerechtigkeitsideale, der »Gewährung von Freiheit zur Verfolgung moralischer Ziele«, wie man den Kern der Idee einer »civil society« im Sinne Actons umschreiben könnte, war er aber jedenfalls gewiß nicht.

Doch es steckt noch etwas weit Wichtigeres in den zitierten Worten von Lord Acton als die Denunziation des Nationalstaates. Die schon oben angedeutete Verbindung von ›Selbstregierung‹, »self-government«, und von Selbstbestimmung, von Entfaltung der Nationalitäten im gemeinsamen Staat, scheint hier auf: Als »chief basis of self-government« beschreibt Lord Acton in dem Text ja die Bereitschaft und Fähigkeit des Staates, »to include various distinct nationalities without oppressing them«, und dieser Gedanke der ›Integration‹ ist eine wahrlich alteuropäische Idee, deren Anziehungskraft auch heute noch nicht endgültig gebrochen ist.[63]

Der Einschluß – oder wie Jürgen Habermas es ausgedrückt hat: die ›Inklusion‹ – verschiedener Volksgruppen, Ethnien in einem gemeinsamen Staat als die Hauptgrundlage der Selbstregierung, der Demokratie – das ist zugleich ein hochmoderner Gedanke. Wie sonst kann in einem Europa, das faktisch nicht durch national homogene, geschlossene Siedlungsgebiete der einzelnen Völker, sondern durch weite Interferenzzonen, gegenseitige Durchdringung der Völker in Räumen der Mischsiedlung und des gegenseitigen Kontakts im Gefolge von Migration und Einwan-

Power, selected, and with an introduction by G. Himmelfarb, Boston: The Beacon Press 1949, S. 166, 192 f.

63 Vgl. insoweit immer noch überzeugend T. Schieder, »Idee und Gestalt des übernationalen Staates seit dem 19. Jahrhundert«, in: ders., *Nationalismus und Nationalstaat*, Göttingen: Vandenhoeck und Ruprecht, 2. Auflage 1992, S. 38 ff.

derung geprägt ist, ein geordnetes und friedliches Zusammenleben staatlich organisiert werden? Durch den klassischen Nationalstaat, welcher Prägung auch immer, ist dies jedenfalls nicht möglich.[64]

Ich glaube, wir haben insoweit gar keine Alternative, als es mit Konzepten der ›inneren Selbstbestimmung‹ zu versuchen. Der ›neutrale‹ Staat, der in der formalen Gleichheit der Staatsbürger die Integration all der verschiedenen sprachlichen, kulturellen und religiösen Gruppen bewirkt, ist im Kern ein realitätsfremdes Konstrukt, ein Selbstbetrug. Jeder Staat, wie auch immer konstruiert, baut auf den vorhandenen gesellschaftlichen Wertsystemen und Kulturen auf, inkorporiert sie zu einem erheblichen Grade in sein Rechtssystem – sonst wäre er nicht der Staat seiner Bürger, in dem diese sich repräsentiert sehen.

Es gibt aber nun kein moralisches Recht der Mehrheit, allein ihre Kultur, ihre Werte, im eigenen Staat zu verwirklichen; versucht man dies, so werden die Minderheiten ausgeschlossen, zum Objekt von Fremdherrschaft degradiert. ›Selbstregierung‹ verlangt unter diesem Aspekt nach Freiräumen kultureller und auch politischer Entfaltung für alle Gruppen, verlangt nach ›Selbstbestimmung‹ der kulturellen Gemeinschaften in eigenen institutionellen Gehäusen. Es gibt von daher keine Alternative zu ›innerer Selbstbestimmung‹, so wird man feststellen müssen. Die traditionelle ›äußere‹ Selbstbestimmung, der Weg in die Eigenstaatlichkeit, ist auf keinen Fall eine verallgemeinerbare Alternative; der Einheitsstaat, der jede kulturelle Differenz leugnet und nur auf Gleichbehandlung abstellt, ist aber ebenfalls keine Alternative, beruht er doch entweder auf der Herrschaft einer dominanten Kultur – oder, was wohl kaum gangbar wäre, auf der völligen Entleerung des Staates von allen kulturellen Symbolen, Werten und Formen. Doch wie sollte das gehen? Schon mit der Wahl

64 Diese These habe ich schon mit ausführlicher Begründung im Blick auf Fragen der Staatsorganisation argumentiert in »Souveränität und Demokratie als Probleme der ›Verfassungsentwicklung‹ der Europäischen Union. Fragen aus Verfassungstheorie und Verfassungsgeschichte an die deutsche Debatte um Souveränität, Demokratie und die Verteilung politischer Verantwortung im geeinten Europa«, in: *Zeitschrift für ausländisches öffentliches Recht und Völkerrecht* 55 (1995), S. 659, 678 ff., 694 ff.

einer Sprache als Kommunikationsmedium trifft der Staat eine elementare Entscheidung, die ihm jeden Weg in die ethnisch-kulturelle ›Neutralität‹ abschneidet.[65]

5. Schlußfolgerungen

Meine Schlußfolgerungen werden vielen nicht gefallen. Erste Schlußfolgerung: Der Nationalstaat als Friedensordnung ist gescheitert. Er war zwar erfolgreich als Projekt der politischen Integration großer und komplexer Gesellschaftsgefüge, ist in dieser Hinsicht vielleicht in Randbereichen Europas auch heute noch eine notwendige Mobilisierungsideologie, sollen Menschen unter den Bedingungen des moralischen Bankrotts nach dem Zerfall des Realsozialismus wieder lernen, gesellschaftsfähig – und das heißt implizit: solidarisch – zu handeln[66]; zugleich hat der klassische Nationalstaat sich aber als strukturell unfähig erwiesen, das Erbe eines sprachlich-kulturell vielfältig differenzierten Raumes wie Europa in friedensfähigen – nach innen wie nach außen friedensfähigen – Einheiten zu organisieren. Der Nationalstaat, ob er nun vordergründig nach dem Konzept der ›Volksnation‹ oder dem der ›Staatsnation‹ organisiert ist, ist weit davon entfernt, in kultureller Hinsicht Garant eines auch nur annäherungsweise ›herrschaftsfreien Diskurses‹ zu sein; im Gegenteil, sein ›Nationalcharakter‹ lädt den Diskurs von vornherein mit sozialen und kulturellen Hierarchien auf, die den Diskurs fatal verzerren, ja oft schon im Ansatz zum Scheitern verurteilen.

Meine zweite Schlußfolgerung: Die ›Volksnationen‹, seien es nun rechtlich Staatsnationen oder Minderheitengruppen, die ›Volksnationen‹ also mit ihrem tiefeingewurzelten Gefühl der Zusammengehörigkeit aufgrund gemeinsamer Sprache, Kultur und Geschichte haben sich als weit beharrungsfähiger erwiesen,

65 Vgl. zu den Folgeproblemen der Wahl einer Staats- bzw. Nationalsprache Hobsbawm, *Nationen und Nationalismus*, a.a.O. (Anm. 7), S. 112 ff., 131 ff.

66 Als überzeugendes Plädoyer in diesem Sinne siehe den Beitrag des jungen georgischen Wissenschaftlers G. Nodia, »Nationalism and Democracy«, in: L. Diamond und M. E. Plattner (Hg.), *Nationalism, Ethnic Conflict and Democracy*, Baltimore: The Johns Hopkins University Press 1994, S. 3 ff.

als alle Verkünder der Moderne ihnen prophezeit hatten. Ohne oder gegen sie ist kein ›Staat zu machen‹. Die heute erforderliche Überwindung des Nationalstaatskonzepts wird deshalb die Anerkennung und den ›Einbau‹ der vorhandenen ›Volksnationen‹ in die institutionelle Struktur des Staates voraussetzen.

Anerkennung und Einbau der ›Volksnationen‹ darf aber nicht – und dies ist meine dritte Schlußfolgerung – zu dem Irrweg führen, den Staat auf ihnen aufzubauen. Staat und Volkstum sind gedanklich zu entkoppeln. ›Nationale‹ Selbstbestimmung darf gerade nicht heißen, seine eigenen Werte, seine eigene Kultur im ›eigenen‹ Staat auf Kosten aller anderen zu verwirklichen, den Staat zum identitären Ausdruck der eigenen Kultur zu erheben. Der Staat in Europa ist in der Regel ein Staat auf polyethnischer gesellschaftlicher Grundlage, und er sollte dies auch ganz bewußt anerkennen[67]; als Staat aber wird er im Kern immer eine politische Willensgemeinschaft sein – eine politische Einheit, die auf gemeinsamer Geschichte und Erfahrung aufbaut, aus der der Wille zu Solidarität und zu politischer Gemeinsamkeit erst resultiert. Der Staat basiert insofern im Kern notwendig auf einem Konzept der ›Staatsnation‹, nimmt er seine Funktion als Friedensgemeinschaft ernst, der ›Staatsnation‹ als der Gemeinschaft der durch den Willen zu gemeinsamer Staatlichkeit zusammengefaßten Bürger. Der demokratische Staat kann insofern tatsächlich nur das sein, was Ernest Renan so plakativ mit der Formel vom »plébiscite de tous les jours« bezeichnet hat. Die Demokratie hat tagtäglich um die Zustimmung ihrer Bürger zu kämpfen, und wenn sie diesen Kampf aufgibt oder verliert, so hat sie die Konsequenzen zu tragen, will sie nicht ihren Charakter als demokratischen Staat verlieren. Entscheidet sich – aufgrund welcher Erfahrungen auch immer – eine der großen, konstitutiven Volksgruppen gegen den gemeinsamen Staat, so wird man sie ziehen lassen müssen. Die Auflösung der Tschechoslowakei, aber auch die Möglichkeit einer Sezession Quebecs im Falle eines befürwortenden Plebiszits waren insofern rationale Perspektiven politischen Handelns im Spannungsfeld von Demokratie und Selbstbestimmung.

67 Überzeugend in dieser Hinsicht immer noch Kimminich, *Rechtsprobleme der polyethnischen Staatsorganisation*, a.a.O. (Anm. 17), S. 182 ff.

Das mag nun manchem Betrachter nach einem Widerspruch klingen. Zunächst wird das Konzept der Staatsnation demontiert unter Verweis auf die Kluft zwischen Anspruch und Wirklichkeit, wird der ›Realtyp‹ der sich selbst als ›Staatsnation‹ definierenden Nation denunziert als in der politischen Wirklichkeit kaum weniger repressiv als die Minderheiten per definitionem von der Gestaltung des Staates ausschließenden Denkmodelle der ›Volksnation‹. Doch dann wird erklärt, jedes wirklich friedensfähige Gemeinwesen müsse im Kern bewußt eine ›Staatsnation‹ darstellen, wolle es nicht der modernen Obsession der Identifizierung von Staat und ›Nation‹ als einer imaginären Kulturgemeinschaft zum Opfer fallen. Ob es sich dabei wirklich um einen Widerspruch handelt, sei dahingestellt. Wenn überhaupt, so liegt der Widerspruch nicht in der anfänglich behaupteten Gleichartigkeit der Praxis von ›Staatsnation‹ und ›Volksnation‹, die dann zugunsten der Idealität eines gereinigten Begriffs von ›Staatsnation‹ wieder aufgehoben wird; der Widerspruch liegt vielmehr zwischen Idealtyp und Realtyp der ›Staatsnation‹ selbst. Die real existierenden Varianten des Modells der ›Staatsnation‹ haben sich im Verlaufe ihrer Geschichte so mit ›völkischem‹ Gedankengut vollgesogen, sind so vom kulturellen Dominanzstreben einer herrschenden Gruppe erfüllt worden, daß der Unterscheidung von ›Staatsnation‹ und ›Volksnation‹ in der Realität heute eine Aura des Künstlichen anhaftet. Die sich selbst auf das Konzept der ›Staatsnation‹ berufenden Staatswesen sind in empirischer Analyse mindestens so sehr Verkörperungen der Ideologie der ›Volksnation‹ wie die klassischen Ausformungen dieses Konzeptes. Die politische Praxis der ›Staatsnation‹ hat die Ideale des von ihr beschworenen historischen Vorbildes längst verraten, hat den Idealtyp pervertiert, so könnte man dies in einen politischen Vorwurf kleiden. Verstünde man diesen Vorwurf als eine Aufforderung, sich der originären Kerngedanken der Staatsnationkonzepte zu erinnern und die herrschenden Staatsideologien von ihrem ›völkischen‹ Gedankengut – und der Fixierung auf das Ideal der Einheitlichkeit, die notwendig mit Konzepten der Homogenisierung einhergeht – zu reinigen, so wäre die Zielsetzung, die hinter dem scheinbaren Widerspruch steckt, recht treffend benannt.

In den Schlußfolgerungen zum Verhältnis von Demokratie und Selbstbestimmung, die – wie zu zeigen versucht wurde – auf das engste miteinander zusammenhängen, landet der Beitrag letztlich bei einem Konzept des Staates, das einem Klassiker der deutschen Staatsrechtslehre nahesteht, nämlich der ›Integrationslehre‹ von Rudolf Smend.[68] Der ›Integrationslehre‹ kommt das große Verdienst zu, die juristische Staatslehre von ihrer Fixierung auf den Staat als Herrschaftsordnung, auf die Verfassung als Herrschaft organisierende statische Institutionenordnung befreit zu haben. Der Staat ist nicht nur als ein Zustand, als ein Institutionengefüge zu begreifen, sondern zugleich als ein Prozeß der Einheitsbildung, der ›Integration‹. Integration als der »Kernvorgang des staatlichen Lebens«, als seine »Kernsubstanz«, gibt der Politik (und dem Recht) den ständigen Kampf um die Einheitsbildung auf.[69] Politische Einheit im gemeinsamen Staat ist eben kein in einem Akt einmaliger Selbstbestimmung erreichter Zustand, sondern eine Zielsetzung, deren immer neue Erreichung dem Staat aufgegeben ist. Die Einheit ist nicht im Staat quasi verdinglicht, sondern der politische Prozeß muß diese Einheit immer wieder neu herstellen, der Staat muß immer neu darum werben, daß seine Bürger die Gemeinsamkeit im staatlichen Gemeinwesen als Verwirklichung der politischen Selbstbestimmung erfahren.

Der Staat lebe und sei da – so formulierte es Smend – nur »in diesem Prozeß beständiger Erneuerung, dauernden Neuerlebtwerdens«.[70] Die vorgefundene Vielfalt einer sprachlich-kulturell binnendifferenzierten Gesellschaft in einem Prokrustesbett formaler Gleichbehandlung – man könnte auch sagen: Einheitlichkeit – einen zu wollen, verfehlte aber gerade diese Aufgabe. Im Gegenteil: die Ausübung von staatlichem Zwang zur Herstellung von völliger Gleichheit führt zu kontraproduktiven Gegenreaktionen, versteift die bedrängten Minderheiten in ihrem Beharren auf Andersartigkeit – und stabilisiert damit letztlich gerade die Partikularismen, die zu überwinden man angestrebt hatte. Nur der vielfältig gegliederte Staat, der die gesellschaftlichen Glie-

68 Vgl. zu Inhalt und Rezeptionsgeschichte der Integrationslehre die gründliche Studie von S. Korioth, *Integration und Bundesstaat. Ein Beitrag zur Staats- und Verfassungslehre Rudolf Smends*, Berlin: Duncker & Humblot 1990, S. 97 ff., 280 ff.

69 R. Smend, *Verfassung und Verfassungsrecht*, München/Leipzig: Duncker & Humblot 1928, S. 18 ff., 78 ff.

70 Ebd., S. 18.

derungen in seine Struktur einbaut und sie dadurch fruchtbar macht, vermag dieser Aufgabe der dauernden Einheitsbildung auf Dauer gerecht zu werden. Mit anderen Worten: Demokratie und Selbstbestimmung gehören zwar untrennbar zusammen, als die zwei Seiten der Idee der ›Selbstregierung‹, vertragen sich letztlich aber nur in einem Gefüge der »Einheit in der Vielfalt«. Die gängigen Vorstellungen von Demokratie als der Selbstregierung einer homogenen Gemeinschaft gleichförmiger Staatsbürger sind – so steht zu befürchten – letzten Endes eher das Grab von Demokratie wie Selbstbestimmung als deren Garantie. ›Selbstregierung‹ verlangt nach Repräsentation – und zwar auch symbolischer Repräsentation – aller Teile der Bevölkerung im politischen Prozeß, in Formen, Werten und Entscheidungen des Staates.[71] In einem Europa, das historisch auf Vielfalt aufgebaut ist und durch demographische Bewegungen Vielfalt auch immer wieder neu schafft, kann dies nur Abkehr vom Modell des nationalen Einheitsstaates bedeuten – hin zu Formen föderaler Gestaltung, in denen allein ›Selbstregierung‹ des Volkes unter Bewahrung der Vielfalt möglich ist.

71 Im gleichen Sinne auch – unter Rückgriff auf moralphilosophische Argumente – Binder, »The Case for Self-Determination«, a.a.O. (Anm. 17), S. 256 ff., 263 ff.

Matthias Lutz-Bachmann

Souveränitätsprinzip und Demokratie

Überlegungen zur Transformation der Staatenwelt im Anschluß an Kant

I

Im ausgehenden 20. Jahrhundert hat die politische Philosophie eine bemerkenswerte Rehabilitation erfahren. Hierbei konzentrierten sich ihre Reflexionen, nicht zuletzt unter dem Einfluß der Debatten zu John Rawls' *Theorie der Gerechtigkeit*[1], in der Vergangenheit vor allem auf das Problem einer normativen Grundlegung des Systems der Rechte und auf eine Auslegung der Verfassung des demokratischen Staats als einer legitimen, weil gerechten Rechtsordnung. Doch während die politische Philosophie eine Renaissance erlebt, verändern sich gleichzeitig unter dem Druck ökonomisch-technologischer Rationalisierungsprozesse, beschleunigt durch das Ende des Ost-West-Konflikts, die gesellschaftlichen Kontexte der Politik und mit ihnen das System staatlichen Handelns. Vor allem die Veränderungen, die unter den Stichworten einer zunehmenden Globalisierung wirtschaftlichen Handelns, einer Transnationalisierung der Rechtsordnungen und der Herausbildung von Ansätzen zu einer weltgesellschaftlichen Öffentlichkeit beschrieben werden, werfen die Frage auf, ob zentrale Begriffe und Prämissen der klassischen politischen Philosophie noch angemessen sind und sich zur Beschreibung der politischen Realität weiterhin eignen. Zu ihnen zählt auch der Begriff einer ungeteilten und unteilbaren Souveränität des Staats, eine rechtspolitische Annahme, die die Leitvorstellungen der Politik von Jean Bodin[2] bis hin zur »Charta der Vereinten Nationen«[3] nachhaltig geprägt hatte und zum festen dogmatischen Lehrbestand des klassischen Staats- und Völker-

1 J. Rawls, *Eine Theorie der Gerechtigkeit*, Frankfurt am Main: Suhrkamp 1975.

2 Vgl. J. Bodin, *Les six livres de la république*, Paris 1576, I; deutsch (Auswahl): *Über den Staat*, Stuttgart: Reclam 1976, I, S. 8-46.

3 Vgl. Charta der Vereinten Nationen, Art. 1-6, Stuttgart: Reclam 1975.

rechts zählt. Vielleicht liegt es an der Nähe des Diskurses der zeitgenössischen politischen Philosophie zu einer formal und in Teilen normativ argumentierenden Rechtswissenschaft, daß die politische Philosophie bisher nur in Ansätzen begonnen hat, den nachhaltigen Wandel kategorial zu bearbeiten, dem das System staatlichen Handelns durch die jüngsten Modernisierungs- und Globalisierungsprozesse ausgesetzt ist.

So nachhaltig diese Entwicklungen zu einer Weltgesellschaft den Gegenstand der politischen Philosophie verändert haben, so wenig sind sie allein die Ursachen für einen tiefgreifenden strukturellen Souveränitätsverlust des überlieferten Nationalstaats, der sich vor unseren Augen vollzieht; auch relativ unabhängig von den Prozessen der ökonomischen Globalisierung ist in den vergangenen Jahrzehnten die ältere Annahme einer weitgehend uneingeschränkten Souveränität des Staats fragwürdig geworden, und zwar zuerst im Hinblick auf seinen eigenen gesellschaftlichen Binnenbereich. Jedenfalls erscheint hier eine begriffliche Abgrenzung und Zuordnung von Staat und Gesellschaft sowie von öffentlichem und privatem Recht als zwei exakt getrennten Geltungsbereichen heute weniger eindeutig, als es noch das Begriffsinstrumentarium der klassischen politischen Philosophie unterstellt, das seine Prägung bekanntlich im 18. und frühen 19. Jahrhundert erhalten hatte. Diese Entwicklungen sind zu einem guten Teil in der inneren Logik der Politik selbst, und das heißt in einer Ausweitung der staatlichen Aufgaben begründet, in deren Gefolge sich auch der Gehalt der von der Politik erwarteten Entscheidungen, die Zuständigkeiten der Politik und mit diesen auch die Art und Weise des staatlich-souveränen Handelns verändern.[4] War es nämlich, verkürzt gesprochen, einst die vorrangige Aufgabe des bürgerlich-liberalen Rechtsstaats, die äußere und innere Sicherheit seiner Bürgerinnen und Bürger zu sichern, so bediente er sich hierbei des Mittels einer Monopolisierung der Gewalt in seiner Hand bei gleichzeitiger Trennung der drei öffentlichen Gewalten. Auf diese Weise qualifizierte sich der Staat als alleiniger Inhaber der hoheitlichen Souveränitätsrechte, die ihm entsprechend den Theorien der Volkssouveränität vom gesamten Staatsvolk übertragen wurden. Während der bürgerlich-liberale Rechtsstaat aber vermittels seiner Verfassung nur die

4 Vgl. hierzu den Sammelband von D. Grimm, *Staatsaufgaben*, Frankfurt am Main: Suhrkamp 1996.

formalen Ermöglichungsbedingungen der individuellen Selbstbestimmung, des gesellschaftlichen Interessenausgleichs und des ökonomischen Erfolgs seiner Staatsbürger zu garantieren suchte, so greift der moderne Sozial- und Wohlfahrtsstaat – in Reaktion auf die gesellschaftlich ungelösten Probleme der kapitalistischen Ökonomie – auch material in das Leben der Gesellschaft ein und nimmt durch Intervention in den Prozeß der Wirtschaft, durch die Errichtung und dauerhafte Sicherung von staatlich verbürgten Leistungs- und Sozialsystemen aktiv gestaltend teil an der Reproduktion des Lebens der Wirtschaft und der Gesellschaft. Nur durch eine aktive Wirtschafts- und Sozialpolitik konnte der Sozialstaat die soziale Integration aller Schichten der Bevölkerung in das demokratische Staatswesen sicherstellen und damit auch die Verwirklichung der Ideen der Volkssouveränität garantieren. Für die jüngste Vergangenheit und Gegenwart ist nun ein weiterer Zuwachs von unabweisbaren Aufgaben des Staats und Handlungsfeldern der Politik festzustellen. Das führt nicht nur, allen gegenteiligen Beteuerungen von einem Rückzug des Staats in Teilbereichen zum Trotz, zu einer wachsenden Ausweitung von staatlichen Zuständigkeiten auf neue Handlungsfelder, sondern auch zu einer qualitativen Veränderung staatlichen Handelns, die sich nachhaltig auch auf die Stellung des Staats zur Gesellschaft auswirkt. So fallen dem Staat im Verlauf dieser Entwicklung immer mehr Aufgaben bei der Gestaltung der Zukunft der Gesellschaft und der Ökonomie zu, wie etwa die Rahmenplanung, die Entwicklung und Finanzierung neuer kostenintensiver Technologien, die Abschätzung und Minimierung der mit den neuen Technologien verbundenen Risiken, ferner die Prävention von Gefahren für die innere und äußere Sicherheit, für die Gesundheit der Bevölkerung nicht nur des eigenen Territoriums, für künftige Generationen und für die natürliche Umwelt – die Liste dieser Aufgaben des Staats, der durch präventives Eingreifen beständig steuernd tätig werden soll, belegt, daß es sich hier zumeist um Entscheidungen in komplexen Sachfragen handelt, die von demokratischen Mehrheitswechseln innerhalb der Wahlbevölkerung nur schwer und kurzfristig zumeist gar nicht revidiert werden können.[5]

5 Vgl. hierzu U. Beck, *Risikogesellschaft*, Frankfurt am Main: Suhrkamp 1986. Vgl. auch ders., *Was ist Globalisierung?*, Frankfurt am Main: Suhrkamp 1997.

Mit der Zunahme solcher Entscheidungen, die die Gestaltung der Zukunft des Lebens der Gesellschaft als ganzer betreffen, geht eine Veränderung der Handlungskontexte der Politik einher, die sich nachhaltig auch auf die Souveränität des Staatshandelns auswirkt. Mit gutem Grund sprechen soziologische Analysen dieser Veränderungen von Souveränitätsverlusten des Staates im Blick auf seine gesellschaftliche Umgebung. Ich hebe hier vor allem drei Aspekte hervor, unter denen sich das souveräne Handeln des Staats sowohl »nach innen« als auch »nach außen« verändert hat:

1. Im Inneren des Staats ist zu beobachten, daß die Träger staatlicher Gewalt sich ihrer Aufgaben immer weniger durch souveräne legislative Entscheidung und direkten exekutiven Eingriff, sondern immer mehr nur durch neue, vielfach korporativ anmutende Formen der Zusammenarbeit mit gesellschaftlichen Gruppen entledigen können. Dies kann, worauf Dieter Grimm hingewiesen hat, bis zu einer Teilentmächtigung der Gerichtsbarkeit führen; denn, so seine Beobachtung, »wo kein Eingriff, da kein Gesetzesvorbehalt; wo kein Gesetzesvorbehalt, da keine Gesetzesbindung der Verwaltung, und wo keine Gesetzesbindung der Verwaltung, da keine Gesetzmäßigkeitskontrolle durch die Gerichte«.[6] Dies führt tendenziell zu einer Preisgabe der staatlichen Souveränität auf vielen Gebieten im Innern des Staatswesens, zu einer neokorporativen Zusammenarbeit der Träger staatlicher Gewalt mit gesellschaftlichen Gruppen, privaten Unternehmungen oder Verbänden und insgesamt zu einer Aufwertung der Bedeutung des Privatrechts gegenüber dem öffentlichen Recht. Daß dies zugleich auch die Transparenz und in Teilen die demokratischen Entscheidungsmöglichkeiten des Souveräns beeinträchtigt, steht außer Frage. Anders als Niklas Luhmann[7] oder Helmut Willke[8], die diese Zusammenhänge herausgestellt haben, sehe ich in dieser neuerlichen Metamorphose des Staats nicht nur eine systemtheoretisch beschreibbare und im Resultat zum Teil

6 Grimm, »Der Wandel der Staatsaufgaben und die Zukunft der Verfassung«, in: ders., *Staatsaufgaben*, a.a.O., S. 636.

7 Vgl. N. Luhmann, *Das Recht der Gesellschaft*, Frankfurt am Main: Suhrkamp 1995, insbesondere S. 407-495.

8 Vgl. H. Willke, *Entzauberung des Staats, Überlegungen zu einer sozietalen Steuerungstheorie*, Königstein: Athenäum 1983, insbesondere S. 117-146.

durchaus erfreuliche Zurücknahme hoheitlicher Funktionen des Staats gegenüber den Individuen oder anderen Teilsystemen der Gesellschaft, sondern zugleich auch die Tendenz zu einer problematischen Delegitimierung der Politik und zu einem Verlust demokratischer Gestaltungsspielräume. Betroffen sind hiervon primär die einzelnen Staatsbürger, deren Status als Handlungssubjekte und »ursprüngliche« Träger von unveräußerlichen Rechten für die soziologischen Theorien im Anschluß an Luhmann ja ohnehin weitgehend irrelevant ist.[9]

2. In dem Maße, in dem die Aufgaben der äußeren Gefahrenabwehr, der Zukunftssicherung, der Risikoprävention, der Gewährleistung von Rahmenbedingungen für wirtschaftlich erfolgreiches Handeln ebenso wie der Nachhaltigkeit der ökonomischen Entwicklung oder der Sicherung von Sozialsystemen nicht mehr von einem Staatswesen allein dauerhaft und effektiv wahrgenommen werden können, übertragen die Staaten deren Durchführung an supranationale Zusammenschlüsse, Organisationen oder Akteure, die infolgedessen auch Teilsouveränitäten der Nationalstaaten übertragen bekommen. Was in der Praxis der Politik in der Zeit nach dem Zweiten Weltkrieg mit einer demokratietheoretisch zunächst unproblematischen Übertragung von Souveränitätsrechten auf die Sicherheitsbündnisse zur Vermeidung von äußeren Kriegsgefahren begonnen hat, entwickelt aufgrund der inneren Veränderungen der Gesellschaften und Ökonomien eine Eigendynamik, die zur Etablierung immer neuer transnational handelnder Akteure und überstaatlicher Verwaltungsvorgänge und so zur Einführung einer weithin selbständigen Sphäre international verbindlichen, überstaatlichen Rechts führt, dessen Autorschaft immer weniger erkennbar, dessen Durchsetzung immer schwerer kontrollierbar und dessen gerichtliche Beurteilung mehr und mehr in die Kompetenz einer internationalen Gerichtsbarkeit fällt. Diese Entwicklung führt zu einer Situation, in der die Staaten zunehmend zentrale Souveränitätsrechte abgeben, ohne daß die neuen, überstaatlich handelnden Akteure und Instanzen ihrerseits die Qualität souverän handelnder Institutionen zugesprochen bekommen und ohne daß diese einer unmittelbaren demokratischen Kontrolle durch

9 Vgl. unter anderem J. Habermas, »Jenseits des Nationalstaats?«, Manuskript 1997.

den Souverän, die Staatsvölker bzw. die unmittelbar betroffenen Individuen selbst unterliegen.[10]

3. Erst vor diesem Hintergrund einer allmählichen, im Inneren der Gesellschaften und in der Entwicklung ihrer Ökonomien begründeten Selbstauflösung des klassischen Souveränitätsprinzips des modernen Staats entfalten die durch das Ende des Ost-West-Konflikts politisch allenfalls begünstigten, keinesfalls aber erst erzeugten Tendenzen zur Herausbildung einer Weltgesellschaft ihre souveränitätsauflösende Wirkung auch im Außenverhältnis der Staaten zueinander. Die Grenzen der Gesellschaft, der gegenüber der Staat seine hoheitliche oder rechtliche Ordnungsfunktion heute wahrzunehmen hat, fallen immer weniger mit den territorial definierten Grenzen der von diesen Entwicklungen nachhaltig betroffenen Einzelstaaten zusammen. Mit dem raschen Zusammenwachsen der Finanzmärkte, mit der weltweiten Ausdehnung von Handel und Kommunikationssystemen, die mehr und mehr alle staatlichen Steuerungs- und Kontrollmechanismen unterlaufen, mit der zunehmenden Mobilität der Bevölkerungen, der Zunahme von Waren- und Personenverkehr sowie der Durchlässigkeit von Grenzen nehmen nicht nur die Risiken für die politisch-ökonomischen Systeme ebenso wie für die Individuen zu; es wachsen auch die Aufgaben, die die Einzelstaaten für sich allein definitiv nicht mehr lösen können. Die Internationalisierung fast aller Bereiche der Politik ist manifester Ausdruck dieser Entwicklungen.[11] Der Prozeß der Globalisierung führt zugleich zu einer »Intensivierung weltweiter sozialer Beziehungen«[12], aufgrund deren zunächst nur regional bedeutsame Ereignisse unvermittelt auch eine weltweite Relevanz annehmen können. Auf diesem Weg interagieren selbst Akteure, die nur einen lokal eng definierten Handlungsraum ausfüllen, mehr und mehr mit anderen Handlungssubjekten weltweit und unmittelbar, das heißt, sie beeinflussen sich in ihrem Handeln auch

10 Vgl. hierzu D. Held, »Democracy, the Nation-State and the Global System«, in: ders., *Political Theory Today*, Cambridge, UK: Polity Press 1991, S. 197-235, sowie G. Teubner, *Recht als autopoietisches System*, Frankfurt am Main: Suhrkamp 1989.

11 D. Held, *Democracy and the Global Order*, Cambridge, UK: Polity Press 1995.

12 A. Giddens, *Konsequenzen der Moderne*, Frankfurt am Main: Suhrkamp 1995, S. 85.

ohne die Vermittlungsebene der überlieferten Nationalstaaten und deren Regierungen oder Parlamente.

In dieser Situation dramatisch veränderter Kontexte staatlichen und politischen Handelns sind eine Reihe wichtiger kritischer Einwände und Vorschläge zu künftiger Gestaltung der Politik zur Sprache gebracht worden. Mit einigen von ihnen will ich mich in diesem Aufsatz beschäftigen, mit anderen nicht. Zu den letzteren zählen Wortmeldungen, die im Interesse einer »kulturellen Identität« oder im Namen von Sozialstaatlichkeit für eine Stärkung bzw. eine Wiederherstellung der klassischen Souveränitätskonzeption des territorial abgegrenzten und durch seine Verfassung in seinem Handeln als mehr oder weniger autonom definierten Nationalstaats plädieren. Zur Abwehr der oben beschriebenen Tendenzen wird eine Politik der »kulturellen Identität« oder des Schutzes überlieferter Sozialstandards vertreten, die allemal auf eine Abschottung der eigenen Grenzen nach außen und auf einen mehr oder minder maßvollen Protektionismus hinausläuft. Eine Diskussion solcher Vorschläge müßte im einzelnen aufzeigen, daß mit einer Bestimmung des Staates im Sinne einer historisch gewachsenen Kulturnation oder einer durch die Mitgliedsbeiträge der Versicherten entstandenen Sozialnation zugleich eine Politik vertreten wird, die den Einzelstaat angesichts der veränderten Aufgaben und Kontexte in die unbequeme Lage bringt, die ihm von seinen Protagonisten gesetzten Staatsziele wie den genannten Erhalt der Kultur- und/oder der Sozialnation auf Dauer wohl eher zu verfehlen als zu erreichen. Protektionistische Appelle, gleich von welcher politischen Seite, werden aber angesichts einer Weltgesellschaft im Umbruch bei der Bewältigung der anstehenden Probleme der Politik gewiß nicht weiterhelfen, da die strukturellen Voraussetzungen bereits weitgehend weggebrochen sind, die die Bedingung der Möglichkeit für eine praktische Einlösung von protektionistischen Erfolgsversprechen wären. Vermutlich wird aus demselben Grund auch eine isolierte Rückkehr von Einzelstaaten zu Konzepten der Wirtschaftspolitik im Anschluß an John Maynard Keynes nicht sonderlich erfolgreich sein.

Auf eine nähere Diskussion dieser Zusammenhänge muß ich jedoch hier verzichten; denn wichtiger erscheint mir in dieser Situation die Erörterung eines anderen, nämlich eines normativen Problems der politischen Philosophie. Es besteht darin, daß mit dem zunehmenden Verlust der Souveränität der Einzelstaaten zugleich auch eine politisch-faktische und strukturell-rechtliche Entmächtigung des bisherigen demokratischen Souveräns, nämlich der Staatsnationen bzw. der jeweiligen Wahlvölker, verbunden ist. Als schwierig erweist sich eine Diskussion dieser Frage, da weder die demokratische Legitimität der beschriebenen Prozesse selbst noch deren Sachgemäßheit einfachhin bestritten werden können; denn sie haben sich nicht ohne wiederholte, wenn auch vielleicht nur allzu punktuelle Willensbekundungen der betroffenen demokratischen Souveräne selbst zugetragen. Ferner wird niemand das Recht von nichtstaatlichen Akteuren wie beispielsweise von Individuen oder von friedlich handelnden Organisationen zu einem Handeln weltweit prinzipiell leugnen können. Schließlich kann auch die Zweckmäßigkeit von supranationalen Institutionen mit exekutiven oder judikativen Handlungsvollmachten in bestimmten Problembereichen wie etwa bei den globalen Fragen des Umweltschutzes, der Energiegewinnung oder der Friedenssicherung, vielleicht auch bei der Überwachung der weltweiten Einhaltung der Menschenrechte, nicht in Abrede gestellt werden. Dennoch erscheint als Ergebnis der Summe dieser Entwicklungen das Resultat einer Delegitimierung demokratisch verfaßter Politik unvermeidbar. Daher lautet die Frage, die von der politischen Philosophie beantwortet werden muß, wie der Prozeß einer Verschiebung von Souveränitätsrechten fort von der Ebene der territorial definierten Einzelstaaten und seinen Organen gleichsam nach »innen« in die Gesellschaft, nach »unten« in die Regionen und nach »außen« hin zu transnationalen und suprastaatlichen Institutionen so gestaltet werden kann, daß es im Verlauf der weiteren Einwicklung nicht zu einer problematischen Auflösung des normativ wohlbegründeten Zusammenhangs von Souveränitätsprinzip und Demokratie kommt.

2

Vor dem Hintergrund dieser Problemexposition wende ich mich jetzt dem Beitrag der politischen Philosophie zur Diskussion der Transformation der internationalen Politik zu. Bei einer Sichtung dieser Diskussionslage wird sehr schnell deutlich, daß die bisherigen Debatten, soweit sie normativ interessiert geführt worden sind, eher auf das Problem einer gerechten innerstaatlichen Ordnung bezogen waren und dabei die Probleme des fortschreitenden strukturellen inneren und äußeren Verlusts von staatlicher Souveränität nicht angemessen berücksichtigt worden sind. Das Thema einer normativ begründeten, weltweiten politischen Ordnung wird bislang allenfalls im Anschluß an Kant diskutiert. Dessen politische Philosophie entwickelt mit der Idee eines internationalen Rechtsfriedens eine weit über den Horizont seiner Zeit hinausreichende Konzeption, die in der Tat bis heute ein hohes Maß an Attraktivität besitzt. Doch zeigt es sich bei näherer Betrachtung, daß Kants Idee eines weltweiten Friedens nur nach einer kritischen Modifikation als Ausgangspunkt für einen normativ überzeugenden Beitrag zu einer zukünftigen kosmopolitischen Ordnung dienen kann.

In seiner 1795 vorgelegten Schrift *Zum ewigen Frieden* und in den rechtsphilosophischen Teilen seiner 1797 in erster Auflage veröffentlichten *Metaphysik der Sitten* legt Kant die Idee eines globalen Friedens vor, die er aus den Prinzipien seiner philosophischen Rechtslehre entwickelt. Das Recht ist für Kant bezogen auf das äußere Handeln von Menschen, die durch ihre Handlungen miteinander verbunden sind. Während ihnen die praktische Vernunft eine unbedingte und uneingeschränkte Freiheit im Blick auf die inneren Willensakte zuspricht, unterliegt die Freiheit im äußeren Handeln spezifischen Einschränkungen, die sich aus dem Zusammentreffen der Freiheitsansprüche verschiedener Handlungssubjekte ergeben. Diese im Interesse der Freiheitsansprüche aller an den Interaktionen und Handlungskontexten Beteiligten nach Maßgabe der praktischen Vernunfteinsicht zu regeln ist für Kant Aufgabe des auf die Vernunft gegründeten Rechts. Dabei bezieht sich nach Kant das Recht nicht einfach auf die äußere Interaktion von handelnden Personen, sondern genauerhin auf das Verhältnis, das eine Person bei der Bestimmung ihres eigenen Willens im Blick auf ihre Handlung, von Kant »Willkür« genannt, zur Willkür einer anderen Person eingeht. Hierbei bleibt für Kants Rechtsbegriff außer acht, welchen Handlungszweck die miteinander interagierenden Personen im einzelnen jeweils verfolgen; allein der formale Gesichtspunkt ist entscheidend, daß die freie Willkür einer handelnden Person die einer anderen Person nur insoweit beeinträchtigen darf, daß beide »nach einem allgemeinen Gesetze der Freiheit«[13] zusammen bestehen können. Dabei sollen die das äußere Handeln regelnden juridischen Gesetze anders als das moralische Gesetz des kategorischen Imperativs nicht wie eine innere Triebfeder die Handlungsmaximen des Menschen bestimmen. Sie sind infolgedessen auch nicht als ein Ausdruck des Vollzugs und der Selbstbestimmung der inneren Willensfreiheit des Menschen zu verstehen, sondern als eine Grenzziehung der Freiheit der äußeren Handlung. Demgemäß stimmt eine Handlung für Kant dann mit dem Vernunftprinzip des Rechts überein, wenn sie »mit der Freiheit von jedermann nach einem allgemeinen Gesetze zusammen bestehen kann«. Unrecht ist demnach ein Handeln, das dieser Freiheit von jedermann nach einem allgemeinen Gesetz widerspricht. Für Kant ist es ein Gebot der Freiheit, sich diesem Unrecht zu widersetzen, und es ist eine Aufgabe des Rechts, dieses Unrecht wirksam abzuwehren. Das Recht besorgt diese Aufgabe, indem es die Freiheit eines jeden im Handeln »tätlich« auf die Bedingungen »einschränkt«[14], unter denen sie mit der Handlungsfreiheit aller anderen möglichen Interaktionspartner übereinstimmt. Das allgemeine Rechtsgesetz konstatiert daher für Kant auch die Legitimität des mit dem Recht zugleich gesetzten äußeren Zwangs. Dies gilt, wie Kant schlüssig darlegt, für den Fall, daß »ein gewisser Gebrauch der Freiheit selbst ein Hindernis der Freiheit nach allgemeinen Gesetzen ist«.[15] Die mit dem Zwang einhergehende Einschränkung der äußeren Freiheit durch die Institution des Rechts ist für Kant also vertretbar, weil und insofern sie unter den Realisierungsbedingungen des äußeren Handelns ein Mittel gegen die hier stets drohende einseitige Verunmöglichung der Willkürfreiheit einer oder mehrerer der an der Interaktion beteiligten Personen durch andere ist und somit als eine »Verhinderung eines Hindernisses der Freiheit«[16] verstanden werden muß. Als eine solche aber stimmt der äußere Zwang, den das Recht begründet, mit dem allgemeinen Prinzip der Freiheit im Handeln nach Kant überein.

Diesen allgemeinen Begriff des Rechts setzt Kant im zweiten

13 I. Kant, *Metaphysik der Sitten. Werkausgabe*, hg. von W. Weischedel, Bd. 8, Frankfurt am Main: Suhrkamp 1977, AB 33.
14 Ebd., AB 34.
15 Ebd., AB 35.
16 Ebd.

Teil seiner philosophischen Rechtslehre voraus, der sich mit dem öffentlichen Recht beschäftigt. Zu ihm zählt Kant bekanntlich die drei Bereiche des Staatsrechts, des Völkerrechts und des Weltbürgerrechts. Die beiden letztgenannten Rechtssphären bilden zusammengenommen den Bereich des international relevanten Rechts. Kant setzt im Blick auf den Bereich des globalen, also weltpolitischen Handelns voraus, auf den unsere Fragestellung bezogen ist, daß hier in der Regel nur Staaten miteinander interagieren. Diese Annahme teilt Kant mit der Tradition des Völkerrechts und der politischen Philosophie des 18. Jahrhunderts, doch sie entspricht nicht mehr der Lage der Weltpolitik des ausgehenden 20. Jahrhunderts; denn diese ist davon bestimmt, daß hier neben den Staaten mehr und mehr auch überstaatliche Organisationen (wie die Vereinten Nationen, die Weltbank, die Europäische Union oder die Militärbündnisse) sowie teil- und nichtsouveräne politische Akteure (wie etwa Regionalregierungen und öffentliche Wirtschaftskammern oder humanitäre Institutionen und Nichtregierungsorganisationen) und verstärkt privatrechtlich organisierte Rechtspersonen (wie die global oder kontinental agierenden Wirtschaftsunternehmen, Medienvertreter, Anwaltskanzleien und Beratungsfirmen oder Privatpersonen) selbständig tätig werden und miteinander rechtsverbindlich handeln. Eine gewisse Ausweitung der für den Raum des globalen Handelns relevanten Rechtssubjekte schlägt Kant in seinem »Weltbürgerrecht« vor. Doch ist dessen Inhalt auf ein weltweit gültiges Besuchsrecht, nicht Gastrecht, eingeschränkt, das Kant allen Menschen, und zwar überall auf der Erde, zugesteht. Mit ihm erkennt Kant rechtssystematisch immerhin den Umstand an, daß im Handlungsraum jenseits der territorialen Grenzen der einzelnen Staaten nicht nur diese als völkerrechtliche Subjekte agieren, sondern zumindest auch einzelne Menschen in Rechtsbeziehungen zu anderen Völkern stehen können. Von Interesse ist in diesem Zusammenhang, daß Kant mit seiner Idee eines »Weltbürgerrechts« die Beobachtung verbindet, daß zu seiner Zeit eine weltweite, an der Bewahrung von Recht interessierte Öffentlichkeit im Entstehen begriffen ist. Doch schreibt Kant dem »Weltbürgerrecht« keine Kompetenz oder Zuständigkeit zu, die über die Berücksichtigung der Rechtsbeziehung von Individuen zu Völkern, verstanden als Staaten, hinausgeht, deren Staatsbürgerschaft sie selbst nicht besitzen. So greift seine Idee eines »Weltbürgerrechts« nicht weit genug, um für unsere heutige weltpolitische Situation rechtssystematisch wirklich weiterführende Perspektiven zu bieten; denn im Kantischen »Weltbürgerrecht« ist eine Situation noch nicht vorgesehen, daß sich teil- oder nicht-souveräne, öffentliche und private Akteure jenseits der territorialen und rechtlichen Grenzen von Staaten unmittelbar begegnen und hier miteinander auch rechtsrelevant interagieren. Eine solche Möglichkeit war von seiner Rechtsphilosophie schlicht noch nicht vorgesehen; sie war am Ende des 18. Jahrhunderts für Kant in dieser Form als reale Möglichkeit wohl auch noch nicht vorhersehbar. So bleiben Kants Erwägungen zum »Weltbürgerrecht« insgesamt zu punktuell und marginal, um als solche heute zur Konzeption eines globalen Rechts beitragen zu können, das dem Stand und den Herausforderungen der wirtschaftlich-technischen Rationalität und zugleich dem Desiderat einer demokratisch verfaßten internationalen Ordnung entspricht.

Der Geltungsbereich des internationalen Rechts wird bei Kant nämlich im wesentlichen mit dem Gehalt des »Völkerrechts« identifiziert und als ein Rechtsverhältnis von souveränen Einzelstaaten ausdrücklich in Analogie zum Staatsrecht konstruiert.[17] Dieser Ansatz läßt es erwarten, daß Kant sich in seiner Argumentation eines allgemeinen Rechtsprinzips bedient, auf das er erstmals beim Übergang vom Privatrecht zum Staatsrecht zurückgreift, das er der Sache nach aber schon im Einleitungsteil seiner Rechtslehre eingeführt hatte. Dieses Prinzip enthält die vernunftrechtliche Forderung, daß ein Zustand provisorischer Rechtsbeziehungen zwischen Subjekten des äußeren Handelns, von Kant auch »rechtlicher Naturzustand« (»status naturalis«) genannt, zugunsten eines Zustand nach allgemeinen öffentlichen Rechtsgesetzen (»status civilis«) verlassen werden muß. Kant nennt es das Prinzip des »Exeundum ex statu naturali«. Es nimmt auf die Einsicht Bezug, daß das Recht seine legitime Aufgabe nur unter Bedingungen der nötigen Rechtssicherheit für alle Beteiligten wahrnehmen kann. Dies aber kann letztlich nur ein System des öffentlichen Rechts, in dem alle Betroffenen dem gleichen gesetzlichen, also äußeren Zwang unterworfen sind. Daraus *folgt* bei Kant für den Übergang vom Privat- zum Staatsrecht, daß es

17 I. Kant, *Zum ewigen Frieden. Werkausgabe*, hg. von W. Weischedel, Bd. 11, Frankfurt am Main: Suhrkamp 1977, BA 30.

als vernunftrechtlich »erlaubt« betrachtet werden muß, wenn alle diejenigen Menschen, die miteinander in provisorischen Rechtsbeziehungen stehen und auch künftig in solche geraten können – und das sind recht besehen alle diejenigen, die einander in ihrem äußeren Handeln unter Reklamation von Rechtsansprüchen tangieren –, auch gezwungen werden dürfen, miteinander in einen Zustand des öffentlichen Rechts einzutreten. Dem objektiv vorgestellten »Exeundum«-Prinzip und dem »Erlaubnisgesetz«, Menschen in provisorischen Rechtsbeziehungen zwingen zu dürfen, miteinander in ein durch öffentliche Gesetze bestimmtes Rechtsverhältnis einzutreten, korrespondieren bei Kant eine innersubjektive Einsicht, zu der jeder gelangen kann, der in seinem Handeln nicht auf Rechtsansprüche überhaupt verzichten will. Von einem solchen Menschen sagt Kant nämlich zu Beginn seiner Ausführungen zum Staatsrecht, daß er von der Vernunft gehalten sei, »mit allen anderen (mit denen in Wechselwirkung zu geraten er nicht vermeiden kann)«[18] in einen öffentlichen Rechtszustand nach allgemeinen Gesetzen einzutreten, also in einen Zustand, »darin jedem das, was für das Seine anerkannt werden soll, gesetzlich bestimmt, und durch hinreichende Macht, die nicht die seinige, sondern eine äußere ist, zu Teil wird«.[19]

Dem Prinzip des »Exeundum«, dem »Erlaubnisgesetz« und der ihnen korrespondierenden Einsicht des seine Rechtsansprüche verfolgenden Individuums entsprechend soll der von der praktischen Vernunft geforderte Zusammenschluß der miteinander »in Wechselwirkung« geratenden und Rechtsansprüche verfolgenden *Individuen* zur Konstitution eines demokratischen Rechtsstaats führen. Doch im analogen Fall einer von der Vernunft ebenfalls geforderten Übereinkunft von miteinander interagierenden und in provisorischen Rechtsbeziehungen stehenden *Staaten* soll das Resultat nicht einfach die Gründung einer »Staatenrepublik« oder eines »Staatenstaats« (Kant selbst spricht vom »Völkerstaat«) sein, was aufgrund der von Kant zunächst selbst gewählten Analogie zwischen Staats- und Völkerrecht zu fordern wäre, sondern nur ein lockerer Staaten- oder Völkerbund. Ziel der Konstitution dieses Völkerbunds soll es Kant zufolge gerade nicht sein, daß dieser eine eigenständige Souveränität erhält, da sie eine Einschränkung der Souveränität der Einzelstaa-

18 Ders., *Metaphysik der Sitten*, ebd., A 164.
19 Ebd.

ten nach sich zöge. Er soll vielmehr ganz der »Erhaltung und Sicherung der Freiheit« der in ihm zusammengeschlossenen Einzelstaaten und somit der Bewahrung ihrer uneingeschränkten Souveränität dienen, »ohne daß diese (Staaten) doch sich deshalb (wie Menschen im Naturzustande) öffentlichen Gesetzen, und einem Zwange unter denselben, unterwerfen dürfen«.[20]

In seiner Schrift *Zum ewigen Frieden* nennt Kant drei Argumente, weshalb die vernunftrechtliche Friedensstiftung zwischen den Einzelstaaten nicht zu einem Völkerstaat, sondern nur zu einem Staatenbund führen soll. In einem *ersten* Argument verweist er auf den Widerspruch, der für ihn zwischen dem Recht der Einzelstaaten und dem Recht des Völkerstaats im Falle seiner Gründung entsteht.[21] In seinem Argument definiert Kant allerdings das bereits vorliegende Recht der Einzelstaaten, von ihm »Recht der Völker« genannt, von vornherein so, daß eine Aufgabe von staatlichen Souveränitätsrechten unvorstellbar ist. Das in den Staaten bereits realisierte Vernunftrecht ist für Kant offensichtlich der Grund dafür, daß die Einzelstaaten »nicht in einem Staat zusammenschmelzen sollen«.[22] Sein *zweites* Argument gegen die Staatenrepublik zielt unmittelbar auf die von ihm selbst zuvor in die Überlegungen eingebrachte Analogie zwischen dem »Naturzustand« der Menschen auf der einen Seite und dem der Staaten auf der anderen. In Fortführung des ersten Arguments führt Kant aus, daß die einmal gebildeten Verfassungsstaaten nicht mehr unter eine »erweiterte gesetzliche Verfassung zu bringen« sind, da sie dem Zwang, der mit einer kosmopolitischen Verfassung verbunden wäre, »entwachsen sind«.[23] Das *dritte* Argument nimmt direkt auf das Problem einer Überwindung der im internationalen Verkehr zwischen den Staaten stets drohenden Gefahr eines Krieges Bezug. Unter Zurückweisung der Doktrin eines »Rechts zum Krieg«, das das überlieferte Völkerrecht den Staaten gerade als Ausdruck ihrer Souveränität zugestanden hatte, spricht Kant davon, daß die Rechtsunsicherheit, weil Gesetzlosigkeit dieses Zustands ein für allemal überwunden werden muß. Da die einzelnen Staaten jedoch, wie Kant unterstellt, in Wirklichkeit nicht bereit sind, um dieses Zieles willen einen

20 Ders., *Zum ewigen Frieden*, ebd., BA 35.
21 Vgl. ebd., BA 30 f.
22 Ebd., 31.
23 Ebd., BA 34.

»Völkerstaat« mit öffentlichen Zwangsgesetzen anzuerkennen, so muß, wie er sich ausdrückt, »was in thesi richtig ist, in hypothesi« verworfen werden. An die Stelle »der positiven Idee einer Weltrepublik« setzt Kant daher, damit der von der Vernunft geforderte dauerhafte Friedensschluß zustande kommt, »nur das negative Surrogat eines den Krieg abwehrenden Bundes« zwischen den souveränen Staaten.[24]

3

Eine nähere Prüfung der hier von Kant gegen die Idee eines weltweiten »Völkerstaats« vorgebrachten Argumente gibt Aufschluß, inwiefern an seine rechtsphilosophische Konstruktion eines »vernünftigen Völkerrechts« heute noch angeschlossen werden kann. Im Blick auf das erste Argument ist von verschiedenen Autoren übereinstimmend, wenn auch mit unterschiedlicher Bewertung auf die »logische« Widerspruchsfigur hingewiesen worden, die Kant für den Fall der Entstehung eines »Völkerstaats« geltend macht.[25] Das von Kant benutzte Argument kann jedoch nur überzeugen, wenn er zeigen kann, weshalb die vielen Völker jedes für sich Staaten bilden, denen eine unauflösbare Souveränität zukommt. Eine solche Begründung gibt Kant hier jedoch nicht; er setzt vielmehr definitorisch voraus, daß Staaten prinzipiell eine unaufhebbare Souveränität zukommt. Wenn sich Kant an dieser Stelle nicht dem Vorwurf eines rechtsphilosophischen Dogmatismus aussetzen will, steht und fällt sein Argument damit, daß er die mit seiner Voraussetzung aufgestellte Behauptung andernorts begründen kann.[26] Eine Be-

24 Ebd., BA 38; zur Diskussion von Kants Ablehnung eines »Völkerstaats« vgl. auch M. Lutz-Bachmann und J. Bohman (Hg.), *Frieden durch Recht*, Frankfurt am Main: Suhrkamp 1996, sowie R. Merkel und R. Wittmann, *»Zum ewigen Frieden«*, Frankfurt am Main: Suhrkamp 1996.

25 Zuletzt von P. Koller, »Frieden und Gerechtigkeit in einer geteilten Welt«, in: Merkel und Wittmann (Hg.), *»Zum ewigen Frieden«*, ebd., S. 220-222; V. Gerhardt, *Immanuel Kants Entwurf »Zum ewigen Frieden«*, Darmstadt: Wissenschaftliche Buchgesellschaft 1995, S. 95 f.

26 Selbst wenn Kant die starke Behauptung einer Staaten prinzipiell

gründung für diese Annahme leistet schon eher das zweite Argument; es nennt immerhin einen Grund dafür, weshalb für Staaten »nach dem Völkerrecht« nicht gilt, was »von Menschen im gesetzlosen Zustande nach dem Naturrecht gilt, ›aus diesem Zustande herausgehen zu sollen‹«.[27] Staaten sind in ihrem Innern, sofern sie den Forderungen von Kants Staatsrecht entsprechen, republikanisch organisiert, das heißt, sie haben bereits eine legitime rechtliche Verfassung. Diese kann für Kant nicht noch einmal unter eine »erweiterte Verfassung« gebracht werden. Dieses Argument soll begründen, weshalb die Staaten dem Erlaubnisgesetz »entwachsen« sind, von anderen unter eine internationale Verfassung gezwungen werden zu können. In seiner früheren Fassung des »Erlaubnisgesetzes« hatte Kant, wie wir gesehen haben, begründet, daß es gestattet sei, daß Menschen im Naturzustand, um der Sicherung der Rechtsansprüche auf Besitz willen, »jeden andern, mit dem es zum Streit des Mein und Dein über ein solches Objekt kommt, [...] nötigen, mit ihm zusammen in eine bürgerliche Verfassung zu treten«.[28] Dieser Erlaubnis sollen Staaten aber im provisorischen Rechtszustand und im speziellen Fall eines Rechtsstreits miteinander, so Kant, »entwachsen« sein.

Mit dieser Wendung nimmt Kant eine nicht unerhebliche Modifikation an seiner im Text bisher vorgelegten Argumentation vor. Er war bislang von zwei Prämissen ausgegangen, für die er

zukommenden uneingeschränkten Souveränität plausibel machen könnte, überzeugt das erste Argument nur dann, wenn unterstellt wird, daß durch die Gründung eines Völkerstaats ein Rechtssubjekt entsteht, das alle bisherigen Konstitutionen und Rechtsvereinbarungen der Einzelstaaten restlos aufhebt, also ein »Welteinheitsstaat« zentralistischen Zuschnitts. Doch dieser Gedanke ist nicht zwingend; man könnte sich ja durchaus einen föderativen Staatenstaat vorstellen, der das vorhandenen, unterschiedlichen Rechtstraditionen entstammende Einzelstaatenrecht bestehen läßt und aufgrund beschränkter eigener Zuständigkeiten integriert, aber nicht auflöst; vgl. hierzu meinen Beitrag: »Kants Friedensidee und das rechtsphilosophische Konzept einer Weltrepublik«, in: Lutz-Bachmann und Bohman (Hg.), *Frieden durch Recht*, a.a.O., S. 40 f.

27 Kant, *Zum ewigen Frieden*, ebd., BA 34.

28 Kant, *Metaphysik der Sitten*, ebd., AB 73; vgl. hierzu R. Brandt, »Das Erlaubnisgesetz, oder: Vernunft und Geschichte in Kants Rechtslehre«, in: ders. (Hg.), *Rechtsphilosophie der Aufklärung*, Berlin/New York: de Gruyter 1982, S. 233–285.

eine apriorisch-notwendige Geltung beanspruchen konnte: Die erste Prämisse enthielt den vernunftrechtlichen Grundsatz, daß die Rechtspersonen, die sich miteinander in einem rechtlichen Naturzustand befinden, unbedingt gehalten sind, diesen Zustand zu verlassen, also das vernunftrechtliche Prinzip des »Exeundum ex statu naturali«. Die zweite Prämisse enthielt das weitergehende »Erlaubnisgesetz«, die im rechtlichen Naturzustand gegeneinander befindlichen Personen – in Übereinstimmung mit dem vernunftrechtlichen Prinzip des »Exeundum« – auch gegen deren Willen unter ein gemeinsames öffentliches Recht zwingen zu dürfen. Die Gültigkeit dieser beiden Prämissen wird von Kant, wie wir gesehen haben, nun im Blick auf die Staaten in ihrem äußeren Verhältnis zueinander, das Kant als einen rechtlichen Naturzustand beschreibt, eingeschränkt: Von ihnen gilt, wie Kant schreibt, »nach dem Völkerrecht« nicht mehr das Prinzip des »Exeundum«, das besagt, daß ein »Naturzustand«, also ein Zustand von provisorischen Rechtsbeziehungen, unbedingt und in jedem Fall verlassen werden muß. Infolgedessen dürfen Staaten, so die Schlußfolgerung Kants, auch nicht unter ein Recht gezwungen werden, das sie mit anderen Staaten teilen und das sich Kant vorstellt wie ein ihnen fremdes Recht, das ihnen gleichsam übergestülpt wird.

Wie begründet Kant, daß die erste Prämisse seiner bisherigen vernunftrechtlichen Argumentation nicht mehr gelten soll? Er verweist auf das »Völkerrecht« als Quelle und Grund für die Einschränkung des »Exeundum«-Prinzips. Doch welches »Völkerrecht« ist mit diesem Hinweis gemeint? Das »vernünftige Völkerrecht«, das hier ja aus dem rechtlichen Naturzustand zwischen den Staaten allererst begründet werden soll, kann es noch nicht sein. Das auf Prinzipien der reinen praktischen Vernunft gegründete »Staatsrecht« ist auch nicht gemeint; denn es kommt hierfür nicht in Betracht. Außerdem verweist Kant nicht auf das Staatsrecht. Es kommt hinzu, daß Kant in der vorliegenden Argumentation gerade die Analogie des vernünftigen Völkerrechts zum vernünftigen Staatsrecht rückgängig zu machen sucht. Damit bleibt als Rechtsquelle für Kants Argumentation an dieser Stelle nur das *überlieferte* Völkerrecht übrig: Das überlieferte Völkerrecht soll mit seinem Rechtsgrundsatz der unbedingten Souveränität der einzelnen Staaten den Grund liefern für eine Einschränkung des vernunftrechtlichen »Exeundum«-Prinzips im angegebenen Fall der provisorischen Rechtsbeziehungen von Staaten in ihrem äußeren Verhältnis.

Das von Kant gewählte Argument begründet den Verdacht, daß er hier einem rechtsphilosophischen Dogmatismus verfällt. Dieser Verdacht wird nur hinfällig, wenn Kant Gründe explizieren kann, in deren Licht das vom überlieferten Völkerrecht reklamierte Souveränitätsprinzip tatsächlich eine apriorische Geltung vor der Vernunft beanspruchen darf. Zu diesem Zweck verweist Kant auf das Faktum, daß Staaten, wenn sie auch in ihrem äußeren Verhältnis zu anderen Staaten in einem rechtlichen Naturzustand stehen, wenigstens nach innen eine legitime rechtliche Verfassung besitzen. Doch mit dieser Wendung einer Einschränkung des »Exeundum«-Prinzips durch die Anerkennung des völkerrechtlichen Souveränitätsgrundsatzes, verstrickt sich Kant endgültig in eine Argumentationslage, die den Dogmatismusverdacht bestätigt und das Resultat seiner Überlegungen unplausibel macht.

Ich verweise auf drei Probleme in Kants Argumentation: So ist es *erstens* eine Folge seiner Argumentation, daß Kant alle nichtrepublikanischen Staaten, die ja nicht anders als die Republiken auch in einem rechtlichen Naturzustand zu den anderen Staaten stehen, aus der weiteren Überlegung ausklammert. Über sie, die ja immerhin den Regelfall für die internationale Politik seiner Zeit bilden, verliert Kant kein weiteres Wort. Eine internationale Rechtsordnung ist für Kant nur als ein Bund von Republiken denkbar; doch dies setzt für das Völkerrecht eine Reform aller Staaten zu republikanischen Staatswesen voraus – eine Voraussetzung, die das von Kants Völkerrecht am Ende allein verfolgte Projekt einer unbedingten weltweiten Friedensordnung als schwer realisierbar erscheinen läßt. Aus diesem Grund sind etwa die Vereinten Nationen nach 1945 andere rechtliche Wege gegangen und haben auch nichtdemokratische Regime aufgenommen; auch John Rawls beispielsweise schlägt in seinem neueren Entwurf eines Völkerrechts (»Law of Peoples«) eine andere Stellung der nichtrepublikanischen Staaten im internationalen Recht vor.[29] Doch, so müssen wir *zweitens* fragen, wie steht es mit den im System des vernünftigen Völkerrechts bei Kant nunmehr allein verbleibenden Rechtsstaaten? Ihnen billigt Kant das Recht

29 Vgl. J. Rawls, »The Law of Peoples«, in: S. Shute und S. Hurley (Hg.), *On Human Rights*, New York: Basic Books 1993, S. 41-82.

zu, daß sie aufgrund ihrer rechtlich legitimen inneren Verfassung nicht mehr unter dem »Exeundum«-Prinzip stehen und infolgedessen auch nicht gezwungen werden dürfen, unter eine erweiterte Verfassung mit anderen Staaten gebracht zu werden. Nicht damit genug, daß Kant damit das Völkerrecht auf eine Sphäre nur schwach verbindlicher wechselseitiger Vereinbarungen reduziert; denn jeder Staat verpflichtet sich im Grunde genommen nur auf einen Gewaltverzicht nach außen, den die anderen Staaten ihrerseits nicht moralisch einfordern oder gar rechtlich einklagen können. Mit diesem Argument bringt Kant einen Gesichtspunkt ins Spiel, der hier gar nicht zur Debatte steht. Die im Inneren eines Staates für seine Staatsbürger erreichte Rechtssicherheit besagt nämlich nichts für das Problem, das rechtssystematisch gelöst werden müßte: die trotz innerer Legitimität gleichwohl fortbestehende Rechtsunsicherheit jenseits der Verfassungsgrenzen. Der bei allen inneren Reformen hier nach wie vor bestehende rechtliche Naturzustand im Außenverhältnis der Staaten verliert nichts von seiner Qualität eines unzulänglichen, weil provisorischen Rechts, das, gemessen an den normativen Vorgaben der Grundlagen von Kants Rechtsphilosophie, geändert werden müßte. Kants Hinweis auf das Souveränitätsprinzip des überlieferten Völkerrechts ändert an dieser Situation nichts. Daher kann auch Kants Angebot zur Auflösung des Problems nicht überzeugen. *Drittens* muß festgehalten werden, daß Kant keine Gründe für seine Annahme nennt, daß das völkerrechtliche Souveränitätsprinzip, das sich im übrigen nicht nur auf Rechtsstaaten im Sinne Kants beschränkt, als ein apriorisch gültiger Grundsatz seines Vernunftrechts behandelt werden kann. Dies bestätigt den schon geäußerten Verdacht eines Rückfalls Kants in einen rechtsphilosophischen Dogmatismus, der jedoch an dieser Stelle sein gesamtes Konzept eines apriorisch argumentierenden Vernunftvölkerrechts in die Gefahr des Scheiterns bringt.

4

Dieser Befund hat Folgen auch für die bei einigen Vertretern der zeitgenössischen politischen Philosophie im Anschluß an Kant – wie Wolfgang Kersting oder Otfried Höffe – beliebte Strategie, Kants uneinsichtiges Plädoyer gegen die Weltrepublik bzw. einen über den Völkerbund hinausgehenden Völkerstaat abzuschwächen und so an die heutige politische Diskussion anzuschließen. Ihre Argumentation läuft darauf hinaus, Kants Position zuzustimmen, daß die einmal errichteten Staaten nach dem Wegfall des »Erlaubnisgesetzes« nicht gezwungen werden dürfen, sich einer erweiterten Verfassung zu unterwerfen. Doch dies soll nicht die Möglichkeit ausschließen, daß die Staaten sich freiwillig, also auch ohne den von Kant zurückgewiesenen Zwang, zu einer weltweiten Organisation zum Zweck einer effektiven Friedenssicherung mit gewissen Zwangsvollmachten zusammenschließen. Doch eine solche Argumentation muß sich fragen lassen, ob sie die systematischen Voraussetzungen und Folgen des Kantischen Rückgriffs auf das völkerrechtliche Souveränitätsprinzip angemessen berücksichtigt. Kant jedenfalls weist mit seinem Rekurs auf das Souveränitätsprinzip des Völkerrechts nicht nur das »Erlaubnisgesetz« zurück, das im Naturzustand unter eine öffentliche Verfassung zu zwingen gestattet, wie etwa Kersting feststellt[30], sondern Kant hebt im Blick auf den internationalen Rechtszustand zugleich auch das »Exeundum«-Prinzip auf, dessen Geltung erst ein Festhalten am »Erlaubnisgesetz« ermöglichen würde. Aus Kants Argumentation aber muß gefolgert werden, daß für ihn kein Vernunftgrund mehr besteht, den provisorischen Rechtszustand zwischen den Staaten aus Gründen der Vernunft zu verlassen. Der provisorische Rechtszustand zwischen den Staaten soll, das ist das Ziel der Argumentation von Kant, nur keinen Krieg mehr rechtfertigen, kann aber im Prinzip nicht verlassen werden. An dieser Stelle verschwimmen die Unterschiede zwischen der politischen Philosophie von Hobbes und Kant. Doch damit entzieht Kant auch einem freiwilligen Akt der Entschließung, wie ihn wohlmeinende Kommentatoren an Kant herantragen, die vernunftrechtliche Grundlage.

Das von Kant in seine Argumentation eingeführte und mit dem Anspruch auf apriorische Geltung ausgestattete Souveränitätsprinzip führt also dazu, daß für eine Änderung in den internationalen Beziehungen zwischen den einmal etablierten Staaten keine

30 Vgl. W. Kersting, »Weltfriedensordnung und globale Verteilungsgerechtigkeit. Kants Konzeption eines vollständigen Rechtsfriedens und die gegenwärtige politische Philosophie der internationalen Beziehungen«, in: Merkel und Wittmann (Hg.), *Zum ewigen Frieden*, a.a.O., S. 182-184.

Vernunftgründe angeführt werden können. Was Kant an dieser Stelle seiner Argumentation gleichwohl noch immer von Hobbes trennt, ist die seiner vernunftrechtlichen Argumentation geschuldete Annahme, daß die von seiner Völkerrechtslehre thematisierten Staaten nicht einfach mit den real existierenden Staatswesen, etwa den im Gefolge der Französischen Revolution aufkommenden Nationalstaaten, identifiziert werden dürfen. Die im vernünftigen Völkerrecht bei Kant behandelten »Staaten« sind die gemäß seiner Staatsrechtslehre reformierten Verfassungsstaaten, also Staaten mit einem vor der Vernunft als legitim ausgewiesenen Recht. Von diesen also gilt nach Kant, daß ihre Außenbeziehungen unter den Bedingungen des provisorischen Rechts, das heißt im »status naturalis« verbleiben. Da die praktische Vernunft dennoch den »Krieg als Rechtsgang« verurteilt, »die Art« aber, wie Kant apodiktisch sagt, »wie die Staaten ihr Recht verfolgen, nie, wie bei einem äußern Gerichtshofe, der Prozeß, sondern nur der Krieg sein kann«[31], führt aus diesem Dilemma der praktischen Vernunft nur ein Akt des Gewaltverzichts der Einzelstaaten im Blick auf ihr eigenes außenpolitisches Handeln. Doch der besitzt keine wechselseitig bindende Kraft im Recht und begründet auch kein neues, international gültiges Recht. Die Aufgabe seines »Völkerrechts« besteht paradoxerweise in genau diesem Nachweis, den die bekannte Überschrift des »Zweiten Definitivartikels« seiner Friedensschrift noch euphemistisch umschreibt mit: »Das Völkerrecht soll auf einen Föderalism freier Staaten gegründet sein.«[32] Wie wir im Text des Artikels erfahren, begründet aber der Föderalismus der Staaten gerade kein internationales Recht, das die Staaten binden und unter das sie gezwungen werden können. Das vernünftige »Völkerrecht« Kants verspricht, abgesehen von seiner Idee des Friedensbunds, mehr, als es halten kann; darin gleicht es dem »Weltbürgerrecht«, das eine freundliche Umschreibung eines von Kant geltend gemachten Besuchsrechts ist.

In dieser Perspektive betrachtet wird auch verständlich, weshalb Kant in seinem dritten Argument gegen die Weltrepublik den Gedanken verwirft, die Staaten könnten sich freiwillig zusammenschließen und sich eine neue gemeinsame Verfassung geben. Dies resultiert weniger aus einer empirischen Prognose im

31 Kant, *Zum ewigen Frieden*, ebd., BA 43.
32 Ebd., BA 30.

Blick auf das in Zukunft zu erwartende Staatshandeln, wie man vielleicht meinen könnte, sondern stellt eine im Souveränitätsprinzip des tradierten Völkerrechts selbst dogmatisch begründete Annahme dar, der zufolge kein vernünftiger Grund dafür angeführt werden kann, die Souveränität eines Rechtsstaats durch den freien Entschluß des Souveräns selbst aufzuheben oder in der Form einer Annahme eines mehrere Staaten umgreifenden Verfassungsrechts einzuschränken. Daher sieht Kant auch, wie er schreibt, »nach dem Völkerrecht« keine Möglichkeit eines solchen Verfahrens. Mit dieser Interpretation stimmt auch das Argument aus Kants erstem Einwand überein, dem zufolge das Verfassungsrecht, das sich ein Staatsvolk einmal gegeben hat, als Ausdruck der unantastbaren Souveränität eines Staats verstanden werden muß.[33] Daraus folgt, daß über die Souveränität eines Staatswesens, die sich in seinem Recht insgesamt und insbesondere in seiner Verfassung reflektiert, auch von seinem Souverän selbst nicht disponiert werden kann. Genau dies war, wie schon oben aufgezeigt, für Kant der Grund, weshalb er in diesem Argument die Idee des Völkerstaats zurückweist: Das vorhandene Verfassungsrecht eines Volkes, so hatte er dort argumentiert, schließt als solches eine Aufhebung und Überführung in eine erweiterte Verfassung aus. Damit ist aber auch der Gedanke einer Weltrepublik als Ergebnis einer freien Willensbildung oder eines Konsenses im Inneren der beteiligten Staaten für Kant systematisch ausgeschlossen. Dies käme in Kants Sicht wohl einer Selbstaufhebung der Freiheit eines Staatsvolks gleich und wäre, anders als im Fall der Koordination der äußeren Handlungsfreiheit von Individuen durch das System des Rechts, nicht mehr als eine Realisierungsbedingung von Freiheit im Handeln zu betrachten. So spricht Kant denn auch davon, daß seine »*Idee* des Völkerrechts die Absonderung von einander unabhängigen benachbarten Staaten *voraussetzt*«.[34] Die dem klassischen Völkerrecht entnommene Annahme einer grundlegenden »Absonderung von einander unabhängiger benachbarter Staaten« liegt der von Kant verfolgten vernunftrechtlichen »Idee des Völkerrechts« zugrunde und wird von dieser unkritisch als Voraussetzung geteilt. Es ist aber genau diese Voraussetzung der Rechtsphilosophie Kants, die in ihren problematischen Folgen wahrgenommen und im

33 Vgl. ebd., BA 31.

34 Kant, *Zum ewigen Frieden*, ebd., B 63/A 62.

Blick auf ihre uneinsichtigen Voraussetzungen kritisiert werden muß, bevor die politische Philosophie heute den Versuch unternehmen kann, im Anschluß an Kant einen Beitrag zu einer normativen Grundlegung einer internationalen Rechtsordnung zu leisten.

Zu Recht spricht Wolfgang Kersting im Zusammenhang seiner vielbeachteten Studie zur Rechtsphilosophie Kants von einem »Dogma von der Unteilbarkeit der staatlichen Souveränität«[35], das Kant mit Hobbes teilt und das ihn veranlaßt, die Idee eines Völkerstaats als selbstwidersprüchlich abzulehnen. Kersting hält die von Kant aufgestellte These eines »logischen Widerspruchs« zwischen dem Recht der Staaten und dem Recht eines neu zu schaffenden Völkerstaats nicht für plausibel und plädiert selbst statt dessen für ein Konzept »gestufter Souveränität«, das geeignet sei, »durch Teilsouveränitätsverzichte zwischen und über den Staaten ein institutionelles System subsidiärer Staatlichkeit zu etablieren, das die Rechtlosigkeit zwischen den Staaten beendet und ein gesetzmäßiges äußeres Staatenverhältnis etabliert«.[36] Kersting scheut im Zusammenhang dieser seiner früheren Studie auch nicht davor zurück, das von ihm vorgeschlagene System internationalen Rechts eine »kosmopolitische Republik« zu nennen, deren Aufgabe die Sicherung des Friedens zwischen den Staaten ist: »Die kosmopolitische Republik, die Republik der Republiken, ist nicht irgendeine Möglichkeit, den ewigen Frieden zu verwirklichen. Sie ist der rechtlich kategorisch gebotene Weg, den Naturzustand der Völker zu verlassen und eine rechtsschützende internationale Friedensverordnung zu etablieren.«[37] Die Aufgabe der Friedenssicherung zwischen den Staaten bestimmt zugleich die Grenzen der Zuständigkeit dieser Weltrepublik. An sie sollen die weiterhin fortbestehenden »Natio-

35 W. Kersting, *Wohlgeordnete Freiheit. Immanuel Kants Rechts- und Staatsphilosophie,* Frankfurt am Main: Suhrkamp 1993, S. 75. Sein Buch ist in erster Auflage 1983 erschienen. Doch erst in der zweiten Ausgabe seiner Schrift behandelt Kersting in einer für diese Ausgabe neu verfaßten Einleitung das Problem einer internationalen Rechts- und Friedensordnung bei Kant, das er zuvor aus seinen Untersuchungen zu Kants politischer Philosophie weitgehend ausgeklammert hatte.

36 Ebd.

37 Ebd., S. 76.

nalstaaten«, Kersting zufolge, nur diejenigen Rechtstitel und Kompetenzen abgeben, die zur Sicherung des Friedens zwischen ihnen unverzichtbar sind. Das beim Aufbau einer solchen internationalen Friedenssicherung handelnde völkerrechtliche Subjekt ist und bleibt für Kersting aber der souveräne »Nationalstaat«. Bei dieser Auskunft Kerstings muß allerdings beachtet werden, daß bei Kant nicht von »Nationalstaaten«, auch nicht einfachhin von historisch oder politisch real existierenden Staaten, sondern nur von einzelnen Verfassungsstaaten gemäß der Lehre seines auf Vernunftgründe gestützten Staatsrechts die Rede ist. Daß Kersting mit seiner Begriffswahl im Vergleich zu Kants Rechtsphilosophie den Begriff und die Aufgaben des Staats signifikant verändert, wird daran deutlich, daß der Nationalstaat für ihn nicht nur einen »verläßlichen institutionellen Rahmen für die Errichtung und Stabilisierung einer Demokratie« bieten soll, sondern auch »für die freie und autonom bestimmte Entwicklung der eigenen Kultur«.[38] Diese Erwägungen liegen für Kant außerhalb der Zuständigkeit einer apriorisch argumentierenden, rein normativ ausgerichteten Rechtsphilosophie.

In seinen späteren Arbeiten geht Kersting stärker auf das »weitgehend unbegangene Gelände« einer, wie er es nennt, »normativen politischen Philosophie der internationalen Beziehungen«[39] ein, die er in ihren Grundzügen von seiner Auslegung der Rechtsphilosophie Kants her skizziert. Als das Ergebnis seiner Untersuchungen lehnt Kersting nun das von ihm früher verfolgte Projekt einer »kosmopolitischen Republik« ab. Zwar sieht Kersting auch jetzt noch, daß der von Kant vorgeschlagene kontraktualistische Weg, Frieden durch Recht zu sichern, notwendigerweise kosmopolitische Dimensionen haben muß; »denn der Naturzustand«, schreibt er, »ist selbst so groß wie die Welt. Die Welt ist der Ort, wo Knappheit herrscht, wo die Menschen nicht vermeiden können, einander in der Verteilung der Güter ins Gehege zu kommen.«[40] Doch habe Kant gezeigt, daß der Weg eines »Weltgesellschaftsvertrags« und einer in ihm gründenden kosmopolitischen Organisation im Sinne eines »Weltstaats« oder einer »Weltrepublik« undurchführbar ist und, wenn man es doch versucht, zwangsläufig in einem Despotismus endet. Die Lö-

38 Ebd.
39 Ders., »Weltfriedensordnung«, a.a.O., S. 174.
40 Ebd., S. 180.

sung des Problems, das sich rechtsphilosophisch für ihn gleichwohl noch immer als die Überwindung des weltweiten »Naturzustands« rechtlich ungesicherter Beziehungen zwischen den Staaten stellt, sieht Kersting in einem von ihm vorgeschlagenen »zweistufigen Kontraktualismus«, der die Minimallösung eines schwachen Bundes zwischen uneingeschränkt souveränen Einzelstaaten einerseits und die Maximallösung einer globalen Weltrepublik andererseits vermeiden soll. Die Funktion der von Kersting vorgeschlagenen zweistufigen Vertragsidee besteht darin, die innerstaatliche Konstitution von Recht, die der Sache und der Zeit nach zuerst erfolgen muß, um eine zwischenstaatliche Rechtsordnung im Verhältnis dieser Staaten nach außen und somit untereinander zu erweitern: Auf der ersten Stufe, so sein normativ orientierter Vorschlag zur Struktur der internationalen Politik, sollen autonome Individuen einen Vertrag abschließen, aus dem dann eine staatliche Ordnung hervorgehen soll, die eine demokratische Rechtsetzung und Gewaltenteilung garantiert. Damit nimmt Kersting Kants Idee eines vernunftrechtlich legitimen Staatsrechts auf. Auf der zweiten Stufe aber sollen nach Kersting nur mehr souveräne Staaten handeln, die allein als völkerrechtliche Subjekte einen zwischenstaatlichen Kontrakt abschließen. Dieser soll nur solche Rechtsvereinbarungen enthalten, die das im Inneren der Rechtsstaaten durch die Verfassungen schon konstituierte Recht von außen absichern und vor allem die Gefahr kriegerischer Intervention bannen sollen. Der zweite Vertrag setzt somit material kein neues Recht; er geht vielmehr von der Souveränität der Einzelstaaten aus und hat die Aufgabe, durch die Wahrung friedlicher internationaler Verhältnisse gerade diese zu sichern. Es ist deutlich, daß auch im Blick auf die zweite Vertragsstufe Kersting weitgehend den Vorgaben der Kantischen Rechtsphilosophie folgt.

Auch Otfried Höffe schließt mit seinem Vorschlag eines »extrem minimalen Weltstaats«[41] an Kant an und plädiert für die Möglichkeit eines freiwilligen Verzichts der gegebenen Einzelstaaten »auf einen minimalen Teil ihrer Souveränität«. Die Aufgabe dieser »Weltrepublik« soll sich Höffe zufolge auf die Garantien der »Sicherheit« und des »Selbstbestimmungsrechts der

41 O. Höffe, »Völkerbund oder Weltrepublik?«, in: ders., *Immanuel Kant, Zum ewigen Frieden*, Berlin: Akademie Verlag 1995, S. 109 bis 131, vor allem S. 131.

Einzelstaaten« beschränken: »Allein hinsichtlich dieser Aufgabe, den zwischenstaatlichen, nicht innerstaatlichen Konflikten, gebührt ihr Souveränität.«[42] In Fortsetzung der, wie wir gesehen hatten, von Kant zunächst selbst verfolgten, dann aber abgebrochenen Analogie zwischen der Grundlegung des Staatsrechts und der des Völkerrechts spricht Höffe sogar von einem den Einzelstaaten zukommenden »Menschenrecht«, das durch den von ihm geforderten »Weltstaat« nicht angetastet werden darf. Dieser ist somit eine Art derivativer »Sekundärstaat«: »Die Fragen des Zivil- und des Strafrechts, das Recht der Sprachen, der Religionen und der Kultur – diese und andere der vertrauten Staatsaufgaben bleiben der Kompetenz des Sekundärstaats entzogen und fallen in die Zuständigkeit der Primärstaaten.«[43]

5

Ein Vergleich der beiden Positionen, die Kersting und Höffe im Blick zurück auf Kant beziehen, läßt Gemeinsamkeiten, aber auch spezifische Unterschiede hervortreten, die für eine Bewertung ihres Beitrags zu der Diskussion der politischen Philosophie heute von Bedeutung sind. Gemeinsam verfolgen beide die Absicht, *mit Kant* über bestimmte Aporien in Kants Rechtsphilosophie hinauszugelangen. Doch unverkennbar gehen beide dabei verschiedene Wege. Kersting weist die von Kant anfangs gewählte, später aber verworfene Analogie zwischen dem Staats- und dem Völkerrecht im Blick auf dessen Grundlegung zurück und mit der Analogie zugleich den Gedanken des »Erlaubnisgesetzes«, wenn er feststellt: »Es kann kein staatsadressiertes Analogon zum individuenadressierten Postulat des öffentlichen Rechts geben, es kann kein Erlaubnisgesetz der Vernunft zur Gewaltnahme zum Zwecke eines Weltstaats geben.«[44] Demgegenüber hält Höffe ausdrücklich am Analogieargument fest. Er sieht im einzelnen vier Entsprechungen zwischen Individuen im provisorischen Rechtszustand und Einzelstaaten in ihrem

42 Ebd.

43 Ders., »Eine Weltrepublik als Minimalstaat. Zur Theorie internationaler politischer Gerechtigkeit«, in: Merkel und Wittmann (Hg.), *Zum ewigen Frieden*, a.a.O., S. 165.

44 Kersting, »Weltfriedensordnung«, a.a.O., S. 183.

Außenverhältnis; und zwar im Blick darauf, daß Einzelstaaten nach innen verbindliche Entscheidungen treffen, nach außen Verträge abschließen und mit anderen kooperieren, wobei sie stets in der Gefahr stehen, sich wechselseitig zu beeinträchtigen, und schließlich die Situation teilen, »mangels einer gemeinsamen Rechtsordnung im Zustand der Rechtlosigkeit, dem sogenannten Naturzustand, miteinander [zu] leben«.[45] Aus dieser Beobachtung zieht Höffe die Schlußfolgerung, daß »für zwischenstaatliche Verhältnisse dasselbe Antwortmuster [gilt] wie für die innerstaatlichen. Aus diesem Grund lassen sich die Legitimationsbedingungen eines Einzelstaats übertragen«[46] auf die Sphäre der internationalen Politik. Dies führt nach Höffe zur Ableitung des normativen Prinzips des zwischenstaatlichen Gewaltverzichts und der Anerkennung von Regeln einer internationalen Rechtsordnung, die sich auf das Prinzip der Volkssouveränität und die Menschenrechte stützt. Diese Rechtsordnung »nimmt« für Höffe »die Form einer Republik an« im Sinne des bereits beschriebenen »minimalen Weltstaats«, also des »Sekundärstaats«, den sich die Einzelstaaten als handelnde Rechtssubjekte aufbauen. Zur Frage des bei Kant diskutierten »Erlaubnisgesetzes«, ob Staaten gezwungen werden dürfen, dieser Weltrepublik beizutreten oder nicht, nimmt Höffe nur insofern Stellung, als auch er davon ausgeht, daß die von ihm vorgeschlagene Sphäre eines international bindenden Rechts aus »freien Vereinbarungen« von »souveränen Partnern« hervorgeht, »die ihre Souveränität allumfänglich wahren«.[47]

Kersting nimmt dagegen ausdrücklich und im Namen des völkerrechtlichen Souveränitätsprinzips von (National-)Staaten Partei für Kants Zurückweisung der Analogie zwischen Staats- und Völkerrecht sowie des »Erlaubnisgesetzes«. »Menschen«, so schreibt er, »jedoch nicht Staaten, dürfen einander zwingen, sich einer gemeinsamen gesetzgebenden Gewalt zu unterwerfen«[48]; daher weist sein Vorschlag eines »zweistufigen Kontraktualismus« auch nicht in die Richtung einer verbindlichen internationalen oder gar kosmopolitanen Rechtsordnung, sondern »einer Konföderation, einer Vertragsgemeinschaft souveräner Staaten

45 Höffe, »Völkerbund oder Weltrepublik?«, a.a.O., S. 161.
46 Ebd., S. 162.
47 Ebd.
48 Kersting, »Weltfriedensordnung«, a.a.O., S. 183.

[...], die selbst keine strukturellen Elemente von Staatlichkeit aufweist und im institutionell unbefestigten, moralischen Schwebezustand reiner Verabredung verbleibt«.[49] Im Namen einer mit Nachdruck vertretenen »einzelstaatlichen Souveränität«[50] vertritt Kersting jetzt ein »Lob des Nationalstaats«.[51] Dabei korrespondiert der Nationalstaat mit der von Kersting für den Raum der internationalen Politik geforderten »schwächsten Form rechtlich verfaßter Internationalität«, nämlich dem »Föderalismus ohne jede interne Staatlichkeitsstruktur«.[52]

Mit diesem Wechsel in seiner Argumentation begibt sich Kersting in die für einen normativ interessierten politischen Philosophen unbequeme Position eines rechtsphilosophischen Dogmatismus, die er selbst früher Kant vorgeworfen und mit dessen Nähe zu Hobbes belegt hatte. Dabei ist offensichtlich, daß er sich systematisch einiger Argumente bei Kant bedient, um jedoch einen anderen als den von Kant vernunftrechtlich begründeten Verfassungsstaat, nämlich den »Nationalstaat«, gegen die Zumutungen einer von Universalisten und Kosmopoliten vertretenen globalen Rechtsordnung zu verteidigen. Unversehens vermischen sich in Kerstings Argumentation normativ-legitimationstheoretische mit organisationspolitischen Perspektiven. Im Licht realpolitischer Fragestellungen erscheinen die Nationalstaaten für Kersting nun als »die Hauptsäule jeder [!] zukünftigen internationalen Friedens- und Gerechtigkeitsordnung in dieser moralisch unvollkommenen Welt«. In ausdrücklichem Rekurs auf Motive der politischen Philosophie von Thomas Hobbes führt Kersting diesen Gedanken konsequent fort: »Auf die stabilitätspolitische Wirkung wechselseitig anerkannter staatlicher Autonomie kann schlechthin nicht verzichtet werden [...] Ohne dieses strukturelle Geflecht der Nationalstaaten würde die weltbürgerliche Gesellschaft nicht gedeihen können; sie würde sich in einen moralischen Morast verwandeln.«[53] Das Ziel der von Kersting vorgeschlagenen zwischenstaatlichen Kooperation liegt somit

49 Ebd., S. 182.

50 Ebd., S. 183.

51 Ders., *Recht, Gerechtigkeit und demokratische Tugend. Abhandlungen zur praktischen Philosophie der Gegenwart*, Frankfurt am Main: Suhrkamp 1997, S. 348.

52 Ders., »Weltfriedensordnung«, a.a.O., S. 182.

53 Ders., *Recht, Gerechtigkeit, demokratische Tugend*, a.a.O., S. 349.

jetzt nicht mehr, wie ursprünglich noch bei Kant, in der Überwindung provisorischer Rechtsverhältnisse, sondern im Kampf *gegen* einen weltweiten sozialen und moralischen Verfall sowie *für* eine effektive Sicherung einer friedlichen Weltordnung »unter dem Dach der kooperativ vernetzten Nationalstaaten und der von ihnen getragenen supranationalen Institutionen«, die allein die weltweiten erforderlichen »Zivilisierungsleistungen« erbringen können; denn »allein die abgestimmte Politik der Nationalstaaten kann das Ungerechtigkeitsgefälle zwischen der Ersten, der Zweiten und der Dritten Welt mildern und für größere Verteilungsgerechtigkeit sorgen«.[54]

Über die Triftigkeit dieser realpolitischen Einschätzungen mag gestritten werden; unstrittig ist, daß Kersting Probleme der »Organisationspolitik« unzulässig mit Fragen der »Legitimationstheorie« vermischt, um aus dieser unklaren Gemengelage normative Gründe für das von ihm dogmatisch festgehaltene, vernunfttheoretisch aber nicht abgeleitete Prinzip einer weitgehend uneingeschränkten Souveränität der vorhandenen »Nationalstaaten« zu beziehen. Damit verläßt Kersting endgültig die Bahnen einer kantianisch argumentierenden Rechtsphilosophie.

Anders argumentiert Höffe, der Kant mit dessen eigenen Argumenten einer Inkonsistenz in der Ablehnung der »Weltrepublik« überführt. In Höffes Rückgriff auf Kant bleibt allerdings unklar, wieso der Schritt zu einer für alle Staaten verbindlichen globalen Rechtsordnung »normativ« an deren Zustimmung gebunden werden soll. Daß hierfür pragmatische Gründe sprechen mögen, soll nicht bestritten werden. Auf Kants Argumente gegen das den Zwang gestattende »Erlaubnisgesetz« kann Höffe jedenfalls nicht zurückgreifen, ohne dabei auch die Analogie zwischen Staats- und Völkerrecht und das »Exeundum«-Prinzip einzubeziehen, die er andererseits benötigt, um dem internationalen Recht eine normative Basis zu geben. Mit dem Prinzip der Freiwilligkeit handelt sich Höffe ein Folgeproblem ein, das auch gegenüber Kersting geltend gemacht werden kann. Es ist die bei beiden politischen Philosophen wie auch schon bei Kant ungeklärte Frage, welche Rechtsstellung den Staaten in der internationalen Gemeinschaft zuerkannt werden kann, die eindeutig als Staatswesen ohne demokratische Verfassung und ohne Anerkennung von Mindeststandards legitimen Rechts gekennzeichnet

54 Ebd.

sind. Diese Staaten sind, wie die Geschichte lehrt, vielfach Ausgangspunkt von Verletzungen elementarer Rechte von Bürgerinnen und Bürgern anderer Staatswesen, des Rechts anderer Staaten sowie der Rechte ihrer eigenen Staatsangehörigen. Kants Hinweis auf die Notwendigkeit innerer Reformen in diesen Staaten ist zwar rechtssystematisch stringent, doch führt gerade diese Stringenz zu der ernüchternden Schlußfolgerung, daß eine globale Rechtsordnung so lange ein Torso, also real undenkbar bleibt, solange dieser erste Schritt nicht in hinreichender Allgemeinheit vollzogen ist. Selbst das Ausbleiben einer solchen weltweiten Reform kann aufgrund Kants eigener Argumentation nicht allgemein »von außen«, das heißt aus der Binnenperspektive der anderen Staaten bzw. ihrer Staatsbürger, sondern nur aus dem »Innern« der betroffenen Staaten selbst, das heißt aus der Perspektive der von den Unrechtsregimen selbst Betroffenen, kritisiert werden. Sogar eine auf Solidarität mit den Opfern von Unrechtspolitik »von außen« zielende politische Option wäre im strengen Sinn von der Argumentation in Kants »Völkerrecht« nicht gedeckt.

Schließlich bleibt festzustellen, daß die von Kersting und Höffe vertretenen rechtsphilosophisch ansetzenden Positionen der politischen Philosophie keine befriedigenden Antworten für das zu Beginn aufgeworfene Problem einer durch Globalisierung, Transnationalisierung und den zunehmenden Verlust von staatlicher Souveränität »nach innen«, »nach unten« und »nach außen« bereithalten. Mit den kategorialen Mitteln der nationalstaatlichen Souveränitätsdoktrin von Kersting kann nicht einmal das rechtspolitische Problem angemessen formuliert werden, das sich durch die eingangs angedeuteten Veränderungen ergibt. Er denkt, wie vor ihm auf seine Weise Kant, den Raum des überstaatlichen, das heißt globalen Handelns rechtsphilosophisch ausschließlich von den verfaßten einzelnen Staaten her, die er noch dazu mit den »Nationalstaaten« identifiziert. Das internationale Handeln auf das vermeintlich bewährte System von Sicherheitspolitik und Zusammenarbeit der Nationalstaaten zu stützen stellt jedoch nicht nur einen Schritt in die Tradition der politischen Philosophie von Hobbes dar, sondern erweist sich auch angesichts der Globalisierungsprozesse als zu unterkomplex und den Realitäten der Weltpolitik und -gesellschaft nicht angemessen. Auch hier steht Höffe in gewisser Weise Kant näher und kann eine sowohl normative als auch situationsadäquate Argumentation anbieten. Seinem normativ einleuchtenden Vorschlag einer globalen Staatlichkeit mit innerlich gestuften Souveränitätsrechten sowie einer unterschiedlichen Reichweite und Verteilung von staatlicher Kompetenz fehlt jedoch bislang ein überzeugendes Prinzip der Fundierung in Verfahren, die sich in demokratischen Wahlen zu weltweit vertretenen Parlamenten mit unterschiedlichen Zuständigkeiten auszudrücken hätten. Diese erst könnten den jeweiligen Ebenen der Gesetzgebung und der Exekution die nötige demokratische Legitimität geben. Um ein System weltweiter demokratischer Entscheidungen zu etablieren, das entsprechend den unterschiedlichen Teilsouveränitäten und politischen Kompetenzen die Willensbildung von unten nach oben organisiert, ist ein weiter ausdifferenziertes Konzept notwendig als Höffes zweigestuftes politisches System von »primären Einzelstaaten« und »sekundärer Weltrepublik«; denn diese soll Höffe zufolge nur durch indirektes Mandat, nämlich von den Einzelstaaten, beauftragt sein. Rechtsphilosophisch plausibel ist jedoch dagegen nur eine weltweite Struktur *unmittelbarer* demokratischer Legitimierung, die zu einem globalen Netz von parlamentarischen Vertretungen mit unterschiedlichen Kompetenzen und Reichweiten führt. Sie müßten nach dem Modell einer föderalen Republik zusammenwirken und so zu einer Machtaufteilung und geordneten Kompetenz führen. Die simultanen Prozesse von Globalisierung und Regionalisierung verlangen jedenfalls nach Aufgabenverteilungen für eine solche weltweite demokratische Politik, die zumindest in die vier Ebenen kosmopolitischer, kontinentaler, (alter) nationalstaatlicher und (neuer) regionaler Reichweite einzuteilen ist und für die eine unmittelbare Rückbindung an den jeweiligen Souverän rechtsnormativ zu fordern ist, nämlich an die von den Entscheidungen der Parlamente und Regierungen jeweils betroffenen und deshalb an ihnen demokratisch zu beteiligenden Bevölkerungen. Dieses demokratische Modell einer gestuften Staatlichkeit auf Weltebene, in dem aufeinander abgestimmte Teilsouveränitäten durch unterschiedliche Wahlverfahren, Kompetenzen und Wirkungsbereiche – analog dem Aufbau einer föderalen Republik – gekennzeichnet sind, wäre rechtsphilosophisch noch am einleuchtendsten durch Kants Einsicht zu Beginn seiner Rechtsphilosophie begründet, daß jeder »aus dem Naturzustande [...] herausgehen und sich mit allen anderen (mit denen in Wechselwirkung zu geraten er nicht vermeiden kann) dahin vereinigen [müsse], sich einem öffentlichen gesetzlichen äußeren Zwange zu unterwerfen«.[55] Da im Zeitalter einer simultanen Globalisierung und Regionalisierung der Weltpolitik niemand mehr umhinkommt, mit allen anderen Menschen unvermittelt, wenn auch auf unterschiedliche Art und Weise, »in Wechselwirkung zu geraten«, ist eine in Teilsouveränitäten modifizierte, kosmopolitische demokratische Weltverfassung die einzig normativ überzeugende Antwort auf das gestellte Problem, wie mit den Herausforderungen im Gefolge der Globalisierung umgegangen werden kann – »im Anschluß an Kant«.

55 Kant, *Metaphysik der Sitten*, a.a.O., A163/B197.

Hinweise zu den Autorinnen und Autoren

Hauke Brunkhorst ist Professor für Soziologie an der Universität Flensburg. Er war 1995-1997 Fellow am Kulturwissenschaftlichen Institut (KWI) des Wissenschaftszentrums Nordrhein-Westfalen in Essen. – Buchpublikationen: *Der Intellektuelle im Land der Mandarine*, Frankfurt am Main: Suhrkamp 1987; *Marcuse – Zur Einführung*, Hamburg: Junius 1987; *Theodor W. Adorno. Dialektik der Moderne*, München: Piper 1990; *Der entzauberte Intellektuelle*, Hamburg: Junius 1990; *Demokratie und Differenz*, Frankfurt am Main: Fischer 1994; *Solidarität unter Fremden*, Frankfurt am Main: Fischer 1996; (Hg. zusammen mit Micha Brumlik) *Gemeinschaft und Gerechtigkeit*, Frankfurt am Main: Fischer 1994; (Hg.) *Einmischung erwünscht? Menschenrechte und bewaffnete Intervention*, Frankfurt am Main: Fischer 1997.

Felmon John Davis ist Associate Professor of Philosophy am Union College (Schenectady, NY). Seine Forschungsinteressen reichen von zeitgenössischer Moraltheorie, Philosophie des Geistes und Handlungstheorie bis zu Grundlagenfragen der Sozialphilosophie und der Metaphysik. Sein besonderes Interesse gilt dem Brückenschlag zwischen »analytischer« Moraltheorie und kontinentalen, vor allem deutschen Ansätzen. Im Schnittpunkt stehen Themen wie die Analyse des moralischen Sollens, Bedingungen des Personseins und die Natur moralischer Konflikte.

Stefan Gosepath, geb. 1959; Studium der Philosophie an den Universitäten Tübingen, FU Berlin und Harvard; Promotion 1992; 1988-1993 wissenschaftlicher Mitarbeiter für Philosophie an der Hochschule der Künste Berlin, seit 1993 Assistent ebendort; 1996/1997 Forschungsaufenthalt in New York (Columbia/NYU) und Harvard. Wichtige Veröffentlichungen: *Aufgeklärtes Eigeninteresse. Eine Theorie theoretischer und praktischer Rationalität*, Frankfurt am Main: Suhrkamp 1992; »The Place of Equality in Habermas' and Dworkin's Theories of Justice«, in: *European Journal of Philosophy* 3 (1995) 1, S. 21-35; »Zur Problematik sozialer Menschenrechte«, in: S. Gosepath/G. Lohmann (Hg.), *Philosophie der Menschenrechte*, Frankfurt am Main: Suhrkamp 1998 (im Erscheinen); »Praktische Rationalität. Eine Problemübersicht«, in: S. Gosepath (Hg.), *Motive, Gründe, Zwecke. Theorien praktischer Rationalität*, Frankfurt am Main: Fischer 1998 (in Vorbereitung).

Gerd Grözinger, Dr., Volkswirt und Soziologe, arbeitet an der Bildungswissenschaftlichen Hochschule Flensburg, Universität. Zahlreiche Veröffentlichungen und Herausgaben, zuletzt *Konstitutionelle Politische Ökonomie – Unsere gesellschaftlichen Regelsysteme in Form und guter Verfassung?* (1998), *Hochschulen im Niedergang? Zur politischen Ökonomie von Lehre und Forschung* (1994).

Virginia Held ist Distinguished Professor of Philosophy at Hunter College und an der Graduate School of the City University of New York. Wichtige Publikationen: *Justice and Care: Essential Readings in Feminist Ethics* (Hg., 1995); *Feminist Morality: Transforming Culture, Society, and Politics* (1993); *Rights and Goods: Justifying Social Action* (1984, 1989); *The Public Interest and Individual Interests* (1970). Sie war Fellow am Center for Advanced Study in the Behavioral Sciences und hatte Fulbright- und Rockefeller-Stipendien inne. Sie gehört zum Editorial Board von fünf Zeitschriften für Philosophie und politische Theorie. Außerdem war sie als akademischer Lehrer in Yale, Dartmouth, UCLA und Hamilton tätig.

Friedrich Kambartel, Prof. Dr. rer. nat.; Begründer der Konstanzer Schule des Philosophischen Konstruktivismus, 1993 Wechsel an die Universität Frankfurt am Main; Arbeitsgebiete: Logik, Sprachphilosophie, Praktische Philosophie, Wissenschaftstheorie; Publikationen u.a.: *Erfahrung und Struktur* (1968, ^{2}1976), *Theorie und Begründung* (1976), *Philosophie der humanen Welt* (1989), *Wahrheit und Begründung* (1997), Mitherausgeber der *Nachgelassenen Schriften von G. Frege* (1969, ^{2}1983) und des *Historischen Wörterbuches der Philosophie*.

Matthias Kettner, Dr. phil., geb. 1955, studierte Philosophie und Psychologie in Frankfurt, Heidelberg und Madison/Wisconsin. Gastdozenturen in Norwegen, USA und Argentinien. 1994-1997 Fellow am Kulturwissenschaftlichen Institut (KWI) des Wissenschaftszentrums Nordrhein-Westfalen in Essen, dort in der Forschungsgruppe »Demokratie, Öffentlichkeit, Medien«, dann »Politische Theorie der Massenkultur«. Deutscher Idealismus, Rationalitätstheorie, Diskursethik und Medientheorie sind seine philosophischen, Methodenprobleme der Psychoanalyse und der kognitiven Verhaltenstherapie seine psychologischen Arbeitsschwerpunkte. – Buchveröffentlichungen und Herausgeberschaften: *Hegels »sinnliche Gewißheit«. Diskursanalytischer Kommentar* (1990); *Zur Anwendung der Diskursethik in Recht, Politik und Wissenschaft* (Hg. zusammen mit K.-O. Apel 1992); *Transzendentalpragmatik. Ein Symposion für K.-O. Apel* (Mithg., 1993); *Mythos Wertfreiheit? Neue Beiträge zur Objektivität in den Sozial- und Humanwissenschaften* (Hg. mit K.-O. Apel, 1994); *Die eine Vernunft und die vie-*

len Rationalitäten (Hg. zusammen mit K.-O. Apel, 1996). *Beratung als Zwang, Schwangerschaftsabbruch, genetische Aufklärung und die Grenzen kommunikativer Vernunft* (1998).

Gertrud Koch, Prof. Dr., geb. 1949. Professorin für Filmwissenschaft an der Ruhr-Universität Bochum. Sie ist zur Zeit Vorstandsmitglied des Kulturwissenschaftlichen Instituts (KWI) im Wissenschaftszentrum Nordrhein-Westfalen in Essen als Leiterin der Studiengruppe »Politische Theorie der Massenkultur«. Monographien: (zusammen mit Hauke Brunkhorst) *Herbert Marcuse zur Einführung*, Hamburg 1987; *»Was ich erbeute, sind Bilder«. Zur filmischen Repräsentation der Geschlechterdifferenz*, Frankfurt am Main 1989; *Die Einstellung ist die Einstellung. Zur visuellen Konstruktion des Judentums*, Frankfurt am Main 1992; (Hg.) *Auge und Affekt. Wahrnehmung und Interaktion* (1995); *Siegfried Kracauer zur Einführung*, Hamburg 1996.

Thomas Kupka, Assessor jur., geb. 1962, beschäftigt sich mit politischer Philosophie am Fachbereich Rechtswissenschaft der Universität Bremen. Veröffentlichungen unter anderem: »Politischer Liberalismus und Soziale Gerechtigkeit«, in: *Archiv für Rechts- und Sozialphilosophie* 80 (1994), S. 335 ff.; »Jürgen Habermas' diskurstheoretische Reformulierung des klassischen Vernunftrechts«, in: *Kritische Justiz* 27 (1994), S. 461 ff.; »Gerechtigkeitstheoretische Notizen zum Problem wohlfahrtsstaatlicher Leistungen im Abtreibungsfall«, in: *Rechtstheorie* 27 (1996), S. 79 ff.

Matthias Lutz-Bachmann, geb. 1952, seit 1994 Professor für Philosophie an der Johann Wolfgang Goethe-Universität in Frankfurt am Main. Jüngste Veröffentlichungen zur praktischen Philosophie: »Herausgeforderte Menschenwürde: Peter Singers Präferenz-Utilitarismus in der Diskussion«, in: Brose/Lutz-Bachmann, *Umstrittene Menschenwürde*, Hildesheim 1994; »Europa im Übergang: Zwischen altem ›Nationalstaat‹ und neuer ›Kontinentalstaatlichkeit‹, in: Delgado/Lutz-Bachmann, *Herausforderung Europa*, München 1995; »Kants Friedensidee und das rechtsphilosophische Konzept einer Weltrepublik«, in: Lutz-Bachmann/Bohman, *Frieden durch Recht*, Frankfurt am Main 1996.

Stefan Oeter, Prof. Dr. jur., geb. 1958. Studium der Rechts-, Geschichts- und Politikwissenschaften in Heidelberg; seit dem Zweiten Staatsexamen 1987 wissenschaftlicher Referent am Max-Planck-Institut für ausländisches öffentliches Recht und Völkerrecht. Forschungsaufenthalte bei den Vereinten Nationen in New York und in Den Haag. 1990 Promotion zum Dr. jur. utr. an der Universität Heidelberg (mit einer Arbeit über das Thema »Neutralität und Waffenhandel«); 1991 Gastdozent an der Universität Alcalá de Henares (Madrid). Tätigkeit als Verfassungsrechtsexperte für Europarat und OSZE in Mittelost- und Osteuropa. 1996/97 Habilitation an der Universität Heidelberg in den Fächern deutsches und ausländisches öffentliches Recht, Völkerrecht, Europarecht (mit einer Arbeit über das Thema »Integration und Subsidiarität im deutschen Bundesstaatsrecht«). Lehrstuhlvertretungen an den Universitäten Heidelberg und Frankfurt/Oder. Veröffentlichungen im Völkerrecht und Verfassungsrecht, darunter: »Selbstbestimmungsrecht im Wandel«, in: *Zeitschrift für ausländisches öffentliches Recht und Völkerrecht* 52 (1992), S. 741-780; »Minderheiten im institutionellen Staatsaufbau«, in: J. A. Frowein, R. Hofmann und S. Oeter (Hg.), *Das Minderheitenrecht europäischer Staaten*, Teil 2, Berlin/Heidelberg/New York 1994, S. 492 bis 522; »Souveränität und Demokratie als Probleme in der ›Verfassungsentwicklung‹ der europäischen Union«, in: *Zeitschrift für ausländisches öffentliches Recht und Völkerrecht* 55 (1995), S. 659-712.

John E. Roemer ist Leiter des Studienprogramms »Economy, Justice & Society« und Professor für Wirtschaftswissenschaft an der Universität von Kalifornien in Davis. Neue Bücher: *Theories of Distributive Justice*, Harvard University Press 1996; *Egalitarian Perspectives*, Cambridge University Press 1994, *A Future for Socialism*, Harvard University Press 1994, und *Equality of Opportunity*, Harvard University Press 1998. Sein gegenwärtiges Forschungsinteresse gilt Fragen der politischen Ökonomie.

Cornelia Vismann war nach Studium in Philosophie und Rechtswissenschaft als Rechtsanwältin in Berlin tätig; derzeit Arbeit an einer rechtsgeschichtlichen Dissertation; wissenschaftliche Mitarbeiterin an der kulturwissenschaftlichen Fakultät der Europa-Universität Viadrina in Frankfurt/Oder. Veröffentlichungen: »Wort für Wort – Sprachengebrauch als Rechtssetzung«, in: Bernd Liepold-Mosser (Hg.), *Sprache der Politik – Politik der Sprache*, Wien: Turia + Kant 1996, S. 103-127; auch in: Anselm Haverkamp (Hg.), *Die Sprache der Anderen*, Frankfurt am Main: Fischer 1997, S. 147-165; »Starting from Scratch: Concepts of Order in No Man's Land«, in: Bernd Hüppauf (Hg.), *War, Violence and the Modern Condition*, Berlin/New York: de Gruyter 1997, S. 46-65.

Matthias Vogel, geb. 1960, Studium der Philosophie und Musikwissenschaften in Hamburg. Promotion mit einer Arbeit zur Theorie der Rationalität. Hochschulassistent am Institut für Philosophie der Johann Wolfgang Goethe-Universität, Frankfurt am Main. Publikationen: *Vernunft und Differenz. Studien zu einer Theorie der Rationalität auf Grundlage einer Theorie der Medien* (im Erscheinen). *Unsere Welt –*

gegeben oder gemacht? (Hg. zusammen mit Lutz Wingert, in Vorbereitung).

Helmut Willke, geb. 1945, ist seit 1983 Professor für Soziologie an der Universität Bielefeld. 1994 Leibniz-Preis der Deutschen Forschungsgemeinschaft. Wichtigste Bücher: *Systemtheorie entwickelter Gesellschaften* (2. Auflage 1993); *Systemtheorie I. Eine Einführung in die Grundprobleme* (5. Auflage 1996); *Systemtheorie II: Interventionstheorie* (2. Auflage 1996); *Systemtheorie III: Steuerungstheorie; Supervision des Staates* (1997).

Lutz Wingert, geb. 1958, ist wissenschaftlicher Assistent für Philosophie an der Johann Wolfgang Goethe-Universität Frankfurt am Main. Publikationen zur praktischen Philosophie, Theorie der Subjektivität, Erkentnistheorie. Für sein in diesem Band behandeltes Thema vgl. *Gemeinsinn und Moral. Grundzüge einer intersubjektivistischen Moraltheorie*, Frankfurt am Main 1993.

206/1/8.92

suhrkamp taschenbücher wissenschaft
Geschichte, Sozialgeschichte,
Zeitgeschichte, Dokumentation

Moore: Soziale Ursprünge von Diktatur und Demokratie. stw 54
– Ungerechtigkeit. stw 692
Niethammer (Hg.): Lebenserfahrung und kollektives Gedächtnis. stw 490
Otto/Sünker (Hg.): Politische Formierung und soziale Erziehung im Nationalsozialismus. stw 927
– Soziale Arbeit und Faschismus. stw 762
Reif (Hg.): Räuber, Volk und Obrigkeit. stw 453
Reinalter: Die Französische Revolution und Mitteleuropa. stw 748
Reinalter (Hg.): Demokratische und soziale Protestbewegungen in Mitteleuropa 1815-1848/49. stw 629
– Freimaurer und Geheimbünde im 18. Jahrhundert in Mitteleuropa. stw 403
Rosenbaum: Formen der Familie. stw 374
– Proletarische Familien. stw 1029
Rosenbaum (Hg.): Familie und Gesellschaftsstruktur. stw 244
Sabean: Das zweischneidige Schwert. stw 888
Schadewaldt: Die Anfänge der Geschichtsschreibung bei den Griechen. stw 389
Schröter: »Wo zwei zusammenkommen in rechter Ehe ...« stw 860
Schulze (Hg.): Europäische Bauernrevolten der frühen Neuzeit. stw 393
Stolleis: Staat und Staatsräson in der frühen Neuzeit. stw 878
Tibi: Der Islam und das Problem der kulturellen Bewältigung sozialen Wandels. stw 531
Varga: Zeitenwende. stw 892
Wodak/Nowak/Pelikan u. a.: »Wir sind alle unschuldige Täter«. stw 881
Wunder/Vanja (Hg.): Wandel der Geschlechterbeziehungen zu Beginn der Neuzeit. stw 913

Über sämtliche bis Mai 1992 erschienenen suhrkamp taschenbücher wissenschaft (stw) informiert Sie das Verzeichnis der Bände 1 – 1000 (stw 1000) ausführlich. Sie erhalten es in Ihrer Buchhandlung.

206/2/8.92